KB132012

보수는
어떻게 살아남았나

보수는
어떻게 살아남았나

• 강원택(서울대 정치외교학부 교수) 지음 •

영국 보수당 300년,
몰락과 재기의 역사

21세기북스

그동안 잊고 있었던 영국 보수당의 이야기를 다시 떠올린 것은 두 가지 계기 때문이었다. 하나는 2020년 우리나라 총선을 통해 확인된 보수의 몰락이었다. 한국의 보수정당은 2016년 국회의원 선거, 2017년 대통령 선거, 2018년 지방선거, 그리고 2020년 국회의원 선거에서 네 차례 잇달아 패배했다. 특히 2020년 국회의원 선거에서는 의석수에서 큰 차이를 보이며 패배했을 뿐만 아니라 정치적으로 중요한 수도권에서 완패했다. 한국 보수의 무기력과 몰락을 보면서 오랜 시간 동안 강한 생명력을 유지하며 정치적으로 건재해온 영국 보수당을 새삼스럽게 떠올리게 되었다. 이 책의 제목처럼 '보수는 어떻게 살아남았나?'에 대한 질문을 떠올리면서, 영국 보수당은 우리나라의 보수와 과연 무엇이 다를까 하는 생각을 다시 하게 되었다.

또 다른 한 가지 이유는 최근 영국 정치에서 일어난 변화 때문이었

4

다. 영국은 2016년 유럽연합European Union: EU을 탈퇴하는 이른바 브렉시트Brexit 국민투표를 실시했다. 그리고 그 이후 몇 년 동안 영국 정치는 안정을 찾지 못하고 혼란스러운 상태가 지속되었다. 의회정치의 대명사였던 영국에서 어떤 이유로 국민투표라는 방식을 활용하게 되었는지 의문이 생겼고, 국민투표 이후에 생겨난 정치적 혼란의 원인 및 그에 대한 보수당의 대응도 궁금했다. 개정판에서는 기존의 문제의식에 더해 이러한 궁금증에 답해보고자 했다.

또 한편으로는 이 책이 처음 출간된 2008년 영국 보수당은 11년째 야당 신세에 머물러 있었다. 그러나 2010년 총선에서 13년 만에 승리한 후 보수당은 오늘날까지 연속해서 집권당으로 남아 있다. 이 책의 원고를 다시 들춰낸 것은 이처럼 지난 12년간 일어난 보수당과 영국 정치의 변화를 기록해야 할 시점이 되었다는 생각 때문이기도 했다.

이 책은 원래 동아시아연구원에서 출간했었는데 절판되었고, 이번에는 21세기북스의 신세를 지게 되었다. 우선 이 책의 재출간을 도와준 손열 동아시아연구원 원장께 감사의 인사를 전한다. 21세기북스와 장보라 팀장에게도 감사의 말씀을 전한다. MBC 정승혜 기자 역시 이 책을 다시 손볼 수 있는 좋은 기회를 마련해주었다. 고마움을 표하고 싶다. 그동안 이 책을 읽고 발견한 많은 오탈자 등에 대한 지적을 해준 독자들에게도 이 자리를 빌려 깊은 감사의 뜻을 전한다.

시대적 변화의 흐름에 적응하지 못한 정치 세력은 보수든 진보든 외면 받을 수밖에 없다. 하지만 기존의 것을 지키려는 보수 정치 세력에게는 그런 변화를 어떻게 바라보고, 또 어떻게 대응해야 하는지에 대한 문제가 더욱 중요할 수밖에 없다. 가끔은 남의 모습을 통해 나의 부족함과 잘못을 찾아낼 수 있다. 이 책이 그런 기여를 할 수 있기를 기대한다. 정치를 지탱하는 두 개의 날개가 균형감 있게 펼쳐질 때 우리의 민주주의가 건강하게 유지될 수 있기 때문이다.

2020년 9월
유난히 길고 험한 장마를 견디며
학송재에서

이 책은 아주 단순한 궁금증에서 비롯되었다. 3~4년을 채 못 버티고 포말처럼 사라지는 우리나라 정당의 모습을 지켜보다가 문득 의회 민주주의가 잘 이뤄진다는 영국으로 고개를 돌려보았다. 그러면서 우리나라에서와는 달리 영국에서는 정당이 매우 긴 시간 동안 생명력을 유지해오고 있다는 사실에 주목하게 되었다. 토리Tory라는 명칭의 정파가 등장한 것이 1670년대 후반이므로 보수당은 300년이 넘는 기간 동안 존속해온 것이다. 정당정치가 본격화되는 1830년대를 기점으로 보아도 200년 가까운 세월 동안 보수당은 굳건하게 버텨왔다. 도대체 영국에서는 어떤 이유로 한 정당이 그렇게 긴 세월 동안 영향력 있는 정치적 실체로 계속해서 생존해올 수 있을까 하는 데 대한 궁금증이 생겨났다. 영국 보수당의 역사를 살펴보게 된 것은 바로 이와 같은 궁금증에 대한 답을 찾기 위한 것이었다.

이와 관련된, 그러나 보다 궁금했던 두 번째 의문점은 '보수保守'라고 하는 신선하지도 않고 그리 매력적으로 보이지도 않는 이름을 달고 어떻게 그 긴 세월 동안 정치적 경쟁력을 유지해올 수 있었을까 하는 점이다. '옛것을 지킨다'는 보수당이 생존해온 지난 몇 세기 동안 영국 사회는 말 그대로 상전벽해桑田碧海와 같은 변화를 겪었다. 보수당이 처음 생겨났던 당시 영국은 국왕과 귀족이 여전히 강력한 정치권력을 갖고 통치하던 봉건적인 계급사회였다. 그러나 그 이후 영국에서는 산업혁명과 함께 커다란 사회경제적 변혁을 겪었고 정치적으로도 참정권의 확대와 함께 대중 민주주의가 확립되면서 국왕은 형식적인 권위를 갖는 존재로 물러앉았다. 또한 노동계급의 정치적 요구를 대표하는 노동당이 자유당을 제치고 보수당의 새로운 정치적 경쟁자로 떠올랐다. 대외적으로도 영국은 '해가 지지 않는' 제국주의 국가의 영광을 경험했지만 그 이후 1·2차 세계대전을 겪었고 대영제국은 붕괴했다. 이러한 정치적·사회적 격변 속에서도 보수당은 살아남았다. 과거의 질서와 가치, 이해관계를 지킨다는 '보수' 정파가 이처럼 모든 것이 바뀐 세월의 격변 속에서 어떻게 자신의 정치적 정체성을 유지하며 또 자신을 지지하도록 유권자들을 설득해낼 수 있었을까 하는 점이 매우 궁금했다. 이 책에서는 이처럼 보수라는 '케케묵은' 꼬리표를 단 정당이 정치적으로 강력한 생존력과 경쟁력을 갖게 한 원인에 대해 살펴보고자 했다.

지난 3년간 이 책의 저술을 위해 틈틈이 영국 정치사와 보수당 역사에 대한 관련 자료와 연구문헌을 읽는 일은 큰 즐거움이었다. 역사와의 소통이 주는 기쁨이 컸기 때문이다. 그러나 읽는 일과는 달리

책을 쓰는 일은 쉽지 않았다. 영국 보수당의 역사는 사실상 영국 의회정치의 역사이기도 한데, 이처럼 방대한 내용을 다룰 만한 역량이 되지 못한 나의 부족함 때문이었다. 또 한편으로는 선거 행태 분석과 같이 계량적이며 분석적인 연구에 익숙해 있던 탓에 역사를 대상으로 한 글쓰기 자체가 나에게는 새로운 도전이었다. 많은 노력을 기울였지만 역시 명백한 한계를 뼈저리게 느낀다. 보수당의 역사가 보여줄 수 있는 재미와 역동성을 충분히 보여주지 못한 것 같아 자괴감이 들기도 한다.

영국 보수당의 역사가 앞으로도 계속해서 이어질 것인 만큼 이 책에서 담지 못한 새로운 역사는 언젠가는 다시 담아야 할 것이다. 그때쯤이면 지금보다는 좀 나아진 모습을 보일 수 있기를 기대한다. 이 책에 쓰인 이름, 지명이나 연도, 숫자 모두 꼼꼼히 대조해가며 챙겼지만 여전히 실수가 남아 있을지도 모른다. 이 책에 담겨 있을지 모를 실수와 잘못에 대한 지적과 꾸짖음을 기다리며 이는 이후 개정 작업 때 반영하도록 하겠다.

영국 정당에 대한 책을 쓰고 싶다는 것은 영국에 유학하고 있던 시절부터 가졌던 생각이었다. 이처럼 오래전부터 이 책을 쓰고 싶었지만 필요한 도움을 얻지 못해 본격적으로 작업을 추진하는 데에는 여러 가지 어려움이 많았다. 당시 동아시아연구원EAI의 원장이었던 김병국 교수의 지원이 없었더라면 아직까지도 이 저술 작업은 제대로 시작되기 어려웠을 것이다. 이 자리를 빌려 깊은 감사의 인사를 전한다. 또한 3년 전 여름 자료 조사차 영국에 머무는 동안 인터뷰에 응해준 킹스턴Kingston-upon-Thames 지역 보수당 지구당의 일반 당원들,

보수당 중앙당의 홍보 담당 관계자들에게도 감사의 뜻을 전한다. 최명 교수께서는 서울대학교 정치학과에서 정년퇴임하시기 전 영국 정치와 관련된 귀중한 많은 자료를 건네주시면서 영국 정치에 관한 책을 내라고 권해주셨는데, 보잘것없지만 이 책으로 감사의 뜻을 조금이라도 표할 수 있으면 좋겠다. 원고를 늦게 보내고도 서둘러 내달라는 저자의 무리한 부탁에도 싫은 표정 없이 이 책을 깔끔하고 보기 좋게 꾸며준 EAI 신영환 연구원께도 감사의 말씀을 드린다. 이 책을 쓰면서 곳곳에서 만나게 되는 영국의 지명을 통해 과거 유학생 시절 가족과 함께 여행했던 추억을 떠올릴 수 있었던 것은 커다란 즐거움이었다. 아내와 두 딸에게 고마움을 전한다.

이 책에서 영국 정치의 역사를 이야기하고 있지만 여기서의 문제의식은 명백히 우리나라 정당정치에 관한 것이다. 영국 보수당이 걸어온 다양한 성공과 실패의 경험은 보수와 진보를 막론하고 우리나라의 모든 정당에 적지 않은 시사점을 줄 수 있을 것이다. 이 책이 한국 정당정치의 발전과 제도화에 조그마한 도움이라도 될 수 있기를 희망해본다.

2008년 5월
새로운 출발점에 서서

서윤에게

Contents

일러두기

1. 'Prime Minister'는 '수상' 혹은 '총리' 어느 쪽으로 불러도 무방할 것 같다. 우리나라에서는 (국무) 총리로 불린다. 그러나 비교 정치적으로 영국 Prime Minister의 지위는 '동등한 이들 가운데 우위에 놓인first among equals' 특성을 갖는 존재로 평가 받는다. 그런 의미에서 본다면 수상首相이라는 용어가 보다 적합하다고 판단되어 이 책에서는 수상으로 용어를 통일한다.

2. 영국 선거 관련 데이터는 가끔씩 연구서마다 다른 숫자가 발견되어 혼란을 주기도 했다. 이 책에서는 1830년부터 1900년 이전까지의 선거 관련 기록은 N. J. Crowson. 2001. *The Conservative Party Since 1830*. London: Pearson Education에, 그리고 1900년부터 2000년까지의 관련 자료는 D. Butler and G. Butler. 2000. *Twentieth Century British Political Facts 1900–2000*. London: Macmillan에 따르기로 한다.

1

프롤로그:
영국 보수당, 300년 생존의 비밀

CONSERVATIVE POLITICS

보수당the Conservative Party은 그 명칭 그대로 기존의 질서와 이해관계
를 지키고 보존하기to conserve 위해 존재하는 정당이다. 즉 보수당은
'현상 유지를 위한 정당the party of the status quo'(Charmley, 1996, p. 1)이
다. 그러나 긴 세월의 흐름 속에서 볼 때 모든 것은 변하기 마련이다.
정치적으로 격변의 시기를 겪었다면 변화의 폭은 더욱 클 수밖에 없
을 것이다. 단기적으로 볼 때는 보수 세력이 지켜야 할 가치나 이해관
계가 분명하게 존재하겠지만 긴 역사적 흐름 속에서는 지켜야 할 것
의 내용은 끊임없이 바뀔 수밖에 없다.

　　지난 200년 동안 영국 보수당을 둘러싼 정치적 환경은 너무나도
커다란 변화를 겪었다. 소수의 특권계급만이 지배하던 정치는 이제
대중 민주주의로 전환되었다. 경제적으로 봉건적인 토지 기반의 경제
로부터 산업혁명과 함께 상공업 중심의 경제로 바뀌었고, 복지국가와

신자유주의를 거치면서 오늘날에 이르렀다. 국제정치적으로도 작은 섬나라의 지위로부터 제국주의 시대에 '해가 지지 않는' 대영제국의 찬란한 황금기를 경험했으나 1·2차 세계대전을 거치면서 대영제국은 해체되었고, 영국은 이제 국제무대에서 평범한 국가로 전락했다.

이처럼 극적이라고 할 만한 커다란 역사적 변화 과정을 고려할 때, 보수당이 처음 등장하는 무렵에 '지켜야 할 것'과 제국주의 전성기에 '지켜야 할 것', 그리고 제2차 세계대전 이후의 새로운 환경에서 보수 세력이 '지켜야 할 것'은 서로 다를 수밖에 없다. 그렇다면 '옛것을 지키겠다'는 보수당은 변화하는 정치 환경 속에서 무엇을, 어떻게 지켜냈을까?

다른 국가의 역사와 비교할 때 영국의 보수 세력은 자신들의 이해관계와 가치를 격변의 근대사를 거쳐오면서도 성공적으로 지켜냈다. 무엇보다 영국에서는 혁명과 같은 통제할 수 없는 정치적 급진주의나 과격한 정치적·사회적 변화를 피할 수 있었다. 프랑스 혁명, 러시아 혁명, 독일·이탈리아에서의 파시스트의 등장처럼 기존의 헌정 체제가 붕괴되고 정치적 급진주의가 전 사회를 극단적인 상황으로 몰고 가는 일도 일어나지 않았다. 오히려 보수당이 처음 등장했던 시절 귀족과 젠트리gentry 등 토지 소유계급이 이끌던 영국 사회의 기본적인 통치 형태는 지금도 외형적으로 볼 때 크게 달라지지 않았다. 국왕은 여전히 건재하고, 귀족계급들은 그때와 마찬가지로 귀족원House of Lords이라는 이름의 상원에 출석하고 있으며, 영국의 국교회國敎會인 성공회 역시 그 지위를 온전하게 유지하고 있다. 물론 실질적인 권한이나 구성에 변화가 생겨나기는 했지만, 이런 기구들은 보수당이 대표하는 영국 보수 세력이 대단히 성공적으로 과거의 질서와 통치 구조, 그리고 기득권을 지켜왔음을 잘 보여주는 사례들이다.

폭풍우처럼 몰아쳐온 역사의 거친 변화 속에서 기득권을 지키겠다는 것은 대단한 생존의 기술art of survival을 요하는 것이다. 정치적 변화에 대한 시대적 요구에 저항하면서 과거의 질서와 가치, 이해관계를 지키려는 보수당의 입장은 언제나 그 시대에 제기된 사회적·정치적 요구와 팽팽한 긴장 관계를 만들어낼 수밖에 없었을 것이다. 보수당은 옛것을 지키면서도 동시에 새로운 환경에 어떻게 적응해갈 것인가 하는, 쉽지 않은 도전에 계속해서 직면해왔던 것이다. 이와 같은 긴장 관계 속에서의 선택과 결정, 그로 인한 정치적 결과가 영국 보수당의 역사를 만들어왔다.

가진 자의 정치적 생존 기술이 중시된다는 점에서 보수주의는 하나의 이념ism이라기보다 경험, 상식과 같은 현실적 체험과 관찰에 의해 형성된 사고방식, 감정의 양태, 생활양식으로 봐야 한다는 지적은 의미가 있다(Smith, 1997, p. 17). 적극적으로 새로운 시대정신을 추구하거나 지금과 다른 정치 질서를 꿈꾸는 것이 아니라 변화에 대한 거부와 저항이라는 수동적이고 대응적인 속성을 보수주의는 내포하고 있기 때문이다. 따라서 보수주의는 구체적인 원칙이기보다 폭넓고 다양한 태도의 결합, 이념보다는 기질의 문제로 볼 수 있는 것이다.

사실 보수당 내에서 당 이념을 두고 심각한 이념적 대립이나 논쟁을 벌인 적도 그다지 많지 않다. 그런 만큼 보수당이 대표하는 보수주의가 무엇인지 꼭 집어 정의하기도 사실 쉽지 않다(Ball, 1995, pp. 25-26). 이 책에서 이념적 요인보다 생존의 기술로서의 보수주의에 주목하는 것도 바로 이 때문이다. 이는 동시에 보수당의 역사가 이념적 순수성이나 완고함보다는 실용성과 유연성이 보다 중시되어 온 까

닭을 설명해주는 것이기도 하다. 보수당의 원칙은 실현하고자 하는 이념적·추상적 목표를 갖고 있기보다 실용적인 목적을 위한 도구일 뿐이다.

보수주의에는 변화에 대한 두려움이 근본적으로 내재해 있다. 물론 이는 보수주의자의 개인적 기질의 문제이기도 하지만, 보다 중요하게는 사회적·경제적 신분이나 이해관계가 반영된 것이다. 예컨대 노동자 등 하층계급의 갑작스러운 정치적 부상은 기존 사회질서의 많은 부분을 변화시킬 수 있다. 이러한 변화가 몰고 올 수도 있는 사회적 격변, 법과 질서의 붕괴 혹은 사회적 규범이나 신분질서의 붕괴 등은 '가진 자들'에게는 위협으로 느껴질 수 있는 것이다. 보수주의는 변화가 몰고 올 불확실성, 즉 어떻게 될 것인지 잘 알지 못하는 것에 대해 불신과 거부감을 갖고 있으며, 반대로 현재 편하고 익숙한 것에 대해 애정을 느낀다. 보수주의자들이 전통과 기존 제도를 중시하는 것은 바로 이런 이유 때문이다. 전통과 관습, 제도 등 사회의 핵심적 중추는 우리가 원한다고 마음대로 처분할 수 있는 당대의 소유물이 아니라 다음 세대를 위해 보존해야 하는 것이다. 세월의 검증을 거쳐 형성된 정치기구나 제도, 전통, 관습은 일시적인 유행이나 이론에 의해 쉽사리 버릴 수 있는 것이 아니라는 게 보수주의자들의 믿음이다(Ball, 1995, p. 27). 어떤 장점이나 덕을 갖고 있지 않다면 기존의 질서와 제도는 시대의 도전에 직면했을 때 벌써 변화되었거나 폐기되었을 것이라는 말이다. 오랜 기간 동안 많은 사람이 받아들이고 지켜온 전통과 질서, 제도에 대한 존중이 보수주의의 핵심적 가치를 형성하고 있다.

그러나 보수당이 변화를 거부했다는 표현은 적절하지 않다. 변화

자체를 거부했다면 보수당은 오늘날까지 살아남지 못했을 것이다. 현재의 가치를 보존하는 데 가장 큰 관심이 있기는 하지만 보수당을 시대의 변화를 거부하는 반동적인 세력이라고 보기는 어렵다(Ball, 1995, p. 34). 보수당이 거부했던 것은 급진적이고 과격한 전면적인 변화에 대한 요구였다. 대신 보수당은 그들이 통제할 수 있는 수준의 점진적이고 온건한 변화를 선호했다. 변화에 대한 요구가 강하게 제기되었을 때는 먼저 적극적으로 개혁에 나서는 모습을 보이기도 했다. 개혁 이슈를 선점하는 것이 보수당이 지키고자 하는 이익이나 가치를 보호하는 데 도움을 준다고 판단했기 때문이다.

오늘날의 관점에서 볼 때는 보수당이 온건하고 점진적인 변화를 성공적으로 수용해왔다고 평가할 수 있을지 모르지만, 질풍노도와 같은 변화의 요구가 솟구치던 시대에 어디까지가 과연 보수당이 받아들일 수 있는 온건하고 점진적인 변화인지, 또 어떤 요구는 거부해야 하는지를 구분하기란 쉽지 않은 일이었을 것이다. 또한 시대적 변화를 해석하는 당내 구성원들의 시각도 각기 달랐을 것이다. 이 때문에 보수당 내에는 하나의 보수주의만이 존재했다기보다 여러 개의 대안적 시각이 동시에 공존해왔다는 주장이 보다 설득력이 있다(Smith, 1997, p. 22). 그런 만큼 변화의 요구에 직면한 당의 대응을 둘러싸고 보수당 내에서는 언제나 당의 대처 방식을 두고 심각한 정치적 갈등이 존재해왔다.

보수당 내의 잠재적 갈등을 잠재우고 당이 성공적으로 시대적 요구에 대응하도록 이끌었느냐의 여부는 누가 당을 이끌었느냐에 따라 커다란 차이를 보였다. 당을 하나로 통합해내고 시대적 요구에 지혜롭게 대응했던 지도자를 맞이했던 때와 그렇지 못했던 때의 당의 정치적 운명은 너무나도 커다란 차이를 보였다. 그런 점에서 보수당의 역사는 당을 이끌어온 지도자를 중심으로 논의하는 것이 보다 적절해 보인다. 역사적으로 높은 평가를 받는 디즈레일리, 볼드윈, 처칠, 대처와 같은 지도자는 거센 변화의 요구 속에서 보수당의 통합을 이뤄내고 새로운 보수의 가치를 성공적으로 제시한 인물들이지만 보수당의 역사는 반드시 이들처럼 성공적인 지도자만을 맞이했던 것은 아니었다.

거친 역사의 도전 속에서도 영국의 보수 세력은 성공적으로 생존해 왔다. 노동당의 부상과 함께 자유당이 정치적으로 몰락하는 와중에서도, '옛것을 지킨다'는 보수당은 여전히 굳건히 경쟁력 있는 정당으로 존재하고 있다. 농업에 기반한 봉건사회에서 근대 산업사회를 거쳐 후기산업사회에 이르기까지 보수당은 '보수'라는 그 이름을 그대로 간직한 채 살아남았다. 거센 비바람을 맞으면서도 꽃을 피우고 가지를 뻗어온 커다란 노송老松이 그 둥지 속에 많은 세월의 이야기와 생존의 비밀을 감추고 있듯이, 영국 보수당 역시 오랜 역사의 풍파 속에서도 성공적으로 살아남을 수 있게 한 많은 이야기가 감춰져 있을 것이다. 그 성공적 생존 뒤에 감춰진 이야기를 이제 살펴보기로 하자.

2

보수당 이전의 보수 정치:
토리에서 보수당으로

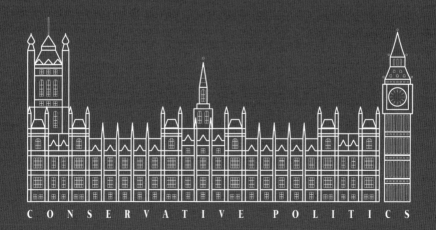

CONSERVATIVE POLITICS

토리와 휘그

사실 보수당이 언제 생겨난 것인지는 정확하게 알 수 없다. 노동계급
의 정치 참여를 위한 조직이 만들어지고 대표자들이 한날한시에 모
여 창당을 결정한 노동당과는 달리 보수당은 그와 같이 공식적으로
시작한 출발점을 찾기 어렵다. 정당 결성을 위해 대규모 회합을 가졌
거나 혹은 몇몇 인사들이 정치적 결의를 다졌다는 식의 특정한 사건
이 존재하지 않기 때문이다. 오히려 보수당의 등장은 창조라기보다
진화의 산물이다. 보수당은 영국 의회정치의 발전과 함께 자연스럽게
생겨났고, 변천 과정 역시 영국 의회 민주주의의 발전과 그 궤적을
같이하고 있다. 이 때문에 본격적으로 보수당의 역사에 대해 논의하
기 전에 우선 영국에서 정당이 등장하게 된 배경에 대해 먼저 살펴볼
필요가 있다.

영국에서 근대적인 의미에서 본격적인 정당정치가 등장한 것은

1830년대의 개혁법과 함께 비롯되지만 그 이전에도 맹아적인 형태의 정당정치는 존재했다. 분명한 기원이 없는 탓에 언제를 출발점으로 삼을 것인가에 대해서는 다양한 시각이 존재한다. 예컨대 1640년대 시민혁명civil War 과정에서 보수당과 영국 정당정치의 기원을 찾는 시각도 있다. 시민혁명 당시 처형된 국왕 찰스 1세charles I를 지지했던 왕당파가 보수당의 기원이라는 것이다(Seldon and Snowdon, 2004, p. 2). 그러나 보다 일반적으로는 시민혁명과 크롬웰cromwell 통치를 거치고 난 이후인 왕정복고Restoration 시기에 발생한 국왕과 의회 간의 갈등 과정에서 보수당을 포함한 영국 정당정치의 등장을 말할 수 있다.

영국 시민혁명은 1642년부터 1651년까지 왕당파Royalists와 의회파 Parliamentarians 간의 무력 충돌을 빚은 정치적 대결을 지칭하는 것이다. 찰스 1세는 전쟁비용 마련과 종교 문제로 인해 의회와 잦은 충돌을 빚어왔다. 찰스 1세는 1625년부터 1629년 사이에 의회를 세 차례나 해산했으며 1629년 이후 11년간은 의회를 열지 않고 일방적으로 통치했다. 그러나 의회의 동의를 구하지 않은 채 왕실 재정을 충당하려 한 탓에 국왕에 대한 불만이 높아졌으며, 성공회 교회와 성직자의 권한과 권위를 강화하려 한 억압적인 종교 정책으로 청교도들과 프로테스탄트 교도들의 커다란 반발을 샀다.

이런 상황에서 스코틀랜드인들이 침공해 왔다. 스코틀랜드인들은 찰스 1세가 억압적 종교 정책을 자신들에게도 마찬가지로 강요하는 데 반발하며 1640년 잉글랜드를 침공해 뉴캐슬을 점령했다. 이들이 점령을 풀고 물러나도록 하기 위해서는 전쟁비용을 물어주어야 했는데, 그런 막대한 비용의 마련은 의회의 동의 없이는 불가능한 것이었다. 찰스는 할 수 없이 11년 만에 의회를 개원했다. 그러나 의회는 개원하자마자 국왕의 권한을 제한하고자 했고, 이 때문에 찰스 1세는 개원 몇 주 만에 의회를 다시 해산했다. 그러나 찰스 1세의 군대가 스코틀랜드와의 전투에서 계속 패배하면서 북부 잉글랜드 지역이 대부분 이들에 의해 점령되자 찰스 1세는 전쟁 부담금 마련을 위해 다시 의회를 소집할 수밖에 없었다. 찰스 1세에 대해 매우 적대적인 의회는 국왕의 의회 해산권을 제한하고 각료들에 대한 통제를 강화하며 의회의 동의 없는 과세를 금지하는 등 왕권을 제한하는 법률을 통과시켰다.

국왕과 의회의 힘겨루기가 계속되고 있던 상황에서 1641년 10월 아일랜드 북부에서 종교적 이유로 봉기가 발생했다. 이 반란의 제압을 위해 파견될 군대를 누가 통제할 것인가의 문제를 두고 찰스 1세와 의회 사이에 또다시 갈등이 빚어졌다. 찰스 1세가 아일랜드 봉기를 제압하기 위해 동원하겠다고 하는 군대가 나중에는 의회를 압박하기 위해 사용될 수도 있다는 불신이 높았다. 찰스 1세는 자신에게 반대하는 하원의원 5명을 반역죄로 회기 중 체포하고자 군대를 이끌고 갔지만 이들이 긴급히 도피하면서 잡지 못했다.[1] 찰스 1세는 자신에 대한 반대자가 많은 런던을 떠나 외부에서 지지 세력을 결집해 의회를 제압하고자 했고, 의회가 이에 맞서면서 두 세력 간 전쟁이 1942년 후반 시작되었다. 찰스 1세는 옥스퍼드에 진영을 차렸고 의회파는 런던이 중심이었다. 여러 해에 걸친 많은 전투 끝에 1648년 8월 프레스턴Preston의 전투에서 크롬웰이 이끄는 의회파가 승리를 거두면서 시민혁명은 사실상 끝이 났다. 사로잡힌 찰스 1세는 1649년 1월 27일 교수형에 처해졌고 아들 찰스 2세는 외국으로 피신했다. 시민혁명과 함께 국왕제가 폐지되었고 영국은 공화국이 되었다.[2] 1653년부터는 의회파 지도자인 올리버 크롬웰Oliver Cromwell이 호국경Lord

Protector이 되어 통치했다. 그러나 올리버 크롬웰이 죽은 이후 자리를 이어받은 아들 리처드 크롬웰Richard Cromwell은 복잡한 정치적·군사적·종교적 문제를 제대로 처리하지 못했고, 군의 신임을 잃어 그 자리에서 쫓겨났다. 그리고 처형 당한 찰스 1세의 아들 찰스 2세가 1660년 5월 권좌에 복귀했다. 왕정복고가 이뤄진 것이다.

왕정복고 이후에 발생한 의회와 국왕의 갈등 관계 속에서 영국 정당정치의 기원을 찾아볼 수 있다. 왕정복고 초기에 의회와 국왕의 관계는 우호적이었지만 얼마 지나지 않아 마찰이 생겨났다. 갈등의 핵심은 종교 문제, 즉 가톨릭 복원을 둘러싼 것이었다. 의회는 찰스 2세가 영국의 국교國敎인 성공회 대신 로마 교황의 통치를 받는 가톨릭을 복원시키려 한다는 의구심을 갖게 되었다. 이런 의심을 살 만큼 찰스 2세는 가톨릭에 친근한 태도를 보였다. 찰스 2세는 프로테스탄트 국가인 네덜란드를 치기 위해 그의 사촌인 가톨릭 국왕 프랑스의 루이 14세Louis XIV와 동맹을 맺었고 가톨릭을 믿는 포르투갈 출신의 캐서린Catherine of Braganza 공주와 결혼했다.

그런데 찰스 2세는 캐서린과의 사이에 자식이 없었기 때문에[3] 동생인 요크 백작Duke of York 제임스가 찰스 2세를 잇는 왕위 계승자가 되었다. 그런데 제임스는 1669년 가톨릭으로 개종했으며 가톨릭을 믿는 이탈리아 북서부 출신의 모데나의 메리Mary of Modena와 재혼했다. 가톨릭 신자가 왕위 계승자가 되면서 영국 왕실에서의 가톨릭 영향력이 확대될 뿐만 아니라, 특히 영국 왕실이 향후 가톨릭 신자에 의해 계승될 것이라는 위기감이 의회 내에서 높아졌다. 이런 가능성을 차단하기 위해 의회는 1673년 심사법Test Act을 통과시켜 행정부와 군軍에서 공직을 맡는 이들은 반드시 영국 국교인 성공회 교회를 믿어야 하고 가톨릭 교리에 대한 반대를 공개적으로 밝히도록 규정했다. 가톨릭 신자였던 제임스는 심사법 규정에 따른 서약을 거부하고 공직에서 물러났다.

이처럼 가톨릭교회가 영국 왕실을 장악할지 모른다는 위기감이 의회 내에서 고조되고 있던 상황에서 뜻밖의 일이 발생했다. 1678년 타이터스 오우츠Titus Oates라는 성직자가 교황이 찰스 2세를 살해하고 영국의 국교도들을 학살하며 가톨릭 신자를 왕위에 앉히려고 하는 음모를 꾸미고 있다고 주장했다. 의회는 이러한 주장에 대해 분노했지만 찰스 2세는 이러한 주장을 믿지 않았고, 이를 둘러싼 논란 속에서 국왕은 1679년 1월 의회를 해산했다. 그러나 그해 3월 새로이 구성된 의회는 한걸음 더 나아가 가톨릭 신자인 왕위 계승자 제임스가 국왕직을 물려받지 못하도록 한 왕위 배척법Exclusion Bill을 통과시키고자 했고, 이 때문에 찰스 2세는 의회를 다시 해산했다. 1679년 10월에 새로이 구성된 의회는 1681년 1월이 되어서야 뒤늦게 개원했는데, 의회는 왕위 배척법을 받아들이지 않으면 세금 인상에 동의하지 않겠다고 맞섰고 국왕은 다시 의회를 해산했다.

왕위 배척법을 둘러싼 갈등과 함께 의회는 정치적으로 두 가지 상이한 입장을 취하는 정파로 분열되었다. 한 쪽에서는 가톨릭을 믿고 로마 교황을 따르는 국왕 하에서 영국의 헌정 체제와 국교인 성공회는 절대로 보존될 수 없다고 본 반면, 다른 쪽에서는 제임스가 가톨릭 신자라고 해도 그가 국왕직에 오르는 권리는 신으로부터 내려진 천부天賦의 권한이므로 침해될 수 없다고 하면서 국왕을 지지했다. 이러한 입장 차이가 휘그Whig와 토리Tory라는 두 개의 정파로 나눠지는 계기가 되었다. 휘그는 제임스의 왕위 계승에 반대하고 영국 성공회

등 개신교의 입장을 두둔한 반면, 토리는 가톨릭교도가 영국 국왕직을 잇는 것에 반대하지 않았다.[4]

물론 토리라고 해서 성공회보다 가톨릭을 더 중시해야 한다는 주장을 펼친 것은 아니었다. 그들은 왕위 계승에 간섭하려는 것은 헌정의 원칙에 위배되는 일이며, 잘못 그르치면 1640년대 찰스 1세 때와 같은 공포 시기로 되돌아갈 수 있다는 점을 우려했다. 토리는 왕권을 지지했으며 개혁과 변화를 조심스러워 했고 토지 소유계급을 대표했다. 이에 비해 휘그는 변화에 대해 보다 수용적이었으며 상업적 이익을 대표하는 경향이 있었다. 이들은 가톨릭교회에 대한 강한 반감과 국왕에 대한 의회의 우위에 대한 신념을 갖고 있었다. 이처럼 제임스의 왕위 계승을 둘러싼 정치적 논란이 토리와 휘그라는 두 정파로 나뉘는 계기를 마련했다. 그러나 당시 토리나 휘그는 아직 정당이라고 부르기에는 너무나도 느슨한 결집체였다.

휘그는 제임스의 왕위 계승을 막기 위해 많은 노력을 기울였다. 일부 과격한 인사들은 심지어 찰스 2세와 왕위 계승자 제임스가 지방에서 런던으로 돌아오는 길에 이들을 암살할 계획까지 세웠다. 1683년의 라이 하우스 사건Rye House Plot은 경마대회가 예정된 뉴마켓Newmarket에서 뜻하지 않게 화재가 발생해 국왕 일행이 예정보다 일찍 돌아오면서 수포로 돌아갔고, 그 이후 음모가 들통나게 되었다. 이러한 과격한 음모는 휘그를 수세에 몰리게 했다. 이에 더해 오우츠가 주장한 교황의 음모설 역시 그가 꾸며낸 거짓으로 판명되면서 제임스의 승계에 유리한 분위기가 형성되었다. 찰스 2세는 토리의 도움을 받아 휘그의 반대를 물리쳤고, 제임스 2세는 1685년 왕위에 오르게 되었다.

그러나 왕위에 오른 제임스 2세는 휘그의 우려대로 즉위 후 곧바로 가톨릭을 내세웠으며 프랑스의 루이 16세Louis XVI처럼 의회를 무시하고 절대군주로서 통치하고자 했다. 제임스 2세는 가톨릭 국가인 프랑스와도 각별하게 지냈다. 특히 제임스 2세는 가톨릭교도인 자신의 측근들을 행정부와 군의 요직에 앉히는 것을 불가능하게 하는 심사법을 폐지하고자 했다. 의회가 이를 거부하자 제임스 2세는 의회를 해산했다. 제임스 2세는 자신은 심사법에 규정 받지 않는 초월적 권력을 가지고 있다고 선언했다. 제임스 2세의 왕권 강화 시도와 가톨릭에 대한 옹호로 인해 그의 왕위 즉위를 지원했던 토리는 난처한 입장에 놓였다. 더욱이 1688년 제임스 2세는 아들을 낳았는데, 왕위 계승자가 된 아들 제임스James Stuart는 가톨릭 신자로 키워졌다. 제임스 2세뿐만 아니라 그 후에도 가톨릭 신자가 왕위를 계승하게 될 가능성이 커졌다. 국왕에 대한 충성과 제임스 2세가 위협하는 국교회에 대한 지지 사이에서 토리는 어느 한 쪽만을 선택해야 하는 어려운 입장이 되었다. 결국 토리는 국교회를 선택했다. 영국 헌정 제도의 중요한 요소를 구성하는 국교회에 대한 보수당의 강한 애착은 여기서부터 잘 드러나고 있다.

뜻을 같이하게 된 토리와 휘그는 비밀리에 개신교도인 찰스 2세의 딸 메리Mary와 그의 남편인 오렌지의 윌리엄William of Orange에게 개입을 요청하는 서신을 보냈다. 윌리엄의 군대가 잉글랜드에 상륙하면서 제임스 2세는 프랑스로 도피했고, 이 때문에 1688년 명예혁명Glorious Revolution이 이뤄졌다. 윌리엄과 메리는 영국의 새로운 국왕이 되었다. 이와 함께 권리장전Bill of Rights이 제정되었다. 명예혁명과 함께 장차 가톨릭 신자가 영국의 국왕이 될 가능성은 사라졌으며, 국왕이 절대적인 권력을 휘두르는 일도 불가능하게 되었다. 법률을 제정하거나, 세금을 물리거나, 공직을 임명하거나, 평화 시에 상비군을 유지하는 일 모두 의회의 동의 없이 국왕 단독으로 할 수 없게 되었다. 이 때부터 의회의 권한은 점차 커져가기 시작했고, 국왕의 권력은 상대적으로 축소되어 갔다. 이제 국왕은 의회의 지원 없이는 국정을 펴나갈 수 없게 되었다. 종교적인 측면에서도 변화가 생겨났다. 윌리엄은 신교도였지만 국교인 성공회가 배타적으로 우월적인 지위를 갖는 것에 대해서는 부정적인 인식을 갖고 있었다. 1689년 국교인 성공회 신자가 아닌 개신교도Nonconformist Protestant에 대한 사회적 관용 조치가 신교 자유령Act of Toleration의 공포와 함께 이뤄졌다. 그러나 가톨릭 신자의 선거권, 피선거권은 그 뒤로도 100년 이상 동안 계속해서 금지되었다.

1702년 윌리엄이 죽고 난 이후 메리의 동생이자 제임스 2세의 둘째 딸인 앤Anne이 국왕이 되었다.[5] 제임스 2세는 가톨릭 신자였지만 앤은 개신교도로 자랐다. 앤 여왕의 치세 동안 토리와 휘그는 상당히 치열한 정파적 공방을 벌였다. 명예혁명과 뒤이은 신교 자유령에 따라 국교도들은 커다란 위기감을 느끼고 있었다. 이에 더해 전쟁비용 충당을 위해 부가된 토지세는 이미 농업 불황으로 고통을 겪고 있던 지주들의 부담을 가중시켰다. 토리는 이들의 정치적 이해관계를 대표했다. 그러나 상공업자나 금융업자들 사이에는 비국교도가 많았고, 지주들과는 달리 토지세 등의 부담은 그리 크지 않았다. 이들의 입장을 대변한 것은 휘그였다(Morgan, 1997, p. 419). 토리와 휘그 간의 정치적 공방이 가열된 또 다른 이유는 1694년 12월 의회 임기를 3년으로 하고 3년마다 선거를 치르도록 규정했기 때문이다.[6] 선거가 빈번해지면서 정파적 충돌도 이전보다 더욱 치열해졌다.

휘그의 지배와
토리의 몰락

1714년 앤 여왕이 사망하자 토리는 명예혁명으로 쫓겨난 제임스 2세의 아들, 제임스 스튜어트James Stuart가 왕위를 이어받아야 한다고 생각했다. 그러나 아들 제임스는 여전히 가톨릭의 입장을 옹호했기 때문에 그가 왕위를 이어받는 일은 사실상 불가능했다. 1715년 제임스를 왕위로 복귀시키려는 제임스 당의 반란Jacobite Rebellion도 불발로 끝이 났다. 이 반란은 스코틀랜드 하이랜드Highland 지방의 가톨릭계가 지원했으나, 잉글랜드의 대다수 토리는 이 반란과 거리를 두었다(Hill, 1996, p. 57). 하노버의 선제후 조지George of Hanover가 의회에 의해 후계자로 선정되면서 조지 1세로 등극했다.

　토리는 하노버 왕조의 도래를 지지하는 이들과 제임스 2세의 아들 제임스 스튜어트를 여전히 적자로 간주하는 이들 간의 입장 차이로 인해 내부적으로 심각하게 분열되었다. 자코바이트 토리Jacobite Tory

로 불린 일부 토리파가 스튜어트가의 복원을 시도한 사건은 토리의 정치적 입지를 크게 좁혔다.[7] 휘그는 토리가 가톨릭교도를 왕위에 앉히려는 음모를 꾸미고 있다고 주장하며 공세를 퍼부었다. 자연스럽게 국왕 조지 1세와 휘그파 간의 일체감은 더욱 강화되었다. 조지 1세의 등극을 지지하면서 이를 지원한 휘그는 오랜 기간 권력을 장악할 수 있게 된 반면, 토리는 정치적으로 매우 어려운 처지에 놓이게 되었다. 휘그의 지도자 로버트 월폴Robert Walpole은 국왕을 무력으로 쫓아내려고 한 토리의 자코바이트적인 악명을 정치적으로 활용하면서 토리를 권좌로부터 밀어냈다. 의회는 휘그와 국왕에 협력적인 의원들로 가득했으며 토리는 소수파로 전락했다.

1715년 1월 선거에서 토리는 참패했다. 토리와 휘그가 얻은 득표율은 대체로 비슷했지만 접전을 벌인 선거구에서 휘그가 대부분 승리함으로써 휘그는 341석, 토리는 217석을 얻었다. 정치적으로 토리의 입지는 매우 좁아졌다. 토리는 보수적인 잉글랜드 농촌 지역에서의 우위는 유지했지만 휘그는 계속해서 토리를 주변적인 존재로 밀어냈다. 이후 수십 년간 휘그는 압도적인 우위 속에 정치권을 지배했다.[8] 휘그의 지배 기간을 이끈 지도자 월폴은 영국 역사상 최초의 수상Prime Minister으로 일컬어진다. 그는 1715년부터 1742년 사이의 영국 정치를 지배했다. 특히 1721년부터 1742년까지 21년 동안 월폴은 중단 없이 수상직을 수행했다.[9]

1714년 하노버 왕조의 등장과 월폴의 지배를 거쳐 1770년까지 거의 60년에 가까운 기간 동안 휘그가 권력을 장악해왔다. 토리는 간간이 개별적으로 내각에 참여하는 일이 있기는 했지만 사실상 권력에서 철저하게 배제돼 있었다. 정치적으로 토리는 아무것도 할 수 없었다. 휘그가 장기 집권하는 동안 토리는 현 국왕의 즉위를 반대하고 스튜어트가의 제임스를 옹립하려 한 세력이라는 휘그의 공세에서 쉽사리 벗어나지 못했다.

한편 스페인과의 무역 분규와 그로 인한 전쟁, 그리고 휘그 내 반대파로 인해 월폴은 어려움을 겪게 되었다. 1741년 총선에서 월폴의 휘그는 286석으로 의석수가 크게 줄어들었는데 이는 과반에서 20석이 채 넘지 않는 불안정한 우위였다. 1741년 총선 이후 얼마 지나지 않은 1742년 2월 월폴은 마침내 실각했다. 그러나 월폴의 실각 이후 펄트니Pulteney의 지원 속에 헨리 펠럼Henry Pelham이 1743년 수상이 되었다. 그가 1754년 세상을 떠난 이후에는 펠럼의 형인 뉴카슬 공작 Duke of Newcastle-upon-Tyne이 수상직을 이어받았다. 월폴 이후에도 휘그파가 계속해서 지배했으며 토리는 월폴의 퇴장으로부터 사실상 아무것도 얻어내지 못했다.

현실적으로 어려움에 빠진 토리는 이제 차기 왕으로 예정된 조지 3세에게 희망을 걸고 있었다. 조지 2세의 손자였던 조지 3세는 파벌이나 정당정치에 대해 부정적인 인식을 갖고 있었고, 왕권을 강화하고 싶어 했다. 즉위 이전 조지 3세는 왕이 되면 휘그나 토리 같은 특정 정파에 의존하기보다 개인의 역량에 따라 신하를 임명해야겠다고 생각하고 있었다. 이는 곧 조지 1세 이후 계속되어 온 휘그에 대한 의존에서 벗어나야 함을 의미하는 것이었다. 1760년 조지 2세의 손자였던 조지 3세가 즉위했다. 조지 3세의 즉위와 함께 휘그의 장기 지배는 끝날 것처럼 보였지만 조지 3세는 휘그 정부를 계속 유지했다. 그러나 대외 정책을 둘러싼 갈등으로 1762년 뉴카슬 공작은 수상에서 물러났다.

조지 3세는 뷰트 백작Earl of Bute을 수상으로 임명했는데 그는 국왕
이 왕세자이던 시절 가정교사였다. 뷰트는 첫 번째 토리 출신 수상
이었다. 뷰트는 재임 중 프랑스와의 7년 전쟁, 그리고 북아메리카에
서의 프랑스와의 식민지 전쟁French and Indian War을 마무리한 파리조
약Treaty of Paris을 1763년 맺었다. 그러나 뷰트는 조지 3세의 어머니와
의 루머, 식민지 전쟁비용으로 인한 세금 부과 등으로 비판을 받아
1762년부터 1763년까지 1년 정도 수상직에 머물렀다.

뷰트가 수상에서 물러나자 그렌빌Greville이 그의 후계자로 임명되
었다. 그렌빌과 그의 각료 가운데 다수는 휘그였는데, 그렌빌은 북
미 식민지 전쟁과 주둔 비용을 충당하기 위해 미국 식민지 주민에게
악명 높은 인지세법American Stamp Act을 제정했다. 이 법에 따라 미국
식민지의 각종 공식 문서나 신문, 팸플릿, 증권 등에는 런던에서 인
쇄한 인지가 붙은 종이만을 사용하도록 했다. 그러나 조지 3세는 물
러난 전 수상 뷰트의 입장을 계속 두둔하면서 갈등을 빚었고, 결국
1765년 그는 수상직에서 물러났다. 그렌빌 후임으로는 로킹엄 후작
Marquess Rockingham을 임명했는데, 그의 임명은 미국 식민지에서 점
증하는 반발에 대해 유화적인 제스처를 보인 것이기도 하다. 로킹엄
수상은 미국 식민지에서 큰 비판의 대상이 된 인지세는 폐지했지만,
그 대신 영국 의회가 미국 식민지 전 지역에 걸쳐 효력을 갖는 법률
을 제정할 권리가 있음을 규정한 선언법Declaratory Act 1766을 제정했
다. 미국 식민지에 관용적 태도를 갖던 로킹험 수상은 인지세법의 폐
지 등을 둘러싼 국왕과의 입장 차이로 물러났다. 그 후 국왕은 대 피
트William Pitt, the Elder[10]에게 새로운 내각을 구성하도록 했다.[11] 로킹
험의 사임과 대 피트의 등용은 휘그를 미국 식민지에 우호적이고 국

왕의 권한을 제약하자는 전통적인 휘그와, 식민지에 대한 강경 정책과 애국주의를 강조하고 국왕에 보다 협조적인 새로운 휘그로 나뉘는 결과를 낳았다. 사실 대 피트는 정파적 구분 없이 초당파적으로 각료를 임명하겠다고 했지만 결집력도 없고 특징도 분명치 않은 내각을 만들고 말았다. 대 피트 자신은 미국 식민지에 대한 관세 부과에 반대하는 입장이었지만 자기 내각의 재무장관이던 찰스 타운센드Charles Townshend는 대 피트의 입장과 다르게 억압적인 식민지 관세 정책을 관철했다. 타운센드 법으로 불리는 일련의 조치에는 종이, 유리, 차 등 각종 상품의 수입에 대한 수입세의 신설이 포함돼 있는데 이는 이후 미국 독립운동으로 이어지는 계기를 마련했다. 건강 악화로 1768년 대 피트는 수상에서 물러나고 그래프턴 공작Duke of Grafton이 뒤를 이었다. 그래프턴 역시 미국 식민지 문제로 그의 시간을 대부분 소비했고 정부를 결속력 있게 이끄는 데 있어서 대 피트보다 특별히 더 나을 것도 없었다. 1770년 그 역시 사임했다. 1714년 하노버 왕조의 등장과 월폴의 지배 이후 1770년까지 휘그가 권력을 지배해 온 시기였다.

토리는 간간이 개별적으로 내각에 참여하는 일이 있기는 했지만 사실상 권력에서 철저하게 배제돼 있었다. 하노버 왕조의 계승에 반대했고 제임스 2세의 아들을 옹립하려고 했던 시도 이후 수십 년간 권력에 참여하지 못했던 것이다. 이 무렵이면 과거와 같은 의미로 토리라는 용어가 사용되지는 않았지만 정치적으로는 여전히 그렇게 불리는데 대한 거부감이 존재했다. 이때가 되면 1714년 자코바이트 반란 이후 과거의 토리와 휘그라는 초기 정당정치적 속성은 사실상 사라지게 되었고, 새로운 형태로 재결집되는 특성이 나타내기 시작했다.

▶ 소 피트

　1770년 1월 국왕은 노스Lord North를 수상에 임명했다. 노스는 스스로를 휘그라고 생각했지만 휘그파는 노스 내각을 토리 정부라고 불렀다. 하노버 왕조의 첫 토리 정부였다. 이후 노스는 12년간 수상으로 재임했다. 재무장관으로 있는 동안 노스는 전임자 타운센드가 부가한 미 식민지에 대한 세금 가운데 차에 대한 세금을 제외한 모든 것을 폐지했지만 이는 보스턴 차 사건Boston Tea Party으로 이어졌다. 노스가 수상으로 재임하는 동안 식민지 미국의 독립 문제로 시달렸고, 결국 그의 임기 중 미국 식민지를 잃게 되었다.[12] 1781년 11월 요크타운에서 영국군이 패배하고 난 이후인 1782년 3월 노스는 의회의 불신임 투표로 사임해야 했는데, 영국 역사상 의회의 불신임 투표로 사임한 첫 번째 수상이 되었다. 노스의 사임 이후 한동안 혼란기를 거쳤는데 1782년과 1783년 1년 사이에 3명의 수상이 교체되었다. 1783년 12월 조지 3세는 소 피트William Pitt, the Younger를 수상으로 임명했다. 당시 피트의 나이는 24세였다. 휘그의 오랜 지배에서 벗어나 이제 토리의 새로운 시대가 열리게 된 것이다.

소 피트와 토리의 부상

조지 3세의 소 피트가 권력을 잡은 이후 23년 동안 토리의 지배가 계속되었다. 그러나 이를 두고 반드시 토리의 장기 지배라고 말하기엔 어려운 점이 있다. 소 피트는 과거 펄트니가 이끌었던 반反월폴파 휘그였고 그의 아버지 대 피트 역시 휘그였다(Seldon and Snowdon, 2004, p. 6). 더욱이 소 피트는 그의 아버지 대 피트처럼 토리의 핵심적 가치 가운데 하나인 국교회 신자가 아니었다. 그러나 휘그라는 명칭은 이제 야당으로 자신에게 맞서고 있는 찰스 폭스Charles Fox와 그의 지지자들을 지칭하는 것이었다. 휘그의 장기 지배를 거치면서 토리라는 용어가 내포하는 정치적 의미도 변화했다. 하노버가의 왕조를 반대하고 스튜어트가의 제임스를 국왕으로 옹립하려 했다는 부정적 인식에서 벗어나 이제는 휘그에 맞서는 세력이라는 의미로 토리가 사용되었다. 그런 점에서 소 피트는 우연하게 토리로 불리게 되었다고도 볼 수 있다(Lane, 1974,

p. 17). 토리는 1783년부터 1806년까지 23년간 영국을 지배하게 되었다.

소 피트는 1783년부터 1806년까지, 헨리 애딩턴Henry Addington이 수상이었던 1801년부터 1804년까지 3년을 제외한, 20년간 수상으로 집권했다. 첫 출발은 다소 불안해 보였다. 소 피트가 처음 수상에 임명되었을 때 1782년 로킹엄의 죽음 이후 휘그를 이끌던 찰스 폭스는 피트의 임명에 반발했다. 폭스는 12월 초 입각한 소 피트 내각을 두고, 얼마 남지 않은 크리스마스가 지나고 나면 물러나게 될 것이라고 하면서 그의 내각을 크리스마스 파티용 '민스 파이와 같은 정부 the mince pie administration'라고 조롱했다(Lane, 1974, p. 15). 그러나 조지 3세는 휘그의 장기 집권 이후 국왕 자신의 권력을 되찾아오고 싶어 했다. 이 때문에 국왕의 권력을 제한하려는 폭스의 휘그파보다는 왕권을 존중하는 토리를 선호했다. 실제로 소 피트는 1784년 1월 신임 투표에서 패배했지만 국왕 조지 3세는 폭스가 이끄는 휘그의 재집권을 거부했고 소 피트와 그의 내각이 유지되도록 의원들을 설득했다. 이처럼 소 피트의 집권에는 조지 3세의 지원이 매우 중요했다.

소 피트는 점차 자신에 대한 지지 기반을 넓혀나갔다. 국왕 이외에도 상원의 지지를 확보했고 일반 국민 사이에서도 인기가 높아져갔다. 소 피트는 부패와 부정을 거부하고 변혁을 추구하는 인물로 받아들여지고 있었다. 일부 반대파 의원들도 소 피트의 지지로 입장을 바꾸기 시작했다. 1784년 선거 이전 이미 소 피트는 하원 내 지지자들을 늘려가고 있었다. 1784년 3월 피트는 국왕에게 의회 해산을 요구했고, 그에 따라 총선이 실시되었다. 1784년 총선에서 소 피트는 큰 승리를 거두었고 폭스가 이끄는 휘그는 참패했다. 1784년 총선 승리를 통해 소 피트 내각은 이제 통치를 위한 안정적인 의석을 확보하게 되었다. 이에 더해 1788년 정신병을 앓게 된 국왕 조지 3세가 제 역할을 못 하게 되면서 소 피트 내각의 독립성과 지위는 더욱 높아졌다(Seldon and Snowdon, 2004, p. 8). 조지 3세의 발병은 통치의 권한이 국왕으로부터 내각으로 이전되는 데 적지 않은 영향을 미쳤다.

안정적 통치 기반 위에서 소 피트는 정책적 변화를 추구했다. 우선 미국 식민지 전쟁으로 인해 어려워진 재정을 확보하는데 힘을 썼다. 새로운 세금을 부과했고 밀수와 부패를 막기 위한 조치를 취했다. 1784년에는 인도 법India Act 제정을 통해 영국의 인도 지배권을 민간 상업 관련자의 일상적 업무 관장을 허용하면서도 정부가 직접 개입할 수 있는 여지를 두는 방식으로 변화시켰다.

1780년대에 영국 사회는 산업혁명의 한가운데 놓여 있었다. 산업혁명의 여파로 작은 마을은 도회지로 변모했고 도회지는 더욱 커다란 규모의 도시로 성장해갔다. 많은 사람이 공장에서 일하게 되었고 산업적·상업적 전문성을 가진 부유한 중산층이 등장했다. 이들은 과거 토지 소유를 기반으로 하는 귀족계급의 생활을 모방하기 시작했으며, 여러 가지 정치적 주장을 담은 서적과 팸플릿을 읽기 시작했다. 당시 정치적 팸플릿에 담긴 주장은 보다 산업화되고 도시화된 영국이 농촌과 인구가 희박한 지역을 대표하는 의원들에 의해 지배되는 것이 옳은 일인가 하는 문제 제기로부터, 부유하고 많은 세금을 내며 경제적으로 중요한 중산계급이 정부 권력을 담당하는 데서 배제되는 것이 마땅한 일인가 하는 것 등이었다(Lane, 1974, p. 19). 소 피트 역시 변화된 정치 상황을 반영하기 위한 정치 개혁의 필요성을 인식했고, 그 결과 1785년 36개의 부패 선거구를 없애는 의회 개혁안을 추진했다. 그러나 조지 3세를 비롯해 휘그파 내 보수적인 의원들의 반대로 성공하지는 못했다.

　이러한 상황에서 프랑스에서 일어난 정치적 격변은 영국에서 개혁에 대한 부정적 인식을 더욱 강화시켰다. 1789년의 프랑스 혁명과 뒤따른 루이 16세의 처형은 영국 사회에 커다란 충격을 주었다. 영국의 적이었던 루이 16세의 죽음을 반기는 이들도 있었지만 혁명의 결과가 왕실뿐만 아니라 토지 소유에 기반한 전통적 지배계급의 종말까지 의미하는 것이 분명해지면서 혁명에 대한 영국 사회의 두려움은 커지게 되었다.

　소 피트와 토리는 프랑스 혁명을 개혁에 따르는 결과로 보았다. 개혁의 물꼬가 터지면 요구가 봇물 터지듯 통제될 수 없게 된다는 것이 이들의 생각이었다. 이에 따라 억압적인 조치가 뒤를 이었다. 공공 회합과 노조 활동은 금지되었고 신문은 검열을 받았으며 특별 세금을 물려 신문 가격을 인상함으로써 가난한 이들이 신문을 사서 읽는 것을 어렵게 만들기도 했다. 프랑스 혁명은 잉글랜드의 지배계급에게 현상 유지status quo가 최고의 가치이며, 프랑스의 공화파와 급진파radicals에 대한 적대감 속에 더욱 강하게 결집할 수 있게 했다. 토리가 대표하는 보수주의가 보다 분명한 지향점을 갖게 된 것이다.

　이 무렵인 1794년 휘그파 내에서 분열이 생겼다. 폭스가 대표하는 보다 급진적인 휘그와 보수적인 휘그가 분열하면서 보수적인 휘그 일파가 소 피트 정부에 참여하게 되었다. 폭스는 프랑스 혁명 정부와의 화평을 주장했고 또 다른 휘그 지도자 그레이Grey는 의회 개혁을 주장했는데, 이런 주장은 모두 프랑스 혁명주의자들의 입장에 동조하는 것으로 받아들여지면서 휘그파 내의 보수 성향 의원들의 거센 반발을 불렀다. 이 때문에 상원 내 대다수 휘그파 의원과 하원 내 50명이 넘는 휘그파 의원들이 소 피트의 정당으로 옮겨 왔다. 그 결과 국왕에 충성스러운 토리와 토지 소유계급인 보수적 휘그 간 동맹이 결성되었으며, 진보적 입장을 취하는 소수의 휘그를 주변적인 존재로 만들었다. 프랑스 혁명은 토리와 휘그가 대표하는 새로운 정치적 이념과 이해관계를 보다 분명하게 구분하는 데 커다란 영향을 미쳤다.

1794년 소 피트가 이끄는 토리로 옮겨 간 휘그의 대표적인 인물 가운데 한 명이 영국 보수주의의 발전에 깊은 영향을 미친 사상가 에드먼드 버크Edmond Burke이다. 1790년 발간된 『프랑스에서의 혁명에 대한 성찰Reflections on the Revolution in France』에서 밝힌 버크의 기본적인 사상은 사회는 유기적인 존재이며, 변화는 혁명적이 아니라 점진적이어야 한다는 것, 그리고 사회와 국가가 유지되어 온 전통에 따라 변화가 이뤄져야 한다는 것이었다. 오랜 시간에 걸쳐 유지되어 온 권위는 마땅히 존중되어야 하지만, 변화 역시 불가피하고 바람직한 것이기 때문에 '적절한 변화의 방법을 갖지 못한 국가는 그 스스로 보존의 수단을 갖지 못한 것'이라는 게 버크의 생각이었다(Seldon and Snowdon, 2004, p. 8). 버크가 잘 나타내고 있는 영국 보수주의의 사상은 어떤 수단과 방법을 동원해서라도 변화를 막아야 한다는 것이 아니라, 변화는 불가피하고 따라서 그것을 거부할 수는 없지만 그 방식은 통제할 수 있는 수준으로 점진적이고 온건한 방식으로 이뤄야 한다는 것이었다.

소 피트 역시 변화의 필요성을 인식하고 있었다. 비록 실패하기는 했지만 그는 부패 선거구 폐지와 같은 정치 개혁이나 가톨릭 해방, 그리고 노예무역의 폐지를 주장했다. 보수라고 해서 기존 이해관계를 모두 그대로 지켜내려고만 하지 않았다는 것을 알 수 있다. 다만 그것의 실현을 위해서는 좀 더 시간을 기다려야 했다.

소 피트는 대외 정책에서도 상당한 역할을 했다. 혁명과 함께 공화국이 된 프랑스는 1792년 다른 유럽 국가들이 군주제를 폐지하도록 도울 것임을 선언했으며, 1793년에는 영국을 공화국으로 만들기 위한 전쟁을 선포하기도 했다. 소 피트는 다른 유럽 국가들과 연합을 결성해서 이에 맞섰다. 한편 프랑스 혁명은 영국에 인접한 아일랜드 민족주의자들도 자극했다. 소 피트는 이러한 상황에서의 최선책은 아일랜드를 공식적으로 합병하는 일이라고 생각했다. 1801년 1월 1일부터 그레이트 브리튼과 아일랜드 연합왕국United Kingdom of Great Britain and Ireland이 공식적으로 출범했다. 소 피트는 가톨릭 신자가 대다수인 아일랜드 합병으로 인해 가톨릭교도에 대한 차별과 정치적 불이익을 해결해야 한다고 생각했지만 조지 3세는 가톨릭 해방에 동의하지 않았다. 이 때문에 1801년 2월 소 피트는 수상직에서 물러났다.

1804년 소 피트는 다시 수상직에 복귀했다. 그는 이번에는 의회 내 다양한 세력을 받아들여 내각 구성의 폭을 넓히고 싶었지만 휘그 지도자인 폭스까지 포함하려고 했기 때문에 조지 3세는 이에 반대했다. 소 피트 2기 내각의 가장 큰 업적은 나폴레옹 전쟁으로부터 영국을 구한 일이었다. 1805년 10월 트라팔가 해전the Battle of Trafalgar에서 넬슨 제독Admiral Lord Nelson이 이끄는 영국 해군이 나폴레옹군을 격파하면서 프랑스의 공세를 차단했고 제해권을 장악하게 되었다. 그러나 소 피트는 건강이 악화되면서 1806년 1월 세상을 떠났다.

소 피트는 스스로 자신을 토리라고 부르지 않았지만 변화와 개혁에 대한 사회적 요구가 강했던 시절에 국왕에 대한 충성, 사회적 안정과 질서, 재산권 보호에 대한 토리의 분명한 노선을 설정함으로써 오늘날의 보수당을 이뤄낸 창시자 가운데 하나로 받아들여지고 있다.

리버풀의 토리와
억압 정치

1806년 소 피트의 서거 이후에 치러진 1807년 총선에서 소 피트의 추종자들은 점점 더 분명한 목소리로 자신들을 토리라고 부르기 시작했다. 하원 내에는 특정 정파에 강한 정체성을 갖고 있기보다 독립적인 입장을 취하는 의원의 수가 여전히 많았지만, 토리와 휘그 두 집단 간의 차이는 점점 더 명확해졌다. 대혁명 이후 프랑스에서 벌어지고 있는 정치적 상황의 전개 또한 토리와 휘그 간의 구분을 더욱 분명하게 해주었다. 국왕을 정점으로 한 군주제와 국교회 중심의 종교적 질서를 지지하는 토리파와, 변화와 개혁을 선호하는 휘그파 간에 정치적 입장의 양극화가 뚜렷해졌다. 토리는 엄격한 법과 질서의 강조, 급진주의에 대한 혐오, 폭스가 이끄는 휘그파에 대한 거부감 등을 공유하며 지도자인 리버풀 경Lord Liverpool[13]을 중심으로 단합했다. 이러한 정치적 동질감과 결속력은 그 이후 장기간 지속된 집권으로 인해 더욱 강화되었다. 토리는 1809년까지 포틀랜드 공작Duke of Portland이, 그 후 1812년까지는 스펜서 퍼시벌Spencer Percival이, 그리고 그 이후에는 리버풀이 1827년까지 집권했다. 20년간 토리의 지배가 지속되었고 리버풀은 그 가운데 15년을 통치했다.

리버풀과 그의 내각에 참여한 이들은 자신들이 소 피트의 후계자라고 생각하고 있었다. 하나의 '정당'에 그들이 함께 소속되어 있다는 인식은 없었지만, 리버풀 내각은 소 피트 때보다 훨씬 더 '토리' 정부라고 부를 수 있었다. 그리고 더욱 분명하게 '토리당'으로 만들어져 가는 일들이 리버풀 수상 때 생겨나기 시작했다. 리버풀 수상은 자신의 각료들에게 중요한 정책 사안에 대해 집단적 책임collective responsibility을 갖도록 애썼다. 하원에서 원내 지도자들은, 강요는 아니었지만 자파 의원들에게 어떻게 투표해야 하는지 권하기 시작했고, 독립적인 입장을 고수하는 의원의 수도 점차 줄어들기 시작했다. 1807년 이후 토리파의 지배에 맞서 야당의 입장을 고수해온 폭스가 이끄는 휘그파 역시 점차 정당이라고 부를 만한 특성을 갖춰가기 시작했다. 영국 정치에서 정당의 발전이 이 무렵부터 본격적으로 이뤄지기 시작한 것이다.

그때까지 웨스트민스터 의회 내의 정당 조직은 그저 골격만 갖춰진 정도였고 지방 조직은 존재하지도 않았던 상황이었다. 따라서 토리와 휘그라고 불려온 정파가 폭넓은 사회적 연계망을 갖추었거나 일관성을 갖는 동질적인 정치 집단으로 존재하고 있었다고 보기는 어렵다. 또한 과거에 의회 내에는 일부의 휘그 의원들, 일부의 토리 의원들만이 존재했고 대다수는 독립적인 존재로 남아 있었다. 그러나 1814년경이 되면 많은 수의 의원들이 특정 정당에 '소속'되어 있다는 사실을 받아들이게 되었다. 물론 지금과는 비교할 수 없는 수준으로 매우 느슨한 형태였지만 정당정치의 맹아가 발현되기 시작한 것이다. 그런 점에서 이 시기가 의회 내에 정당 조직이 형성되는 출발점이었다고 말할 수 있다(Seldon and Snowdon, 2004, p. 10).

정당정치의 발전이라는 측면에서 리버풀의 시대는 분명한 진전이 있었지만, 리버풀은 후대에 반드시 좋은 평가만을 받은 것은 아니다. 리버풀은 대외적으로는 나폴레옹 전쟁의 문제를 해결해야 했고, 대내적으로는 산업혁명에 따른 사회적 변화의 정치적 요구를 풀어내야 했다. 그러나 리버풀은 시대적 요구에 적극적으로 대응해 변화를 주도해가기보다는 오히려 변화에 저항하고 그 요구를 막으려고 애썼다.

리버풀이 수상에 취임한 1812년은 나폴레옹이 러시아와의 전쟁에서 고전하면서 영국에 대한 대륙봉쇄령이 느슨해졌던 시점이었다. 나폴레옹이 러시아와의 전쟁에서 패배하자 오스트리아, 프러시아, 러시아와 함께 영국도 프랑스에 맞서는 전쟁에 참여했다. 그리고 1815년 6월 18일 워털루 전투the Battle of Waterloo에서 나폴레옹군이 웰링턴 공작Duke of Wellington이 이끄는 영국군에 패배하면서 이 전쟁은 끝이 났다.

그러나 영국 국내 경제는 대단히 어려운 상태에 빠졌다. 나폴레옹 전쟁의 종식과 함께 군수 산업 등 전쟁 관련 산업이 쇠퇴하면서 실업이 급증했고 노동자들은 값싼 임금에 시달려야 했다. 전장에서 돌아온 병사들의 취업도 쉽지 않았다. 이러한 와중에 급속한 산업화에 따른 노동자의 불만이 노골적으로 표출되기 시작했다. 대표적인 것이 1811년 시작된 기계 파괴를 수반한 러다이트 운동Luddite Movement이다. 1816년까지 계속된 이 운동은 요크셔Yorkshire, 노팅엄셔Nottinghamshire, 레스터셔Leicestershire, 더비셔Derbyshire 등 공업 중심지에서 활발하게 전개되었다. 이와 함께 실직한 노동자의 시위나 의회 개혁을 요구하는 중산층 과격파의 집회도 잦았다.

이에 대한 리버풀의 대응은 매우 억압적이었다. 러다이트 운동으로 붙잡히면 사형에 처하기까지 했고, 대중 집회는 강제로 해산하거나 지도부를 불법적으로 감금하기도 했다. 1819년 8월 16일 랭카셔Lancashire의 노동자들이 맨체스터Manchester의 세인트 피터스 필드St. Peter's Field에서 평화적인 대규모 시위를 열고 있었는데, 리버풀 정부는 이들을 무력으로 진압하면서 11명이 죽고 500여 명이 부상을 입는 사건이 발생했다. 피털루 학살Peterloo Massacre로 불린 이 사건은 노동계급의 불만과 과격화에 대한 지배계급의 불안감과 두려움을 보여주는 것이었지만, 그만큼 노동계급의 정치적 요구가 매우 강력했다는 사실을 극명하게 드러내는 것이기도 했다.

피털루 학살 이후에도 리버풀 정부는 강경한 입장을 고수했다. 1819년 12월 리버풀 정부는 휘그파의 반대에도 불구하고 6개의 억압적인 법Six Acts 혹은 Gag Acts을 제정해 반정부, 개혁 요구 활동을 사실상 법적으로 불가능하게 만들었다. 이 법에는 불경스럽거나 선동적인 글을 쓰면 14년까지 유배형을 주도록 했고, 50명 이상의 집회에 대해 허가를 받도록 하는 등의 억압적 조치가 담겨져 있다.

이에 더해 리버풀이 이끄는 토리 정부는 1815년 말썽 많은 곡물법Corn Laws을 통과시켰다. 프랑스 혁명과 나폴레옹 전쟁 당시 영국에서는 인구가 증가했고 임금도 크게 상승했다. 그러나 프랑스의 해상봉쇄 등으로 인해 외국 곡물이 영국에 수입된 양은 얼마 되지 않았다. 자연히 곡물 가격은 크게 상승했고 토지 소유계급인 토리 의원들은 자신들의 농토에 대한 사용료를 높임으로써 소득을 높일 수 있었다. 그런데 1815년 워털루 전투와 함께 전쟁이 끝나면서 외국 곡물의 수입이 가능하게 되었고, 이에 따라 영국 내 곡물 가격도 하락하게 되었다. 곡물법은 영국에 수입되는 외국산 곡물에 고율의 세금을 물리도록 한 법으로 사실상 외국 곡물의 수입을 불가능하게 한 규정이었다. 영국 국내 곡물 가격이 일정한 수준에 이르지 않으면 외국 곡물 수입은 허용하지 않겠다는 것이 곡물법의 주된 내용이다. 곡물법은 산업혁명과 그에 따른 상공업의 발전에도 불구하고 리버풀이 이끄는 토리가 여전히 전통적인 토지 소유계급의 이익을 대표하고 있음을 잘 보여주고 있다.

리버풀 정부는 1816년에는 재산세와 소득세를 폐지했다. 이 세금은 소 피트가 전쟁비용 부담을 해소하고 재정 확보를 위해 도입한 것이었다. 리버풀 내각은 그 대신 맥주, 양초, 설탕 등 상품에 대한 간접세를 높였다. 이러한 조치는 토지 소유자에 대한 직접 과세 부담을 줄이는 한편 상품을 구매하는 소비자의 세금 부담을 높이도록 한 것이다. 사실상 기득권층의 이익을 최대한 확보하고자 한 것이며 그런 만큼 이미 열악한 노동자의 생활은 더욱 힘들게 되었다. 의회와 정부 모두를 장악한 토지 소유계급의 이러한 노골적인 자기 이익 챙기기는 그 이전까지 정치적인 문제에 큰 관심을 갖지 않았던 중산층이 정치에 눈을 돌리도록 만들었으며 의회 개혁을 요구하는 노동자들의 주장에 동조하게 했다.

1820년 조지 3세를 이어 조지 4세가 즉위했다. 조지 4세와 캐롤라인 왕비Queen Caroline는 결혼 생활이 원만하지 않았고 서로 별거해 있었다. 왕비에 대한 좋지 못한 소문도 들려왔다. 이런 상황에서 국왕의

▶ 곡물법 법안

권위 실추를 우려한 리버풀은 국왕에게 이혼을 권했으나 받아들여지지 않자 상원에 왕비 자격 박탈을 청했다. 그러나 이 또한 받아들여지지 않았고 리버풀 수상의 행동은 조지 4세의 분노만 사게 되었다.

한편 1820년대 되면서 나폴레옹 전쟁으로 인한 불안정한 시기가 지나가고 보다 자유로운 분위기가 조성되었다. 리버풀 정부 내에서도 억압적인 토리의 시기가 끝나고 1822년부터는 자유주의적인 토리Liberal Toryism의 시대가 등장했다 (Seldon and Snowdon, 2004, p. 10). 1822년 외무장관이었고 반反개혁의 주도적 인물인 캐슬레이Castlereagh가 뜻밖에 자살을 했다. 리버풀은 보다 자유주의적인 캐닝 George Canning을 후임 외무장관으로 임명했는데, 이 임명에 대해 불만을 품고 반개혁파 인사들인 엘돈Eldon, 시드무스Sidmouth 등이 사임했다. 이에 따라 리버풀은 내무부 장관에 필Robert Peel, 산업부 장관에 허스키슨William Huskisson, 고더리치 Goderich 등을 임명했다.

새로이 임명된 이들은 캐닝과 같이 젊고 자유주의적인 토리들이었는데 개혁에 적대적이었던 전임자들과 커다란 입장의 차이를 보였다.

이들은 재정 개혁, 형법 개혁 등에서 상당한 개혁을 성취했다. 예컨대 필은 100가지가 넘는 범죄에 대해 사형을 적용한 법률의 폐지와 수형 관련 개혁을 주도했으며, 허스키슨은 곡물법까지 폐지하지는 못했지만 다양한 원자재에 대해 관세를 낮춤으로써 자유교역을 확대했다. 노조의 설립과 이들의 정치적 시위도 허용되었다. 자유주의적 토리가 주도한 이러한 개혁은 높은 평가를 받았지만 전통적 기득권층의 입장을 지지하는 리버풀과는 자주 갈등을 빚었다. 1827년 리버풀이 건강 문제로 수상직에서 은퇴하면서 후임 수상은 캐닝이 이어받았다.

남겨진 과제들

리버풀이 토리 내각을 15년 동안이나 이끌었지만 당시의 두 가지 중요한 시대적 이슈는 제대로 해결하지 못했다. 그것은 후임자들에게 넘겨진 과제였다. 첫 번째 것은 가톨릭 문제였다. 리버풀은 영국이 국왕을 종교적 수장으로 삼는 국교회를 수립했다는 점에서 가톨릭이 권력에서 배제돼 있는 것은 당연한 일이라고 생각했다. 그러나 1801년 아일랜드의 통합 이후 아일랜드 인구의 거의 대다수를 차지하는 가톨릭교도들의 지위를 회복하지 않는 것은 매우 부담스러운 일이었다. 의회 내 자유주의적 입장을 갖는 의원들의 요구도 점차 커져갔다. 그러나 리버풀은 가능한 그 문제를 회피하고 싶어 했다. 가톨릭 해방 Catholic Emancipation의 핵심은 우선 1673년 제정된 가톨릭 신자의 군과 행정 분야의 고위직 임용을 금지한 심사법 폐지에 있었다.

　리버풀의 뒤를 이어 1827년 수상이 된 캐닝은 가톨릭과 비국교도들에 대한 종교적 관용을 강조했고 심사법의 철폐를 원했다. 그러나 캐닝은 수상이 된 지 불과 몇 달 만에 사망했고 그 후임으로 지명된 고더리치 자작Viscount Goderich은 의회가 개회하기 이전에 수상직에서 사임했다. 워털루 전쟁을 승리로 이끈 영웅, 웰링턴 공작이 뒤를 이어 토리의 수상이 되었다. 로버트 필은 하원 원내 대표Leader of the House of Commons가 되었다. 사실 웰링턴이나 필은 모두 아일랜드의 가톨릭교도에 대해 부정적인 시각을 갖고 있었기 때문에 캐닝을 지지했던 허스키슨, 파머스턴Lord Palmerston, 윌리엄 램William Lamb 같은 이들은 웰링턴 정부에 참여하기를 거부했다.

1801년 소 피트가 아일랜드와 통합해 연합왕국United Kingdom을 이룬 것은 프랑스 혁명 이후 공화국이 된 프랑스가 아일랜드를 영국을 공략하기 위한 배후 기지로 이용할 가능성을 없애기 위해서였다. 당시 소 피트는 아일랜드 의회가 통합을 받아들인다면 아일랜드 가톨릭교도에 대한 차별을 철폐하겠다고 설득했다. 그러나 조지 3세는 가톨릭교도들에 대한 차별 철폐에 동의하지 않았다. 가톨릭 해방은 당시 토리파 정치인에게는 풀기 어려운 과제였다. 인구 대부분이 가톨릭교도인 아일랜드에서 개신교도가 정치적으로 이들을 대표한다는 것은 어불성설이기에 현실적으로 가톨릭교도의 정치 참여의 권리와 정치적 대표성을 인정해야만 했다. 그러나 아일랜드 가톨릭교도에게 정치적 시민권을 부여하는 것은 국왕과 국교회에 대한 토리의 깊은 애정과 지지에 반하는 것이었다. 가톨릭교도들은 종교적으로 로마 교황의 통제 하에 놓이기 때문이다.

1823년 다니엘 오코넬Daniel O'Connell이 아일랜드 독립을 목표로 하는 가톨릭 협회Catholic Association를 창설했다. 그렇지만 아일랜드가 영국으로부터 벗어나기 위해서는 영국 의회의 승인이 필요했다. 오코넬은 영국의 한 부분이 된 아일랜드를 대표하는 가톨릭계 의원의 의회 진출을 가능하도록 하기 위해 심사법에서 규정한 가톨릭교도의 공직, 군사직 임용을 금지하는 법안의 철폐 등을 요구하는 가톨릭 해방Catholic Emancipation 운동을 펼쳤다. 오코넬은 각 지방의 가톨릭교회를 지지자 충원과 지원금 모금의 공간으로 활용하는 등 매우 조직적인 활동을 전개했다. 오코넬 그 스스로도 영국 의회에 진출하기로 결심하고 1828년 아일랜드 클레어 카운티County Clare의 보궐선거에 후보로 출마했다. 선거 결과는 오코넬의 압승이었다. 이와 같이 가톨릭 해방 운동에 대한 높은 지지 속에 가톨릭계의 봉기에 대한 위기감도 고조되고 있었다.

국왕과 성공회 교회는 토리에게는 말하자면 '헌정의 중추pillars of the constitution(Ball, 2003, pp. 2-3)였다. 국왕은 위계와 질서를 상징했으며, 국왕에 대한 충성심은 곧 애국주의와 동일한 것이었다. 그리고 당시 국교회는 비국교도의 확산과 가톨릭 해방 운동, 그리고 급격한 세속주의와 무신론에 의해 위협을 받고 있던 상황이었다. 가톨릭에 대한 거부와 저항은 토리의 핵심적 지지자들에게 매우 중요한 일이었다. 따라서 가톨릭 해방에 관한 사안은 토리에게는 정치적으로 결코 간단한 문제가 아니었다.

웰링턴과 필은 처음에는 가톨릭 해방 문제에 대해 부정적인 입장을 취했다. 심사법에 규정된 그대로의 법 조항을 강조했고 오코넬이 하원 내 의석을 갖는 것도 허용하지 않았다. 그러나 이 때문에 대규모 봉기의 가능성이 높아지는 등 정치적 불안이 고조되었다. 특히 아일랜드 내부의 상황은 더욱 심각해서 가톨릭 해방이 이뤄지지 않는

다면 내전과 같은 폭력적인 사태가 발생할 수도 있었다.

가톨릭 해방 조치에 대해 웰링턴과 필 모두 주저했고 조지 4세나 성공회 교회 역시 이에 대해 반대했지만, 위기 상황에 직면하게 되자 웰링턴은 1829년 5월 의회 내 자유표결을 통해 심사법을 폐지하고 아일랜드 가톨릭 신자에게 시민권을 완전히 회복시켜 주는 가톨릭 구제법Catholic Relief Act을 통과시켰다. 불가피한 변화라면 끝까지 저항하기보다 그것을 수용하고 주도함으로써 새로운 환경에 적응해가는 영국 보수당의 전통이 잘 드러난 또 다른 사례이다. 그러나 엘든 경 Lord Eldon이 이끄는 토리 내 우파들은 웰링턴의 가톨릭 해방에 끝까지 반대했고 법안의 통과 이후에도 마음을 바꾸려고 하지 않았다.

리버풀 수상이 미뤄놓은 또 다른 심각한 문제는 의회 개혁이었다. 18세기 중반부터 산업혁명이 본격화되면서 영국은 커다란 사회경제적 변화의 과정을 겪게 되었다. 도시를 중심으로 한 상공업이 활성화되고 은행의 발달 등 본격적으로 자본주의 경제가 꽃피기 시작했다. 그러나 정치적 대표성은 도시보다 농촌 지역에 몰려 있었고 의회 역시 세습귀족aristocracy과 토지에 기반을 둔 젠트리landed gentry가 지배하고 있었다. 선거구를 확대하고 공평하게 의석 배분을 해야 할 필요성은 명백했다. 의회 개혁을 요구하는 소요도 도시, 농촌 할 것 없이 곳곳에서 일어났다. 프랑스 혁명 이래 전개된 프랑스의 정치 상황 역시 급진적인 사상과 행동을 자극했다.

이 때문에 18세기 후반 이래 문제가 된 '부패 선거구rotten boroughs'를 해결하고 산업의 중심지로 등장한 도시 지역에 의회 의석을 배분해야 할 필요성은 시급한 것이었다. 부패 선거구는 농촌 지역 마을 중에서 도시로 인구가 빠져 나가는 등 버려져 있어 소수의 사람들만이 살고 있는데도 여전히 의원을 배출하는 선거구로 남아 있는 것을 말한다. 당시 가장 악명 높은 사례는 솔즈베리Salisbury 북쪽의 올드 세럼Old Serum이란 곳이었는데, 의회 개혁이 논의되던 당시 이 지역에 는 세 채의 가옥만이 존재했고 투표권을 가진 이들은 7명뿐이었다. 그러나 그때까지도 이 지역에서는 2명의 의원을 선출하고 있었다. 이 에 비해 대규모 인구가 밀집한 맨체스터, 리즈Leeds, 버밍엄Birmingham 과 같은 공업 도시 지역에는 선출할 의원의 의석이 배정되어 있지 않 았다. 한편 부패 선거구 이외에도 포켓 선거구pocket borough라는 것도 있었다. 이것은 선거구 규모도 작지만 유권자의 대다수가 한 지주나 집안의 영향력 하에 있는 소작인으로 구성되는 선거구를 말한다. 이 들은 지주의 강요나 물질적 회유에 취약할 수밖에 없어서 선거는 언 제나 지주의 당선을 보장하는 것이었다.

사실 이전에도 소 피트는 구 선거제도의 명백한 불공정성을 지적 하고 이에 대한 온건한 개혁 법안을 제안한 바 있지만 그 법안은 의 회에서 부결되었다. 폭스가 이끄는 휘그도 1770년대에 의회 개혁을 추진한 바 있지만 무산되고 말았다. 그러나 이러한 의회 개혁 문제가 나폴레옹 전쟁 이후에 다시 제기되자 토리는 현상 유지 쪽으로 몰고 가기로 입장을 취했다. 당시 토리는 현재의 선거제도로부터 큰 정치 적 혜택을 보고 있었기 때문이다.

리버풀은 의회 대표성과 관련된 현 제도의 명백한 불공정성을 인 식하고 있었지만, 동시에 의회 내에서는 개혁에 대한 지지가 크지 않 다는 사실도 잘 알고 있었다. 오히려 그는 도시 유권자의 영향력을 강화하는 어떤 시도에 대해서도 강력하게 반대했는데, 그렇게 된다면 이들이 급진적 개혁을 요구할 수 있다는 두려움 때문이었다. 선거 개혁에 대한 리버풀의 부정적 태도는 너무도 확신에 차 있어 타협의 여지가 없었다. 선거구 개혁은 그에게 논의의 대상이 아니었다. 그러나 휘그는 이러한 문제를 제기해 현재의 정치 구조를 변화시키고 자신들이 집권할 수 있는 조건을 만들어내고자 했다.

가톨릭 해방으로 토리 내 우파들로부터 강한 비판을 받은 웰링턴은 의회 개혁에 대해서는 강경하게 반대함으로써 그들의 지지를 되찾으려고 했다. 그러나 가톨릭 해방에 격분한 토리파 내의 우파들이 웰링턴으로부터 등을 돌리면서 그는 1830년 실각했고 곧 총선이 실시되었다. 토리 우파들은 웰링턴과 필의 동조자들의 당선을 막기 위해 노력했고, 그 결과 그레이 백작Earl Grey[14]이 이끄는 휘그가 하원에서 과반 의석을 확보할 수 있었다. 한편 1830년 6월 조지 4세가 죽고 그의 동생 윌리엄 4세가 권좌를 이어받았는데, 신임 국왕은 휘그파와 그들의 지도자인 그레이를 대하는 데 훨씬 우호적이었고 의회 개혁 문제에 대해서도 개방적이었다.

1830년 총선에서 선거구 개혁은 매우 중요한 이슈로 부상했으며 사실상 의회 개혁을 둘러싼 국민투표와 같은 의미를 지니고 있었다 (Lane, 1974, p. 27). 당시 의회 선거구는 과거 스튜어트 시대에 확립된 것으로 농촌 지역의 각 카운티county에서 2명의 의원이 선출되었고 일부 도시 버로우borough에서 나머지 의원들을 선출했다. 그러나 산업혁명의 결과 영국 사회 내 인구 구성이나 분포가 크게 달라졌지만 대다수 새로운 도회지에서 선출되는 의원은 사실상 거의 존재하지 않았다. 더욱이 부패 선거구에 대한 옹호는 더 이상 불가능해졌다. 국왕 윌리엄 4세는 그레이를 불러 휘그 내각의 조각組閣을 청했다. 이러한 윌리엄 4세의 조각 지시는 리버풀에 의해 주도되었던 토리의 장기 집권 종식을 의미했으며, 토리의 분열로 이어졌다. 가톨릭에 대한 종교적 관용을 강조했던 캐닝파Canningites, 고더리치, 그리고 심지어 일부 반反가톨릭 입장을 가진 토리도 의회 개혁의 마지막 타결을 이루기 위해 휘그파 그레이가 이끄는 내각에 참여했다.

그레이는 수상직을 맡은 이후 첫 조치로 개혁법Reform Bill의 통과를 추진했다. 이에 웰링턴과 토리는 의회 개혁에 강력하게 반대했다. 그러나 당시 의회의 구성과 대표성에 대해 대다수 국민이 심각한 문제로 생각하고 있었다. 노르위치Norwich, 노팅엄Nottingham, 브리스톨Bristol, 더비Derby, 런던, 버밍엄 등에서 시위가 일어났다. 가장 심각했던 곳은 버밍엄으로 개혁을 요구하는 대규모 시위가 연일 이어졌다. 한편 런던에서는 시위대가 웰링턴의 집 근처까지 행진하면서 경찰과 충돌을 빚기도 했다. 1831년 3월 존 러셀Lord John Russel이 첫 번째 개혁 법안을 의회에 제출했다. 그 법안은 다수의 부패 선거구를 폐지하고 공업 도시에 새로운 의석을 분배하는 것을 내용으로 하는 것이었다. 그러나 이 의회 개혁 법안은 의회 상임위원회 논의 단계에서 막혀 더 이상 진전을 이룰 수 없었다.

그레이는 국왕 윌리엄 4세를 설득해 의회를 해산하고 총선을 다시 치르고자 했다. 1831년 총선의 이슈는 개혁법이 사실상 전부였는데, 당시 여론은 압도적으로 선거 개혁을 지지하는 분위기였다. 휘그는 총선에서 법안 통과에 아무런 문제가 없는 정도의 압도적인 과반 의석을 획득하는 데 성공했다. 개혁법이 곧 하원을 통과했지만 토리가 다수를 차지하고 있는 상원에서는 그 법안을 거부했다. 브리스톨과 노팅엄카슬에서 시위와 폭동이 가열되었다. 그레이는 다시 하원에서 법안을 통과시켰다. 상원은 여론의 거센 정치적 압력으로 인해 이번에는 부결 대신 수정을 검토하고 있었다. 상황이 이렇게 되자 그레이는 윌리엄 4세에게 상원에서 법안 통과에 필요한 휘그파 상원의원 50명을 추가로 임명해줄 것을 요구했다. 하지만 윌리엄 4세는 개혁 법안의 수용을 주저했고, 결국 상원 내 국왕의 측근들의 의견을 고려해 그레이의 요구를 거부했다. 그레이는 수상직에서 사임했고, 윌리엄 4세는 웰링턴에게 정부 구성을 요청했다. 몇 주 동안 웰링턴은 정부 구성을 위해 애썼으나 여의치 않았다. 여론이 개혁 법안을 강하게 요구하고 있는 상황에서 개혁을 반대하는 웰링턴을 돕는 것은 폭동을 불러올 수도 있는 일이었기 때문에 로버트 필을 비롯한 많은 토리 의원들은 웰링턴에 대한 지원을 꺼렸다. 결국 웰링턴은 내각을 구성하지 못하고 사임해야 했고 윌리엄 4세는 불가피하게 다시 그레이에게 정부 구성을 맡길 수밖에 없었다. 그레이는 필요하다면 상원에 휘그파 의원 50명을 임명하겠다는 것과 개혁법 통과를 위해 상원에 영향력을 행사하겠다는 국왕 윌리엄 4세의 약속을 받고 나서야 다시 정부에 복귀했다. 그리고 1832년 6월 마침내 개혁법이 의회를 통과하게 되었다.

그레이가 이끌어낸 개혁법the Reform Act의 통과로 인해 인구 2,000명이 되지 않는 56개 선거구가 폐지되었고, 31개의 2인 선출 선거구는 선출 의원 수를 한 명으로 축소했다. 대신 인구가 증가한 도시 선거구에 의석을 신설했다.[15] 선거구가 확대되었고 투표권을 가진 인구수는 50만 명 이하에서 81만 3,000명으로 증가했다(Norton, 1996, p. 21).

선거구 조정과 선거인의 확대가 이뤄졌지만 그 효과는 사실 대체로 온건한 것이었다. 이 개혁 조치가 이뤄진 것은 거의 혁명적이라고 할 만큼 커다란 사회적 요구와 거센 시위의 결과였지만 상공업에 종사하는 부유한 중산층에게 투표권을 부여하는 것 이상의 커다란 변화를 이끌어내지는 못했다. 도시에서는 주택을 소유하고 있거나 연간 10파운드 이상의 집세를 내는 이들에게만 투표권이 주어졌다. 농촌에서도 투표하기 위해서는 재산 자격 요건을 충족해야 했다. 선거구 간 표의 등가성에도 문제가 많았는데, 349명의 유권자를 가진 버킹엄 선거구는 4,772명의 유권자를 가진 리즈Leeds와 여전히 같은 수의 대표자를 선출했다(Morgan, 1997, p. 505).

이 때문에 개혁법에도 불구하고 의회의 구성은 크게 달라지지 않았다. 절반 이상의 의원들은 농촌 선거구에서 당선되었고, 하원의원 658명 중 500명의 의원들은 여전히 토지 소유계급이었으며, 217명은 상원의원의 자식들이었다(Lane, 1974, p. 30). 개혁법 통과에 대해 토지 소유계급은 자신들이 휘그파에게 당했으며 개혁법은 상공업자의 점증하는 영향력에 밀린 것으로 생각했다. 이런 인식 때문에 흥미롭게도 토리는 그에 대한 보복 조치로 상공업자에 부담을 주는 '개혁'을 추구하기도 했다. 토리에 의해 추진된 유아 노동의 감시와 규제를 강화한 1833년 공장법Factory Act이 대표적인 예이다. 휘그파 그레이에 의해 추진된 1832년 개혁법은 제한적인 성과를 거두는 데 머물렀지만, 이것이 영국의 정당정치에 미친 영향은 결코 작지 않았다. 이제 정치는 과거처럼 의회 의사당이나 장원 내 대저택의 거실에서만 머물 수 있을 수 없게 되었고, 정치적으로나 조직적으로 변화해야 하는 상황을 맞이하게 되었다.

'위대한 보수당'이 등장하다

곡물법 폐지와
필의 리더십

휘그파인 그레이 수상이 추진한 1832년 개혁법Reform Act 도입을 토리는 강하게 반대했지만 이 법안은 흥미롭게도 보수당의 발전에 결정적 도움을 주는 전환점이 되었다. 1883년 이래 보수당이 정치적 우위를 유지할 수 있었던 것도 사실 이러한 선거법이 가져다준 이점이 있었기에 가능했다.

그레이 수상의 법안에 대해 웰링턴과 토리파 의원들은 반대하기로 뜻을 모았다. 그러나 1831년 선거에서 토리파의 입지는 더욱 좁아졌다. 여론의 압력과 국왕 윌리엄 4세의 뜻에 밀려 토리는 자신들이 지배하는 상원에서도 그 법안을 통과시켜야 했다. 마지막까지 개혁법에 반대해온 강경파 토리들도 개혁의 압력에 저항하는 것이 불가능하다는 사실을 깨닫고 양보할 수밖에 없었다. 극력 반대해온 웰링턴 역시 개혁법이 통과되자 이를 수용할 수밖에 없었다. 그러나 개혁법 통과로 영국의 보수 세력은 변화의 요구를 반대하고 억압했던 당시 유럽의 많은 귀족 정당이 직면해야 했던 운명에서 벗어날 수 있었다. 변화의 요구에 저항하지만 불가피하다고 판단되면 유연성 있게 수용하는 현실적 태도가 영국 보수 세력의 생존 요인이었다. 1832년의 개혁법을 둘러싼 정치적 갈등 속에서도 이런 모습이 잘 드러났다.

이때가 되어 보수당은 오래된 명칭인 토리를 버리고 '보수당'으로 알려지게 되었다. 우리가 지금 부르는 보수당의 명칭은 바로 이 무렵, 즉 1830년경에 사용되기 시작했고 곧 그 명칭이 유행하게 되면서 1835년이 되면 토리보다 보수당이 일반적인 명칭으로 자리 잡게 되었다(이하 Seldon and Snowdon, 2004, p. 14). 보수당이나 자유당이라는 표현은 다른 많은 정치적 용어처럼 프랑스 혁명 이후 프랑스에서 수입된 것으로 알려져 있다. 1827년 웰링턴은 자신을 보수주의자 정당parti des conservateurs의 지도자라고 칭한 바 있으며, 1830년경부터는 '보수'가 정당 명칭으로 보다 본격적으로 널리 사용되기 시작했다. 1830년 1월《쿼털리 리뷰Quarterly Review》지에 법률가였던 존 밀러 John Miller는 "우리는 지금, 언제나 그랬던 것처럼 단호하면서도 진지하게 토리Tory라고 불린 존재에 애착심을 갖고 있다. 그것을 보수당 the Conservative Party이라고 부르는 것이 보다 적절할 수 있다"라고 적은 바 있다. 1834년 발표된 로버트 필의 유명한 탐워스 강령Tamworth Manifesto에서도 필은 자신이 '위대한 보수당the Great Conservative Party'을 이끌고 있다고 표현했다. 1832년에는 더럼 보수당 협회Duhram Conservative Association나 리버풀 보수당 협회Liverpool Conservative Association 등 보수당이라는 명칭을 붙인 단체가 설립되었다(Norton, 1996, pp. 17–18).

1832년 개혁법은 보수당 내 반대자들이 우려한 것만큼 급진적인 것이 아니었으며 혁명적인 것은 더더욱 아니었다. 국왕의 권한에 별다른 영향을 미치지 않았으며, 1911년 의회법이 통과될 때까지 보수파의 보루였던 상원의 권한에도 별다른 영향을 미치지 않았다. 귀족들의 지위에도 별다른 변화가 없어서 그들은 여전히 내각과 지방에서 지배적인 위치를 차지했다. 토지소유 계급들의 지위 역시 1832년 개혁법에 의해 약화되지 않았다. 1832년 개혁법이 몰고 온 중요한 변화는 정부의 교체가 국왕의 뜻이 아니라 총선에서의 승리라는 원리가 확립되었다는 점이다. 따라서 권력을 장악하고 또 유지하기 위해서는 선거에서 승리하는 일이 무엇보다 중요하게 되었다. 또한 다른 정당의 도전을 물리치고 승리하기 위해서는 당을 보다 효율적으로 조직해야 할 필요성도 커졌다. 정당정치의 발전이 본격화된 것이다.

개혁법의 통과는 또한 보수당이 '충성스러운 야당a loyal opposition'이될 수 있게 했다. 과거에 토리는 권력을 차지했느냐의 여부와 무관하게 국왕의 입장을 지지해왔다. 그러나 이제 윌리엄 4세가 개혁의 필요성을 인정함으로써 정권 교체는 국왕의 직접적 개입과 무관하게 이뤄지게 되었다. '폐하의 충성스러운 야당His Majesty's Loyal Opposition'이라는 명칭은 정부 교체가 국왕과 무관하게 독립적으로 이뤄지게 되면서 권력을 담당하지 않는 정당을 지칭하는 것으로 자리 잡게 되었다(Seldon and Snowdon, 2004, p. 16). 정당을 중심으로 한 권력 교체의 틀이 자리를 잡기 시작했다.

보수당은 개혁법 통과 이후 실시된 1832년 12월의 총선에서 매우 저조한 성적을 거두었다. 658명의 하원의원 가운데 보수당은 175석을 얻는 데 그쳤다. 휘그는 441석이었고 나머지 42석 역시 개혁에 동조하는 이들이 다수였다. 보수당이 얻은 의석수는 한 해 전 총선에 비해 절반으로 줄어든 것이었다. 가톨릭 해방 문제, 개혁법 등의 쟁점 법안을 다루면서 보수당은 분열되었고 대중에게 신뢰를 주지도 못했으며 결국 총선에서 패배했다.

1832년 총선 결과에 따른 압도적으로 유리한 상황에서 휘그파가 곡물법 폐지 등 보호주의에 반대하는 정책 도입으로 토지 소유계급의 이익을 약화시키려고 할 것을 보수당은 우려했다. 그러나 아일랜드 교회의 잉여 소득 환수 정책을 둘러싸고 휘그 내각이 분열하면서 그레이는 1834년 사임했다. 그레이의 사임 이후 국왕 윌리엄 4세는 휘그파 멜버른 경Lord Melbourne에게 수상직을 맡겼지만 휘그파 내부의 갈등으로 얼마 지나지 않아 멜버른은 사임했다. 개혁법 통과 이후 휘그의 정치적 주도가 이어질 것으로 예상되었지만 이처럼 휘그는 내부 분열로 신뢰를 잃어갔다.

1834년 12월 윌리엄 4세는 분열된 멜버른 내각 대신 보수당의 웰링턴에게 정부 구성을 요청했다. 웰링턴은 국왕의 제안을 감사하게 받았다. 그러나 웰링턴은 1832년 개혁법 이후의 시대에는 자신과 같은 귀족이 아니라 평민원House of Commons인 하원을 이끌 지도자가 필요하다는 것을 깨닫고 있었고, 또한 1832년 개혁법에 반대하지 않은 인물이어야 한다고 생각했다. 웰링턴은 윌리엄 4세에게 로버트 필Robert Peel을 자기 대신 수상으로 천거했고, 당시 이탈리아에 머물던 그가 영국으로 돌아올 때까지 관리 내각을 이끌었다.

필은 소수파로 수상이 되었다. 수상 취임 후 얼마 지나지 않은 1835년 1월 총선을 실시했다. 이 선거에서 휘그는 385석, 보수당은 273석을 얻었다. 여전히 보수당은 소수파에 머물렀다. 그러나 1832년 선거에서 보수당이 얻은 175석과 비교하면 거의 100석에 가까운 의원을 더 당선시켰다. 국왕의 지원을 받는 집권당이라는 사실도 보수당을 도왔다. 보수당은 필의 지도하에서 그동안 가톨릭 해방이나 개혁법처럼 시대적 요구에 제대로 부응하지 못해 잃었던 신뢰를 회복해 가기 시작했다. 선거 강령의 작성이라든지 선거 자금의 확보, 조직의 강화 역시 필의 지도력 하에 이뤄졌다.

1832년 이후 보수당의 정치적 회복을 설명하는 중요한 요인 중 하나가 바로 필의 리더십이다. 필은 시대정신을 구현한 정치 지도자였다. 필은 1834년 12월 '탐워스 강령'을 발표했다. 정당이 전국적인 강령을 공표하거나 당 지도자가 전국적인 유세를 행하기 훨씬 이전의 시기에 필은 보수당이 추구해야 할 공동의 가치를 담은 탐워스 강령을 자신의 지역구에 배포했다. 탐워스 강령은 이후 영국 선거에서 일반화된 선거 강령manifesto의 시초가 되었다. 탐워스 강령에서 필은 유권자들에게 보수당이 누구를 대표하고 무엇을 추구하는지를 제시하면서 전통적인 보수당 지지자와 온건한 휘그 지지자들 모두를 끌어들일 수 있는 온건하고 건설적인 보수주의를 제시했다.

탐워스 강령은 보수당 지지 기반의 확대를 의도한 것이었다. 자신의 선거구 탐워스[16]에서 필은 강령을 통해 강경 보수파에 의한 반동적인 대응과 급진주의자들이 추구하는 극적이고 심지어 혁명적이기까지 한 변화를 모두 거부하고 그 사이의 중도적 입장에 대한 보수당의 가치와 사상을 제시했다. 필은 탐워스 강령을 통해 보수당은 1832년 개혁법을 존중할 것이고 폐지하지 않을 것임을 확약했으며 이후의 추가적인 개혁도 수용할 용의가 있음을 제시했다. 유기적이고 점진적인 변화에 의한 보다 온건한 개혁이 필요하다는 점을 역설하며 자신의 보수주의를 중산계급이 지지해줄 것을 요구했다. 필은 자신이 귀족 집단과 상공업자들의 이해관계 사이에 균형 잡힌 온건한 개혁을 선호한다는 점을 강조했다. 탐워스 강령은 1832년 개혁법 통과 이후 형성된 새로운 정치 상황에서 보수당이 취해야 할 입장을 정리한 것이며 보수당의 이념을 최초로 명확하게 제시했다(Norton, 1996, p. 18).

필이 준비한 이 강령은 기존의 보수당 지지자들을 소외시키지 않으면서도 새로운 유권자 층을 끌어들이기 위해 당의 노선이 시대의 지배적인 분위기 속에서 균형감을 잃지 않도록 하기 위한 세심한 조치였다. 개혁법을 받아들이지 않는 것은 용납될 수 없는 일이었지만 그렇다고 해서 기존의 제도를 위협할 수 있는 과격한 변화를 수용하는 것은 당의 정치적 기반을 붕괴시킬 수도 있는 일이었기 때문이다. 사회적으로 급격한 변화가 일고 있는 시점에 필은 보수당이 급진적이지는 않지만 그렇다고 해서 반동적인 존재도 아니라는 점을 밝히고 싶었던 것이다. 탐워스 강령으로 필은 보수당과 국민들에게 전임자 웰링턴과 구분되는 자기만 고유한 색깔을 보여줄 수 있었다.

한편 탐워스 강령은 그 이전까지 극심한 대결을 보였던 토리파와 온건한 휘그파의 경계를 애매하게 만듦으로써 에드워드 스탠리 Edward Stanley[17]와 같이 휘그 개혁파 가운데 휘그에 실망감을 갖는 이들을 보수당에 끌어들이기 위한 의도도 있었던 것으로 보인다. 온건 휘그파를 끌어들인 일 역시 보수당이 정치적으로 입지를 회복하게 된 또 다른 중요한 요인이었다. 1837년 총선 이후 휘그당 그레이 내각에서 핵심적 인물이었던 스탠리와 그레이엄Graham이 보수당으로 당을 옮겼다. 1932년 이래 휘그당에서 보수당으로 당적을 옮긴 이들은

58명에 이르고 그들 중 54명이 잉글랜드 지역구 출신이었다(Stewart, 1989, p. 62). 이로 인해 휘그 지도부는 점점 더 급진적 휘그파와 아일랜드 출신 의원들에게 의존하게 되었고, 휘그의 대중적인 호소력은 그만큼 더 떨어지게 되었다. 휘그 이탈자들이 보수당에 대거 참여하게 됨에 따라 필 역시 보수당 내 강경파에 대한 의존도는 그만큼 낮아지게 되었다. 필은 수용할 만한 것이라고 생각될 때 휘그의 정책이라도 지지하도록 자기 당 의원들에게 촉구했고 이는 책임 있는 정당으로서 보수당의 위상을 높였다.

당 조직의 개선 역시 보수당의 회복세에 도움을 주었다. 칼턴 클럽the Carlton Club[18]은 1832년 설립된 보수당 상하원 의원들 간의 친목 모임이다. 1835년부터 본격적으로 활발한 활동이 이뤄지기 시작했는데, 칼턴 클럽은 단지 사교적인 공간으로서의 역할뿐만 아니라 당 조직의 중심으로 발전해가기 시작했다. 칼턴 클럽은 초기에는 중앙당 조직과 같은 역할을 행했지만 1867년이 되면 지방의 자생적 보수당 조직을 모두 포괄하는 공식적인 전국 조직으로 발전할 수 있었다(Norton, 1996, p. 18). 이와 함께 선거에서 경쟁력을 높이기 위한 당 조직의 재편과 정치자금의 모금도 이뤄졌다. 당 조직 구축에 전념하는 유급 인력이 고용되었고, 1841년에는 사교 모임의 성격을 넘어선 지역 당 조직이 여러 지역구에 생겨나기 시작했다. 중앙과 지방 조직에 대한 이러한 조직화가 당시 선거운동에서 얼마나 큰 역할을 했는지 확인할 길은 없지만, 당이 적절한 후보자를 찾아내는 데 도움을 주고 당내에 자신감과 목적의식을 불어넣은 것만은 분명해 보인다(Seldon and Snowdon, 2004, p. 20).

의회 내의 향상된 조직 역시 보수당의 당세 회복에 기여했다.

1837년 필이 토마스 프리맨틀Thomas Freemantle을 당의 수석총무Chief Whip로 임명한 것은 이런 점에서 대단히 중요한 일이었다. 매주 '원내 총무의 서한Whip's letter'을 각 의원에게 보냈는데, 여기에는 한 주의 의회 일정과 투표의 중요성 등을 적었다. 또한 당내 의원 간의 정기적인 모임을 통해 일체감과 공통의 명분을 갖도록 했다. 분열돼 있던 당의 단합이 이뤄지게 된 것은 이와 같은 당 조직 강화의 노력으로 인한 결과였다. 그러나 지방 당 조직은 말할 것도 없고 개별 의원들의 독자성, 독립성은 여전히 강한 편이었다.

보수당이 조직적으로나 정치적으로 발전해가고 있었지만, 현실적으로 필은 소수파 내각을 이끌고 있었다. 필이 소수파 내각을 이끈지 석 달 만인 1835년 4월 예산안이 의회에서 부결되면서 필은 사임했다. 이후 멜버른이 이끄는 휘그가 권력을 되찾게 되었다. 1837년 6월 국왕 윌리엄 4세의 죽음으로 인해 새로운 총선이 실시되었다. 1837년 총선에서는 보수당은 314석으로 이전 선거보다 41석을 더 얻었고 잉글랜드 지방에서는 과반 의석을 차지했다. 그러나 휘그는 344석을 차지해 여전히 보수당을 압도했다.

1839년 5월 필은 내각을 담당할 기회를 다시 갖게 되었다. 그러나 또다시 소수파 내각을 이끌어야 하는 필로서는 새로운 국왕 빅토리아 여왕의 강한 신뢰가 필요했다. 그런데 당시 빅토리아 여왕의 개인 생활을 돌보는 직책은 대부분 휘그파 정치인의 부인이나 여성들로 채워져 있었다. 필은 빅토리아 여왕에게 보수당 쪽의 여성들로 교체해줄 것을 요청했으나 여왕은 이 제안을 거부했다. '침실 위기Bedchamber Crisis'로 불리는 이 사건과 함께 필은 내각 통솔을 포기했고 휘그가 다시 집권하게 되었다.

그러나 휘그 내각은 1841년 당내 갈등이 심화되었고, 결국 의회의 불신임 투표로 물러나게 되었다. 곧 총선이 실시되었다. 필은 마침내 1841년 총선을 승리로 이끌었다. 이 선거에서 보수당은 53석을 추가로 얻어 367석을 차지했고 휘그는 271석, 그리고 기타 정파가 20석을 차지했다. 보수당은 이제 안정적인 과반 의석을 차지했다. 보수당은 특히 잉글랜드와 웨일스의 농촌 지역 선거구에서 많은 지지를 얻었다. 안정적인 장기 지배가 가능할 것이라는 기대감 속에 로버트 필은 수상으로 복귀했다. 필 내각은 국왕의 지명이 아니라 선거를 통해 단일 정당이 과반 의석을 차지함으로써 권좌에 오른 영국 역사상 첫 정부였다. 필이 구성한 내각에는 전직 혹은 장차 수상이 되는 5명의 쟁쟁한 인물들이 포진하고 있었다.[19]

필이 의회 내 안정적인 의석을 기반으로 다시 수상이 된 이후 그의 리더십은 높은 평가를 받았다. 그러나 필이 수상직에 복귀한 1841년은 경제적으로 매우 어려운 시기였다. 실업이 증가하고 임금은 떨어지고 물가는 올라가며 공장의 이윤도 줄어들고 있었다. 경제적 어려움이 발생한 이유는 산업혁명으로 생산이 크게 늘어났지만 그것을 충분히 소비해낼 만큼 시장이 빠르게 확대되지 않았기 때문이다. 국내시장이나 해외시장 모두 정체돼 있었다. 필 내각은 직면한 경제적 어려움에서 벗어나도록 하는 것이 급선무였다. 필은 1842년 예산안을 편성하면서 750개의 관세를 철폐했고, 1845년 예산안에서는 450개의 관세를 추가로 폐지했다. 그 대신 소득세를 도입했다. 이와 같은 재정 개혁 조치들은 상공업을 지원하고 경제적인 활력을 높이기 위한 것이었지만 보수당 내에서의 반발은 만만치 않았다.

보수당 내의 갈등을 보여주는 것으로 다음과 같은 사례를 들 수 있다. 1844년 필 정부가 입법화한 공장법은 고용할 수 있는 어린이의 연령을 8세에서 9세로 올렸고 9~13세 어린이들의 노동시간을 하루에 6시간 반으로 줄이도록 했다. 그런데 보수당 내의 토지 소유계급을 대표하는 의원들은 여기서 한걸음 더 나아가 여성과 젊은이들의 노동시간을 하루 10시간으로 단축하는 방안을 추진했다. 이러한 조치는 인도주의적인 것으로 보이지만 사실 상공업자에게는 매우 불리한 법안이었다. 여성과 젊은이들이 10시간 근무하고 퇴근한 이후에 나머지 성인 남성 인력만으로 공장을 가동시킨다는 것은 사실상 불가능한 일이었기 때문이다. 그러나 필과 내각의 반대에도 불구하고 농업적 이해 기반을 갖는 의원들의 주도에 의해 이 법안은 상정되었다. 이 법안이 통과되었다면 필 내각은 사임해야 했을 것이다. 그러나 그 법안은 며칠 뒤 의회 표결에서 큰 차이로 부결되었다. 산업혁명으로 인한 상공업자의 부상과 이에 대한 토지 소유계급의 견제와 반발이 만만치 않음을 잘 보여주는 사례이다.

그러나 두 가지 주요 이슈로 인해 필과 보수당은 하락의 길로 들어선다. 보수당의 역사에서 보호주의와 아일랜드 이슈는 매우 오랜 기간 동안 당내의 갈등과 분열을 조장해온 골치 아픈 이슈였다. 필 역시 이러한 문제에서 벗어나지 못했다. 보수당 내 일부 의원들은 1829년 가톨릭 해방을 둘러싼 정치적 논란이 일었을 때 이 이슈에 대한 필의 태도에 대해 의구심을 갖고 있었다. 당시 아일랜드는 영국과의 연합왕국에서 벗어나기 위해 오코넬이 주도하는 분리 독립운동이 활발하게 전개되고 있었다.

이런 상황에서 필 정부는 아일랜드의 메이누스 가톨릭 사제학교 the Catholic Maynooth Seminary에 영국 의회가 제공하는 지원금을 확대하기로 했다. 더욱이 그동안에는 매년 의회 표결을 거쳐 지원금 제공을 연장해왔던 것과는 달리 이제부터는 매년 자동적으로 금전적 지원을 하기로 했다. 필은 가톨릭 주교들과 관계를 개선함으로써 온건한 가톨릭교회가 분리 독립운동과 연계되지 않도록 하려는 것이었다. 그러나 그의 의도와는 달리 이 조치는 당내 분열을 몰고 와 많은 보수당 의원들이 이에 대해 필의 입장과는 달리 반대표를 던졌다. 이 법안은 휘그파 의원들의 지지를 받아 하원에서 통과되었다.

보다 심각하고 이후까지 큰 영향을 미친 것은 곡물법 문제였다. 곡물법은 1815년 토리 내각 하에서 입법된 것으로 영국에 수입되는 곡물에 대해 관세를 물리도록 한 법안이었다. 이 법안은 농업에 이해관계를 갖는 토지 소유계급에게는 유리했지만 곡물을 값비싸게 소비해야 하는 도시 노동자들, 그리고 상공업자들에게는 매우 불리한 법안이었다.

1838년 상공업자들이 맨체스터에 반곡물법 연맹Anti-Corn Law League이라는 단체를 만들었다. 반곡물법 연맹은 상공업자인 리처드 콥든 Richard Cobden과 존 브라이트John Bright, 제임스 윌슨James Wilson 등이 이끌었다. 제임스 윌슨은 1843년 지금도 발간되고 있는 유명한 시사주간지 《이코노미스트Economist》지를 창간했는데, 발간사에서 그는 곡물법 폐지를 약속했다. 콥든과 브라이트는 영국 산업에서 상공업이 망하면 토지 소유계급의 이익 역시 같은 운명에 놓이게 될 것이라고 주장했다. 반곡물법 연맹은 매우 활발한 활동을 벌였고 공업 중심 지역을 넘어서 시골에까지 그들의 활동을 확대해갔다. 보궐선거에서 반곡물법 연맹의 후보들은 선전했고 1843년 농촌 지역인 솔즈베리에서는 45퍼센트의 득표율을 보이기도 했다(Stewart, 1989, pp.

▶ 로버트 필 수상

66~67). 이들의 활동에 자극받아 1844년에는 '반연맹Anti-League'이라고 불린 반곡물법연맹에 반대하는 곡물법 찬성주의자들의 운동단체도 생겨났다. 곡물법 폐지를 둘러싼 논쟁이 사회적으로 매우 격렬하게 이뤄지고 있었던 것이다.

필은 자신이 토지 소유계급을 대표하는 보수당의 지도자라는 점을 잘 알고 있었다. 이전에 필은 곡물법을 변호해왔지만 1840년대에 들어서면서 생각이 달라졌다. 1840년대의 불경기와 도시 노동자의 증가를 보면서 필은 경제 활력을 되찾고 도시 노동자의 생활을 돕기 위해서는 값싼 곡물이 절대적으로 필요하다고 생각했다. 영국이 우위를 지닌 공업 제품을 수출하기 위한 외국 시장 개척과 국내 공업의 경쟁력을 강화하기 위해서는 값싼 곡물의 수입이 필요하다는 것이 필의 생각이었다. 그리고 이를 위해서는 곡물법의 폐지가 불가피한 일이었다. 1845년 아일랜드에서 발생한 감자 농사의 흉작과 그로 인한 대규모 기근도 그가 곡물법을 폐지해야 한다고 마음먹는 데 영향을 미쳤다. 다가올 선거에서 값싼 곡물에 대한 거센 요구와 토지 소유계급과 상공업자 간 갈등을 휘그가 활용하는 것을 막기 위해서도 곡물법의 폐지는 필요한 일이었다. 그러나 곡물법의 폐지는 보수당의 기반인 토지 소유계급의 커다란 반발을 불러올 수밖에 없는 것이었다.

필은 곡물법을 폐지하기로 결정했다. 그러나 이 결정으로 인해 보수당 내에서는 깊은 분열이 생겨났다. 필 내각 구성원 가운데 3명을 제외하고는 어느 누구도 그의 결정을 지지하지 않았다. 거대한 농지 소유주이기도 한 스탠리Lord Stanley와 버클루 백작Duke of Buccleuch이 필의 내각에서 사임한 이후 필은 빅토리아 여왕에게 사임 의사를 밝혔다. 휘그를 이끄는 존 러셀Lord John Russell은 곡물법 폐지에 동조한다고 밝혔다. 여왕은 휘그파 러셀에게 내각을 구성하도록 요청했다. 러셀은 곡물법 폐지를 원했지만 그 '독배'를 직접 받고 싶지는 않았다. 결국 필이 다시 수상이 되었다. 사임하려 했던 버클루 백작은 내각에 머물기로 했지만 스탠리는 끝내 내각 참여를 거부하고 사임했다. 스탠리는 내각에서 물러나면서 곡물법 폐지에 대한 반대의 선봉에 섰다. 그들은 곡물법 유지야말로 보수당이 1841년 총선에서 승리하게 된 가장 중요한 원인이라고 믿었다. 산업 자본가와 중산층이 요구하던 자유교역을 위해 보호주의를 버리는 것은 농업과 토지에 기반한 당의 전통적인 지지자를 버리는 것이라고 주장했다. 보수당 내 반대파의 또 다른 지도적 인물은 포틀랜드 공작의 차남이었던 조지 벤팅크 경Lord George Bentinck과 필의 철저한 비판자였던 벤저민 디스레일리Benjamin Disraeli였다. 보수당은 벤팅크와 스탠리가 이끄는 토지 소유계급과 필을 따르는 상공업에 종사하는 중산계급으로 분열되었다.

곡물법 폐지를 둘러싸고 보수당 내부에서 논쟁과 갈등이 지속되었지만, 1846년 6월 곡물법 폐지 법안은 최종적으로 통과되었다. 보수당 의원 가운데 241명이 반대표를 던졌지만 곡물법 폐지를 막을 수는 없었다. 거의 대부분의 휘그 의원들은 곡물법 폐지에 찬성했다. 곡물법 폐지를 둘러싼 논란 속에 보수당은 매우 깊은 상처를 남기며 분열했다. 보수당 의원들 가운데 필 수상의 입장을 지지하는 자유교역론자의 수보다 곡물법 폐지에 반대하는 보호주의자들의 수가 더 많았다. 곡물법은 폐지되었지만 당내 두 집단 간의 갈등은 이제 쉽게 치유되기 어려울 정도로 깊어졌다. 곡물법 폐지 이후 보수당 내 필 반대파들은 필 내각이 제출한 아일랜드 치안 강화를 의도한 아일랜드 강제법Irish Coercion Bill에 대해 야당인 휘그당에 결탁해 이를 부결시켰다. 69명의 보수당 의원이 이 법안에 반대표를 던졌다. 법안 패배 직후 필은 사임했다.

휘그파의 러셀은 소수파 휘그 정부를 구성했다. 그러나 보수당은 곡물법 파동에서 헤어나지 못했다. 보수당은 사실상 필의 지지자와 반대자들로 나눠졌다. 1846년 7월 스탠리는 곡물법에 대한 필의 반대파, 즉 보호주의 세력의 지도자가 되었다. 치유할 수 없는 분열로 인해 필과 그의 지지 세력은 총선에서 보수당과 별개로 선거를 치르기로 했다. 1847년 선거에서 보수당은 325명을 당선시켜 292명을 당선시킨 휘그보다 우세를 보였다. 보수당 당선자 가운데 3분의 2는 스탠리가 이끄는 보호주의자들이었으며, 필 지지파Peelite는 3분의 1에 불과했다. 의석수는 보수당이 많았지만 분열된 보수당 대신 휘그가 집권했다. 보수당이 이후 확실한 총선 승리를 거두기까지는 그 뒤로 24년의 세월을 더 기다려야 했다.

1850년 7월 필은 사망했다. 필은 가톨릭 해방 문제, 개혁법 등 중요한 쟁점에 대해 소극적이고 분열된 모습으로 신뢰를 잃었던 보수당을 정치적으로나 조직적으로 활력을 되찾게 했지만 곡물법 폐지를 둘러싼 갈등으로 당을 분열시켰다. 그러나 필에 대한 역사의 평가는 매우 우호적이다. 필은 근대 보수주의의 아버지로 불린다(Lane, 1974, p. 34). 더 이상 농업이 지배적 산업이 아닌 영국 사회의 변화를 인식하고 그에 맞는 정치적 환경을 만들어내고자 했기 때문이다. 보수당은 분열이라는 고통을 겪게 되었지만 곡물법 폐지는 상공업이 융성하던 당시 영국의 절실한 시대적 과제였다.

이제 영국은 농업에 기반한 토지 소유계급보다 상공업에 종사하는 중산층의 영향력이 점차 커져가는 상황을 맞고 있었다. 1832년의 개혁법이 정치적 승리였다면, 1864년의 곡물법 폐지는 그들을 위한 경제적 승리였다. 그리고 이러한 조치는 향후 보수당의 지지 기반을 확대하는 매우 중요한 계기를 마련했다. 필의 곡물법 폐지는 보수당이 언제나 기득권을 지키려고만 하는 반동적인 집단이 아니라 내부적인 반발에도 불구하고 시대적 요구와 변화에 대응할 역량을 갖는 정치 조직이라는 점을 잘 보여주고 있다.

후폭풍과
보수당의 분열

1846년 곡물법 파동 이후 분열된 보수당의 두 정파를 재결합시키려는 시도가 여러 차례 있었다. 1850년 필의 죽음은 이들 정파의 화해를 어렵게 만드는 장애물이 사라진 것이기도 했다. 그의 서거 후 필 지지자들의 일부는 정치를 떠났고, 일부는 다시 보수당에 복귀했다. 그러나 필의 지지자들은 그가 죽은 후에도 필의 판단이 옳았고 그가 수상직에서 물러난 것은 억울한 일이라고 생각했다. 필에 대한 동정과 보수당 내 보호주의자들에 대한 분노로 인해 그들은 곡물법 폐지를 지지한 휘그에 보다 친근감을 느끼게 되었다. 그리고 1859년 결국 필 지지자들과 휘그는 한데 합쳐 자유당Liberal Party을 출범시켰다. 필 지지자 가운데 보수당에서 휘그로 옮긴 대표적인 인물이 후일 자유당 수상이 되는 윌리엄 글래드스턴William Gladstone이다.

 곡물법 파동을 거치면서 이에 반대하는 이들이 보수당으로, 그리고 이를 지지했던 필의 지지자들과 휘그가 합쳐 자유당으로 각각 자리 잡게 되었다. 보호주의 무역을 둘러싼 정치적 갈등과 분열이 보수당과 자유당이라는 양당 경쟁으로 귀결되었다. 곡물법을 둘러싼 보수당의 분열은 이후 정치적으로 값비싼 대가를 치르게 되었다. 보수당의 분열은 웨스트민스터 의회뿐만 아니라 각 지역 구석구석까지 모든 곳에서 일어났다. 많은 보수당 지역 조직과 지지자들도 분열되었다. 보수당은 신뢰할 만한 대안 세력으로 인식되지 못했고 분열을 극복할 유능한 당내 지도자도 찾기 힘들었다. 1846년 분열 이후 보수당이 다시 과반 의석을 얻어 권력에 복귀하는 것은 1874년까지 기다려야 했다. 그사이 영국 정치는 러셀, 글래드스턴, 파머스턴과 같은 자유당 지도자들이 주도했다. 이 기간 동안 보수당은 소수파 내각으로 단기간 몇 차례 권력을 잡을 수 있었을 뿐이었다. 특히 1855년부터 1865년의 기간은 파머스턴이라는 거대한 인물이 자유당을 이끌고 있었다. 반면 보수당은 정치적으로 별다른 주목을 받지 못했다. 파머스턴 역시 휘그로 당적을 옮긴 토리였다. 파머스턴은 20년간 보수당 내각에 참여했으며 그의 정책 역시 '현상 유지'적인 것이었다. 파머스턴이 자유당 지도자로 있는 동안 그는 높은 인기를 누렸으며, 이 때문에 보수당을 지지할 만한 유권자조차도 자유당에 표를 던졌다.

경제적 번영이 1850년대와 1860년대 초반까지 많은 국민들에게 대체적인 만족감을 주고 있었고, 이는 자유당과 그들이 추진하는 자유교역 정책에 유리하게 작용했다. 경제적 번영과 안정이 유지되면서 정치적 요구 역시 위험스러운 과격주의로 이끌리지 않았다. 이 시기에 주목할 만한 정치 운동은 1838년부터 1848년 사이에 있었던 차티즘 Chartism이었다. 차티즘은 노동계급의 요구를 수용할 수 있는 의회 개혁을 주장했다. 이들은 21세 이상 성인 남성에 대한 보통 선거권, 동등한 규모의 선거구 획정, 비밀투표, 의회 진출을 위한 재산 자격 철폐, 의원에 대한 세비 지급, 매년 의회 선거 등 6개 항목을 요구하는 운동을 벌였다. 1848년 차티스트들의 마지막 대규모 청원 행진이 있었지만 경찰과의 충돌 없이 해산되었고 그것으로 차티즘은 끝이었다. 그러나 경제적 호황으로 이러한 요구는 큰 주목을 받지 못했고 점차 그 세력은 크게 약화되었다. 차티즘이 사라진 이후 20년 동안 이와 같은 정치 운동은 다시 등장하지 않았다.

곡물법 파동 이후 분열된 보수당 보호주의자들의 지도자였던 스탠리는 1844년 상원의원이 되었고, 1851년에는 백작 작위를 물려받아 14대 더비 경Lord Derby이 되었다. 이 때문에 하원에서의 토론은 디즈레일리가 주도하게 되었고, 1852년이 되면 그는 보수당 내에 경쟁 상대가 없는 거의 유일한 하원 지도자가 되었다. 스탠리는 1852년과 1858~1859년 두 차례 짧은 기간 동안 보수당 정부를 이끌었지만 별다른 치적을 남기지는 못했다. 스탠리의 첫 내각에서 디즈레일리는 재무장관이었지만 두각을 나타내지 못했고, 재무장관과 하원 리더를 맡은 두 번째 내각에서는 개혁 법안을 제안했지만 너무나도 보수당에 유리한 것이라는 비판을 받았다. 곡물법 폐지 문제로 당이 분열된 1846년부터 1866년까지 20년 동안 보수당은 정치적으로 사실상 아무런 성과도 이뤄내지 못했다. 보수당은 1847년, 1852년, 1857년, 1859년, 1865년, 1868년 총선에서 모두 패했다.[20] 자유당은 압도적인 우위를 점했으며 보수당이 일시적으로 집권했더라도 실질적으로 국가를 이끌어가기에는 힘이 부족했다. 이 시기에 파머스턴과 글래드스턴이 자유당의 시대를 이끌어갔다.

4

디즈레일리,
보수당의 기반을 닦다

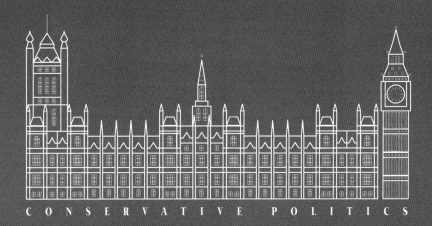

기름칠한 장대의
끝에 올라서다

시련에 빠진 보수당의 운명을 회복시킨 것은 전적으로 벤저민 디즈레일리Benjamin Disraeli라는 지도자의 공이었다. 디즈레일리는 1846년 곡물법 파동 이후 1874년까지 자유당의 장기 집권으로 어려움을 겪던 보수당을 구하고 이후 1906년까지 약 30년간 보수당의 장기 지배라는 전성기를 열도록 한 인물이었다. 디즈레일리는 이런 정치적 성공뿐만 아니라 당의 사회적 지지 기반을 넓혔고 당이 대표하는 이념적 지평도 확대시켜 오늘날의 보수당으로 성장할 수 있는 초석을 닦았다. 디즈레일리가 '보수당의 아버지founder of the Party'(Lane, 1974, p. 35)라는 평가를 듣는 것은 바로 이 때문이다.

처음에 보수당은 디즈레일리를 탐탁하게 생각하지 않았다. 그의 출신 성분은 보수당 주류와는 너무 달랐다. 디즈레일리는 농촌에 넓은 토지를 소유한 귀족이 아니라 소설을 쓰는 작가였고 도시의 상인 출신이었다. 또한 디즈레일리는 어린 시절에 국교도로 개종했지만 영국으로 이민 온 유대인의 아들이었다. 보수당 주류의 입장에서 볼 때 디즈레일리는 그들에겐 그다지 달가운 존재가 아니었다. 그러나 디즈레일리는 벤팅크 가문으로부터 재정적 지원을 받아 버킹엄셔 Buckinghamshire에 있는 휴겐든 마노Hughenden Manor라는 장원을 구입했다. 디즈레일리는 그때가 되어서야 보수당의 '주류'와 마찬가지로 대토지 소유자가 된 것이다.

1847년 벤팅크가 사임한 이후 보수당은 디즈레일리를 포함한 3인이 집단 지도 체제를 형성해 하원에서 당을 이끌도록 했다. 그러나 얼마 지나지 않아 디즈레일리는 유일한 지도자로 부상했다. 당시 보수당은 곡물법이 폐지된 이후에도 보호주의적 태도를 고수했고 토지 소유계급과 농업 이익을 대표하면서 당의 지지는 시골 선거구에 한정되는 결과를 낳고 말았다. 경제적으로나 정치적으로 그 영향력이 점점 더 커져가는 도시 지역의 공업, 상업 분야 종사자들 사이에서 보수당에 대한 지지는 대부분 사라져버렸다. 이런 상황에서 보수당은 다수파 정부를 만들어낼 수 없다는 회의감이 당내에서 높아져 가고 있었다. 디즈레일리 역시 상공업에 종사하는 도시 중산계급에 대해 매우 부정적인 인식을 갖고 있었으며, 농촌의 토지 소유계급이야말로 영국의 정치제도와 핵심적 가치를 보존하는 계급으로 간주했다.

1865년 자유당 파머스턴 수상이 죽고 난 이후에야 디즈레일리가 원하던 기회가 찾아왔다. 파머스턴의 후임자였던 러셀 백작Earl Russell은 글래드스턴과 함께 당시 하원의 자유당 지도자였다. 선거권 확대가 지연되면서 이에 대한 요구가 점점 더 커지기 시작했다. 경제가 하락하기 시작하면서 개혁에 대한 압력은 더욱 높아졌으며, 동시에 여기저기서 터져 나오는 노동계급의 정치적·사회적 요구에 대한 두려움도 커지고 있었다. 러셀은 보다 개혁적인 자유당 정부의 출범을 약속했다. 러셀은 의회 의석을 재조정하고 선거권을 확대하는 개혁법을 도입하고자 했으나 자유당 내부에서의 반발이 만만치 않았고 결국 자유당은 분열했다. 디즈레일리의 주도 하에 보수당 의원들은 러셀과 글래드스턴으로 사실상 갈라진 자유당 정부를 공격했다. 자유당 내 러셀 반대파가 보수당과 합류해 이 법안을 부결시키면서 러셀의 자유당 정부는 1866년 6월 실각했다.

빅토리아 여왕은 보수당 더비 경에게 그의 세 번째 정부를 구성하도록 요청했다. 새로운 보수당 정부의 가장 시급한 목표는 개혁법의 통과였다. 보수당이 제안한 법안은 흥미롭게도 이전 자유당 내각의 것보다 급진적이었다. 선거권을 갖는 유권자의 비율을 88퍼센트로까지 늘렸는데, 특히 도시 지역 유권자의 수가 배가되었고 선거구 역시 재획정되었다. 보수당이 더 이상 사회경제적 변화와 도시 유권자의 요구에 적대적이지 않다고 할 만큼 개혁적인 법이었다. 제2차 개혁법 the Second Reform Act은 자유당 내 급진파들의 지원과 상원 내 더비 경의 개인적 권위에 힘입어 통과되었다. 더비 경과 디즈레일리는 보수당이 시대와 함께 움직일 수 있는 정치 세력임을 보여주었다. 개혁법이 통과되고 나자 더비 경의 임무는 완수되었고, 그는 병환과 고령으로 1868년 2월 물러났다.

빅토리아 여왕과 함께 더비 경은 유대인이라는 이유로 반대하는 일부 보수당 의원들을 설득해 디즈레일리를 보수당 지도자로 만들었다. 당시 디즈레일리의 나이는 64세였다. 디즈레일리의 시대가 오랜 기다림 끝에 드디어 시작되는 순간이었다. 그는 "기름칠한 장대

▶ 디즈레일리 수상

의 꼭대기에 드디어 올라섰다」 have climbed to the top of the greasy pole"며 그 자리에 오르기까지의 어려움을 토로한 바 있다.[21] 이후 디즈레일리 는 1881년 죽을 때까지 13년 동안 보수당을 이끌었는데, 그 기간 동안 보수당을 정치적으로나 조직적으로 새로운 지평 위에 올려놓았다. 디즈레일리는 수상이 되었지만 소수파 정부를 이끌었기에 그의 재임 기간은 매우 짧았다. 그가 다시 권력을 잡기까지는 6년을 더 기다려야 했다.

자유당 지도자 글래드스턴은 자유당이 활기를 되찾고 디즈레일리의 보수당 내각을 곤경에 처하게 하기 위한 전략으로 아일랜드의 종교 문제를 선택하고, 1868년 여름 아일랜드 교회를 탈脫국교화disestablishment하기 위한 운동을 적극적으로 시작했다. 아일랜드 국교회Anglican Church of Ireland는 잉글랜드 성공회의 아일랜드 판이라고 할 수 있지만, 거의 대부분의 아일랜드인들은 영국 국왕이 수장인 아일랜드 국교회 신자가 아니라 로마 교황청의 통제를 받는 가톨릭신자로 머물러 있었다. 그러나 법적으로는 아일랜드 국교회가 공식적인 종교였으므로 아일랜드 사람들은 여기에 십일조를 내야 했고 아일랜드 교회는 국가로부터 지원도 받았다. 이런 상황에서 글래드스턴은 아일랜드 국교회를 폐지하도록 보수당 정부에 압력을 가한 것이다.

글래드스턴은 국교회와 관련된 이슈에 대해 디즈레일리나 보수당이 매우 곤란한 입장에 놓여 있다는 사실을 잘 알고 있었다. 실제로 내각은 이 이슈를 두고 분열되었는데 더비 경의 아들인 스탠리 경Lord Stanley처럼 타협을 모색하는 이들도 있었지만, 가손—하디Gathorne-Hardy와 같은 독실한 국교도 신자들은 아일랜드 교회의 지위에 변화를 모색하는 어떤 시도에도 격렬하게 반대했다. 아일랜드 교회의 탈국교화에 반대하면서 디즈레일리는 대중들의 반가톨릭 정서를 부추기는 데 희망을 걸었다. 하지만 디즈레일리의 뜻과는 달리 그의 전략은 크게 빗나갔다. 아일랜드뿐만 아니라 잉글랜드에서도 보수당의 인기는 떨어졌다. 반대로 자유당은 글래드스턴이 주도한 아일랜드 교회 문제로 재결집했다. 《더 타임즈The Times》지는 디즈레일리가 이끄는 보수당이 "다른 사람의 정책에 반대는 하지만, 그 스스로는 어떤 정책 대안도 제대로 제시하지 못한다"(Seldon and Snowdon, 2004, p. 28)고 힐난했다. 디즈레일리는 국민의 정서를 제대로 읽지 못했던 것이다.

2차 개혁법 이후 처음 실시된 1868년 선거에서 보수당은 패배했다. 글래드스턴의 자유당은 아일랜드 국교회 개혁에 대한 압도적 위임을 이끌어냈다. 자유당이 387석, 보수당은 271석을 얻었다. 보수당은 불과 일 년 전 통과된 개혁법에 따라 새로이 투표권을 갖게 된 유권자들에 대해서도 적절하게 대비하지 못했고, 선거운동 역시 1867년 개혁법 이전의 수준에서 벗어나지 못했다. 보수당이 1868년 선거 결과를 통해 위안을 얻을 만한 것은 잉글랜드 일부 지역에서 보수당에 대한 지지도가 높아졌다는 사실이었다. 랑카셔Lancashire와 체셔Cheshire 지역에서 지지가 크게 올랐고, 런던과 미들섹스Middlesex 지역에서는 자유당으로부터 의석을 빼앗기도 했다. 웨스트민스터에서는 보수당으로 출마한 정치철학자 존 스튜어트 밀John Stuart Mill이 거대 신문 도

매상인 자유당의 스미스W. H. Smith를 누르고 당선되었다. 이러한 선거 결과는 잉글랜드 광역 도시권과 중산층이 보수당에 대한 지지로 서서히 돌아서고 있다는 희망을 주었다.

야당으로 지위가 바뀐 첫해 디즈레일리는 그리 편안하지 않았다. 이제 65세가 된 디즈레일리는 지도자로서 더욱더 불안전해 보였다. 당내 적지 않은 의원들이 과연 5년의 의회 회기 동안 고령의 디즈레일리가 야당 지도자로 계속해서 버텨낼 수 있을지 의심하기도 했다. 1869년 10월 더비 경의 죽음으로 그는 중요한 조언자를 잃게 되었다. 더욱이 디즈레일리는 부인의 건강 악화로 한층 어려운 처지에 빠졌다.[22] 솔즈베리Salsbury는 《쿼털리 리뷰》에 디즈레일리의 리더십을 비판하는 글을 게재하기도 했다. 그러나 디즈레일리는 자신에 대한 비판을 극복해냈다. 1868년 패배로 인한 당의 침체를 극복해야 한다는 그의 결심은 자유당에 대한 공세로 나타났다. 1869년 자유당은 아일랜드 국교회를 마침내 폐지했다. 그러나 글래드스턴 정부는 교육, 행정, 군대 등에 대한 개혁안으로 인해 어려움에 빠져들고 있었다. 글래드스턴이 그동안 자유당을 지원해준 많은 지지 집단을 소외시키는 것을 보며 디즈레일리는 자신이야말로 현상 유지의 방어막임을 주장할 수 있었다.

1872년은 보수당의 정치적 운명의 중요한 전환점이었다. 보수당 지도부는 자유당에 대한 맹렬한 공세를 시작했고 공공 생활과 관련된 많은 법안을 입법화하도록 강력하게 요구했다. 디즈레일리는 자유당 정부가 비밀투표를 보장하는 투표법Ballot Act에 지나치게 많은 시간을 소비하면서 일반 유권자의 생활수준, 특히 위생 수준을 높이는 데는 소홀하다고 비판했다. 디즈레일리는 보수당이 더 이상 사회 개혁 법안에 대해 책임을 회피해서는 안 된다고 생각했고, 주요 이슈에 대해 적극적인 입장으로 전환하면서 수권 정당으로의 신뢰감을 높였다. 공장과 공공위생 관련 법안, 노조의 권리에 대한 제한적 인정, 주택과 지방정부 개편 등 사회 개혁에 대해 목소리를 높이기 시작했다. 디즈레일리의 이러한 사회 개혁에 대한 주장은 보수당이 변화와 개혁에 저항하는 세력이 아니라는 점을 부각시키며 개혁법 도입으로 변화된 유권자 층에게 적극적으로 다가서려는 노력의 일환이었다.

한편 카나본Carnarvon, 솔즈베리, 노스코트Northcote 등 보수당 내 지도급 인사들을 포함해 도시 선거구에서 선출된 새로운 세대의 보수당 의원들은 노동조합 운동가들과의 회합 이후 보수당이 보다 적극적으로 사회 개혁 프로그램을 취해야 한다는 '새로운 사회동맹New Social Alliance'을 요구하기도 했다. 보수당 내의 이러한 전향적 움직임은 노동자의 정치 세력화 움직임 등 도시를 중심으로 나타나는 주목할 만한 정치적 변화에 대응해야 할 필요성 때문이었지만, 동시에 1871년 프랑스 파리 코뮌Paris Commune[23]의 발생이 상당한 영향을 미쳤다. 보수당은 노동계급의 불만을 우려하면서 적절한 정책의 도입을 통해 노동계급의 어려움에 적극적으로 대응해야 한다고 생각한 것이었다.

디즈레일리는 1872년 사회 개혁 정책에 대한 주도권을 잡았다. 디즈레일리는 그가 행한 두 차례의 연설을 통해 개혁의 주창자로서 자신의 입지를 분명히 했다. 1872년 맨체스터의 자유무역관Free Trade Hall, 그리고 3개월 뒤에는 크리스털 팰리스Crystal Palace에서 행한 오늘날까지 인용되는 명연설을 통해 보수당이 추구하는 가치를 제시했다. 그는 보수당만이 현재의 영국의 제도를 보존할 수 있고, 대영제국을 수호할 수 있으며, 일반 국민의 생활을 증진시킬 수 있다고 주장했다. 이 연설은 당시 언론의 커다란 주목을 받았고, 디즈레일리가 제시한 보수당이 자임한 세 가지 역할은 이후 보수당의 중요한 정치적 사상으로 오늘날까지 남겨져 있다. 디즈레일리는 보수당을 사회개혁의 주창자일 뿐만 아니라 국가 통합과 대영제국의 수호자로 자리매김하게 했다. 디즈레일리의 뛰어난 점은 자신이 처해 있는 시대의 특성을 정확하게 이해하고 시대의 요구를 읽어내고 그 이슈를 선점할 수 있었다는 점이다.

디즈레일리의 리더십 하에서 자기 변화를 꾀한 보수당은 보궐선거에서 잇달아 승리하면서 권력 장악의 희망을 높여갔다. 마침내 1874년 2월 총선거가 실시되었다. 디즈레일리는 1874년 총선에서 보수당을 승리로 이끌었다. 자유당 정부를 이끌었던 글래드스턴이 소득세 폐지 공약으로 대중의 지지를 회복하고자 애를 썼지만 영국 유권자들은 디즈레일리의 보수당을 선택했다. 이 선거에서의 승리는 보수당에 매우 각별한 것이었다. 1846년 곡물법 파동으로 인한 당내 분열 이후 거의 30년 만에 처음으로 보수당은 완벽한 선거 승리를 얻은 것이다. 1874년 총선에서 보수당은 자유당을 누르고 과반 의석을 확보했다. 보수당은 350석을 얻었고 자유당은 242석을 얻었다. 아일랜드 자치주의자들은 60석을 차지했다. 1841년 로버트 필이 수상이던 이래 처음으로 보수당은 하원 내에서 확실한 과반 의석을 차지하게 되었다.

잉글랜드 도시 지역 대부분에서 보수당의 지지율이 상승했고 많은 농촌 지역에서는 압승을 거두었다. 보수당에 대한 인기가 낮은 스코틀랜드에서도 지지율이 상승해서 그 지역의 3분의 1의 의석을 차지했다. 노동자 계층의 지지를 이끌어내고자 했던 디즈레일리의 시도는 총선을 통해 그 성과를 드러냈다. 이들 새로운 유권자들은 글래드스턴의 자유당에 실망하면서 보수당을 지지하게 되었다. 1874년 총선을 통해 보수당은 이제 잉글랜드 지역과 소수의 특권계급에 의존하는 정당이 아니라 모든 지역의 모든 계층에게 호소력을 갖는 '진정한 전국 정당a genuinely national party'(Ball, 1995, p. 7)이 될 수 있었다. 디즈레일리가 보수당에 남긴 큰 족적 가운데 하나가 바로 당 조직의 측면에서나, 그리고 선거 지지라는 측면에서 보수당을 전국적인 정당으로 만든 것이다.

일국 보수주의와
빌라 토리즘

다시 수상직에 올랐을 때 디즈레일리의 나이는 70세였다. 자신감을 토대로 디즈레일리는 내각에 당내 중진 인사들을 폭넓게 기용했다. 디즈레일리는 개혁법에 반대해 사임한 이후 자신과 거의 교류가 없었고, 심지어 1868년 선거 패배 이후에는 자신을 '일개 정치적 도박꾼 mere political gamester'이라고 비난한 솔즈베리 경Lord Salisbury을 설득해 인도성 장관Secretary of State for India으로 임명했다. 또한 중산계급 출신의 리처드 크로스Richard Cross를 내무장관으로 임명했다. 스태포드 노스코트Stafford Northcote에게는 재무장관직을 맡겼다. 디즈레일리는 내각 운영을 자신이 직접 모든 것을 챙기기보다 구체적인 사안의 처리를 개별 장관들에게 일임했다.

　디즈레일리의 의욕이 큰 만큼 각료들의 부담도 그만큼 컸다. 그러나 한 가지 주목할 점은 디즈레일리 정부는 지난 30년간 자유당 정부가 이뤄낸 업적에 대해 자유무역이라는 핵심적인 성과는 물론 그 어떤 업적도 과거로 되돌리려고 하지 않았다는 점이다(Morgan, 1997, p. 538). 보수정당이라고 해도 변화를 거부하고 과거 전통이나 질서로의 회귀를 도모하기보다 현실 변화에 적응해가려는 실용적이고 현실적인 보수당의 특성을 디즈레일리는 보여준 것이다.

집권 이전 디즈레일리는 산업혁명 이후 등장한 상공업에 종사하는 중산층을 비판해왔다. 디즈레일리의 시각에서 볼 때 이들은 책임 의식은 없으면서 권력만을 차지하려 한다는 것이었다. 이에 비해 토지 소유계급은 자신이 책임져야 할 농민 등 하위계급 인구를 포함한 전체의 이익을 위해 권력을 행사해왔다고 믿었다. 디즈레일리가 도시에 거주하는 노동자를 포함한 하층계급을 위한 사회 개혁에 나서게 된 것도 이러한 인식과 관련이 있다. 즉 도시의 생활 상태가 저렇게 나빠진 것은 바로 신흥 상공업자들이 이들을 보호해야 한다는 책임감 없이 내버려둔 탓이라는 것이다.

디즈레일리는 보수당 정부 초기 2년 동안 국민들의 생활수준을 끌어올리기 위한 다양한 사회 개혁 법안 프로그램을 추진했다. 공공보건 법안부터 공장 관련 법안, 교육 개혁 등 디즈레일리 정부는 노동계급으로부터 큰 환영을 받았다. 1875년에는 상하수도, 쓰레기 처리 등에 대한 위생을 강조한 공중보건법Public Health Act, 보건위생 문제 해결을 모색한 식품의약법the Pure Food and Drugs Act, 도시 슬럼 문제 해결을 위한 직공거주법the Artisan's Dwelling Act, 굴뚝 청소 작업에 어린이를 쓸 수 없도록 한 굴뚝소년법the Climbing Boys Act 등이 제정되었다. 노조의 피케팅을 허용하는 노조법The Conspiracy and Protection of Property Act 1875이나 섬유 산업 종사자의 노동시간을 하루 9시간 반으로 규정하는 1874년의 공장법, 그리고 10세 이하 어린이의 고용을 금지하는 1878년의 공장법Factory and Workshop Act 1874, 1878, 안전 항해를 위해 실을 수 있는 화물량을 제한한 상업해운법Merchant Shipping Act도 디즈레일리 정부에서 입법화했다.

내각 구성원 가운데 중산계급 출신이었던 리처드 크로스는 디즈레일리의 사회 개혁 비전을 실제 정책화하는 데 큰 역할을 했다. 19세기에 통과된 사회 법안의 가장 많은 부분을 크로스가 직접 담당했다. 물론 오늘날의 시각에서 볼 때 이러한 조치들이 사회적 문제를 해결할 만큼 충분히 개혁적이었다고 할 수는 없겠지만, 당시 어렵고 도움이 필요한 이들을 국가가 나서 보호하고 지원하고자 했던 사회 개혁 법안의 중요성은 아무리 강조해도 지나치지 않다. 이러한 많은 사회 개혁 작업은 흥미롭게도 야당이던 자유당으로부터는 공격을 받았는데, 그들은 국가가 개인 생활이나 사회생활에 개입해서는 안 된다는 자유방임적 시각에서 보수당 정부를 비판했다.

산업혁명 이후 영국 사회의 변화의 중심이었던 도시 지역에 대한 디즈레일리 정부의 과감한 개혁의 결과 보수당의 지지 기반은 확대되었다. 이제 도시 지역과 새로이 형성된 교외 지역에 거주하고 있는 중산층이 보수당을 지지하게 되었다. 새로이 형성된 교외 지역에는 계급적으로 하위 중산계급이 밀집되는 현상이 나타났는데, 이런 지역에서는 공동체적인 관계보다 계급에 의한 투표가 중요성을 갖게 되었다. 이처럼 사무직 종사자와 같은 하위 중산계급이 일반 노동계급과 구분되는 정체성을 갖게 된 것도 보수당의 지지 확대에 도움이 되었다. 즉 교외 지역에 형성된 신흥 주택가를 중심으로 한 새로운 보수당의 지지자들, 곧 '빌라 토리즘Villa Toryism'이 1874년 이후 보수당의 정치적 상승의 가장 큰 원동력이 되었다.

중산층뿐만 아니라 경제적으로 지위가 상승한 신흥 상공업자들 역시 보수당이 적극적으로 포용하기 시작했다. 이 무렵 영국 사회의 변화를 보면 사업에 크게 성공한 상공업자의 2세, 3세들은 사립학교와 대학에서 교육을 받았고 국교회를 받아들였으며 귀족들의 생활 스타일을 좇아 시골에 영지를 구입하기 시작했다. 즉 성공한 상공업자들이 사회경제적으로 상층계급으로 통합되면서 전통적인 보수주의 가치를 받아들이게 되었다. 그리고 보수당은 이들을 적극적으로 포섭했다. 이에 따라 1880년대 후반이 되면 보수당은 더 이상 토지 소유 계급이나 귀족의 이익만을 대표하는 정당이 아니라, 기업가와 자본가까지 포함하는 보다 폭넓은 이해관계를 대표하는 정당으로 변모하기 시작했다(Ball, 1995, p. 8). 이러한 특징은 1870년대나 1880년대 디즈레일리 내각에 성공한 사업가 스미스W. H. Smith나 은행가 크로스Richard Cross 등이 주요 보직을 맡게 된 데서도 잘 알 수 있다.

그러나 보다 중요한 점은 보수당 주도의 민주주의Tory Democracy에 힘입어 디즈레일리가 이끄는 보수당은 노동계급 유권자로부터도 많은 지지를 받았다는 점이다. 디즈레일리 정부의 사회 개혁 프로그램은 노동계급으로부터 긍정적인 평가를 받았다. 예컨대 영국 역사상 최초의 노동계급 출신 의원 중 하나인 알렉산더 맥도널드Alexander Macdonald는 1879년 자신의 선거구에서 "보수당은 이전에 자유당이 50년 동안 노동계급을 위해 이룬 것보다 더 많은 것을 5년 동안 이뤄냈다"라고 평가하기도 했다(Monypenny and Buckle, 1929, p. 709). 청교도적인 입장을 강조하면서 그들의 생활에 간섭하려는 자유당의 입장과는 달리 음주나 유희 등을 포함하는 노동계급의 생활 방식에도 보수당은 관대했다. 더욱이 애국을 강조하는 보수당으로서는 대영제국에 대한 애국심과 자존심이 모든 계급의 단합된 지지를 이끌어낼 수 있는 또 다른 요인이었다. '맥주와 대영제국beer and Britannia'(Ball, 1995, p. 8)으로 요약할 수 있는 노동계급에 대한 보수당의 이러한 접근 방식은 특히 안정적인 직업을 가진 중년 혹은 노년 노동자들에게서 높은 호응을 얻었다. 보수당 노동자 클럽Conservative Working-Men's Club도 이 무렵 형성되었는데 이 모임에 참여하는 노동자들이 보수주의가 무엇인지 제대로 알고 있었다고 보기는 어렵지만, 계급적으로나 지리적으로 보수당이 그동안 쉽게 접근하지 못했던 유권자들에게 가까이 다가갈 수 있는 기회와 조직을 마련해주었다.

사실 당시의 시대적 변화와 사회적 요구를 고려할 때 보수당이 아니라 자유당이 집권했더라도 사회 개혁은 유사하게 이뤄질 수도 있었을 것이다. 자유당 정부는 아마 더 적극적으로 사회 개혁을 추진했을지도 모른다. 그러나 디즈레일리는 보수당이 변화와 개혁을 거부하는 정치집단이 아니라 그 시대의 요구에 적극적으로 대응하는 정당임을 보여주었고, 이를 통해 집권할 수 있었다. 즉 사회 개혁 이슈의 주도권을 선점했고 집권 이후에는 이를 정책으로 실현해낼 수 있었다는 데서 보수당 지도자로서 디즈레일리의 탁월함을 찾을 수 있다. 자유당 소속으로 버밍엄Birmingham 시장이었던 조지프 체임벌린Joseph Chamberlain은 빈민가 및 도시 계획 문제 해결을 상당히 진전시켰던 1875년 직공거주법에 대해 '지난 20년 동안 자유당이 했던 것보다 버밍엄 시에 대해 보다 많은 일을 했다'고 칭찬하면서 디즈레일리가 추진한 사회 개혁을 높게 평가한 바 있다(Seldon and Snowdon, 2004, p. 34).

디즈레일리의 '토리 민주주의Tory Democracy'는 후대에 그 실체를 두고 다양한 해석이 제기되고 있다. 엄밀하게 본다면 그것은 행정적인 차원에서의 개혁 조치일 뿐 광범위한 사회 개혁을 의도한 것은 아니기 때문에 한계가 있는 것이라는 평가를 받기도 한다. 또한 일관성 있고 총체적인 개혁 프로그램을 갖고 있었던 것도 아니라는 지적도 받는다. 따라서 디즈레일리의 사회 개혁에 대해 지나치게 큰 의미를 부여하는 것은 적절하지 않다는 주장도 나온다. 실제로 디즈레일리의 개혁 정책은 도시의 중산층, 전문가, 기업인들로부터 보다 폭넓은 지지를 이끌어내려는 의도를 갖는 매우 현실적이고 실용적인 접근(Ball, 1995, p. 7)이었다. 그렇다고 해도 전통적으로 보수당이 취약했던 사회 개혁 이슈에 대해 디즈레일리가 주도권을 갖게 된 것은 급변하는 국내적 정치 환경 속에서 보수당의 사회경제적 입지를 넓히고 지지를 확산시키는 데 큰 도움을 주었으며, 그 이후의 보수당 역사에서도 이는 중요한 전통으로 남아 있게 되었다.

당 조직의 강화 역시 디즈레일리 시대의 큰 업적으로 평가할 수 있다. 1840년대 곡물법 파동 이후 로버트 필 지지자들이 이탈하면서 보수당의 중앙 조직은 매우 혼란스러운 상태로 남아 있었다. 그런데 개혁법의 통과로 선거권을 가진 유권자가 갑자기 크게 늘어나게 되면서, 후보자가 개인적으로 유권자들을 일일이 접촉하면서 지지를 부탁하는 일은 현실적으로 어려워졌다. 개혁법 이전에는 선거권을 가진 유권자가 그리 많지 않아서 후보자와 유권자의 개인적 관계가 중요했고 선거 관심사 역시 지역적인 것이었다. 또한 선거운동은 그 지역의 후견인이었던 특정 후보에게 투표하도록 권유하면 되는 것이었다.

그러나 1832년 개혁법으로 투표권의 확대가 이뤄지면서 과거와 같은 방식은 더 이상 통용되기 어렵게 되었다. 1867년 개혁법은 숙련공에 한하기는 했지만 노동자에게 투표권이 부여되었고 비밀투표를 규정한 1872년 투표법Ballot Act 1872으로 인해 후보자와 유권자 간의 후견적 관계도 더 이상 유지될 수 없게 되었다. 비밀투표법 도입으로 예상치 못한 결과도 발생했는데, 아일랜드 지역에서 자치를 주장하는 인사들Home Rulers이 1874년 총선에서 57명이나 당선되었다(Pugh, 1982, p. 10). 또한 1882년 부패방지법 제정으로 이전까지 통용되던 부패 관행이 불법화되었고, 1884년에는 선거권의 추가 확대로 인해 성인 남성 노동자 대다수가 투표권을 갖게 되었다. 정당 간판은 이제 점점 더 유권자에게 중요하게 되었고 금전적 혜택이나 개인적 이익에 기초한 지지는 상대적으로 약화되었다.

무엇보다 당으로서는 늘어난 유권자들이 선거인 등록Register of Electors을 하도록 종용할 필요가 생겼다. 당이 그대로 방치하면 지지자들이 투표를 못 하게 되는 경우가 생겨나게 된 것이었다. 지역 당조직Local Associations이 생겨난 것은 다름 아니라 새로이 등장한 유권자들이 선거인 등록을 하도록 장려하고 관리하고자 한 목적을 가졌던 것이었다. 보수당의 칼턴 클럽은 바로 이와 같은 지역 당 조직의 활동을 조정하고 관리하고자 하는 목적에서 설립된 일종의 보수당 본부의 기능을 했다. 이처럼 개혁법 통과 이후 중앙의 당 조직을 중심으로 체계적이고 위계적으로 유권자들을 관리하고 접촉해야 할 필요성이 커졌다.

바로 이 무렵이 영국에서 정당정치가 조직화되고 강화되기 시작한 때이다. 의회 내에서 정당의 결속력이 강화되기 시작했고 의회 외부에서 정당들은 보다 조직화되어 갔다(Norton, 1996, p. 27). 과거 유력 인사 중심의 간부정당cadre party의 형태에서 벗어나 대규모로 유권자가 확대됨에 따라 일반 대중을 대상으로 한 조직의 개편, 선거운동 방식의 변화가 시도된 것이다. 사실 2차 개혁법 이후 실시된 1868년 선거에서도 보수당 조직은 매우 취약했다. 그러나 이때를 기점으로 보수당의 당 조직은 크게 성장하게 되었고 1902년경이면 농촌 지역을 포함하는 모든 선거구에 안정된 지역 조직이 자리 잡게 되었다. 그리고 1870년대가 되면 의회에서 정당별로 소속 의원들이 동일한 형태로 투표하는 정당 투표도 늘어나기 시작했다. 다음 표에서 보듯이 보수당이나 자유당 모두 1870년대 초부터 정당 투표 비율이 높아지기 시작했으며 특히 보수당의 정당 투표 비율이 더 높았다. 자유당에 비해 보수당이 보다 강한 당 기율과 결집을 이뤘다는 사실을 알 수 있다.

하원에서 정당투표 비율의 변화(1850-1903)

연도	양당 간 정치적 견해차(건)	보수당의 정당투표 (%)	자유당의 정당투표 (%)
1850	321	45	37
1860	257	31	25
1871	256	61	55
1881	199	71	66
1883	253	65	52
1890	261	87	64
1894	237	92	84
1899	357	91	76
1903	260	83	88

자료: Pugh, 1982, p. 19.

이러한 정치 환경의 변화에 대응하기 위해 디즈레일리 시대에 추진된 당 조직의 강화는 특히 1867년 개혁법 이후 본격화되었다. 1867년 11월 55개 선거구의 대표자들이 당 조직 결성을 위해 런던의 프리메이슨즈 타번Freemasons' Tavern에 모였다. 이 자리에서 당시 하원의원이며 디즈레일리의 측근이었던 존 고스트John Gorst의 주도 하에 보수당의 원칙과 이념을 대중들에게 효과적으로 전달하도록 하기 위한 조직을 만들기로 결정했다. 이렇게 해서 1867년 만들어진 조직이 보수당 전국연맹National Union of Conservative and Constitutional Associations: NUCCA[24]이다. 전국연맹은 지방의 모든 보수당 지회가 가입할 수 있으며 일 년에 1기니guinea[25]를 회비로 내도록 했다. 전국연맹의 기능과 역할에 대한 규정은 헨리 세실 레이크스Henry Cecil Raikes가 만들었는데, 노동계급을 대상으로 보수당 지지자들을 규합하고 효과적으로 당의 메시지를 전달하기 위한 것이었다. 그는 1869년부터 1874년까지 전국연맹의 의장을 맡았다. 이와 같이 지방 당 기구를 체계적이고 위계적으로 조직화한 것은 중앙당의 메시지를 전파하는 데 도움을 주었지만, 동시에 유권자의 요구나 여론에 중앙당이 이전보다 더욱 예민하게 대응해야 할 필요성도 높여주었다.

디즈레일리 역시 이러한 당 조직의 발전이 가져다준 변화와 영향력을 인지하게 되었다. 과거에는 하원에서나 자신의 지역구에서만 연설을 했지만, 당 조직의 발전에 따라 전국연맹이 주최한 대규모 집회에 참가해 자주 연설했다. 1872년 맨체스터와 런던 크리스털 팰리스Crystal Palace에서 행한 제국과 제도의 수호자, 대중 복지의 담당자로서 보수당의 역할을 천명한 유명한 연설도 전국연맹 주최의 대중 집회에서 행한 것이었다. 디즈레일리의 연설은 전국연맹의 지위를 강화시켜 주었을 뿐만 아니라 일반 대중에게 디즈레일리와 보수당의 정치사상을 효과적으로 전파할 수 있는 기회를 마련해주었다. 전국연맹에 가입한 보수당 지회Conservative Associations의 수는 1871년에는 289개였으나 점차 늘어나서 1875년에는 472개로 증가되었다. 이와 함께 정치 선전이나 언론에 대한 대응에서도 이전보다 세련되고 체계적인 모습을 보이기 시작했으며, 정당이 발간하는 소책자를 통해 단일한 강령 하에 선거운동에 나설 수 있도록 했다.

또한 디즈레일리는 보수당 중앙사무국Central Office을 1870년 설립했다. 1868년 총선 패배 뒤의 일이다. 중앙사무국은 당의 기금을 모금하고 당 후보를 위한 선거 홍보와 선전, 그리고 의회에서 의원들이나 지역구에서 후보들이 활용할 수 있는 당 선전물을 담당하도록 했다. 전국연맹의 창설을 주도한 존 고스트가 책임자Principal Agent로 임명되었고 팔리아먼트 스트리트Parliament Street 53번지에 사무실도 마련했다. 선거운동 관련 업무는 이전에는 칼턴 클럽에서 맡아 행했지만 중앙사무국의 창설과 함께 그 업무를 담당하게 되었다. 1871년부터 고스트는 전국연맹의 의장 역할도 함께 맡게 되면서 두 조직은 상호 보완하면서 기능적으로 통합된 조직의 특성을 갖게 되었다. 1872년에는 전국연맹의 본부가 중앙사무국으로 이전되면서 두 조직 간 기능적 통합은 더욱 가속화되었다. 이러한 조직적 특성은 지금까지도 계속해서 유지되고 있다.

이처럼 변화하는 정치적 환경에 맞춰 과거의 정당 조직을 과감하게 새로운 형태로 바꿔낸 디즈레일리의 지도력은 평가할 만한 일이다. 그러나 1874년 총선에서 대승을 거둔 이후 디즈레일리의 관심이 대영제국 문제로 옮아가게 되면서 당 조직의 보완이나 확충에 대해서는 예전만큼 관심을 갖지 않게 되었다. 이에 따라 중앙당 사무국이나 전국연맹의 역할도 크게 위축되고 말았다. 당 지도부는 여전히 칼턴 클럽을 중심으로 활동하고 있었다. 이런 점에서 볼 때 디즈레일리는 보수당 조직의 기반을 닦기는 했지만 안정적이고 효과적인 조직의 형태를 남겨주었다고 보기는 어렵다. 1880년 총선의 패배도 부분적으로는 보수당 당 조직이 1874년과는 달리 약화되었다는 사실과 관련이 있었다.

하나의 제국,
하나의 보수주의

디즈레일리의 업적 가운데 가장 대담한 시도는 보수당을 제국주의와 연계시킨 것이다. 이러한 태도는 보수당은 물론 자신의 이전 정책적 입장과도 구분되는 것이다. 자유당의 파머스턴이 수상으로 있을 때 보수당은 제국주의나 대외 관계에서 영국의 이익을 적극적으로 챙기는 일에 대해 그다지 큰 관심을 보이지 않았다. 제국Empire은 자유당 파머스턴 수상 때 보았듯이 보수당이 주장하던 가치가 아니었다. 파머스턴이 1855년부터 1857년까지, 그리고 1859년부터 1865년까지 수상으로 재직하면서 포함砲艦외교gunboat diplomacy를 불사하는 제국주의적 외교정책을 폈다. 이와는 반대로 보수당을 이끌던 캐닝이나 애버딘 백작Earl of Aberdeen은 조심스러운 고립주의적인 정책을 선호했다.

그러나 파머스턴을 이어 자유당을 이끈 글래드스턴이 도덕적 명분을 외교정책에 적용하면서 설사 영국에 이익이 되더라도 도덕적 명분이 더욱 중요하다는 입장을 취하게 되자, 이제 애국주의적 외교정책 patriotic diplomacy은 디즈레일리가 차지할 수 있게 되었다. 국민의 커다란 지지를 받았던 파머스턴의 애국주의적 외교정책은 이제 그의 자유당의 후계자가 아니라 보수당의 디즈레일리가 이어받게 되었다. 디즈레일리는 애국주의, 제국주의라는 기치를 당과 결합시켰다.

1875년부터 1878년 사이에 벌어진 발칸 위기 때 디즈레일리는 베를린 회담Congress of Berlin에서 영국의 이익을 지키는 외교력을 발휘해 발칸반도에서 러시아의 영향력을 줄였고, 키프로스Kypros를 영국령으로 만들었다. 이러한 성과로 인해 보수당의 전통적인 외교정책을 주장하는 전임 수상 스탠리의 아들 15대 더비 백작 등의 반대파를 물리칠 수 있었다. 또한 디즈레일리는 이집트 수에즈 운하의 소유권도 영국이 프랑스와 공유할 수 있도록 만들었다.

1875년 11월 팔 몰 가제트Pall Mall Gazette의 편집장 프레더릭 그린우드Frederick Greenwood가 이집트 총독Khedive 이스마일 파샤Ismail Pasha가 금전적 어려움으로 수에즈 운하에 대한 자신의 주식 17만 7,000주를 급히 팔고 싶어 한다는 소식을 더비 백작에게 전해왔다. 당시 수에즈 운하 주식은 모두 40만 주로 프랑스 자본가들이 과반수를 차지하고 있었는데, 이집트 총독은 44퍼센트의 주식을 보유하고 있었다. 더비 백작은 큰 흥미를 보이지 않았으나 디즈레일리는 수에즈 운하는 인도로 가는 중요한 통로이므로 이를 영국이 함께 소유하는 것은 국가 이익에 매우 중요하다고 판단했다. 그러나 당시 의회는 휴회 중이었고 시간은 매우 촉박했다. 디즈레일리는 당시 거부였던 로스차일드Rothschild에게 정부 보증으로 400만 파운드를 빌려 수에즈 운하 소유권을 구매할 수 있었다(Maurois, 1936, pp. 284-285).[26]

한편 빅토리아 여왕의 두터운 신임을 받았던 디즈레일리는 왕실 칭호법Royal Titles Act 1876을 제정해 1876년 5월 1일 여왕을 '인도 여제 Empress of India'로 봉헌했다. 인도 황제 혹은 여제라는 칭호는 그 이전까지 인도 무굴 왕조에서 사용되던 것이었지만 동인도회사에 의해 무굴 왕조가 무너진 이후에는 사용되지 않던 것이었다. 영국이 동인도회사를 대신해 오늘날의 인도, 파키스탄, 방글라데시를 포함한 이 지역을 공식적으로 합병한 이후 19년 만에 영국 여왕은 '인도의 여제'라는 칭호까지 갖게 된 것이었다. 이러한 칭호의 사용이 영국의 인도 통치에 어떤 변화를 가져온 것은 아니었지만 대영제국의 자부심을 크게 높이는 일이었다. 디즈레일리는 1876년 비콘스필드 백작Earl of Beaconsfield이 되어 이제 상원으로 활동 무대를 옮겨 가게 되었다.

그러나 디즈레일리의 제국 정책이 승리만을 거둔 것은 아니었다.

▶ 《펀치Punch》라는 잡지에 게재된 만화
디즈레일리가 빅토리아 여왕을 인도의 여제로 즉위시킨 것을 묘사하고 있다.

1879년 1월에는 남아프리카에서 줄루Zulu족과의 전투에서 영국군이 참패했고 아프가니스탄에서도 반란이 끊이지 않았다. 또한 국내에서 산업 및 농업의 침체로 인해 경제적 어려움이 가속되면서 비판을 받기 시작했다. 이와 함께 글래드스턴이 이끄는 자유당은 다시 활기를 찾았고 경제적 어려움의 원인을 디즈레일리의 탓으로 돌렸다. 1880년 총선이 실시되었다. 1880년 선거에서 디즈레일리의 보수당은 수세적인 입장이 되었다. 보수당은 경제 침체, 사회 개혁, 외국에서의 전쟁 등 당시의 주요 이슈를 피했고 오로지 아일랜드와의 연합왕국을 유지해야 한다는 데 집중했다. 그런 만큼 보수당은 1874년 총선과는 달리 긍정적이고 희망적인 공약이나 메시지를 제시하지 못했다. 경제적 어려움을 겪고 있는 상황에서 유권자들은 더욱더 희망을 주는 메시지가 절실했지만 디즈레일리의 보수당은 그런 기대감을 충족시켜 주지 못했다. 결국 1880년 총선에서 보수당은 자유당에 대패하면서 권력을 넘겨주게 되었다. 보수당은 237석, 자유당은 352석, 아일랜드 자치주의자Home Rulers는 63석을 얻었다. 보수당은 이전 선거에 비해 113석이 줄어들었고, 자유당은 110석을 더 얻었다. 보수당의 의석 상실은 특히 잉글랜드 이외의 지역에서 더욱 컸다.

총선 이듬해인 1881년 4월 디즈레일리는 보수당 당수직을 유지한 상태에서 죽음을 맞이했다. 디즈레일리는 떠났지만 그는 보수당에 매우 커다란 유산을 남겼다. 디즈레일리는 사실 보수당의 미래의 성공을 자신하고 국가 경영을 위한 그랜드 디자인을 갖고 수상이 된 것은 아니었다. 디즈레일리는 영국 보수 세력의 주류도 아니었고 정치적으로 승승장구하지도 않았다. 디즈레일리는 정치권에 오래 몸담았지만 정작 수상이 되어 보수당 정부를 이끈 것은 상당히 나이가 든 이후였다. 랜돌프 처칠Lord Randolph Churchill[27]은 디즈레일리의 정치 역정을 두고 "실패와 실패, 부분적인 성공, 그리고 다시 실패, 그러나 결국 완전한 승리"를 거둔 것으로 요약한 바 있다(Hawkins, 1998, p. 216). 그 스스로 '기름이 잔뜩 묻은 장대the greasy pole'를 잡고 올라가야 했다고 할 만큼 그의 정치적 역정은 쉽지 않았다. 더욱이 디즈레일리는

'매우 보수적인' 인물이었다. 근대적인 의미에서 볼 때 그가 민주적인 의식을 갖고 있었다고 보기는 어렵다. 디즈레일리는 상층계급은 사회 전체의 이익을 위한다는 전제 하에 통치해야 할 신성한 권리를 갖는다고 믿었다. 또한 그는 재산권의 보호를 강조했다. 그러나 보수주의자였다고 해도 그는 시대가 필요로 하는 변화의 방향을 읽고 그 이슈를 과감하게 추진해나갔다. 디즈레일리가 지금까지 높은 평가를 받고 있는 것은 바로 이 때문이다.

사실 필 수상 이후 보수당은 국교도, 토지 소유계급, 농업 그리고 귀족의 정당이라는 보수당의 전통적 기반에 묶여 있었다. 선거권의 확대 등의 정치적 요구가 높아지는 시기에는 보수당은 이런 상태로는 선거에서 승리하기 어렵다는 현실적 한계가 명백했다. 디즈레일리는 보수당의 외연을 확대해 선거에서 경쟁력을 갖는 정당으로 변모시켰다. 디즈레일리가 보수당을 근본적으로 변화시킨 가장 중요한 것 가운데 하나는 보수당을 전국적인 정당a national party으로 만들었다는 사실이다. 당 조직도 전국적으로 확대되었고 선거에서도 전국적으로 고른 지지를 얻게 되었다. 그 이전까지 보수당은 기득권층, 대토지 소유자에 크게 의존했고 중산층이나 새로이 투표권을 얻게 된 노동자들에 대해서는 자유당에 필적할 수 없었다. 당 지도자로 디즈레일리는 보수당의 지지를 이러한 특권층을 넘어 확대함으로써 '하나의 국가One Nation'를 대표할 수 있는 정당을 만들어냈다.[28] 즉 과거 위계적이고 귀족적이며 국교회를 강조해온 보수당이, 대도시를 중심으로 그 수가 크게 늘어나고 있던 중산계급 및 하층 중산계급을 끌어들일 수 있도록 바꿔놓은 것이다. 이제 보수당은 재산권뿐만 아니라 애국심과 사회 개혁을 강조하는 정당이 되었다. 디즈레일리는 보수당에

'일국 보수주의One Nation Conservatism'라는 유산을 남기게 된 것이다. 일국 보수주의라는 용어를 그가 직접 사용한 것은 아니었지만 이 정신은 그의 연설과 선언 속에 녹아들어 있으며 무엇보다 사회 개혁 정책 등을 통해 이러한 이념을 정책적으로 구현해냈다.

디즈레일리 정부 하에 이뤄진 사회 개혁으로 단지 보수당의 지지기반이 확대되었을 뿐만 아니라 실제로 일반 국민들의 생활수준이 향상되었다. 시대적으로 가장 필요한 순간에 생활수준의 향상이 이뤄진 것이다. 그 개혁은 사회 폭동과 같이 위협적인 상황을 맞이해 기득권층이 마지못해 행한 양보로 이뤄진 것은 아니었다. 개혁 과정에는 사회적으로 심각한 대립이나 갈등도 발생하지 않았고 재산 소유 계급의 안전을 위협하는 일도 없었다. 개혁은 작업장에서의 갈등 때문이 아니라 보수당의 온정주의Tory paternalism에 의해 도입된 것이다 (Norton, 1996, p. 29). 자유당이 보다 큰 관심을 가질 만한 정책 영역이었지만 이러한 개혁은 보수당에 의해 주도되었다.

디즈레일리는 보수당을 다시금 집권할 수 있는 정당으로 만들었지만 선거 승리라는 측면에서만 볼 때 역사적으로 디즈레일리보다 뛰어난 보수당 지도자들은 사실 많았다. 디즈레일리가 직접 이끌어낸 총선 승리는 1874년이 유일했다. 그러나 디즈레일리처럼 당에 새로운 아이디어를 불어넣고 활력을 부여한 지도자는 그리 많지 않았다. 디즈레일리의 탁월함은 단순한 선거 승리를 넘어 새로운 이념을 보수당에 불어넣은 지도자라는 데서 찾아볼 수 있다. 사회적 기반 확대를 가져온 '일국 보수주의'뿐만 아니라 대영제국의 정당이며 애국주의 외교를 보수당의 또 다른 전통으로 만들었다. 디즈레일리가 구현한 제국주의, 애국주의, 사회 개혁은 보수당이 내세울 수 있는 가치와 지지 기반을 크게 확대했으며, 특히 노동계급으로부터 많은 지지를 이끌어냈다. 소수의 특권층보다 폭넓은 사회적 이해관계를 보수당이 대표할 수 있고 그럴 역량이 있음을 보여주었다. 디즈레일리의 사회정책에 대해 지나치게 그 치적을 과장해서는 안 된다는 지적도 있지만, 중요한 점은 보수당이 이와 같은 시대적인 요구를 받아들이고 추진하도록 당을 설득해내고 그 방향으로 이끌 수 있었다는 점이다. 자유당의 글래드스턴이 아일랜드 독립 문제처럼 급진적 주장을 펼친 것도 보수당에 큰 도움을 주었다. 글래드스턴으로 인해 보수당은 뜻밖에 유리한 정치적 상황을 맞게 되었다. 역설적이지만 보수당 디즈레일리뿐만 아니라 자유당의 글래드스턴도 근대 보수당의 기반을 닦는 데 기여했다(Norton, 1996, p. 30).

5

자유당의 분열,
보수당에게 행운이 따르다

솔즈베리와
연합파 자유당

디즈레일리가 서거한 뒤 당의 권력은 공백이 되었다. 오랫동안 당을 이끌어온 디즈레일리의 빈자리가 컸던 것이다. 당 중진들은 당권을 놓고 서로 다투었으며 일반 당원들 사이에서는 당이 중심을 잡지 못하고 있다는 불만이 퍼져나갔다. 디즈레일리가 1876년 비콘스필드 백작이 되어 상원으로 옮겨 간 후 하원의 보수당을 이끈 이는 스태포드 노스코트Sir Stafford Northcote였다. 그리고 디즈레일리 서거 이후 상원은 솔즈베리 후작the Marquess of Salisbury이 이끌었다. 그런데 노스코트는 실용적이고 문제 해결형 인물로 행정 지도자로서는 의원들의 신뢰를 받았지만 새로운 사고, 열정, 카리스마 등 선거 승리를 이끌 정치 지도자로서 강한 인상은 주지 못했다. 노스코트는 당시 하원에서 '제4당the Fourth Party'[29]이라고 불렸던 랜돌프 처칠이 주도하는 4인으로 구성된 당내 분파 집단의 강한 비판을 받았다.

'제4당'은 처칠 이외에도 고스트J. E. Gorst, 드러몬드-울프Drummond-Woolf, 그리고 솔즈베리의 조카인 아서 밸푸어Arthur Balfour 등으로 구성돼 있었다. 랜돌프 처칠은 의회 토론에서 자유당 글래드스턴을 효과적으로 공격함으로써 여론의 주목을 받았는데, 그는 보수당이 보다 많은 계층에게 다가간 디즈레일리의 토리 민주주의의 계승자였다. 그는 '대중을 믿어야 한다Trust the People'는 점을 강조하면서 전국연맹의 입장을 대변했다. 처칠은 전국연맹이 보다 큰 대표성을 가져야 하며, 그러기 위해서는 보다 많은 수의 노동자들이 적극적인 회원이 될 수 있도록 해야 하고 전국연맹이 보수당의 정책을 결정하는 데 보다 큰 영향력을 가져야 한다고 주장했다. 그러나 보수당의 상원 지도자였던 솔즈베리는 대중을 불신했다. 솔즈베리는 기득권과 유산계층을 중심으로 한 귀족적 질서에 대한 강력한 옹호자였기에 점점 더 대중의 참여가 증대해가는 민주화의 시대에 과연 당을 이끌 적절한 지도자인지 의구심을 갖는 이들도 적지 않았다.

이처럼 노스코트, 처칠 그리고 솔즈베리가 디즈레일리가 남겨놓은 당내 권력의 공백을 두고 다투게 되었고, 디즈레일리 사후인 1881년부터 1885년 사이의 기간은 이들 3명이 보수당의 정체성을 둘러싸고 벌이는 다툼의 시기였다. 1885년 초가 되면 처칠은 노스코트를 제치고 사실상 하원의 지도자로 인정받게 되었고, 솔즈베리[30]는 보수당의 유력 지도자로 받아들여지게 되었다.

그런데 당시 보수당이 처해 있는 정치적 환경은 그다지 유리하지 않았다. 과거에 선거는 개인의 권리라기보다 공동체를 대표한다는 의미가 더욱 컸다. 투표권이 없는 이들의 이해관계는 그 공동체 지도자에 의해 대표되는 것으로, 예컨대 토지 소유계급은 자신의 토지에서 일하는 소작인들의 이익을 정치적으로 대표하는 의무감을 갖는다는 식이었다. 그리고 1880년대까지 시골에서 정치라는 것은 농업적 이해관계와 긴밀한 관련이 있었기에 토지 소유계급과 농부가 서로 단합할 수 있었다. 그러나 선거권의 확대로 인해 많은 것이 변화했다. 선거권의 확대에 반대하는 이들의 주장은 선거권의 갑작스러운 확대는 부패를 낳게 된다는 것이었다. 이는 현실적으로 아주 틀린 주장은 아니었다. 1883년 부패방지법the Corrupt and Illegal Practices Prevention Act of 1883은 유권자의 수에 따라 후보자가 쓸 수 있는 선거비용의 한도를 엄격히 제한했으며 선거 부패가 발생하는 경우 법에 따라 처벌도록 했다. 하루아침에 부패 관행이 사라진 것은 아니지만 이 법으로 인해 불법 관행은 크게 줄어들었다. 돈보다도 자발적으로 선거운동을 해줄 운동원이 필요하게 된 것이다. 더욱이 일부 계층, 예컨대 도시 지역의 상공업자를 배제한 채 농촌에 기반한 지주나 귀족, 젠트리에만 의존하는 것은 정치적으로 승리를 보장해줄 수 없는 상황이 도래하게 되었다.

1883년의 부패방지법 제정과 뒤이은 1884년과 1918년 선거권 확대로 인해 정당들은 이제 선거운동을 다수 당원의 자발적 참여에 의존할 수밖에 없게 되었다. 1883년 11월에 설립된 프림로즈 리그Primrose League는 이런 상황에서 보수당의 조직적 대응이었다. 앵초櫻草를 의미하는 프림로즈는 전임 수상인 디즈레일리가 가장 좋아한다고 알려진 꽃으로 이 이름을 따서 명명되었다. 프림로즈 리그는 전국적으로 보수당에 지지를 촉진하기 위한 노력을 기울였는데, 특히 새로이 선거권을 갖게 된 유권자들과 여성들이 보수당을 지지하게 만들도록 힘썼다. 프림로즈 리그는 자발적인 당 활동가와 선거운동원을 충원하고 마련하는 데 큰 기여를 했다. 프림로즈 리그는 비록 선거권을 당시 갖고 있지 못했지만 많은 중산층 여성들이 참여했고 선거비용 마련이나 선거운동에 도움을 주었다. 프림로즈 리그는 1914년까지 활발하게 활동했고 이후 여성들을 위한 선거 조직에 의해 점차 대체되었다.[31]

사실 1880년 선거가 그 명칭에 걸맞게 총선거라고 부를 만한 근대적인 의미의 첫 선거였다(Pugh, 1982. pp. 1-9). 그 이전까지는 선거라고 하지만 실질적인 경쟁이 이뤄지지 않는 선거구가 많았다. 경쟁 없이 당선되는 곳이 많았던 것이다. 그러나 1880년 선거에서는 전체 선거구의 6분의 5 정도에서 실질적 경쟁이 이뤄졌다. 또한 자유당의 글래드스턴은 당의 선거 득표를 높이기 위해 처음으로 전국적인 순회유세를 행했다. 또한 글래드스턴은 자신이 집권하면 디즈레일리의 제국정책이나 외교정책을 바꾸겠다고 약속했다. 전국적인 경쟁과 정당 차원의 선거공약이 제시되기 시작한 것이다.

1885년 6월 자유당 정부가 제출한 재정 법안에 대한 수정안이 의회에서 부결되자 글래드스턴은 사임했고 여왕은 솔즈베리를 수상으로 임명했다. 솔즈베리는 소수파 내각을 이끌며 수상으로 재임했다. 1885년 11월 총선이 실시되었다. 정치적인 외부 환경도 불리했지만 당내의 리더십을 둘러싼 갈등과 새로운 보수당의 정체성 부족으로 인해 보수당은 1880년에 이어 1885년 총선에서도 패배했다. 1884년 선거법 개정에 따른 유권자의 확대 이후에 치러진 첫 선거인 1885년 총선에서 보수당은 1880년보다 불과 12석이 늘어난 250석의 의석을 차지했다. 그러나 자유당은 334석으로 보수당보다 84석이나 많은 의석을 차지했다. 아일랜드 자치주의자들은 61석에서 86석으로 의석이 크게 늘어났다. 보수당의 정치적 장래는 불투명해 보였고 1874년 디즈레일리가 이끌었던 보수당의 압승은 일회성 사건으로 끝나고 만 듯이 보였다.

그러나 1885년 총선 패배에도 불구하고 보수당에 적지 않은 성과도 있었다. 1885년 총선 결과 보수당 역사상 처음으로 농촌 출신 의원보다 도시 출신 의원의 수가 더 많아졌다. 도시 중산층을 토대로하는 보수당의 지지가 부상하기 시작한 것이다. 잉글랜드를 예로 들면 보수당 의원 중 농촌 선거구에서 105명이 당선된 반면 도시 선거구에서는 114명이 당선되었다. 런던에서도 59개 의석 가운데 보수당은 35개의 의석을 차지했다. 런던뿐만 아니라 리즈, 셰필드, 리버풀등 지방 주요 도시에서도 비슷한 결과가 나타났다(Smith, 1997, p. 30). 잉글랜드의 도시 선거구 226석 가운데 무려 114석이나 얻어낸 것은 30년 전이었다면 감히 생각도 못 해볼 성과였다(Ball, 1995, p. 9).

물론 여기에는 아일랜드 자치법안으로 인한 자유당의 분열과도 관련이 있는 것이기는 했지만 프림로즈 리그처럼 보수당의 당 조직이 강화된 때문이었다. 그러나 가장 중요한 요인은 1885년 선거구 획정법the Redistribution Act 1885의 결과였다.[32] 이 법안을 두고 보수당은 자유당과 매우 격렬한 정치적 공방을 벌였다. 1884년 제3차 개혁법을 추진하는 글래드스턴 정부에 대해 솔즈베리는 상원에서 보수당의 압도적 우위를 기반으로 개혁법을 통과시켜 주는 대가로 선거구 획정에 대해 자유당의 양보를 이끌어냈다. 그동안의 의석 배분은 잉글랜드의 남부와 남서부 지역에 과대 대표되어 있었다. 새로운 의석 배정의 기준을 5만 명으로 삼아 대도시에 39석, 랭카셔에 15석, 요크셔에 13석의 추가 의석을 배정했다. 또한 1만 5,000명 이상 5만 명 미만 선거구는 선출할 의원 수를 2명에서 1명으로 감축했다. 그리고 인구가 1만 5,000명이 되지 않는 72개 선거구는 이웃한 선거구에 포함하도록 했다.(Pugh, 1982, p. 8).[33] 이 법에 따라 의원 1인만을 선출하는 소선거구가 많이 생겨나게 되었다. 1인 선거구가 늘어나면서 많은 선거구는 사회경제적으로 동질적인 인구 구성으로 이뤄지게 되었으며 이에 따라 농촌 지역의 인구감소로 선거구가 줄어들어 어려움을 겪던 보수당은 지지자들이 몰려 있는 곳에서 의석을 확보할 수 있게 되었다. 선거구 획정에 대한 협상을 이끈 솔즈베리는 이후 보수당의 지도자로 확고히 지위를 굳히게 되었다.

솔즈베리는 디즈레일리 이후 16년간 보수당을 이끌었는데 이는 예상치 못한 업적이었다. 1867년과 1884년의 선거권 확대를 그는 마지못해 수용했으며, 민주주의의 지나친 확대에 대해 깊은 불신을 갖고 있었다. 디즈레일리의 사회 개혁과 대중에 호소력을 갖는 보수당을 만들겠다는 토리 민주주의의 이상은 솔즈베리에게는 이어지지 않았다. 랜돌프 처칠이 이러한 입장을 이어받았지만 그는 솔즈베리와의 당권 경쟁에서 밀려났다. 1886년 총선 이후 재무장관을 맡았던 처칠은 그해 12월 군사비의 축소를 내각에 요구했으나 거부되자 사임했다. 하원 지도자였고 대중적으로 높은 인기를 누린 처칠이었지만 솔즈베리는 그의 사임을 받아들였다. 그리고 이로써 디즈레일리가 제창한 토리 민주주의와 사회 개혁은 솔즈베리 하에서는 당분간 잊혀지게 되었다.

솔즈베리의 보수당이 이후 장기간 집권할 수 있었던 중요한 요인은 보수당 스스로의 변신과 개혁 노력보다는 자유당의 내홍과 분열 때문이었다. 1885년 총선 패배에도 불구하고 수상직에 머물러 있던 솔즈베리는 1886년 2월 법안 표결이 부결되면서 물러났고 대신 글래드스턴이 이끄는 자유당 내각이 다시 들어섰다. 그런데 글래드스턴이 1886년 12월 아일랜드 자치법안 Home Rule을 추진하면서 자유당에는 커다란 내분이 생겨났다. 아일랜드 문제Irish Question가 정치적 전면에 등장하게 된 것은 1885년 총선에서 아일랜드 자치주의자들의

▶ 솔즈베리 수상

의석이 86석으로 크게 늘어나게 된 사실과도 관련이 있다. 1885년 총선에서 자유당이 319석, 보수당이 249석으로 두 당의 의석 차이는 70석이지만, 아일랜드 자치주의자들은 86석으로 의회 내 힘의 균형자 역할을 할 수 있게 된 것이다. 솔즈베리가 1885년 잠시 집권하는 동안 보수당은 아일랜드 자치주의자의 지도자인 파넬Parnell과 협력하기도 했지만 솔즈베리의 보수당이 줄 수 있는 정치적 대가의 한계 때문에 다시 자유당과 협력하게 되었다.

한편 보수당은 이에 맞춰 아일랜드 자치에 대한 거부 운동을 벌여 나가기 시작했는데, 이것은 자유당 내부의 불만 세력의 동조를 이끌어낼 수 있는 좋은 이슈였다. 그리고 실제로 이 정책에 불만을 가진 자유당 의원들이 이후 보수당에 참여함으로써 정당 재편을 이끌었다. 글래드스턴의 아일랜드 자치법안은 자유당을 결국 분열시켰던 것이다. 하팅턴 경Lord Hartington과 조지프 체임벌린이 이끄는 93명의 의원들은 아일랜드 자치법안의 의회 2차 독회에서 보수당에 합세했다.

결국 아일랜드 자치법안은 341 대 311로 부결되었다. 일찍이 글래드
스턴 내각에 참여하라는 요구를 거절했던 하팅턴은 글래드스턴에 대
항하는 연합파 자유당Liberal Unionists[34]의 지도자가 되었다. 한편 글래
드스턴의 새 내각이 들어선 지 얼마 되지 않은 3월 조지프 체임벌린
은 글래드스턴이 사회 개혁에는 관심을 쏟지 않고 온통 아일랜드 자
치에만 힘을 기울이고 있다고 비판하며 그의 내각에서 사임했다. 체
임벌린은 당시 '대영제국 내 두 번째 큰 도시였던' 버밍엄 시장으로 재
직하면서 도로를 포장하고 하수구 시설을 만들고 위생과 전력을 공
급하는 등 '도시 사회주의municipal socialism'라고 불릴 만큼 사회 개혁
에 적극적이었던 인물이었다. 그리고 성공한 상공업자로 그 스스로
자수성가한 인물이었다. 글래드스턴이 아일랜드 자치를 추진하자 체
임벌린을 포함해 이에 반대하는 자유당 의원들은 연합파 자유당을
형성하며 글래드스턴에 맞섰다.

　1886년 6월 아일랜드 자치법안이 부결되면서 의회는 해산되었고
7월 총선이 실시되었다. 이 총선에서 보수당과 연합파 자유당은 선
거 협약을 맺었다. 연합파 자유당 의원들로서는 정치적 생존을 보장
받을 수 있었고, 보수당으로서는 연합파 자유당이 글래드스턴의 자
유당 후보들과 경쟁함으로써 보수당 후보의 당선 가능성을 높일 수
있을 것이라는 기대감을 가질 수 있었다. 더욱이 연합파 자유당은 그
동안 보수당에 거리감을 갖던 중산층 비국교도들이 보수당에 다가
설 수 있도록 하는 데 좋은 매개체가 될 수 있었다. 총선 결과 보수당
과 연합파 자유당의 협약은 큰 성공을 거두었다. 비록 글래드스턴의
자유당은 보수당보다 득표수에서는 124만 1,000표 대 103만 8,000표
로 보다 많은 지지를 얻었지만 의석수에서는 커다란 패배를 당했다

(Smith, 1997, p. 33). 자유당은 191석을 얻어 불과 8개월 전 선거에 비해 무려 143석이 줄어들었다. 이에 비해 보수당은 316석을 차지했다. 그러나 보수당의 의석은 과반에는 못 미쳤는데 78석을 얻은 연합파 자유당의 도움으로 쉽게 안정적인 기반 위에 집권할 수 있었다. 보수당과 연합파 자유당은 공조를 통해 반反글래드스턴 세력을 결집해낼 수 있었던 것이다.

1886년 7월 솔즈베리는 수상이 되었다. 이후 솔즈베리는 1892년 8월부터 1895년 6월까지의 기간을 제외하고 1902년까지 계속해서 수상직을 유지했다. 오랜 집권에도 불구하고 솔즈베리는 디즈레일리처럼 새로운 아이디어를 보수당에 불어넣지 못했으며 정치적 기반의 확대를 추구하지 못했다. 솔즈베리는 상원과 보수당을 자신이 가장 중요하게 생각하는 현 질서의 유지를 위한 최선의 방어책, 보장책이라고 보았다. 솔즈베리가 추구했던 것은 점증하는 대중의 압력에 대응해서 도시와 농촌의 재산 소유자들이 그들의 부와 특권을 함께 지키기 위한 동맹을 결성하는 일이었다. 그가 중시했던 것은 사회질서의 존중, 계약의 자유, 침해할 수 없는 재산권, 엘리트 교육, 사회적 특권, 권위의 확립, 대영제국 그리고 군주, 국교회, 국가, 헌정 체제 등 현상 유지를 위한 보호적이고 방어적인 보수주의protective and defensive Toryism였다(Smith, 1997, p. 39). 솔즈베리는 1867년 선거권 확대를 규정한 개혁법에 대해 반대하면서 내각을 떠난 인물이었으며, 특히 국내 정치적인 개혁과 변화에 반대해왔다.

그러나 그의 이러한 현상 유지적 보수주의는 당내에서 저항을 불렀다. 디즈레일리식 사회 개혁의 지속을 원했던 랜돌프 처칠과 연합파 자유당의 체임벌린 등은 개혁적이고 중도적인 정당으로 보수당과

연합파 자유당의 연합을 변모시키고 싶어 했다. 그러나 솔즈베리는 디즈레일리가 했던 것과 같은 전향적인 사회 개혁의 방식을 거부했다. 랜돌프 처칠의 아들인 젊은 시절의 윈스턴 처칠Winston Churchill은 이 때문에 "나는 보수당Tory Party, 보수당 사람들, 그들의 용어, 그들의 방법까지 다 싫다"라고 말한 바 있다(Charmley, 1996, p. 10).

그러나 솔즈베리의 보수주의는 아일랜드 독립을 추구한 글래드스턴의 존재로 인해 그 가치가 부각될 수 있었다. 솔즈베리는 아일랜드 문제를 전통적인 보수당의 가치와 연관시켰다. 그는 아일랜드 독립은 국가 권위와 헌정 질서, 연합왕국과 대영제국이라는 체제의 유지, 법의 지배, 재산권의 보호와 같은 기본적인 질서를 위협하는 것이라고 비판했다. 즉 아일랜드의 독립을 막는 일은 국왕을 정점으로 하는 연합왕국의 기존 질서를 지키기 위해 반드시 필요한 일이라는 점을 강조했다. 아일랜드 독립 문제를 영국 사회의 질서를 지키기 위한 투쟁으로 변모시킨 것이다.

이런 점에서 그는 새로운 사상을 보수당에 불어넣지는 못했지만 매우 뛰어난 전략가였다. 그러나 솔즈베리의 정치적 성공에 가장 중요한 기여는 역시 자유당의 분열이었다. 그가 뛰어난 전략가라고 할 수 있는 점은 아일랜드 자치 문제로 인한 자유당의 내부 분열을 무자비하다고 할 만큼 적절하게 활용했다는 점이다. 여러 가지 정치적 마찰에도 불구하고 하팅턴과 체임벌린이 이끄는 연합파 자유당과의 협력 관계를 유지하면서 정치적 재편을 이뤄냈다. 1886년부터 1892년까지 솔즈베리의 보수당 정부는 연합파 자유당과의 협력을 지속했으며, 1892년 총선에서도 이전 선거에서처럼 선거 연합을 결성했다.

마지막 귀족 수상

현상 유지를 추구하는 솔즈베리가 아무리 내키지 않더라도 그 시대의 요구에 눈감고 있을 수는 없는 일이었다. 솔즈베리 하에서 이뤄진 개혁은 랜돌프 처칠, 또 처칠이 물러난 이후에는 리치c. T. Ritchie, 그리고 연합파 자유당의 개혁적인 지도자인 체임벌린에 의해 주도되었다. 그러나 이는 대단히 현실적인 필요에 의해 이뤄진 것이었다. 1884년 개혁법은 농업 노동자를 포함해 많은 성인 남성에게 새로이 선거권을 부여했는데, 자유당을 제치고 이들의 지지를 이끌어내기 위해서는 보수당이 이들에게 적극적으로 다가설 필요가 있었다. 또 다른 한편으로는 1873년부터 1896년까지 장기화된 경제 불황으로 인해 고통받고 있는 많은 이를 지원해야 할 시급한 상황이었다. 소규모 자작농smallholders을 지원하기 위한 다양한 조치들, 1886년 탄광규제법Coal Mines Regulation Act, 1875년 농업소유법Agricultural Holdings Act, 1887년의 대여농지법Allotments Act, 그리고 1890년 노동계급주택법the Housing of the Working Class Act of 1890, 1891년의 교육법Education Act 등과 같은 온건한 형태의 사회 개혁들이 1892년 총선 이전에 모두 도입되었다. 한편 1888년 솔즈베리 정부 하에서 최초로 도입된 지방의회County Councils는 그 이후 거의 100년 동안 지속되는 영국 지방정부의 기본 틀을 만들었다. 이러한 개혁이 적극적인 조치라고 보기는 어렵지만 아무리 현상 유지적인 보수주의라고 하더라도 필요한 개혁에 눈감지 않았다는 사실을 보여준다. 사실 솔즈베리는 자신이 신랄하게 비판했던 1850년대 및 1870년대에 자유당이 이뤄낸 성과를 자신이 집권한 이후에 그것을 뒤엎으려고 하지 않았다(Morgan, 1984, p. 573). 또한 당대의 사회적 구조의 변화에 나름대로 대응하려 하면서 스미스W. H. Smith처럼 자수성가한 도시의 상공업자 출신을 자신의 정부에 중용하기도 했다.

1892년 총선에서 글래드스턴이 이끄는 자유당은 힘겨운 승리를 거두었다. 자유당은 274명이 당선되었고 보수당은 이전에 비해 48석이 줄어든 268석을 얻었다. 그리고 연합파 자유당은 32석이 줄어든 47석을 각각 획득했다. 자유당은 아일랜드 민족당Irish Nationalists 소속 의원 81명의 지지에 힘입어 집권할 수 있었다. 1892년부터 1894년까지 글래드스턴이, 그리고 1894년부터 1895년까지는 로즈버리 경Lord Rosebery이 자유당 정부를 이끌었지만 자신의 지지자들에게조차 강한 인상을 심어주지 못했다. 아일랜드 자치에 대한 집착으로 당내 분열이 계속되었고 이를 입법화하는 데도 실패했다.

1892년의 패배에도 불구하고 연합파 자유당은 계속해서 보수당의 파트너로 남아 있었다. 글래드스턴이 자유당에 존재하는 한 거기서 이탈한 연합파 자유당 의원들이 다시 돌아갈 가능성은 사실상 전무했다. 1895년 총선에서 보수당은 다시 권좌로 복귀했다. 자유당 내각의 취약함과 분열이 보수당의 승리를 이끌었다. 1895년 총선 이후 연합파 자유당 소속 의원들은 이제 솔즈베리가 이끄는 보수당 내각에 참여했다. 아일랜드 자치법안을 둘러싸고 자유당이 분열한 지 10년이 지난 이후였다. 자유당의 분열을 지속시키고 단기간에 자유당이 재결합할 가능성을 피하기 위해 솔즈베리는 연합파 자유당을 자기 내각의 소수파 파트너로 삼고자 했다. 이들 연립정부는 보수-연합당Conservative-Unionist Party으로 불리게 되었다. 연합파 자유당의 체임벌린은 식민지성 장관Colonial Secretary으로 임명되었다. 흥미롭게도 그는 과거에는 디즈레일리의 제국주의 정책을 반대하는 운동을 주도하기도 했는데, 그 이유는 이러한 정책이 영국 국민 모두를 위한 것이 아니라 주식 소유자 등 이해관계를 가진 이들만을 위한 것이라고 생각했기 때문이다. 그러나 이번에는 체임벌린은 식민지성 장관이 되기를 원했고 보수당은 그 자리를 넘겨줌으로써 그를 끌어들였다. 체임벌린이 식민지에 관심을 갖게 된 것은 국내의 고용을 늘리기 위해서는 수요를 늘려야 하는데, 그러기 위해서는 해외의 새로운 시장이 마련되어야 한다는 것이었다.

솔즈베리는 후반기에 가면 정치적으로 이전에 비해 덜 반동적이 되었다고 하지만, 그는 결코 경제적·사회적 문제를 해결하는 데 국가 개입의 효과를 믿지 않았다. 그런 점에서 볼 때 그는 디즈레일리에 비해 분명히 덜 개혁적인 인물이었다. 세금 인상이나 부의 재분배 등의 사안은 솔즈베리를 포함한 당 지도부가 별로 달갑게 생각하지 않는 정책들이었다. 사회 개혁에 적극적이었던 체임벌린 역시 식민지성 장관직Colonial Secretary을 맡게 됨으로써 그의 관심은 자연스럽게 이제 사회 개혁으로부터 제국의 문제로 옮겨 가게 되었다. 그러나 1897년 노동자보상법the Workmen's Compensation Act of 1897의 제정에는 체임벌린의 역할이 컸다. 사실 이 법안은 1895년 총선 이후 들어선 보수당 솔즈베리 정부의 가장 주목할 만한 업적 중 하나였다. 노령연금과 같은 야심적인 제도는 논의되기는 했지만 재정 문제에 대한 보수적인 태도로 인해 보류되었다. 이 시기 보수당 정부가 국내 문제에 대해 별다른 업적을 내지 못한 이유는 무엇보다 보수당이 적극적으로 경제·사회적 프로그램을 추진할 것인지, 아니면 변화에 저항할 것인지에 대한 당내의 합의가 결여되었기 때문이다. 솔즈베리를 비롯한 당 지도부는 적극적인 대응에는 반대하는 입장이었다.

디즈레일리처럼 솔즈베리의 후기는 외교 및 제국 이슈가 지배했다. 당시 대영제국은 확대되고 있었다. 버마를 복속시켰고 아프리카에서는 그 영향력을 크게 확대하고 있었다. 솔즈베리 정부는 아프리카의 여러 지역을 복속시키기 위해 그곳에서 활동하는 개인과 기업에 적극적인 지원을 아끼지 않았다. 국내적으로는 아일랜드를 포함한 연합왕국을 유지해야 한다는 신념을 갖고 있었다. 솔즈베리는 당시 수상으로서는 드물게 1900년까지 외무장관을 겸직했고 내각 내에서 외교 문제에 관해 최종적인 결정권을 자신이 가졌다. 그의 외교정책은 독일·이탈리아·오스트리아−헝가리의 삼각동맹과 협력 관계를 모색함으로써 영국의 이익을 보장받으면서 대외 문제에 일정한 거리를 유지하고자 한 것이다. 솔즈베리는 그의 외교정책을 '흘러가는 물결에 편안하고 여유롭게 몸을 맡기면서 가끔씩 보트가 부딪치는 것을 막기 위해 외교적인 갈고리를 뻗는 것'이라고 요약하기도 했다.[35] 그러나 1880년

대 후반 세계 정세와 1890년 비스마르크의 실각과 이에 따른 프로이센과 영국의 관계 악화는 단지 흘러가는 물에 몸을 맡기는 것보다 적극적인 자세를 요구했다. 내각 내부의 반발로 솔즈베리는 1900년 11월 외무장관직을 사임하고 랜즈다운 경Lord Lansdowne이 후임이 되었다. 랜즈다운은 곧 일본과 동맹 관계를 협의하기 시작했고 1904년에는 프랑스와 우호 협정도 맺게 되었다. 솔즈베리의 고립주의 정책은 새로운 시대에 더 이상 적절하지도 않고 현명한 것도 아니었다.

1887년 빅토리아 여왕의 재위 50주년Golden Jubilee 기념행사와 1897년 재위 60주년 기념행사Diamond Jubilee는 영국 사회 내 자긍심을 높이는 계기가 되었다. 디즈레일리에 의해 인도의 여제를 겸하게 된 빅토리아 여왕의 재위 50주년, 60주년 기념식에는 세계 도처의 식민지로부터 온 대표자들이 런던 시가지를 자랑스럽게 행진하는 화려한 행사가 거행되었다. 이러한 행사를 통해 거대한 제국을 거느리는 영국에 대한 국민적 자부심이 하늘을 찌를 듯했다. 이런 행사는 모두 애국주의 정당을 자부하는 보수당에 유리한 분위기를 조성해주었다. 이런 상황에서 1899년 터진 보어 전쟁the Boer War[36]으로 개전 초기부터 영국 사회 내에는 애국주의가 고조되었다. 보수당은 국민 여론을 애국주의로 몰아갈 수 있었지만 야당인 자유당은 분열되었다. 애국주의적 전통을 갖는 보수당에 비해 자유당은 평화주의자와 전쟁 찬성파 간의 극심한 의견 차이가 노정되었기 때문이었다. 유리한 상황이 마련되자 솔즈베리는 의회를 해산하고 총선을 실시하기로 했다. 집권당이 유리한 시점에 의회를 해산하고 총선을 치러 재집권을 노리는 방식이 이때 처음 시도되었다. 솔즈베리의 절묘한 총선 타이밍이 보수당에 유리한 결과를 낳았다.

1900년 실시된 총선은 카키 총선Khaki Election으로 불렸다. 이런 이름이 붙은 것은 보어 전쟁에서 영국군이 새로이 입게 된 군복의 색깔이 카키색이었기 때문이다. 보어 전쟁으로 인한 여론의 분위기는 보수당이 선거에서 승리하는 데 큰 도움을 주었다. 보수당은 50퍼센트 이상의 득표로 334석, 연합파 자유당은 68석을 얻어 이들 보수-연합당은 402석을 획득했다. 전쟁에 대한 입장으로 분열된 자유당은 전체 지역구의 4분의 1에서는 후보자를 공천조차 할 수 없었다. 아일랜드 자치법안에 이어 보어 전쟁까지 자유당을 분열시키면서 자유당은 무기력함을 드러냈다. 솔즈베리는 노령과 건강 악화로 어려움을 겪었지만 1901년 빅토리아 여왕의 서거 이후 새로운 왕, 에드워드 7세의 즉위가 이뤄지고, 오랫동안 끌었던 보어 전쟁이 1902년 끝날 때까지 수상직에 머물렀다. 솔즈베리는 1902년 7월 수상직에서 사임했다.

　솔즈베리는 16년간 보수당을 이끌었다. 연합파 자유당을 파트너로 솔즈베리의 보수당 연립정부는 1886년, 1895년 그리고 1900년 세 차례 총선을 승리로 이끌었다. 솔즈베리는 보수당에 새로운 정신을 불어넣기보다는 기존의 질서를 지키고자 했다. 솔즈베리의 보수주의는 노동계급의 부상으로 인해 기존 질서가 도전 받게 된 새로운 정치적 환경에서 적극적인 개혁을 도모하기보다는 재산 소유자의 이익을 지키기 위한 방어적이고 보수적인 태도를 견지했다. 이런 노선으로도 보수당이 집권할 수 있었던 것은 3차 선거법 개정 이후에도 이전과 유사한 귀족주의적 성향이 영국 사회를 지배하고 있었고, 또한 보수당이 대표하는 정체성 역시 '국교회와 국왕'이라는 1790년대의 협소한 정의에서 벗어나 '애국주의, 사회질서, 정치적 안정, 프로테스탄트,

재산의 안정'이라는 보다 확대된 가치를 대변하면서 보다 확대된 지지를 이끌어낼 수 있었다(Ball, 1995, p. 10).

그러나 솔즈베리가 이끄는 보수당의 성공은 아일랜드 자치법안을 둘러싼 자유당의 분열에 큰 도움을 입었다. 솔즈베리의 장기 집권은 자유당의 분열이라고 하는 요인이 없었다면 불가능했을 것이다. 그런 점에서 그의 집권은 행운적인 요소에 의존한 셈이었다. 실제로 자유당의 분열 이후 선거 때 자유당 후보가 출마하지 못한 무경쟁 선거구가 크게 늘어났다. 1886년 총선 때는 225개, 1895년 총선에서는 189개, 그리고 1900년 총선 때는 243개 선거구에서 자유당은 후보자를 제대로 내세울 수 없었다. 자유당의 분열이 보수당의 승리를 가져다준 원천이었던 것이다. 솔즈베리 스스로도 "글래드스턴의 존재야말로 보수당이 지니고 있는 가장 큰 힘의 원천이다"라고 말한 바 있다(Smith, 1997, p. 41). 아일랜드 자치법안을 추진한 글래드스턴이 자유당에 머물러 있는 한 자유당의 분열은 회복될 수 없는 것이기 때문이었다. 이렇게 솔즈베리는 야당 복福을 누렸다.

솔즈베리가 노동계급의 부상을 우려했고 개혁을 거부했지만, 1900년 노동당이 창당되었고 그로부터 얼마 지나지 않아 영국 정치의 주요한 정치 세력으로 등장하게 되었다. 시대적 변화의 도도한 물결은 막을 수 없었던 것이다. 솔즈베리는 귀족 작위를 가진 상원의원으로서 영국의 수상이 된 마지막 인물이었다. 이후 영국의 모든 수상은 하원의원만이 맡게 되었다. 수상직을 맡은 마지막 귀족이라는 상징성처럼 그의 보수주의 역시 시대적 변화 속에 더 이상 유지될 수 없는 것이었다. 그가 이뤘던 것은 자유당의 분열이라는 뜻밖의 행운으로 잠시나마 그 물결을 가두어두려고 했던 것뿐이다.

관세 개혁,
보수당을 분열시키다

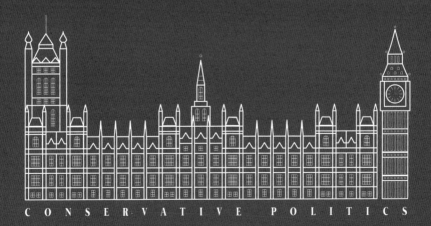

세실 호텔과 밸푸어

1900년 총선에서 보수당[37]이 압승을 거두었지만 정국 상황은 그다지 보수당에 유리하지 않게 전개되었다. 대내적으로는 1890년대의 경제 상황이 악화되면서 이 문제 해결을 위해 정부가 개입해주기를 바라는 요구가 커졌다. 대외적으로도 국가 간 경쟁이 치열해지면서 경제적인 측면에서 영국의 대외 경쟁력이 악화되고 있다는 위기감이 높아졌다. 이처럼 정부 역할에 대한 기대감은 커졌지만 이런 요구를 감당하기 위해서는 그만큼 재정적인 부담이 늘어나야 했다. 이런 상황에서 남아프리카의 보어 전쟁에 대규모 병력을 파견해야 했는데 이는 영국 정부의 재정 부담을 더욱 가중시켰다. 영국에서만 36만 4,000명의 병력이 파견되었고 영국의 식민지 국가에서 8만 명이 추가로 파병되었다. 전쟁비용은 2억 파운드에 달했다. 막대한 전쟁비용을 조달하기 위해서는 세금 부담이 늘어날 수밖에 없었다. 1890년 GNP의 9퍼센트 규모이던 조세 부담은 1900년이 되자 15퍼센트 수준으로 급증하게 되었다(Smith, 1997, pp. 44-45). 낮은 세금과 작은 정부, 건전한 재정 운영으로 재계와 업계, 그리고 도시 외곽 중산층의 지지를 얻어왔던 보수당으로서는 커다란 난관에 봉착하게 된 것이다.

세계 제1의 제국이 그렇게 많은 병력을 보내고도 거의 3년의 시간을 보내고서야 남아프리카에서의 전쟁을 끝낼 수 있었다는 것도 영국 국민의 자존심을 상하게 하는 일이었다. 더욱이 제국의 수호자로 자부해온 보수당의 명성에도 해를 끼쳤다. 한편 남아프리카 금광 개발을 위해 값싼 노동력이 필요하게 되면서 수천 명의 중국인 노동자들을 남아프리카에 송출했는데, 이들 중국 노동자들이 노예와 같은 비참한 생활을 강요받고 있는 실상이 신문을 통해 폭로되면서 중국인 노동자 문제Chinese Slavery는 사회적으로 커다란 충격을 주었다. 그뿐만 아니라 영국 노동자들의 건강 상태 역시 보어 전쟁을 겪으면서 큰 논란거리가 되었다. 보어 전쟁에 자원입대를 신청한 이들 가운데 무려 3분의 1이 신체적으로 부적합하다는 판정을 받으면서 노동자들의 건강 상태에 대한 사회적인 우려도 커졌다.

이런 사회 개혁이나 복지와 관련된 이슈는 솔즈베리의 보수당 정부가 별다른 관심을 기울이지 않은 분야였지만 이제 이 이슈는 점점 더 정치적으로 커다란 중요성을 갖게 되었다. 한편 1900년에는 이후 노동당으로 발전하는 노동자대표위원회Labour Representative Committee가 결성되었다. 자유당은 노동계급 유권자의 표를 의식해 점차 사회복지나 개혁 문제에 보다 큰 관심을 기울이기 시작했다. 이처럼 보수당은 그동안 강점으로 내세웠던 거의 대부분의 영역에서 수세에 몰리게 되었다.

솔즈베리를 뒤이은 새로운 수상은 아서 밸푸어Arthur. J. Balfour였다.

밸푸어 이외에 2명의 후보감이 더 있었지만 둘 다 나이가 너무 많았고 무엇보다 그들은 연합파 자유당 소속이었다. 이들 중 한 명은 8대 데본셔 공작Duke of Devonshire이었고 또 다른 한 명은 조지프 체임벌린이었다. 1912년 보수당과 연합파 자유당이 공식적으로 합당하기 이전에 연합파 자유당 소속 의원이 보수당의 지도자가 된다는 것은 생각하기 현실적으로 어려운 일이었다. 한편 밸푸어는 전임 수상인 솔즈베리의 조카였다. 물론 그가 후임 수상이 된 것은 솔즈베리의 조카였기 때문만은 아니었다. 신임 수상이 된 밸푸어는 여러 가지로 재능이 많은 인물이었다. 밸푸어는 매우 지적인 인물로 여러 권의 철학 서적을 저술했고,[38] 하원에서의 토론도 뛰어났다.

그러나 전체적으로 볼 때 밸푸어는 강력한 리더십을 발휘하지 못했고 19세기식 귀족사회의 전통에서도 벗어나지 못하는 모습을 보여주었다. 이 때문에 밸푸어는 솔즈베리의 그늘에서 벗어나지 못했고 그것이 놀림감이 되기도 했다. 예컨대 밸푸어의 삼촌인 솔즈베리 전 수상의 첫 이름인 Robert를 따서 '네 삼촌은 솔즈베리'Bob's your uncle'라는 말이 밸푸어가 수상으로 재임하는 동안 유행했다.[39] 또한 세실 호텔The Hotel Cecil이라는 표현도 밸푸어 집권기에 유행했는데 이는 보수당 내 세실Cecil, 즉 솔즈베리 가문의 큰 영향력을 지칭하는 용어로 사용되었다. 보수당 정부의 '세실 호텔'적 특성은 밸푸어가 자신의 동생과 사촌을 내각에 참여시킴으로써[40] 더욱 뚜렷해졌다.

그러나 정책적인 면에서 밸푸어는 그의 삼촌인 솔즈베리의 입장과는 달랐으며 변화와 개혁, 그리고 국가의 개입을 전적으로 부정하지 않았다. 그는 온건한 개혁 정책을 통해 토지 소유자, 상업·금융업계, 중산계급 등 당의 기득권들의 이해관계를 유지하고자 했다. 1902년

▶ 밸푸어 수상

밸푸어가 수상이 되기 직전에 그의 노력에 의해 제정된 교육법the Education Act은 통합된 국가 교육 시스템을 구축한 것인데, 지방교육청Local Education Authorities: LEA을 설립해 지방정부에 초등·중등학교 지원의 권한을 부여함으로써 교육의 주체를 바꾸는 데 기여했다. 또한 밸푸어 수상 때 이뤄진 실업지원국Unemployed Assistance Board 설립이나 외국인법Aliens Act의 도입 등도 실업 문제 해결을 위한 국가의 적극적인 개입을 의미하는 것이었다.

밸푸어는 급진적인 정책을 피하고 당의 단합을 유지하면서 당시 영국 사회의 요구에 대응하고자 했지만, 그의 분명하지 않은 정책적 입장은 보수당 지지자나 당 소속 의원들을 만족시킬 수 없는 것이었다. 밸푸어는 당을 이끄는 지도자로서의 리더십이 부족했고 특히 변화하는 시대적 흐름 속에서 새로운 비전을 제시하지도 못했다.[41] 더욱이 노령연금과 같은 핵심적인 개혁안을 입법화하는 데 실패함으로써 그의 리더십은 결단력이 부족하고 나약하다는 인상을 주게 되었다. 그는 평생 독신으로 지냈는데, 주변 사람들에게 냉정하고 무관심하며 열의 없는 태도를 보임으로써 여성스럽다거나 음험하다는 평을 받았다. 신문이나 잡지의 만평은 밸푸어를 '늙은 하녀old maid'라고 묘사했는데 실제로 그는 그런 별칭으로 불리게 되었다(Ball, 1995, p. 37).

밸푸어의 리더십이 비판을 받게 된 또 다른 이유는 그가 정치적으로 보수당의 지지세 확대에도 별로 기여하지 못했다는 점이다. 예를 들어 그가 주도했던 교육법은 영국 국교회 및 가톨릭계 학교에 대한 지원만을 규정함으로써 그 법의 적용에서 제외된 비국교도nonconformists들의 학교를 소외시켰다. 이 때문에 지난 10년 동안 보수당을 굳건하게 지지해왔던 비국교도들이 보수당으로부터 등을 돌리게 만들었다.

이전 몇 차례의 총선에서 보수당의 선거 승리에 큰 도움을 주었던 노동계급 또한 밸푸어의 정책에 분노했다. 1901년의 태프 베일Taff Vale 판결은 파업에 참여하는 노동조합의 권리를 심각하게 제약했다. 1900년 8월 보어 전쟁으로 인한 석탄 특수로 호황을 구가하던 태프 베일 철도회사에서 파업이 발생했다. 회사 측은 대체 노동력을 투입했고 노조는 힘겨운 투쟁 끝에 9월 철도 운행의 재개에 합의했다. 그런데 조업 복귀 직후 회사 측은 노조를 상대로 파업에 대한 손해배상 청구 소송을 제기했고 소송의 결과는 회사 측의 승리로 돌아갔다. 태프 베일 판결로 노동조합은 거액의 배상금을 물게 되었다. 이 판결은 1870년대 노조법 개혁 이후 파업을 당연한 권리로 간주하던 입장을 부정한 것으로 이러한 배상은 노조운동의 심각한 위기를 의미하는 것이었다(고세훈, 1999, pp. 100-101). 노동조합 측은 노동운동과 파업의 권한을 회복시키는 법안을 제정해줄 것을 요청했지만 밸푸어는 이를 거절했다. 그뿐만 아니라 노령연금 관련 법안을 잇달아 부결시키는 등 여러 가지 면에서 밸푸어의 보수당 정부는 노동계급의 요구에 별다른 관심이 없음을 보여주었다. 이로 인해 노동운동과 보수당 간의 관계는 완전히 단절되었고 노동계급은 이제 막 정치적 세력으로 등장한 노동당에 기대감을 갖게 되었다.

체임벌린과
관세 개혁 갈등

당시 영국 사회는 보다 과감한 변화를 요구하고 있었지만 밸푸어의 우유부단한 리더십은 이를 충족시킬 수 없었다. 보다 적극적이고 과감한 변화를 위한 제안은 조지프 체임벌린에 의해 제시되었다. 체임벌린은 1903년 5월 15일 버밍엄에서의 연설을 통해 관세 개혁Tariff Reform을 주장했다. 체임벌린은 관세 개혁이야말로 1900년대 초 영국 사회가 직면한 정치·사회·금융 분야의 어려움을 극복하게 해주는 치유책이라고 보았다.

　과거 보호주의 장벽 뒤에 머물러 있던 미국이나 독일과 같은 국가의 경제적 도약과 함께 보어 전쟁을 겪으면서 국내 산업의 취약함과 국제적 고립이 전반적인 위기감의 고조로 이어졌다. 이미 미국과 독일의 철강·제철 산업은 영국을 넘어섰고, 영국을 포함한 외국산 제품에 고율의 관세를 물리고 있었다. 영국은 여전히 자유무역을 고집하고 있었지만 영국 공업의 기술력은 과거와 같은 경쟁력의 우위를 유지하지 못하고 있었다. 1880년대에 이미 영국에서는 공정무역연맹 Fair Trade League이 결성되어 자유교역을 폐지하고 외국이 영국 제품에 대해 관세를 낮추는 경우에만 외국 상품의 관세를 낮추는 관세 및 거래 조건을 수립할 것을 요구해왔다. 그러나 이들의 주장은 관철되지 못했으며 여전히 다수는 자유교역이 영국 경제 발전의 원동력으로 생각하고 있었다.

그러나 체임벌린은 자유무역 정책을 철폐해야 한다고 확신했다. 체임벌린은 빅토리아 시대의 우월적 지위에서 벗어난 영국 경제의 미래를 위해 관세 개혁을 주창했다. 따라서 그에게 관세 개혁은 단순한 정치적 캠페인을 넘어서는 확신에 찬 개혁운동이었다(Charmley, 1996, p. 24). 체임벌린이 주장한 관세 개혁은 매우 단순한 아이디어에 기반했는데, 강력한 경제대국으로 떠오른 독일이나 미국과 경쟁하기 위해 영국은 대영제국에 속한 각 지역을 호혜관세로 보다 가깝게 묶어야 한다는 것이었다. 체임벌린은 대영제국 외부로부터 상품이 영국에 수입되는 경우 대영제국 국가의 상품보다 높은 관세를 물리고, 반대로 대영제국 국가들은 영국 제품에 대해 다른 국가들보다 낮은 관세를 물리도록 함으로써 대영제국 국가들끼리의 교역에 특혜를 부여하자는 것이었다. 대영제국 내의 각 자치령이 독자적인 공업과 산업을 발전시킨다고 하더라도 이들 자치령의 원심적 이탈을 막고 상호 이익을 확보하도록 대영제국 내 국가 간 호혜적 조치를 마련하자는 것이었다.

체임벌린은 관세 개혁이 대영제국 내의 연계를 강화하는 것 이외에도 외부 경쟁으로부터 영국 산업을 보호할 것으로 보았다. 국내 산업의 보호는 결국 일자리와 경제 번영으로 이어질 것이며, 식품 가격이 다소 상승하더라도 이보다 훨씬 큰 이득을 얻게 될 것으로 보았다. 또한 보어 전쟁에서 보듯이 대영제국을 유지하는 비용은 만만치 않은 것이었으며, 체임벌린은 관세를 거둠으로써 외국으로부터 그 유지비를 마련하도록 하자는 것이었다. 관세로 생긴 수입은 보어 전쟁으로 인해 지연된 노령연금과 같은 사회 개혁의 비용을 충당하는 데도 활용될 수 있는 것이었다. 즉 보수당을 지지해온 가진 자들에 대한 과세를 통해서가 아니라 외국으로부터 거둬들인 관세를 통해 사회 개혁에 필요한 재원을 확보할 수 있을 것으로 보았다. 따라서 관세 개혁은 보수당의 지지층을 소외시키지 않으면서도 노동계급 유권자들이 보수당에 투표하도록 하는 경제적 동기를 부여할 것이라는 주장이었다. 이처럼 체임벌린에게 관세 개혁은 제국의 유지라고 하는 디즈레일리 이래 보수당의 가치를 드높이면서도 사회 내부의 갈등 없이 사회 개혁의 재원을 마련할 수 있는 매력 있는 방안이었다. 보수당이 싫어하는 지나치게 이념적으로 경도된 방안도 아니었다.

그러나 설득력 있게 들리는 체임벌린의 마스터플랜은 사실 정치적으로 보수당 내부에 재앙적인 결과를 초래할 수 있는 '보호주의 대 자유무역' 간의 갈등을 다시 불러 올 수 있는 것이었다. 60년 전 로버트 필 수상이 추진한 곡물법 폐지를 두고 일어났던 것처럼 당 내부를 심각하게 분열시킬 수 있는 것이었다. 실제로 관세 개혁은 매우 커다란 논란의 대상이 되었다. 체임벌린이 관세 개혁을 본격적으로 주창한 이래 향후 30년 동안 이 이슈는 보수당 내부 갈등의 원천이 되었으며 끊임없이 당을 분열시켰다.

사실 관세 개혁은 영국 내 어떤 산업에는 이득을 보장해주는 것이었지만 다른 산업에는 심각한 손해를 강요할 수밖에 없었다. 관세 개혁 정책에 반대하는 이들이 제기한 가장 심각한 지적은 관세 개혁이 원자재 가격의 상승을 불러올 것이라는 점이었다. 원자재 가운데서도 식품 가격의 상승, 특히 빵값의 상승을 의미하는 것이었다. 대영제국 내 식민지 국가로부터의 수입품은 대부분 농업 생산품이었는데, 이들에 대한 보호주의적 특혜는 제국 외부의 국가로부터 더 값싸게 곡물을 수입하는 것을 어렵게 만들기에 식품 가격의 인상으로 이어질 수 있는 것이었다. 이는 도시 노동자 가구에 경제적 어려움을 크게 가중시키는 일이었다. 이러한 정책 추진은 도시 노동자들이 모이는 지역에서는 정치적으로 보수당에 매우 불리한 결과를 낳을 수밖에 없는 일이었다. 이러한 '먹거리세stomach taxes'(Ball, 1995, p. 40)에 대한 두려움은 관세 개혁에 대한 반대자들이 단순하지만 명료하고 효과적인 무기로 무장할 수 있게 해주었다. 대영제국의 식민지 국가들도 당시 취약한 공업 분야의 경쟁력을 고려할 때 영국과의 자유무역이 자국의 공업 기반을 약화시킬 수 있다는 점을 우려하고 있었다. 보수당은 관세 개혁에 찬성하는 이들과 보호주의 정책에 반대하는 이들로 분열되었다.[42] 밸푸어는 어느 하나의 입장에 깊이 개입하지 않은 채 그 갈등에서 한걸음 물러나 있었다. 밸푸어는 어느 한 방향으로 당을 이끌고 가려 하기보다 중간에서 애매한 입장을 취한 채 어느 한 쪽에도 손을 들어주려고 하지 않았다. 밸푸어는 그것이 당의 단합에 도움이 된다고 생각했지만 그의 이러한 태도는 당을 더욱 혼란스럽게 만들었다. 이로 인해 결과적으로 보수당은 관세 개혁을 둘러싼 두 개의 적대적 입장, 그리고 밸푸어의 애매한 입장까지 모두 세 가지 노선으로 분열되었다.

▶ 조지프 체임벌린

1886년 글래드스턴이 주도한 아일랜드 독립 문제로 자유당을 떠나 연합파 자유당을 이끌었던 체임벌린은 이번에는 대영제국과 관련된 관세 개혁 문제로 보수당의 분열을 주도하는 입장이 되었다. 관세 개혁을 둘러싼 보수당 정부의 내분은 계속해서 이어졌다. 1902년 예산안에 체임벌린은 제국 외부 국가에서 수입되는 콩에 등록세를 부여하면서 이를 대영제국 내부 특혜 원칙을 적용한 첫 사례로 삼으려고 했으나, 재무장관 리치는 이 관세 부가를 취소하지 않으면 자신이 사임하겠다고 위협함으로써 결국 그 계획은 좌절되었다. 1903년 예산안에도 리치는 자신의 주장을 굽히지 않았고 실제로 내각에도 리치와 같은 자유무역론자들이 다수를 차지하고 있어서 관세 개혁은 제대로 추진되기 어려웠다.

그러나 체임벌린은 1903년 5월 버밍엄에서의 연설과 하원 토론을 통해 보다 강력한 어조로 관세 개혁 조치의 필요성을 주장했다. 이로 인해 내재돼 있던 당내 갈등은 더욱 격화되었고 보수당은 심각하게 분열했다. 당 외부에서는 7월 13일 관세 개혁에 반대하는 연합파 자유식량동맹Unionist Free Food League이 등장했고, 이에 대항하는 관세 개혁을 지지하는 관세개혁연맹Tariff Reform League이 7월 21일 체임벌린의 비공식적인 승인 하에 출범했다.

당시 관세 개혁에 반대했던 윈스턴 처칠을 포함한 일부 보수당 내 자유무역주의자들은 이 문제로 인해 자유당으로 당적을 옮겼다. 이들의 이탈에도 불구하고 체임벌린은 관세개혁연맹과 공동으로 활발한 캠페인을 전개했고, 이는 자유무역주의자들에게 상당한 압력으로 작용했다. 특히 지구당 조직을 통해 애머리 크로프트Amery Croft나 페이지 크로프트Page Croft 같은 젊은 제국주의자들을 활용해 반대자들을 강하게 몰아세웠다. 이로 인해 1910년경이 되면 공개적으로 자유무역을 주장하는 이들은 사라지게 되었다. 그러나 이들이 진정으로 관세 개혁에 대한 지지로 마음을 돌렸다고 보기는 어려웠다(Ball, 1995, p. 43).

당 조직이 상층부터 하층부까지 분열되면서 밸푸어는 양 극단의 강경론자를 배제하고 중도층을 끌어들이려고 애썼다. 1903년 8월 13일 그는 타협적인 정책안을 통해 내각의 단결을 도모하고자 했고,[43] 이는 1906년 선거까지 당의 공식 정책이 되었다.

체임벌린은 관세 개혁을 이끌기 위해 밸푸어와의 논의 후 1903년 내각을 떠났다. 지방에 관세개혁연맹을 결성했고 의회 내에는 50명으로 구성된 동맹Confederacy이라는 이름의 그룹을 결성해 원내에서 관세 개혁 운동을 전개해나갔다. 이들은 관세 개혁에 반대하는 의원들을 낙천·낙선시키기 위한 노력을 기울였지만, 관세 개혁에 반대하는 자유무역주의자들의 반발 역시 끈질겼다. 체임벌린이 내각을 떠나자 밸푸어는 1903년 자유무역주의자들인 리치와 다른 2명의 내각 장관들을 내각에서 내보냈다. 또 다른 자유무역주의자인 데본셔 공작은 당시에는 그 자리를 유지했지만 그해 10월 1일 셰필드에서 열린 연례 전당대회에서 그는 밸푸어를 맹비난하며 스스로 물러났다. 자유무역주의자들을 내각에서 내쫓는 데는 성공했지만 당의 분열은 결코 해소되지 않았다. 1903년부터 보수당은 관세 개혁 이슈를 두고 사실상 내전 상태에 놓여 있었다(Smith, 1997, p. 49).

밸푸어는 1903년부터 당내의 분열이 더 깊어지는 것을 막기 위해 관세 개혁 관련 이슈에 대한 논의를 중지시키거나 이에 개입하는 것을 거부했다. 보수당은 자유당이 제기한 관세 개혁 관련 토론 요구를 계속 거부함으로써 체면을 구겼다. 보수당의 지방 당 조직 내에서도 당원들 간 이 사안을 두고 갈등이 생겼고, 자연히 당의 지지도는 추락하면서 이후 잇단 보궐선거에서 패배했다. 그러나 1905년 체임벌린은 전국연맹을 장악했고 관세 개혁을 당의 공식 정책으로 채택되도록 하기 위한 노력을 기울였다. 그러나 이러한 움직임은 밸푸어가 직접 관장하는 중앙사무국과 불화를 빚었던 것이다. 이처럼 보수당은 관세 개혁을 두고 당 조직 간에도 갈등이 생겨났다.

이런 상황에서 1905년 12월 4일 밸푸어는 내각 총사임이라는 도박을 행했다. 밸푸어는 총선 국면이 되면 자유당의 아킬레스건인 아일랜드 자치법안 문제가 다시 부상하게 되어 자유당의 내홍이 재연될 것으로 기대했다. 자유당의 당내 분열이 선거에서 보수당에 유리함을 줄 것으로 본 것이다. 밸푸어의 조기 선거 결정에 대해 상원 지도자였던 랜즈다운은 1906년 후반까지 선거를 늦출 것을 주장했지만 그 역시 보수당의 내부 갈등이 더 이상 방치할 수 없을 정도로 심각하다는 데에는 동의했다.

1898년 이래 자유당을 이끌어온 헨리 캠벨−배너만Henry Campbell-Bannerman은 이런 상황에서 정치적 주도권을 잡고 통합된 세력은 자유당이며 보수당은 분열되고 우유부단한 존재임을 유권자들에게 알리고자 했다. 아일랜드 자치 이슈가 이전에 자유당을 심각하게 분열시켰듯이 관세 개혁 이슈는 보수당을 심각하게 분열시켰다. 더욱이 관세 개혁 이슈는 1890년대 글래드스턴의 퇴임 후에도 여전히 갈등의 후유증에서 벗어나지 못한 자유당이 모처럼 당내 단합을 이루는 데 도움을 주었다. 자유당 역시 제국주의 정책을 찬성하는 분파와 로이드 조지Lloyd George 등 제국주의 정책을 반대하는 분파 간 내부 갈등을 겪고 있었다. 그러나 필의 곡물법 폐지에 대한 찬성 등 전통적으로 자유무역을 선호해온 자유당의 성향이 자연스럽게 체임벌린의 관세 개혁에 반대하는 쪽으로 자유당이 단합하도록 이끌었다. 즉 관세 개혁을 둘러싼 논란이 더욱 보수당에 나쁜 영향을 미친 것은 이 이슈가 보수당을 분열시켰을 뿐만 아니라 아일랜드 자치법안의 추진으로 분열되었던 자유당을 재결집시키는 결과를 낳았기 때문이다. 자유당은 자유무역이라는 당의 중요한 정치적 가치를 지키고 선거에서 보수당에 공세를 취하기 위해 다시 뭉쳤다.

관세 개혁을 둘러싼 논란은 자유무역을 주장한 자유당과 노동당 간의 선거 동맹 결성에도 도움을 주었다. 1903년 자유당 허버트 글래드스턴Herbert Gladstone과 노동당 램지 맥도널드Ramsy MacDonald는 자유당-노동당 선거협약Lib-Lab pact을 맺었다. 이 협약은 자유당이 새로이 결성된 노동당에 50여 석의 당선 가능성이 높은 안전한 지역구를 내주는 대신 잉글랜드와 웨일스의 나머지 지역구에서는 자유당에 맞서는 후보자를 내지 않기로 한 것이다. 이 조약은 보수당에 대항하는 두 정당이 동시에 후보자를 내세움으로써 반反보수당 표를 분산시켜 보수당이 유리한 상황에 놓이게 되는 것을 막기 위한 것이었다.

1906년 1월에 실시한 총선에서 보수당은 매우 나쁜 결과를 얻었다. 자유당은 400석을 얻었고 아일랜드 민족당Irish Nationalists이

83석, 그리고 새로이 결성된 노동당이 30석을 얻었다. 보수당은 겨우 157석을 얻었는데 이것마저도 연합파 자유당 25석을 포함한 것이었다. 전통적 강세 지역인 런던과 남동부에서도 보수당은 많은 득표를 하지 못했다. 노동자 밀집 지역구에서는 자유당이나 노동당에 대부분의 의석을 잃었다. 심지어 밸푸어 수상 자신도 선거에서 낙선했다. 자유당의 의석은 이전의 184석에서 400석으로 크게 늘어났지만 보수당은 402석에서 157석으로 줄어들었다.

이런 총선 결과는 1832년 이래 최악의 성적이었으며, 보수당이 이런 재앙적 결과로부터 완전히 회복하는 데는 무려 18년의 세월을 기다려야 했다. 그러나 이와 같은 선거 참패 이후에도 한동안 보수당은 지리멸렬한 모습을 보였다. 1906년 총선 참패 이후 8년 동안 보수당은 유권자들에게 인상적인 모습을 보여주지 못했고, 심지어 '보수당 역사 중 가장 형편없었던least attractive 한 시기'(Clarke, 1973, p. 56)라는 평가까지 듣게 되었다. 사실 선거 전부터 참패를 예고하는 여러 가지 조짐이 이미 나타났다. 1900년 이래 보수당은 계속해서 보궐선거에서 패배했다. 1901년에 1석, 1902년에 3석, 1903년에 4석 등 1906년 선거까지 모두 20석의 의석을 보궐선거에서 잃었는데 이와 같은 정도의 잇단 패배는 당시로서는 기록적인 결과였다. 그럼에도 밸푸어나 보수당은 그런 경고 메시지에 귀를 기울이지 않았다.

총선 결과는 당내 세력 분포에 큰 변화를 만들어냈다. 1906년 선거에서 당선된 보수당 의원들은 관세 개혁 지지자 109명, 밸푸어 지지자 32명, 자유무역주의자 11명, 기타 5명으로 구분할 수 있었는데 이는 당내에서 체임벌린의 입지를 강화해주는 것이었다(Ball, 1995, p. 44). 관세 개혁에 반대해온 많은 자유무역주의자들이 선거에서 낙선했기에 자연히 관세 개혁을 지지하는 분위기로 변모했다. 또한 현실적으로도 1907년과 1908년 사이에 영국의 대외 교역이 더욱 하락하면서 관세 개혁은 경제적 어려움을 극복하기 위한 대안으로 주목을 받게 되었다.

당 리더십과 관련해서도 밸푸어 수상과 다른 유력 내각 멤버들이 대거 낙선함으로써 체임벌린 이외에 당을 이끌 다른 대안을 당분간 생각하기 어려웠다. 체임벌린은 임시 당 대표로 당을 이끌었다. 그러나 밸푸어는 당수로서의 권위를 양보하거나 중앙사무국에 대한 통제권을 전국연맹에 물려주려고 하지 않았다. 하지만 당내 분위기가 관세 개혁 쪽으로 흐르면서 밸푸어 역시 당수직을 유지하기 위해서는 이 문제에 대한 자신의 입장을 정리해야 했다. 1906년 2월 14일 성 밸런타인데이에 밸푸어는 보수당은 체임벌린의 입장을 따라 나아가야 한다는 입장을 밝혔다. 당시 '밸런타인 편지Valentine letters'로 불렸던 이 공개된 서한에서 밸푸어는 관세 개혁이 보수당의 중요한 건설적 사업이라고 선언했다. 밸푸어의 이 서한은 밸푸어가 의도한 대로 그의 당내 입지를 강화시킨 한편, 체임벌린을 비롯한 관세 개혁 추진 세력에게 커다란 승리로 간주되었다.

관세 개혁을 지지하는 의원들이 다수를 차지하고 있는 상황에서 당수인 밸푸어의 지지까지 얻어냄으로써 체임벌린은 이제 자유당을 압박해 선거를 실시해 당을 승리로 이끌게 된다면 본격적으로 관세 개혁 정책을 실현시킬 수 있는 입장에 서게 되었다. 그러나 오랜 숙원이 실현될 수 있는 바로 그 상황에서 체임벌린은 건강상의 이유로 정치에서 물러나야만 했다. 1906년 7월 11일 체임벌린이 심각한 심장병으로 정치 현장에서 물러났고, 1908년경이 되자 그가 정치로 다시 돌아올 가능성은 아예 사라져버렸다. 이제 관세 개혁에 대한 추진은 1903년부터 1905년까지 밸푸어 내각에서 재무장관을 지낸 그의 아들 오스틴 체임벌린Austen Chamberlain에게 넘겨졌다. 그러나 그는 아버지와 같은 강력한 추진력과 권위를 갖추고 있지는 못했다.

밸푸어는 관세 개혁에 대한 지지 입장을 이후에도 천명했지만 관세 개혁을 주창하는 이들에게 그의 태도는 마지못해 따르는 것으로 받아들여졌다. 그리고 관세 개혁 추진론자들은 시간이 갈수록 밸푸어가 정책 추진에 도움이 되기보다 방해물이 된다고 생각하게 되었다. 반면 자유무역주의자들은 밸푸어에게 관세 개혁 추진의 문제점을 계속해서 제기했지만, 그에 대한 관세 개혁 추진론자들의 비판으로부터 밸푸어를 도우려고 하지는 않았다. 1906년부터 1911년 사이 밸푸어가 이끈 보수당은 이처럼 심각한 분열과 상호 불신의 늪에 빠져들게 되었다. 그러나 1906년의 총선 참패는 밸푸어를 대신할 만한 많은 중견 정치인들을 낙선시켰고 보수당은 마땅한 대안을 찾기 어려운 상황에 놓였다. 보수당은 밸푸어와 함께 한동안 그 늪 속에서 허우적대야 했다. 애스퀴스와 로이드 조지의 자유당이 그 시대를 이끌어갔다.

'평민과 귀족' 간의
다툼

총선에서 패배한 이후 밸푸어는 야당 지도자로서도 별로 강한 인상을 유권자에게 주지 못했다. 밸푸어는 당시 영국에서 나타난 전투적인 노동조합 운동과 1905년의 실패한 러시아 혁명을 바라보면서 공산주의의 부상에 대해 두려움을 느꼈다. 그리고 재분배와 사회 개혁에 철저히 적대적이었던 자신의 삼촌, 솔즈베리 전 수상의 정책을 따라가고자 했다. 그 결과 보수당은 노동계급 유권자들로부터 점점 더 멀어질 수밖에 없었다.

1908년 자유당에서는 캠벨─배너만의 뒤를 이어 애스퀴스Asquith가 수상이 되었고, 로이드 조지는 재무장관이 되었다. 애스퀴스와 로이드 조지는 대단히 강력한 지도력을 발휘했다. 이들은 전통적인 자유당의 가치를 추구했을 뿐만 아니라 보다 역동적인 새로운 이슈를 추구했는데 그것은 20세기에 걸맞게 영국의 헌정 구조를 개혁하고자 한 것이었다. 자유당의 급진적 개혁 정책의 출발점은 재정과 과세 이슈였다. 과거 재산을 가진 이들만이 선거권을 갖고 있던 때에 세금 인상은 정치적인 자살 행위가 될 수밖에 없었다. 그러나 1900년 초 재산이 거의 없는 노동계급에까지 선거권이 확대되면서 이제는 세금 인상이 반드시 선거에서 재앙적인 결과를 가져다준다고 보기 어려운 상황이 되었다.

당시 자유당 정부는 복지 및 국방 분야에서 늘어난 재정 지출 부담 때문에 세금을 인상해야 할 필요성이 있었다. 1908년에 도입된 노령연금법Old Age Pension Act은 70세 이상 소득이 없는 노인들에게 매주 25센트씩 지급하도록 규정했다. 연금뿐만 아니라 자유당 정부는 보건 서비스나 실업보험 제도의 도입도 계획하고 있었다. 사회복지에 대한 투자뿐만 아니라 당시 영국은 독일과의 해군력의 경쟁으로 인해 군함 건조 역시 필요한 상황이었다. 복지나 국방과 같이 많은 비용이 드는 정책 추진으로 국가 재정 부담이 늘어나게 되자 로이드 조지는 중산층이 아니라 상층계급에 대한 직접세를 크게 확대할 것을 제안했다. 로이드 조지는 토지와 자본을 지닌 부자들에 대한 과세 방식을 개편함으로써 이들의 부담을 늘리고자 한 것이다.

당시 자유당 정부 내에서는 노령연금 등 사회 개혁 지출을 줄여서는 안 된다는 로이드 조지나 윈스턴 처칠 등의 주장과 군함 건설 등 해군력을 강화하고 제국주의 이익을 지켜야 한다는 주장이 서로 대치했다. 소위 '대포와 버터guns and butter'를 둘러싼 당내 갈등이었다 (Charmley, 1996, p. 38). 이런 상황에서 로이드 조지가 선택한 해결책은 상층계급에 대한 과세를 통한 '국민의 예산the People's Budget'의 편성이었다. '국민의 예산'은 상속세 인상, 불로소득에 대한 과세 인상,

5,000파운드 이상 소득에 대한 특별 과세, 토지에 대한 과세 등의 내용을 담고 있었다. 오늘날의 관점에서 판단한다면 이러한 과세 정책은 상당히 온건한 것으로 볼 수 있지만, 당시 보수당은 로이드 조지의 이 정책을 개인 재산에 대한 심각한 침해와 위협으로 간주했다.

자유당의 '국민의 예산'에 대항해 보수당은 관세 개혁을 통한 관세 수입의 확대가 이러한 재정 부담을 해소하기 위한 최선의 방안이라고 주장했다. 밸푸어는 관세 개혁을 '사회주의' 예산안에 대항할 대안으로 제시했고, 보수당 내 강경 자유무역주의자들마저도 자유당이라는 더 큰 적에 대항하기 위해 이러한 밸푸어의 주장을 받아들였다(Ball, 1995, p. 46). 사회질서와 안정, 토지 계급에 대한 보호 등 보수당의 전통적 이해관계를 지키기 위해 보수당은 결집했다. 당의 단합이 이뤄지면서 야당으로서 보수당 역시 활력을 되찾았다.

자유당이 내세운 재정 법안을 둘러싸고 정치적 공방이 계속되었고 밸푸어와 상원 보수당 지도자인 랜즈다운 후작Marquess of Landsdowne은 논의 끝에 상원은 예산안을 수정할 수 없다는 오랜 의회 관행을 포기하기로 했다. 보수당은 상원에서의 압도적 다수 의석을 이용해 자유당 정부의 예산안 통과를 막겠다는 것이었다. 자유당이 다수 의석을 차지하고 있는 하원을 통과한 예산안은 상원으로 회부되었고, 1909년 11월 30일 상원은 350 대 75라는 압도적인 표 차이로 로이드 조지의 예산안을 거부했다. 예산안 부결은 내각에 대한 불신임으로 간주되어 자유당 내가은 해산되고, 이에 따라 새로운 총선이 실시되었다.

이듬해인 1910년 1월 실시된 총선은 귀족들로 가득한 상원의 특권을 둘러싼 논란 속에 진행되었다. '귀족 대 평민the Peers versus the

▶ 1910년 자유당 선거 포스터

People' 간의 대결로 선거의 의미를 규정한 것이라는 자유당의 선거 구호로 인해 다른 이슈들은 모두 묻혀버렸다. 보수당이 기치로 내건 관세 개혁 이슈는 자유당의 선거 구호로 인해 크게 주목 받지 못했다. 총선 이슈가 귀족 대 평민 간의 대결로 모아지면서 보수당은 가난한 자의 희생을 토대로 하여 토지 소유계급과 세습귀족 등 기득권층의 이익을 방어하려는 정치 세력으로 비춰질 수밖에 없었다. 그러나 보수당과 밸푸어는 자유당의 이런 주장에 맞서 노동계급 유권자의 지지를 이끌어낼 수 있는 적극적이고 건설적인 대안을 제시하지 못했다.

'귀족 대 평민'이라는 대립 구도는 더욱이 밸푸어에게는 결코 유리하지 않은 것이었다. 그의 출신 성분, 성장 과정 그리고 일상생활은 일반 평민들의 삶과는 상당히 거리를 두는 것이었으며, 실제로 그는 귀족 세실 가문의 친척들에 둘러싸여 있다는 비판을 듣곤 했다 (Smith, 1997, p. 50). 앞서 지적한 대로 그는 귀족 수상 솔즈베리의 조카였으며 '늙은 하녀'라고 불릴 만큼 일반 대중에게 친근감을 주는 인물도 아니었다. 솔즈베리 시대에는 그런 귀족적 이미지가 반드시 불리한 것이라고 볼 수 없었지만 그 이후 세상은 크게 변화했다.

사실 1910년 총선 이전의 분위기는 보수당에 꼭 불리한 것만은 아니었다. 총선 직전인 1907~1908년의 경제 상황은 나빠지기 시작했고 실업도 늘어나고 있었다. 애스퀴스 이전 수상이었던 캠벨–배너만 정부의 정책 실패로 인해 자유당 정부에 대한 불만도 높았다. 1908년 지방선거에서는 세필드, 노팅엄, 레스터 등 여러 곳에서 보수당이 승리해 지방의회를 장악하기도 했다. 또한 앞서 언급한 대로 '대포와 버터'를 둘러싼 자유당 내부의 갈등도 심각했다. 그러나 상원 개혁을 둘러싼 '귀족 대 평민' 이슈가 이 모든 것을 덮어버렸다. 노동당과 노동조합 운동이 활발해진 것 역시 보수당에 불리하게 작용했다. 과거 노동계급으로서 보수당을 지지했던 유권자들working class Tory 가운데 상당수가 노동당 지지로 옮겨가 버렸다.

선거 결과 보수당은 다소 지지를 회복하기는 했지만 자유당으로부터 권력을 되찾아오지는 못했다. 1910년 1월 선거 결과 보수당은 46.9퍼센트를 득표해서 272석을 얻었다. 이에 비해 자유당은 43.2퍼센트의 득표로 득표율에서는 보수당에 뒤졌지만 275석으로 3석 많은 의석을 차지했다. 하지만 예산안에 대해 자유당과 뜻을 같이하는 노동당이 40석을 얻었고 아일랜드 민족당이 82석을 얻었다.

자유당은 이제 노동당을 파트너로, 그리고 아일랜드 출신 의원들의 지지를 지원군으로 삼아 권력을 유지할 수 있었다. 1910년 1월 선거를 통해 아일랜드 민족당과 노동당의 협조로 다수 의석을 확보한 자유당 정부는 '국민의 예산People's Budget'을 통과시켰다. 보수당이 이번에도 다시 상원에서 이 예산안을 부결시킬 수는 없었다. 예산안이 통과되자마자 자유당은 '국민의 예산'의 통과를 막았던 상원에 대한 개혁 작업에 착수했기 때문이다. 귀족들로 구성된 상원은 국민들이 직접 선출한 직책이 아니므로 과세 문제나 재정 문제와 같이 일반 국민의 실생활에 영향을 미치는 중요한 사안에 대해서는 결정권을 가질 수 없다는 것이 개혁 추진의 중요한 근거였다. 아일랜드 민족당이나 노동당 모두 이러한 상원 개혁에 동조했다. 특히 아일랜드 민족당은 이를 아일랜드 자치법Home Rule 통과를 위한 반드시 필요한 개혁 과제로 생각했다. 하원에서 아일랜드 자치법안이 통과되더라도 지금처럼 그 법안에 반대하는 보수당 소속 상원의원이 많은 상황에서는 아일랜드 독립의 꿈을 이루기 어렵기 때문이었다. 상원에서 전통적으로 압도적인 다수 의석을 차지하고 있던 보수당은 당연히 이러한 상원 개혁에 극력 반대했다. 이에 따라 상원의 권한 축소를 둘러싸고 심각한 정치적 격돌이 벌어졌다.

　자유당이 추진하는 상원 개혁의 움직임으로 위기감을 느낀 상원에서는 1910년 초 이 문제를 두고 내부적으로 해결 방안을 모색했지만 합의를 이뤄내지도 못했고 개혁의 방향조차 제시하지 못했다. 자유당 정부는 상원 개혁의 방향을 단순하면서도 효과적인 형태로 잡았는데, 상원이 하원을 통과한 법률에 대해 단지 2년간 법안 통과를 지연시킬 수 있는 일시적인 거부권만을 허용하는 형태로 권한을 제한하기로 한 것이다. 또한 재정, 세금, 연금 등 돈과 관련된 법안money bills은 상원의 심의 대상에서 제외하기로 했다. 그런데 문제는 이와 같은 상원 개혁 법안을 통과시키기 위해서는 하원뿐만 아니라 상원에서의 법안 통과가 필수적이었다. 그러나 상원 개혁에 반대하는 보수당이 다수를 차지하고 있는 한 법안 통과는 불가능한 것이었다. 따라서 상원에서의 법안 통과를 위해서는 상원의원을 임명할 권한을 갖는 국왕의 도움이 필요했다. 국왕이 상원에서 보수당 의원 수를 능가하는 규모로 수백 명의 자유당 소속 상원의원을 임명하면 되는 일이었다.

1910년 5월 에드워드 7세가 서거했고 뒤를 이어 조지 5세가 즉위했다. 조지 5세 즉위 직후 자유당 의원 4인과 보수당 의원 4인 간 상원 개혁 문제의 타결을 위한 대화가 시작되었다. 몇 달 동안 진행된 이 논의 과정에서 보수당 의원들은 헌정 체제와 관련된 사안에 대해서는 상원의 권한을 그대로 유지하자고 주장하면서 이 협상은 깨지고 말았다. 헌정 체제라는 표현 속에 보수당이 염두에 두었던 것은 아일랜드 독립 문제였기 때문에 이 사안에 호의적이며 또한 현실적으로도 아일랜드 민족당의 지원을 받고 있는 자유당으로서는 그 주장을 받아들이기 어려운 것이었다. 그해 11월 10일 타협을 모색했던 '신의 휴전' 회담'the truce of God' conference(Ball, 1995, p. 48)은 결국 결렬되고 말았다. 자유당은 이 사안에 대한 국민의 위임 여부를 묻기로 하면서 새로운 총선을 실시하기로 했다. 자유당은 조지 5세에게 자유당이 다시 선거에서 승리하게 되면 상원 개혁에 필요한 자유당 소속 상원의원들을 대거 임명해줄 것을 요구했고 동의를 받아냈다.

보수당은 일 년 새 두 번째로 실시되는 총선에서 또다시 관세 개혁 문제를 들고 나왔으며 집권하면 이를 본격적으로 실행하겠다고 공약했다. 밸푸어는 1910년 11월 29일 알버트 홀Albert Hall에서의 연설을 통해 자신들이 집권하면 관세 개혁 문제를 두고 국민투표를 실시할 용의가 있음을 밝히면서 자유당 역시 아일랜드 독립 문제를 국민투표에 붙일 것을 약속하라고 압박했다. 그러나 관세 개혁을 국민투표에 부치자고 한 제안은 당내 체임벌린 지지자들을 격분시켰다. 오스틴 체임벌린은 이를 두고 관세 개혁 주창자들의 '뺨을 때리는 격'이라고까지 표현했다(Charmely, 1996, p. 42). 관세 개혁에 대한 국민투표 제안은 유권자들의 관심을 끌지도 못하면서 공연히 당내의 불만만을 고조시킨 것이다.

1910년 12월 실시된 총선거 결과는 1910년 1월의 선거 결과가 크게 다르지 않았다. 보수당은 1월 선거와 변함없이 272석을 얻었다. 자유당은 3석 줄어든 272석, 노동당은 2석 늘어난 42석을 얻었다. 아일랜드 민족당은 84석을 얻었다. 이 선거에서도 보수당은 패배한 것이다.

잇단 선거 패배로 밸푸어의 리더십에 대한 당내 의구심은 더욱 커져갔다. 당의 사기가 떨어지고 단합도 약화되면서 보수당 중진들이 각개 약진하는 모습까지 보이기 시작했다. 이 때문에 1911년 의회 회기가 시작되자 보수당은 무기력하고 분열된 모습을 보였다. 국왕 조지 5세는 자유당이 요청한다면 500명의 새로운 자유당 상원의원을 임명하겠다고 약속했다. 500명의 자유당 소속 상원의원을 임명한다면 보수당의 상원 지배는 영구히 종식될 수도 있는 일이었다. 이런 가운데 상원 권한의 축소를 규정한 의회법Parliament Act이 하원을 통과하고 1911년 7월 다시 상원에 상정되었다. 법안의 하원 통과 시점에 맞춰 상원에서의 법안 통과에 필요한 수만큼의 자유당 상원의원을 임명하겠다는 조지 5세의 약속이 자유당 정부에 의해 공개되었다. 보수당은 이러한 상황에 격노했고 이에 대해 저항하겠다고 결의하기도 했지만, 현실적으로 상원에 보수당보다 많은 수의 자유당 의원이 생겨나는 것은 대단히 심각한 문제였다. 상원의원들이 공유해온 사회적 독점, 배타성을 약화시킬 뿐만 아니라 더욱이 교육, 토지, 교회 등 보수당이 중요하게 생각하는 이익을 침해하는 법안의 통과를 가능하게 하는 일이었다(Ball, 1995, p. 49).

이런 고민 속에서 7월 21일 보수당 예비 내각 회의에서는 격론 끝에 결국 상원에서 보수당의 지배를 계속 유지하는 것이 더 중요하다는 데 의견이 모아졌다. 그러나 불만과 감정적 격분이 상하원을 막론하고 터져 나왔는데 단순히 자유당의 상원 개혁 법안에 대한 것뿐만 아니라 밸푸어의 무기력한 리더십에 대한 반발이기도 했었다. 당시 보수당 의원 가운데 상원을 새로이 임명된 자유당 의원들로 채우느니 차라리 의회법을 받아들이는 것이 낫다고 생각한 이들은 '헤저hedgers'라고 불렸고, 이와는 달리 마지막까지 그 법의 통과에 저항해야 한다는 입장을 취한 이들은 '디처ditchers'**44**라고 불렸다.

한편 당 지도부가 상원에서 의회법 개정안을 통과시키는 데 협조하기로 결정했지만, 보수당 내 반발 세력이 만만치 않았다. 밸푸어는 당내 지도부 회의에서 그 법안 통과를 묵인하라고 했는데, 그 회의의 참석자 중 14명은 동조했지만 8명은 그 뜻을 따르지 않고 반대했다. 밸푸어의 지시를 거부한 이들은 셀본 경Lord Selborne, 밸카레스 경Lord Balcarres, 조지 윈담George Wyndham, 오스틴 체임벌린, 리오 아메리Leo Amery, 조지 로이드George Lloyd, 울머 경Lord Woolmer, 그리고 스미스 F. E. Smith 등이었다. 또한 보수당 상원 지도자인 랜즈다운은 당 소속 상원의원들에게 투표에 참여하지 말 것을 권고했다. 상원 개혁에 반대하는 보수당 인사들은 전 상원의장Lord Chancellor이었던 할즈베리 Halsbury를 기념하는 만찬 모임에 모여 상원 개혁에 반대하는 취지의 '할즈베리 클럽'까지 만들었다. 8월 10일 최종 투표가 실시되던 날, 보수당 소속 상원의원들은 투표 결정에서 세 그룹으로 분열되었다. 한 그룹은 보수당 상원 지도자인 랜즈다운의 권고대로 투표에 기권했다. 두 번째 집단은 투표에는 참여했지만 밸푸어 등 당 지도부의 뜻과는 달리 반대표를 던진 114명의 의원들이었다. 세 번째 집단은 당 지도부의 설득에 따라 자유당 의원들을 따라 찬성표를 던진 37명의 상원의원들이었다. 상원 개혁 법안은 결국 이들 보수당 소속 37명의 찬성에 도움 받아 통과되었다. 역사적 의미를 갖는 1911년 의회법 개정은 이렇게 통과되었다. 상원 개혁은 근대화의 진전에 따라 이제 구질서에 기반한 기득권층의 힘이 약화되었고 일반 대중들에게 그 권력이 넘어가게 되었음을 상징적으로 보여주는 것이었다.

　상원 개혁 법안 통과 후 보수당은 그 충격으로 분열되었다. 의회 의원들뿐만 아니라 당 지도부도 분열되었다. 《내셔널 리뷰National Review》라는 잡지의 편집장이었던 리오 막스Leo Maxse는 'BMGBalfour Must Go'라는 슬로건을 내걸고 밸푸어 퇴진을 위한 대중운동까지 전개하기 시작했다. 세 차례의 잇단 선거 패배와 상원 개혁 법안의 통과 등으로 밸푸어는 결국 1911년 11월 8일 당수직에서 물러나야 했다. 명목상으로는 건강 때문이라고 했지만 그의 지도력이 당내에서 더 이상 받아들여지지 않는 상황에까지 몰리게 된 것이 사임하게 된 진짜 이유였다. 밸푸어가 강한 리더십이나 새로운 당의 비전을 보여주지 못했음에도 불구하고 1902~1911년 사이의 긴 시간 동안 지도자로 버틸 수 있었던 것은 그를 대신한 마땅한 대안이 당내에서 떠오르지 않았기 때문이었다. 1900년 이후 1906년까지 디즈레일리와 솔즈베리 시대에 당을 이끌었던 유력한 정치인들이 그 후 정계에서 은퇴했거나 사망했거나 혹은 상원으로 적을 옮겼다. 더욱이 1906년의 선거 참패로 그나마 뒤를 이을 유력 인사와 차기를 노리던 젊은 신진 정치인들 중 다수가 의석을 상실했고, 그로 인해 보수당은 변화를 도모해낼 수 있는 열정과 에너지를 잃어버렸다. 이런 상황이 밸푸어의 당수직을 오래 유지하게 만들었고 그만큼 보수당에는 커다란 부담으로 작용했다.

7

아일랜드의 독립과
보수당의 위기

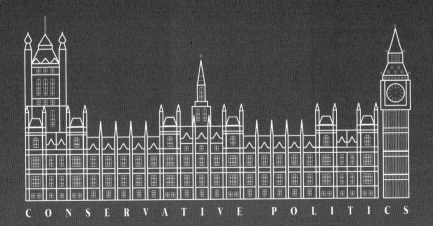

밸푸어가 당수직에서 사임했지만 보수당은 여전히 혼란스러운 상황이었다. 보수당은 전열이 정비되지 않았고 방향감도 상실했다. 또한 제대로 된 전략이나 정책도 내세우지 못했고 당의 사기도 땅바닥에 떨어져 있었다. 보수당의 활기를 되살릴 새로운 리더십이 절실했다. 후임 당수를 선출하는 과정에서 주요 두 후보인 오스틴 체임벌린이나 월터 롱Walter Long 모두 과반을 확보하지 못했다. 보다 심각한 문제는 이 두 사람이 서로 협력할 수 없는 관계였다는 점이다. 조지프 체임벌린의 아들인 오스틴 체임벌린은 상대적으로 보다 강했지만 과거 연합파 자유당 출신이었고 관세 개혁의 주도자였다. 더욱이 밸푸어의 권위에 정면으로 맞선 할즈베리 클럽의 주도적 인물, 즉 디처였다. 롱은 보수당 출신, 자유무역론자, 그리고 헤저였고 관세 개혁에 소극적 입장이었다. 롱은 시골에 지역구를 둔 의원들의 지지는 받았지만, 당내 중진 의원들의 지지를 얻지 못해 전반적으로 유능함과 신뢰감을 주지 못했다. 당수 선출이 난관을 겪으면서 체임벌린은 롱과 함께 동반 사퇴하고 제3의 후보를 새 당수로 선출할 것을 제안했고, 이 제안이 받아들여지면서 예기치 않게 앤드류 보나 로Andrew Bonar Law가 만장일치로 선출되었다.

보나 로는 지금까지 보아온 보수당 지도자의 전형적인 틀 속에서 벗어난 최초의 인물이다. 그는 캐나다에서 태어났고 스코틀랜드에서 이민 간 북아일랜드 얼스터 지역 가문의 후손이며 스코틀랜드의 글라스고 대학을 나왔다. 그의 아버지는 개신교인 장로교 목사였다. 상공업에 종사했으며 관세 개혁의 입장에 동조하며 의회법 처리 과정에서는 상원 개혁을 수용하자고 한 헤저였다. 이처럼 보나 로는 여러 가지 면에서 이전의 보수당 지도자와는 달랐다. 보나 로는 1900년 총선에서 처음 의회에 진출했고 1902년부터 1905년까지 내각의 부장관junior minister으로 일했으며, 특히 1906년 첫 의회 연설에서 커다란 인상을 남긴 후 정치적으로 성장해왔다.

관세 개혁 문제는 일반 유권자 사이에서는 큰 관심사가 아니었지만 보수당 내에서는 여전히 분열적인 이슈로 남아 있었다. 1912년 4월 보나 로는 밸푸어가 1910년 12월 총선에서 제기한 관세 개혁에 대한 국민투표 공약은 철회했지만, 관세 개혁은 그대로 추진하겠다고 약속했다. 그러나 이는 즉각 당내에서 관세 개혁 반대자들로부터 강한 반발이 일어났고, 실용주의자들과 온건주의자들은 이런 주장이 선거에 나쁜 영향을 미칠 수 있다는 점을 들어 반대 의사를 표시했다. 보나 로는 원래 강경한 관세 개혁자whole-hogger였지만 당내 곳곳에서 제기된 반대 여론으로 인해 관세 개혁에 대한 입장을 누그러뜨렸다.

보나 로의 이러한 입장 변화에 대해 이번에는 오스틴 체임벌린을 비롯한 관세 개혁론자들이 격하게 반발했다. 이러한 당내 분란은 당 리더십을 둘러싼 심각한 갈등으로까지 이어졌다. 당내 분란이 여기에까지 이르자 보나 로와 같은 얼스터 출신으로 아일랜드 독립을 막기 위해 동분서주하던 카르손 경

▶ 앤드류 보나 로

Sir Edward Carson이 적극 중재에 나섰다. 카르손의 중재를 통해 보나 로가 당수직을 계속 유지하기로 하고, 관세 개혁 문제는 다음 총선 이후까지 당분간 논의하지 않기로 합의를 이끌어냈다(Charmeley, 1996, p. 50). 이로 인해 거의 10년 동안 당 내분을 초래했고 그로 인해 '선거에서의 지뢰밭electoral minefield'으로 작동했던 관세 개혁 이슈로부터 당분간 보수당은 벗어날 수 있게 되었다.

그러나 관세 개혁 이슈를 접으면서 보수당은 자유당에 맞서 제시할 만한 사회정책에 대한 구체적인 프로그램이 없어졌다. 전에는 관세 개혁을 통한 관세 수입으로 사회복지 정책을 펴겠다는 것이 보수당의 입장이었기 때문이다. 이러한 문제점이 보수당 사회 개혁 위원회Unionist Social Reform Committee에서 제기되었는데, 이들은 자유당에 맞서기 위해서는 보수당이 토지, 주택, 교육 등 분야에 대해 적절한 사회정책을 갖춰야 한다고 주장했다. 그러나 이들의 주장은 당시에 받아들여지지 않았다. 보나 로는 보수당을 위한 분명한 자신의 정책

강령을 제시하지 못했다.

그러나 1910년 보궐 선거 결과 전반적인 분위기가 보수당에 유리한 방향으로 조성되고 있었다. 보나 로는 보수당 중앙사무국을 활성화시켰고 당의 기금도 금융권과 세습귀족들로부터 기부를 통해 1914년에는 1911년의 2배 규모인 67만 1,000파운드를 모금하기도 했다(Charmley, 1996, p. 52).

보나 로는 보수당을 결집시키기 위한 전략으로 자신의 독자적인 정책 대안 제시보다 자유당 정책에 대한 전면적인 공세를 펼치는 전략을 펴기로 했다. 1912년부터 1914년 사이 보수당이 역점을 두고 공세를 퍼부었던 것은 아일랜드 독립 문제였다. 보수당은 의회 내에서뿐만 아니라 각 지방에서 이 법안에 대한 반대 의견을 결집하기 위해 투쟁했다. 그러나 많은 이들은 자유당이 결국 아일랜드 독립안을 통과시킬 것이고 보수당이 이를 저지하기는 쉽지 않을 것이라는 사실을 잘 알고 있었다. 그러나 보나 로는 아일랜드 독립 이슈를 놓고 총선을 치르게 되면 보수당이 승리할 수 있다고 믿었다. 이를 위해서는 아일랜드 독립 법안이 현 의회에서 통과되기 전에 의회를 해산하고 총선을 실시하도록 자유당에 압력을 행사해야 했다. 이런 전략으로 인해 아일랜드 독립, 웨일스 교회의 비국교화, 사회 개혁과 과세에 대한 자유당의 정책 등이 모두 보수당 공세의 대상이 되었다. 아일랜드 독립 이슈가 의회에서 다시 부각된 1912년 오랫동안 연합을 맺어왔고, 사실상 하나의 정치 세력으로 활동해온 연합파 자유당이 공식적으로 보수당과 합당했다. 1886년 연합파 자유당과 보수당의 동맹이 이뤄진 이후 26년 만에 두 정치 세력은 공식적으로 합병을 이룬 것이다.

1912년 아일랜드 독립 법안이 다시 하원을 통과했다. 보수당이 다수를 차지하고 있던 상원에서 이 법안은 예상대로 부결되었다. 그러나 1911년 개정된 의회법의 규정에 따라 상원은 이제 하원에서 통과된 법안을 최대 2년까지 그 효력을 연기시킬 수 있을 뿐이었다. 아일랜드 독립 법안은 2년이 지난 1914년이면 효력을 발휘하게 될 것이고, 그때 아일랜드는 독립국가가 될 것이었다.

머지않아 아일랜드가 독립할 것이라는 사실은 보수당을 분노하게 만들었고 이에 대한 강한 저항감을 불러왔다. 보수당은 자유당이 1910년 총선에서 아일랜드 독립 추진에 대한 명백한 위임을 얻지 못했으며, 특히 아일랜드 북부에 거주하는 신교도들의 강한 저항을 불러올 것을 경고했다. 아일랜드의 북부 얼스터 지역 9개 카운티에는 브리튼 섬에서 건너간 신교도들이 다수를 구성하고 있었고, 이들은 아일랜드 인들에 비해 정치·경제·사회적으로 우월적 지위를 유지하고 있었다. 이들은 아일랜드 독립으로 인해 가톨릭교도인 아일랜드 인들이 다수파가 되어 자신들을 지배하게 되는 상황을 결코 수용할 수 없었다.

아일랜드 독립을 막기 위한 대단히 위험하고 극단적인 저항의 움직임까지 보수당 내에서 나타났다. 내전으로 이어질 수 있는 무장 저항까지 용인하는 태도도 여기저기서 발견되었다. 심지어 얼스터 출신인 당수 보나 로도 그런 입장을 보였다. 보나 로는 1912년 7월 29일 블렌하임Blenheim에서의 연설에서 "그들(얼스터 주민들)은 폭력을 포함해 그들이 가진 모든 힘을 이용해 정당하게 저항할 수 있다. 내가 지지할 수는 없더라도, 얼스터가 행하게 될 저항의 끝이 어딘지 나는 알지 못한다"(Lane, 1974, p. 52)라고까지 말한 바 있다. 질서와 안정을 중시하는 보수당의 지도자 보나 로가 의회의 뜻을 좌절시키기 위해 얼스터 주민의 무력을 통한 저항을 용인하는 발언을 한 것이다. 또한 당시 유명한 법학자였던 윌리엄 앤슨Sir William Anson은 의회법을 통해 헌정질서에 폭력을 가한 것은 바로 자유당이므로 보수당은 아일랜드 독립을 부여하려는 또 다른 폭력 행위를 막기 위해 어떠한 수단의 사용도 정당화될 수 있다고 주장하기도 했다(Charmley, 1996, p. 48). 더욱이 얼스터 지역 출신으로 당의 지도적 인물이었던 에드워드 카르손Edward Carson은 만일 아일랜드 독립 법안이 통과될 경우 북아일랜드(얼스터) 지방의 주도州都인 벨파스트Belfast에 임시정부를 수립하려는 사실상의 반란 계획에 그 자신이 깊이 가담하기도 했다. 카르손은 영국 군 장교들에게 내전이 발발해서 얼스터의 형제, 친척들과 싸우게 되느니 차라리 퇴직하는 게 낫다고 이들을 설득하기도 했다. 이들은 아일랜드 독립을 막기 위해 대단히 위험한 결과를 초래할 수도 있는 벼랑 끝 전술을 펼친 것이다.

이와 같은 아일랜드 독립에 대한 보수당의 강경 입장은 일차적으로는 보나 로 자신이 북아일랜드 얼스터 지방의 가문 출신이라는 점과 관련이 있다. 그러나 또 한편으로 자유당이 1910년 총선에서 승리했지만 그것을 아일랜드 독립에 대한 위임mandate으로 볼 수 없을 뿐만 아니라, 설사 그렇다고 해도 그것이 북아일랜드 지역의 신교도들에 대한 강요를 의미한다면 그것에 대해 국민 전체로부터 위임을 받았다고 볼 수 없다고 보수당은 생각했기 때문이다(Ball, 1995, p. 52). 그러나 질서를 강조하는 보수당에서 당수까지 나서서 무질서를 초래할 수 있는 무력 저항을 용인하는 태도를 보인 것은 보수당 역사에 전례가 없는 모습이었다. 이 때문에 보나 로는 '비헌정적 방식의 위협을 통해 질서를 중시하는 보수당을 소요, 혼란의 세력과 연계시키려

▶ 아일랜드 공화국과 북아일랜드

했다'는 비판을 받고 있다(Ball, 1995, p. 52). 무력으로 의회가 제정한 법에 반대하려고 했다는 점에서 국왕과 권위, 헌정 질서에 대한 존중과 유지, 법과 질서의 강조라고 하는 보수주의의 전통과 유리되었고 보수당의 근본적 가치를 훼손했다는 것이다.

보나 로는 자유당 애스퀴스 수상과 1913년 10월에서 12월 사이에 여러 차례 회담을 가졌고 1914년 7월 21일부터 24일까지는 버킹엄 궁에서 공식회의도 열었다. 보수당은 아일랜드 북부 얼스터 지역이 아일랜드 독립 이후 향후 6년간 자치권을 유지하고 그 이후에는 독립 아일랜드에 편입되도록 하자는 자유당의 제안에 반발했고, 북아일랜드 지역은 아일랜드 독립과 별개로 항구적인 자치권을 유지하도록 하자고 주장했다. 이는 사실상 아일랜드를 남북으로 분할하자는 것으로, 아일랜드 민족당의 정치적 지원에 의존해온 자유당으로서는 받아들이기 힘든 요구였다.

협상은 지지부진했고 보수당은 여전히 위험스러운 헌정 체제 변화와 관련된 사안, 즉 북아일랜드 문제에 매달려 위태로운 상태에서 벗어나지 못하고 있었다. 잇단 보궐선거에서 보수당이 승리하기는 했지만 만약 이런 상황에서 총선이 실시된다면 보수당이 과연 다시 집권할 수 있을 것인지는 매우 의심스러웠다. 보수당을 이런 미로에서 벗어나게 해준 것은 스스로의 노력이 아니라 급작스러운 국제 정세의 변화였다. 제1차 세계 대전이 발발한 것이다. 1914년 7월 유럽 대륙에서 발생한 심각한 국제정치적 위기는 국내에서 여전히 어려운 상태에 놓여 있던 보수당에 유리한 환경을 마련해주었다. 그동안 보수당이 강조해온 연합왕국의 보존, 관세 개혁 그리고 대영제국과 같은 사안들은 모두 강한 군사력을 필요로 하는 정책이기 때문이다. 따라서 전쟁의 발발은 보수당이 정치적으로 부각될 수 있는 환경을 마련해주었다. 전쟁은 혼미한 상태에서 분열돼 있던 보수당을 구출해주는 기회를 제공했다.

8

제1차 세계대전과
보수당

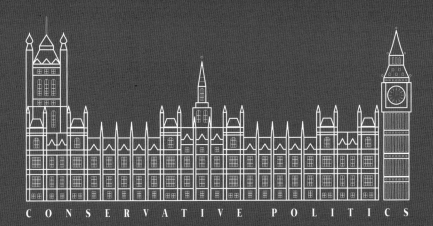

CONSERVATIVE POLITICS

위기 앞에 형성된
전시 연립정부

1914년 7월 28일 오스트리아–헝가리 제국이 세르비아를 침공하면서 시작된 제1차 세계대전은 8월 4일 독일이 벨기에를 공격하면서 본격화되었다. 제1차 세계대전이라는 위기 상황은 국내에서 주요 정당들 간 정치적 휴전으로 이끌었고 1915년 12월까지 실시해야 했던 총선도 연기하기로 합의했다. 1914년 7월 위기가 터지자 야당인 보수당은 영국이 프랑스에 대한 도덕적 책무를 다해야 하고 유럽의 세력 균형을 유지하기 위해 전쟁에 개입해야 한다고 자유당 정부를 압박했다. 또 한편으로는 전쟁 발발 이후 군사적인 성과 부족에 대한 자유당 정부의 우유부단함과 무능력을 부각시키고자 애썼다. 그러나 전쟁이 진행되는 동안 국가의 단결을 해치고 결과적으로 적敵을 이롭게 한다는 비판을 받지 않으면서 보수당이 자유당 정부에 일방적으로 비판과 공세만을 펼칠 수는 없었다. 이 때문에 '애국적 야당patriotic opposition'을 자처하는 보수당의 비판은 근본적으로 한계가 있을 수밖에 없었다.

이런 모습을 보여준 대표적인 경우가 바로 아일랜드 독립 법안의 처리였다. 이미 1912년 하원을 통과한 아일랜드 자치법안은 상원에서의 부결로 인해 2년간의 유예 기간을 거치게 되는 1914년에는 법적 효력이 발휘되는 것이었다. 그런데 자유당 정부는 전쟁이 끝날 때까지 그 법의 실행을 연기하기로 결정했다. 보수당은 아일랜드 독립을 받아들일 수 없었지만 전쟁의 와중에 이전처럼 얼스터 지역에서의 내전 발발 가능성을 위협함으로써 법안을 저지할 수는 없었다. 보수당의 가장 강력했던 저항 수단이 전쟁으로 인해 발목이 잡혔다. 보수당은 당수 보나 로가 의회에서 자유당의 이런 방안에 대한 반대 연설을 하고, 보수당 의원들이 하원 회의장에서 모두 퇴장하는 것으로 아일랜드 독립 법안 처리에 대한 반대를 상징적으로 표명하는 것이 할 수 있는 전부였다. 또한 지역 주민 다수가 비국교도인 상황에서 교회를 잉글랜드처럼 국교회로 만들고 지역 주민이 영국 성공회 교회에 세금을 내도록 했던 웨일스 지역에서 교회를 비국교화하는 '웨일스 교회법Welsh Church Act 1914' 역시 자유당의 주도 하에 의회를 통과했지만 이 역시 실행은 전쟁 이후로 미루기로 했다.

사실 전쟁 시기에 야당인 보수당의 입장은 무척 애매했다. 솔직히 자유당 정부를 돕고 싶지는 않지만 그럼에도 영국의 전쟁 수행은 지원해야 했다. 또한 유권자의 애국심을 건드리지 않으면서도 자유당 정부의 전쟁 수행의 잘못을 비판해야 했다. 1915년 초 보수당은 자기들의 이러한 애매한 처지를 인식하면서 자유당 주도의 연립정부에 참여할 가능성에 대해 고려하기 시작했다. 보나 로는 처음에는 연립정부 참여 방안에 반대했지만 서부전선과 동부전선에서의 군사적 퇴패 등 전시 상황의 악화로 인해 생각을 바꾸게 되었다. 1915년 5월 프랑스에 주둔한 영국 군대에 총탄이 제대로 공급되지 못해 서부전선에서 패배하게 된 사실이 언론 보도를 통해 알려지면서 영국 사회에 큰 충격을 주었다. 또한 해군 참모총장the First Sea Lord이었던 피셔Lord Fisher가 자신의 상관인 해군성 장관 윈스턴 처칠과 터키의 갈리폴리 반도의 공격 작전에 대한 의견 차이로 사임하는 일이 생겨났다. 더욱이 갈리폴리 반도의 다르다넬스Dardanelles 해협에서의 작전 실패로 영국과 호주, 뉴질랜드 군대는 커다란 피해를 입었으며, 처칠도 해군성 장관직에서 물러나야 했다(Ball, 1995, p. 58). 국가적 어려움 속에서 보수당이 자유당 정부와 힘을 합쳐 위기를 함께 극복해야 한다는 여론이 높아졌고, 이는 보수당의 연립내각 참여에 대한 압력으로 작용했다. 자유당과 보수당은 이러한 여론의 압력에 마침내 굴복했다.

　보수당이 애스퀴스 수상의 연립 참여 제안을 받아들이면서 전시 연립내각이 형성되었다. 자유당 수상 애스퀴스 주도의 연립정부에 보수당은 소수파 파트너로 1915년 5월 참여했다. 자유당은 12석, 보수당은 8석의 각료직을 각각 차지했다. 보수당에서 내각에 참여한 이들은 당수인 앤드류 보나 로가 식민지 성을, 커즌 경Lord Curzon은 추밀원Lord Privy Seal's office을, 오스틴 체임벌린은 인도 성India Secretary을, 그리고 전임 보수당 당수인 밸푸어는 해군 성First Lord of the Admiralty을, 월터 롱은 지방정부 성을 각각 맡았다. 보수당 이외에도 아무 정파에도 속하지 않았던 무소속의 키치너Earl of Kitchener가 전쟁성 장관Secretary of State for War으로 참여했고, 노동당에서는 아서 헨더슨Arthur Henderson이 교육부Board of Education를 맡았다. 하지만 연립정부에서 네 개의 핵심 직책인 수상·재무장관·외무장관·내무장관 자리는 연립정부를 주도한 자유당이 모두 차지했고, 군수성 장관Ministrer of Munitions도 자유당의 로이드 조지에게 돌아갔다. 핵심 직책을 자유당 의원들이 대부분 차지한 탓에 일부 보수당 의원들은 연립정부 참여에 부정적 태도를 보이기도 했다.

그런데 보수당 당수인 보나 로는 식민지성Secretary of State for the Colonies을 담당하게 되면서 사실상 전쟁 수행과 직접 관련된 업무에서는 빠지게 되었다. 그러나 이와는 달리 전임 보수당 당수였던 밸푸어는 전시 중 중요 보직인 해군성 장관에 임명되었다. 이를 두고 애스퀴스 수상이 보수당 당수로서 보나 로의 위신을 깎아내리기 위한 의도라는 세간의 뒷담화가 뒤따랐다. 그래서인지 연립정부 하에서 보나 로는 자유당 인사 가운데 수상 애스퀴스보다 자유당의 또 다른 지도자인 로이드 조지와 더 어울리게 되었다.

전쟁으로 인해 생겨난 유권자의 관심과 요구의 변화는 보수당에 유리하게 작용했다. 보수당은 전통적으로 애국주의적이며 국방을 강조했고 전쟁 수행을 위해 필요한 조치에 대해 적극적인 지지를 표명해왔다. 보수당은 1902년 영일 동맹 협상, 1904년 영불 협상 등 적극적인 방위 정책을 보수당 밸푸어 내각이 1905년 12월 사임 때까지 추진한 바 있다. 또한 그 이후에도 야당으로서 보수당은 방위비 증액과 독일 군국주의에 맞설 강력한 대비책의 필요성을 지속적으로 요구해왔다. 제1차 세계대전이 발발 이전부터 보수당은 징병제를 주장했고, 전시 중 국가의 통제권을 강화하는 데 대해 반대하지 않았다. 전쟁 중 보수당은 '목적에 대해 확신을 갖고 있고 그 수단에 대해 실용적인' 정당이었다(Ball, 1995, p. 59). 이 때문에 전쟁 수행과 관련해 보수당은 내부적으로 어떤 분열이나 불화도 겪지 않으면서 전쟁의 성공적 수행을 위해 애쓴 정당으로 유권자들에게 신뢰를 얻을 수 있었다.

그러나 자유당은 그렇지 못했다. 전쟁이 '전면전'이라는 경험해보지 못한 새로운 상황으로 접어들면서 징병제를 포함한 '반자유주의적' 조치에 대한 요구가 자유당을 힘들게 했다. 이러한 조치들의 도입은 개인의 자유를 중시하는 자유당의 전통적인 입장과 배치되는 것이었다. 더욱 심각했던 것은 자유당 내부적으로 1916년 이후부터 수상인 애스퀴스와 2인자 로이드 조지 간의 갈등이 더 깊어져갔다는 사실이다. 이처럼 국민 사이에서 보수당의 인기가 상승한 반면 자유당 내부의 분열이 격화되면서 연립내각에 대한 애스퀴스 수상의 권위와 통제력은 점차 약화되어 갔다. 특히 두 가지 문제가 자유당 애스퀴스 수상을 어렵게 했다. 첫째는 아일랜드 독립 문제였다. 1916년 4월 부활절 기간에 아일랜드에서 봉기Easter Rising가 발생했다. 영국으로부터 아일랜드의 즉각적인 독립을 요구한 부활절 봉기는 아일랜드 공화파Irish Republicans가 주도했는데 일주일간이나 봉기가 지속되었고 한때는 더블린의 주요 지역을 장악하기도 했다. 결국 영국군에 의해 진압되었지만 부활절 봉기는 전쟁 이후로 미뤄둔 아일랜드 문제가 다시 중요한 정치적 쟁점으로 떠오르게 했다.

로이드 조지는 북부 얼스터 지역을 제외한 나머지 지역만을 대상으로 아일랜드를 즉각적으로 독립시키는 해결책을 제시했다. 이는 대다수 보수당 의원들의 동의를 구할 수 있는 방안이었고, 얼스터 지역의 영국계 주민들 역시 수용할 수 있는 것이었다. 그러나 이 방안은 자유당의 원래 입장과는 배치되는 것일 뿐만 아니라 아일랜드 남부 지역에 거주하는 영국계 주민들과 그들을 대표하는 보수당의 랜즈다운이나 월터 롱 등의 거센 반대를 불렀다.

자유당을 어렵게 만든 두 번째 문제는 강제 군 복무 제도의 도입을 둘러싼 것이었다. 이 사안에 대해서는 자유당과 보수당 간의 시각의 차이가 컸다. 개인의 자유를 중요시하는 자유당으로서는 국가가 강제로 개인의 자유와 생명을 요구하는 것에 대한 거부감이 컸다. 이에 비해 애국주의를 강조하는 보수당은 강제 복무 제도는 강제 징집이 아니라 국가를 위한 고귀한 의무를 다하는 것으로 받아들였다. 인적 구성에서도 보수당은 1915년 당시 140명이 넘는 의원들이 군 복무 경험이 있었던 반면 자유당은 군 경험을 갖는 이들이 많지 않았다. 전선에서의 지지부진한 성과로 인해 어려움을 겪고 있던 상황에서 강제 복무제the Military Service Act를 둘러싼 논쟁은 애스퀴스 수상의 지위를 더욱 어렵게 했다. 자발적 입대자만으로는 전쟁을 제대로 치르기 어려워지면서 강제 복무제는 1916년 1월에 독신 남성을 대상으로 처음 도입되었고 5월에는 개정을 통해 기혼 남성을 포함한 전면적인 형태로 실행되었다.[45]

전쟁이 격화되는 와중에 보수당은 애스퀴스가 이끄는 연립정부가 전쟁 수행에 필요한 적절한 역량과 결정을 보여주지 못한다고 생각하게 되었고, 국민들의 사기 저하나 연립정부에 대한 지지 하락에 대해서도 우려하게 되었다. 애스퀴스는 결단력 없이 망설이기만 한 존재로 비춰지게 되었다. 1915년 가을부터 보수당 내 평의원들은 지도부와 거리를 두기 시작했고, 연립내각이 제출한 법안에 대해 반대투표도 자주 행하게 되었다. 1915년 10월 전시 내각에서 법무 총재Attorney General[46]였던 카르손Edward Carson이 사임했다. 이와 함께 그는 보수당

내에 연립정부에 불만을 가진 평의원을 대표하는 중심인물이 되었고, 곧 그를 중심으로 보수당 전쟁위원회Unionist War Committee, UWC가 결성되었다. 100명이 훨씬 넘는 수의 보수당 의원들이 이 모임에 참여하면서 영향력 있는 당내 모임이 되었다.

보수당 내의 적지 않은 이들이 애스퀴스 주도 하의 연립내각에 머물러 있는 당수 보나 로를 탐탁하게 생각하지 않았다. 애스퀴스의 연립내각에 대한 머물러 있으려는 그의 태도는 당 지도자로서 그의 입지를 취약하게 만들었다.

1916년 11월 나이지리아와의 무역을 담당해온 영국 기업의 독점적 권한을 풀려는 정책을 두고 보수당 내 격론이 벌어졌다. 영국 정부는 나이지리아의 독일 자산을 공개적으로 매각하면서 미국 기업의 투자를 유치할 계획이었다. 보나 로는 이 문제를 관장하는 연립내각 내 식민지성 장관이었다. '나이지리아 논쟁the Nigeria debate'으로 불린 당내 갈등에서 카르손과 보수당 전쟁위원회를 중심으로 한 평의원들이 보나 로에게 대들었다. 카르손은 외국 기업에 대한 공개 자산 매각이 영국 기업의 이익을 지키지 않는 것이라고 비판했고, 보나 로는 카르손이 사기업의 이익을 대변한다고 반박했다. 이 사건을 겪은 후 보나 로는 연립내각의 미래에 대해 고민하게 되었다. 보나 로는 애스퀴스 수상을 버리고 카르손의 세력, 그리고 자유당 로이드 조지와 힘을 합쳐 새로운 정부를 구성하기로 결정했다. 카르손을 필두로 한 보수당 내 반발 세력은 로이드 조지를 애스퀴스보다 자신들과 뜻을 같이할 수 있는 인물로 간주했고 로이드 조지를 수상으로 하는 새로운 연립을 추진하는 데 동의했다. 1916년 12월 애스퀴스가 이끄는 연립정부는 붕괴되었고, 이와 함께 자유당은 애스퀴스와 로이드 조지를 두고 양

쪽으로 분열되었다.

많은 수의 자유당 의원들은 애스퀴스와 함께 야당으로 남았다. 새로이 결성된 연립정부는 로이드 조지가 수상을 맡기는 했지만 내각의 주요 직책은 보수당 의원들이 대부분 차지하게 되었다. 자유당 수상이 이끌지만 보수당 의원이 다수를 구성하는 연립내각이 형성된 것이다. 보나 로는 재무장관직을 맡았으며, 5인 전시 내각five-man war cabinet의 일원이 되었다. 전임 수상 밸푸어는 외무장관이 되었고 이외에도 내무성, 전쟁성War Office, 해군성 등 핵심 영역을 모두 보수당 의원이 맡았다. 반란의 주역이었던 카르손은 해군성 장관이 되었다. 1905년 이후 11년 만에 다시 보수당은 정부 정책을 사실상 주도할 수 있는 위치로 돌아왔다.

로이드 조지 연립정부가 출범한 사실상의 집권 첫해인 1917년 서부전선에 대한 진격은 계속해서 실패하고 있었고 마땅한 돌파구를 찾지 못했다. 그러나 1917년 4월 미국이 전쟁에 참전하기로 결정했다. 1918년 3월 개시된 독일의 춘계 공세가 실패하면서 8월부터 독일군이 점차 밀리기 시작했고 10월 연합군은 독일 국경을 돌파했다. 독일과 동맹국은 마침내 패배했다. 1918년 11월 11일 베르사유 조약이 체결되면서 제1차 세계대전은 끝이 났다.

전쟁은 보수당의 입지를 전반적으로 강화시켜 주었다. 전쟁을 겪으면서 방위비 지출이나 징병제 등에 대한 보수당의 주장이 옳았다는 사실이 입증되었고, 전쟁 수행에 참여한 호주·인도·뉴질랜드·남아프리카 등 많은 자치령 국가들의 도움과 기여로 인해 대영제국의 중요성과 소중함에 대한 인식도 커졌다. 전쟁 기간 중 오스트레일리아와 뉴질랜드는 갈리폴리Gallipoli 전투에 참전했고 인도군은 서부전선과 중동에서 싸웠다. 남아프리카군은 아프리카에서 독일군과 맞섰다. 이와 같은 식민지 국가의 도움은 보수당이 주장해온 대영제국의 가치를 높이는 기회가 되었다. 그만큼 보수당의 정치적 지위는 이전에 비해 크게 높아졌다. 또 한편으로는 제1차 세계대전을 치르면서 전쟁 이전 영국 정치의 핵심적 의제였던 상원 개혁, 아일랜드 독립, 관세 개혁 등의 이슈가 대체로 해결되면서 이제 더 이상 중요한 정치적 의미를 갖지 않게 되었다. 영국 사회는 이제 전쟁 이전과는 근본적으로 상이한 새로운 상황에 놓이게 되었다.

전쟁 이후의 새로운 관심사는 국가의 역할, 경제, 사회 개혁, 실업 문제 그리고 정치적으로는 노동당의 부상 등이었다. 전시 중 노동조합은 그 수에 있어서나 영향력에 있어서 커다란 증가세를 보였다. 1914년 400만 명 정도이던 노조원의 수는 1918년이 되면 700만 명으로 급증했다. 노동당은 노조원의 급증과 함께 재정적으로나 조직적으로 보다 강화된 모습을 갖추게 되었다. 지구당 조직 역시 1914년 179개에서 1918년에는 389개로 늘어났다(Smith, 1997, p. 66). 노동당은 이제 자유당과의 협약 없이도 독자적으로 선거를 치르고 많은 당선자를 낼 수 있는 온전한 모습을 처음으로 갖추게 된 것이다.

쿠폰 선거와
칼턴 클럽의 반란

1918년 11월 베르사유 조약이 체결된 지 얼마 지나지 않은 그해 12월에 총선이 실시되었다. 보수당 지도부는 연립정부의 틀을 깨고 보수당의 독자적인 간판으로 선거를 치르기보다 로이드 조지가 이끄는 연립정부에 머물러 있기로 결정했다. 만약 보수당이 1918년 총선에서 단독으로 선거에 나섰더라도 거의 확실하게 큰 승리를 얻을 수 있었을 것이다. 자유당의 분열과 노동당의 부상으로 반보수당 유권자는 분열돼 있었기 때문이다. 노동당은 이제 독자적으로 선거에 임하고자 했기에 1903년과 같은 자유당-노동당Lib-Lab 선거 협약은 더 이상 유효하지 않게 되었다.

전쟁이 끝이 나면서 국가를 위해 희생한 참전 군인들에게 선거권을 부여해야 한다는 목소리가 높아졌다. 전시 물품 제조 등으로 후방에서 전쟁 수행에 기여한 여성들에게도 마찬가지 이유로 선거권을 부여해야 한다는 주장이 힘을 얻었다. 1918년 선거법Representation of People's Act of 1918 개정으로 21세의 남성(군인의 경우에는 19세 이상)과 30세 이상 여성에게 투표권을 허용함으로써 이제 성인 인구 가운데 대다수가 투표에 참여할 수 있게 되었다. 1910년과 비교하면 약 700만 명의 유권자로부터 이제는 2,100만 명으로 그 수가 크게 늘었다. 노동계급이 이제 유권자의 다수를 차지하게 되었다.

한편 이 시기는 대외적으로는 1917년 러시아 혁명 이후 볼셰비즘의 확산이 유럽 전역을 위협하고 있었고, 내부적으로는 노동 분규와 사회주의 운동이 격화되는 등 사회적 불안정과 혁명에 대한 공포가 컸던 시기였다. 보나 로는 이런 상황에서 유권자의 투표권이 계속 늘어나는 추세를 두려워했다. 보나 로는 당시까지 대단치 않은 존재였던 노동당이 점점 유권자에 대한 지지를 확대해가는 것에 대해서도 우려의 눈길을 보내고 있었다. 노동당은 1918년부터 1922년까지 14차례의 보궐선거에서 승리했다. 보나 로는 1917년 연례 전당대회에서 "우리는 지금 안개 속을 바라보고 있다We are looking into a fog"(Smith, 1997, p. 66)라고 말하면서 당시의 정국 전개를 바라보는 자신의 불안한 심경을 표현한 바 있다. 선거권 확대로 인한 정치적 결과에 대해 확신하지 못했던 보수당은 그 스스로 독자적인 권력을 추구하려고 하기보다 '전쟁을 승리로 이끈 지도자'이며 노동계급 유권자에 보다 어필하는 자유당 로이드 조지를 전면에 내세우면서 전시 연립내각에 계속 남아 있기로 결정한 것이다. 또한 연립정부로부터의 이탈은 분열된 자유당을 재결합시킬 수 있다는 우려도 존재했다.

1918년 총선은 '쿠폰 선거coupon election'라고 불렸다. 선거를 앞두고 로이드 조지와 보나 로가 유권자에게 자신들이 공천한 연립 후보

Coalition candidates를 공식적으로 승인한다는 내용을 담아 함께 서명한 공동 명의의 서한을 후보들에게 보냈다. 그 내용은 로이드 조지와 보나 로 두 사람이 그 후보를 인정하며 지역구에서 당선되어 자신들의 정부에 큰 도움이 되도록 해달라는 것이었다.[47] 자유당의 애스퀴스가 이를 두고 '쿠폰'이라고 빈정댄 데서 쿠폰 선거로 불리게 되었다. 전쟁 직후에 실시된 선거라는 점에서 로이드 조지와 보나 로의 서한을 받은 후보들은 전쟁 중에 국가를 위해 애쓴 애국적 인물로 간주된 반면, 서한을 받지 못한 이들은 반전주의자들처럼 전시에 국가를 위해 별 역할을 하지 않은 인물로 받아들여졌다.

이러한 쿠폰은 많은 보수당 후보들과 특히 연립정부에 참여한 로이드 조지가 이끄는 자유당 후보의 당선을 돕는 데 기여했다. 159명의 '로이드 조지의 자유당' 후보와 374명의 보수당 후보가 쿠폰을 받았다. 이에 반발한 78명의 보수당 후보는 쿠폰 없이 독자 출마했다. 선거 결과 로이드 조지와 보나 로의 연립정부는 모두 478명의 의원을 당선시켰다. 그 가운데 335명이 보수당 후보였으며 로이드 조지의 자유당은 133석을 차지했다. 당선된 보수당 후보 가운데 48명은 쿠폰 없이 뽑혔다. 야당에서는 노동당이 63명을 당선시켰고 애스퀴스의 자유당Independent Liberal은 겨우 28석을 얻었다. 애스퀴스 전 수상도 낙선했다. 1918년 총선 결과 1914년 이전과 비교할 때 커다란 정치적 변화가 생겨난 것이 확인되었다. 자유당은 애스퀴스와 로이드 조지 두 사람 간의 분열로 거의 몰락했으며, 대신 노동당이 정치적으로 중요한 도전자로 떠올랐다. 보수당은 이제 다시 정치의 주도 세력으로 등장했다.

보수당은 제1차 세계대전을 겪으면서 예상치 못한 변화를 경험했다(Ball, 1995, pp. 63–64). 첫째, 이 기간 동안 보수당 내 평의원들backbenchers의 움직임이 활발해졌고 당 지도부에 집단적으로 자신들의 주장을 관철하려는 노력도 잦아졌다. 보수당이 애스퀴스 자유당과의 연립정부를 해산하고 로이드 조지의 연립정부를 출범시키는 데에도 평의원들의 요구가 중요한 영향을 미쳤다. 이러한 움직임은 이후 1922년 위원회와 같은 항구적인 기구로 발전해가게 된

DOWNING STREET,
LONDON, S.W.1.

20th November, 1918.

Dear Sir Park Goff,

We have much pleasure in recog-
nising you as the Coalition candidate
for Cleveland.

We have every hope that the
electors will return you as their
representative in Parliament to support
the Government in the great task which
lies before it.

Yours truly,

D. LLOYD GEORGE.

A. BONAR LAW.

Printed and published by Btokeld & Sons, Guisbrough.
© Parliamentary Archives

▶ 쿠폰 선거 때 로이드 조지와 보나 로의 서한

다. 둘째, 1918년 선거법 개정으로 전 계급에 걸친 남녀 선거권의 확대로 인해 중앙 차원이나 지방 차원에서 당 조직의 전면적인 개편이 요구되었다. 크게 확대된 유권자의 지지를 이끌어내고 조직화하기 위한 당 차원의 노력이 절실해진 것이다. 셋째, 참호전과 같은 전쟁의 경험으로 인해 특권층만이 다닐 수 있는 사립학교나 대학을 나온 젊은 장교들이 노동계급 병사들과 처음으로 가까이 접할 수 있는 기회를 마련해주었다. 계급적으로 서로 분리된 삶을 살아온 두 사회적 계급이 전쟁을 통해 교류할 수 있는 계기를 갖게 된 것이다. 이런 경험은 1920년대에 의회에 처음 진출한 해럴드 맥밀런Harold Macmillan이나 앤서니 이든Anthony Eden과 같은 젊은 보수당 의원들에게 매우 중요한

영향을 미쳤다.

보나 로는 로이드 조지와의 연립정부를 통해 자유당을 분열시켰고 보수당의 부활을 이끌어냈다. 제1차 세계대전 이전에 극심한 어려움에 처해 있던 보수당이 전후 다시 강력한 지위를 차지하게 한 그의 전술적인 기량과 역량은 과소평가할 수 없다. 그러나 밸푸어처럼 보나 로 역시 보수당 역사에 획을 그은 큰 인물은 아니었다. 보나 로는 매우 소심한 인물이었으며 보수당의 어려움을 극복하고 당세를 회복하는 데 애를 썼지만, 자신만의 정책적 의제를 제시하지 못했고 강력한 리더십도 보여주지 못했다. 대중들에게 전쟁을 승리로 이끈 지도자는 보나 로가 아니라 로이드 조지였고, 전쟁 이후의 변화된 환경 속에서 새로운 모습으로 보수당을 이끌 수 있는 인물도 보나 로가 아니었다(Seldon and Snowdon, 2004, p. 51).

제1차 세계대전은 영국 사회를 크게 변모시켰다. 특히 선거권의 대규모 확대, 사회주의 운동의 확산, 노동당의 부상 등 1918년 이후 이전과 크게 달라진 상황에서 보수당은 이러한 새로운 상황에 단독으로 맞설 수 있을 것인지, 연립정부와 같은 형태가 더 바람직한 것인지에 대해 고민할 수밖에 없었다. 사실 연립정부를 항구적인 형태로 만들기 위해 로이드 조지의 자유당과 합당해 '중도당Centre Party'을 만들자는 논의도 보수당 일부에서 제기되었지만 1920년 최종적으로 이 안은 폐기되었다. 그렇게 된 것은 자유당 소속 각료들에 대한 거부감도 있었지만 보수당 내 다수가 이런 통합 자체를 탐탁하게 생각하지 않았기 때문이었다.

보수당은 1918년 12월 총선 이후 1922년 10월까지 4년 동안 로이드 조지가 이끄는 연립정부에 머물러 있었다. 1918~1919년 전쟁 직후 기간에는 애디슨Christopher Addison이나 피셔H. Fisher와 같은 진보적인 자유당 소속 각료들의 노력으로 재건과 복구의 야심 찬 계획이 추진되었는데, 전쟁 승리와 단합의 분위기 속에서 대담한 지원 사업이 실행되었다. 1918년 피셔의 교육법Education Act과 애디슨의 1919년 주택법Housing Act 등이 이때 이뤄진 중요한 성과이다. 그러나 전후 초기의 경제적 붐이 얼마 지나지 않아 꺾이고 경제 침체기로 접어들면서 전후 복구 조치의 문제점이 드러나게 되었다. 세금과 인플레이션이 기록적으로 높아졌고 전쟁이 끝난 이후에도 재편되지 않고 남아있는 정부 부서의 행정적 낭비와 관료주의도 문제점으로 제기되었다. 그러나 내각 내 보수당 지도자들은 이러한 문제점에 대해 신속하게 대응하지 못했다. 이 때문에 보수당에 대한 일부의 반발도 나타났다. 신문 재벌이던 로더미어 경Lord Rothermere은 연립정부와 보수당 지도부로부터 소외된 일반 시민들의 불만을 결집해 '반낭비연맹Anti-Waste League'이란 이름의 단체를 만들어 보궐선거에서 잇단 승리를 거두었다. 이러한 민심의 이반에 놀란 내각은 사회 개혁 프로그램을 포기하고 그 핵심 인물인 애디슨을 사임시켰다. 이와 동시에 정부 지출을 줄일 수 있는 방안을 모색하기 위해 제데스 위원회Geddes Committee를 한시적으로 만들어 운영했다. '반낭비'를 위한 대응의 한 결과물은 농업법Agricultural Act of 1920의 폐지였다. 이 농업법은 농산물에 대한 가격 보장과 농장 노동자에 대한 최저임금을 보장하도록 한 법이었다. 농민들에게는 매우 중요한 이해관계가 걸린 정책이었지만 1921년 폐지되면서 농촌 지역 출신 보수당 의원들은 이러한 조치로 인해 배신감을 갖게 되었다(Ball, 1995, p. 65).

그러나 연립정부는 외부의 공격이나 비판보다 내부의 분열로 인해 결국 붕괴되었다. 자유당과의 연립정부 구성에 노골적으로 반대하면서 보수당의 원래 원칙으로 되돌아가야 한다고 주장하는 40~50명의 보수당 평의원들이 1921년경부터 모이기 시작했다. 이들의 결집보다 더 심각한 문제는 이러한 비판자들에게 너무도 많은 비판거리를 연립정부가 제공했다는 점이다. 점점 더 많은 수의 보수당 의원들이 보수당이 연립정부에서 떠나기를 희망했다. 1921년 3월 보나 로는 건강상의 이유로 갑작스럽게 사임했다. 롱Long은 그 이전에 이미 정치를 그만두었다.

이런 상황에서 오스틴 체임벌린이 보나 로의 후임으로 보수당 당수가 되었다. 그러나 체임벌린의 리더십 하에서도 보수당이 앞으로 나아갈 새로운 길이 마련된 것은 아니었다. 체임벌린은 상상력이 부족했고 당내 다른 의원들의 호흡을 맞추지 못했으며 유연성도 부족했다. 체임벌린은 보수당이 로이드 조지의 연립정부를 계속 유지하기를 원한다고 자신의 의견을 밝혔다. 그러나 그는 보나 로처럼 로이드 조지에 맞서 두 당 사이의 균형을 유지해줄 수 있는 인물이 아니었다. 또한 보수당의 독자적인 정체성을 주장하고 내세울 수 있는 능력과 의지가 부족했기 때문에 보수당 내 많은 이들은 연립정부의 지속을 원하는 체임벌린의 견해에 우려를 나타냈다. 당시 체임벌린이 직면한 중요 이슈는 노동당의 부상에 맞서 반反사회주의 세력의 연대를 어떻게 이뤄낼 것인가 하는 점이었다. 방법론상으로 현재와 같이 로이드 조지를 수상으로 하는 연립정부를 유지하는 것 이외에도 한 가지 다른 선택이 가능했다. 총선에서 보수당이 자유당과 비공식적인 연합을 맺고 경쟁하되 선거 이후 그 결과에 따라 연립정부를 세우는 방식이다. 선거에서 보수당의 승리가 예상되므로 보수당이 수상을 비

롯한 주요 직위를 차지하면 로이
드 조지는 상대적으로 취약한 입
장에 놓이게 될 것으로 보았다. 이
때문에 보수당 일반 당원이나 평의
원들, 하위 당직자나 내각 내 하위
직책을 맡은 의원들이 이 방식을
선호했다. 전국연맹 역시 이러한
방식을 선호했고, 이들은 1922년
10월의 연례 전당대회에서 연립정
부와의 결별을 요구하고자 했다.

▶ 연설하는 오스틴 체임벌린

그러나 체임벌린과 내각 내 영향력 있는 보수당 각료들은 이런 주장
에 동의하지 않았고, 로이드 조지를 수상으로 둔 상황에서 다시 선거
를 치러야 한다고 생각했다. 연립정부가 승리하면 그때는 로이드 조
지가 수상직에서 물러날 것으로 기대했다. 따라서 체임벌린은 평의원
과 하위 당직자, 전국연맹 등 아래로부터의 압력을 누르고 조기 총선
정국으로 당을 몰고 가고자 했다.

　그러나 1922년 1월 당 의장 조지 영거Sir George Younger 경이 조기 총
선에 반대한다는 입장을 분명히 하면서 체임벌린을 비판하고 나섰
다. 예상치 못한 반발과 함께 이에 대한 당내 공방이 확대되어 갔다.
전국연맹, 중앙당 사무국Central Office, 그리고 의회 총무단이 조기 총
선 반대 진영에 가담했다. 이러한 당내의 비판과 함께 연립정부의 실
정도 계속되었다. 1921년 영국-아일랜드 조약으로 북부 얼스터 지역
을 제외한 아일랜드 남부 지역이 독립했지만, 1922년 6월 얼스터 지
역 의원이며 제1차 세계대전 중 군 지도자였던 헨리 윌슨 경Sir Henry

Wilson이 런던의 그의 집 앞에서 아일랜드공화국IRA에 의해 암살되는 등 아일랜드 문제를 둘러싼 갈등이 여전히 지속되었다. 또한 제데스 위원회가 정부 지출 감축을 위한 방안을 제시했지만 지출과 과세는 여전히 높았고 경제는 침체돼 있었다. 1922년 7월에는 귀족 작위 수여를 둘러싸고 부적절한 인물이 명단에 포함된 사실이 밝혀졌다. 이러한 작위 판매를 둘러싼 스캔들을 두고 로이드 조지가 여기에 개입돼 있을 것이라는 의심의 눈초리가 많았다. 대외적으로도 터키의 무스타파 케말Mustapha Kemal이 그리스인들을 터키 땅에서 군사력을 동원해 내쫓은 차낙Chanak 위기가 1922년 9월 생겨났다. 이로 인해 터키와 전쟁 직전까지 가는 상황을 맞았는데, 당시 다수 여론은 로이드 조지의 부적절한 외교정책으로 인해 위기가 생겨났다고 보았다(Ball, 1995, p. 68). 많은 보수당 사람들이 보기에 로이드 조지는 이제 도움이 되기보다는 부담스러운 존재가 되었다. 새로이 당을 맡은 체임벌린의 가장 큰 실수는 그러한 상황에서 로이드 조지와의 연립을 계속 유지하려고 한 것이었다.

연립정부에 잔류하는 것을 반대하는 분위기는 당내 곳곳에서 감지되었다. 원외 조직인 전국연맹의 산하 지회 대표들은 다음 총선까지 로이드 조지의 연립정부를 계속하겠다는 데에 반발하며 당의 정체성을 분명히 할 것을 공개적으로 요구했다. 이러한 분위기 속에서 1922년 10월 19일 칼턴 클럽에서 보수당 상원 및 하원 의원들의 모임이 개최되었다. 사실 이 자리는 한 달 뒤인 11월 15일 예정된 전당대회에서 연립정부 탈퇴를 요구하는 소동이 벌어질 것을 우려해 이를 미리 막기 위해 체임벌린이 소집한 모임이었다.

체임벌린은 노동당의 도전에 직면해 반사회주의 세력이 한데 힘을 합쳐야 한다는 점을 보수당 의원들에게 설득할 수 있을 것으로 생각했다. 그런 명분으로 인해 연립정부 잔류에 대한 지지도 얻을 것으로 기대했다. 그러나 체임벌린의 설득 노력은 결국 실패했다. 많은 보수당 의원들은 지역구 분위기를 감안해 다가올 총선에서는 연립 후보가 아니라 독자적인 보수당 후보로 출마할 생각을 하고 있었다. 칼턴 클럽 모임에서 스탠리 볼드윈Stanley Baldwin은 로이드 조지가 이전에 자유당을 분열시킨 것처럼 이제 보수당을 분열시키고 있다고 비판했는데, 이 연설을 많은 참석자들의 공감을 얻었다. 볼드윈은 내각 내에서 중요한 직책을 맡고 있지는 않았지만 연립 지속에 반대한 유일한 각료였다. 그의 주장은 대다수의 당의 중간 및 하위 당직자 및 당원들의 정서를 대표했고 이 때문에 큰 호응을 얻었다. 또 다른 인상적인 연설은 건강상태가 다소 회복된 전 당수 보나 로에 의한 것이었는데 그는 당의 단합의 중요성을 열정적으로 강조하면서 체임벌린을 지원했다. 그러나 보나 로의 연설은 체임벌린에 대한 지원보다 그의 건강이 좋지 않지만 당이 요구하면 당 지도자로 돌아오겠다는 자신의 의사 천명으로 의원들에게 받아들여졌다.

칼턴 클럽 모임의 마지막 순간에 연립정부에서 외무장관직을 맡고 있던 커즌 경이 사임을 표명했다. 이는 체임벌린에게 큰 압력이 되었다. 칼턴 클럽 회의 전날 실시된 뉴포트Newport에서의 보궐선거는 '독자적으로 출마한 보수당 후보'가 연립정부가 공천한 후보와 노동당 후보를 모두 누르고 당선되었다. 연립정부가 공천한 후보는 3위에 그쳤다. 사실 체임벌린은 노동당 후보의 당선을 기대하면서 연립정부 후보와 독자적 보수당 후보의 분열은 노동당을 이롭게 할 것이라는 점을 강조하려 했지만 그의 기대와는 정반대의 결과가 나왔다. 보수당 의원들은 투표를 통해 185 대 88[48]이라는 2 대 1이 넘는 압도적 찬성으로 연립정부에서 떠나기로 결정했다.

체임벌린은 연립정부 잔류를 원했고 연립정부에 너무 깊이 연계돼 있었으므로 보수당이 연립정부에서 이탈한 후에도 그가 당을 이끄는 것은 불가능한 일이었다. 칼턴 클럽에서의 결정은 곧 그에 대한 당의 신임 철회를 의미하는 것이었다. 투표 결과를 보면서 오스틴 체임벌린은 당수직에서 즉각 사임했고, 로이드 조지 역시 수상직에서 물러났다.

그 수는 작았지만 체임벌린에게 지지표를 던진 의원들은 미들란즈, 북부, 스코틀랜드의 공업 지대에 선거구를 둔 이들로 1918년 '쿠폰 선거' 때의 압승으로 처음 의회에 진출한 이들이 많았다. 이들의 당선에는 로이드 조지의 자유당 지지표가 매우 중요했다. 그러나 남부의 전통적 보수당 선거구 출신 의원들, 1918년 이전부터 의원이었던 다선 의원들, 당내 강경론자, 그리고 젠트리와 군 출신 배경을 가진 이들이 칼턴 클럽에서의 반란을 이끌었다. 즉 북부와 남부, 접전 선거구와 지지세가 강한 선거구, 당내 좌파와 우파 간의 시각 차이가 드러난 것이다. 보나 로는 체임벌린과 로이드 조지를 대신해 즉시 보수당 당수와 수상이 되었다.

이 무렵에야 처음으로 보수당의 지도자가 '공식적으로' 존재하게 되었다. 즉 1922년 10월이 되어서야 보수당은 '보수당의 지도자Leader of the Conservative Party'라는 표현을 처음으로 공식적으로 사용하기 시작했다. 그 이전에는 상원의 보수당 지도자와 하원의 보수당 지도자가 별도로 선출되었고, 수상직을 맡고 있거나 혹은 수상을 역임한 이가 사실상의 지도자 역할을 수행했다. 야당으로 있는 동안에는 상원과 하원의 두 지도자가 동등한 입장에서 협력의 관계를 유지해왔다. 1914년 이후에는 의회에서 당의 정책과 대중에 대한 공약 등에 대한 주도권을 하원 지도자가 가지면서 영향력이 점차 확대되어 왔다.

칼턴 클럽에서의 반란으로 수상, 보수당 당수, 보수당 내 내각에 참여한 지도급 의원들이 모두가 물러나게 되었다. 당내에서 과거 연립정부에 참여했던 인사들과 새로이 당권을 잡은 이들 간 갈등이 생겨나는 것은 불가피했다. 보나 로가 구성한 내각에는 연립정부 외무장관으로 체임벌린에 대한 거부를 표시했던 커즌 경Lord Curzon, 스탠리 볼드윈, 오스틴 체임벌린의 이복동생인 네빌 체임벌린Neville Chamberlain 등이 참여했다. 당의 중량급 인사가 대부분 교체된 이러한 내각 구성을 두고 처칠은 '이류二流 11명의 정부a government of the second eleven'(Norton, 1996, p. 38)라고 비판했다. 처칠은 새로운 리더십을 '이류'라고 생각했지만, 지구당에서나 의회 내에서 연립정부 지지자의 비율은 점점 더 줄어들고 있었기에 이러한 당내 리더십의 개편은 불가피한 것이었다.

연립정부 잔류 여부를 두고 보수당 내 심각한 갈등과 분열이 생겨났지만 1916년 이후의 자유당처럼 파멸에 가까울 정도의 피해를 주지는 않았다. 자유당에서는 두 명의 지도자 데이비드 로이드 조지와 허버트 애스퀴스의 갈등이 당을 위에서 밑바닥까지 수직적으로 갈라놓았다면, 보수당의 경우에는 그 갈등이 당의 상층부만을 수평적으로 갈라놓았기에 당 전체에 미치는 영향은 그리 크지 않았기 때문이다. 실제로 칼턴 클럽 회합 이후에 당내 갈등은 공개적으로 터져 나오지 않았다(Ball, 1995, p. 70). 보나 로가 수상이 되자마자 그는 의회를 해산하고 총선을 실시하기로 했다. 정치권은 이제 새로운 총선을 향해 달려가게 되었다. 그리고 이 총선은 로이드 조지가 이끈 연립정부에 대한 심판의 의미를 담을 수밖에 없었다.

9

볼드윈,
보수당의 전성시대를 이끌다

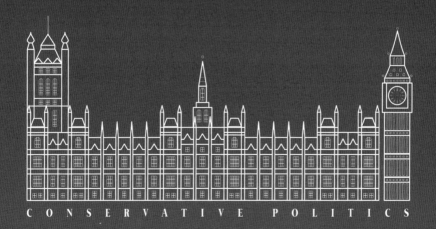

CONSERVATIVE POLITICS

노동당의 부상과
볼드윈의 등장

1922년 11월 15일 실시된 총선에서 보수당은 7년 반 만에 연립정부에서 벗어나 독자적인 간판으로 선거를 치렀다. 사실 적지 않은 지역구에서 전술적 차원에서 연립 자유당과 보수당과의 연대가 이뤄졌고 중앙당 사무국에서도 이를 독려했다. 그러나 공식적으로는 어떠한 연대도 인정하지 않았다. 345명의 보수당 의원이 당선되었는데 보수당 역사상 최초로 500만 표 이상을 득표했다. 득표율은 38.2퍼센트였다. 보수당은 압도적 다수 의석을 차지했는데 이는 1900년 이후 처음으로 확실한 승리를 거뒀다. 노동당은 142석, 연립에 참여했던 로이드 조지파 자유당National Liberal이 62석, 연립에 가담하지 않은 자유당이 53석을 얻었는데 이들을 다 합쳐도 115석에 불과했다. 자유당의 두 분파를 합쳐도 노동당보다 적은 의석을 차지했다. 1922년 총선을 통해 이제는 자유당이 아니라 노동당이 보수당과 권력을 겨루는 경쟁 세력으로 등장하게 되었다. 4년 전 1918년 선거에서도 노동당은 의석수에 있어서는 63석으로 전체 의석의 8.9퍼센트에 불과했지만 득표율로는 이미 22.2퍼센트의 지지를 확보하고 있었다.[49] 그때는 잠재적인 경쟁자였지만 1922년 총선을 계기로 노동당은 이제 실질적인 경쟁 세력으로 부상했다.

그러나 1922년 선거에서 나타난 가장 중요한 정치적 변화는 약 80명에 달하는 아일랜드 민족당 소속 의원이 사라졌다는 것이다. 1886년 자유당 글래드스턴이 아일랜드 독립 법안의 추진을 밝힌 이래 아일랜드 민족당은 자유당의 견고한 동맹 세력이었다. 그러나 1922년 아일랜드가 독립하면서 이들의 의석은 이제 영국 정치에서 영원히 사라지게 되었다. 아일랜드는 독립했지만 북부의 얼스터 지방은 그대로 영국령으로 남아 있게 되었는데, 이 지역에서 선출된 의원들은 거의 대다수가 영국계 주민들로 사실상 보수당 지지 세력으로 간주할 수 있는 이들이었다. 아일랜드 독립과 함께 오랜 시간 동안 자유당의 지원 세력이었던 아일랜드 민족당이 사라지고, 보수당의 우군인 북아일랜드 지역의 연합파Unioinist 영국계 주민들만이 남게 된 것이다. 보수당은 한결 유리한 국면을 맞이하게 되었다.

노동당의 부상으로 인한 이념적 대립도 보수당에 도움을 주었다. 선거에서 보나 로는 사회주의를 두려워하는 유권자들에게 보수당을 지지하도록 설득하기 위한 이념적인 '적색 공포Red Scare' 카드를 들고 나왔는데 이 전략은 보수당 승리에 도움이 되었다. 그러나 보수당이 승리한 보다 중요한 요인은 과거와는 달리 자유당―노동당 연대가 깨지면서 반보수당 표가 양당으로 분산되었기 때문이었다.

1922년 총선은 시기적으로 볼 때도 중요한 의미를 갖는다. 전쟁 이전에 정치적 갈등을 불러왔던 많은 핵심적인 이슈들이 해결된 상황에서 실시된 선거이기 때문이다. 1918년 국민대표법Representation of the People Act of 1918의 제정으로 이제는 진정으로 '민주주의'라고 불러도 될 만큼 정치적 참여의 폭이 증대되었다. 즉 선거권이 확대되면서, 특히 여성 선거권 부여를 둘러싼 논란이 사실상 모두 종식되었다.[50] 이와 함께 웨일스 교회의 탈국교화, 아일랜드 독립 문제가 해결되었고, 대외적으로는 독일 문제까지 모두 정리된 상황에서 1922년 총선이 거행되었다. 그런 만큼 국내정치적으로 새로운 정책적 변화에 대한 기대감을 가져볼 만한 상황이 되었다. 그러나 보나 로는 이처럼 보수당에 자신의 독자적인 비전과 희망을 보여줄 수 있는 마지막 기회를 갖게 되었지만 그렇게 하지 못했다. 선거에서 그는 애매하고 부정적인 강령만을 제시했다.

한편 1922년 11월 총선 이후 보수당에서는 주목할 만한 당내 그룹이 형성되었는데, 이는 1922년 위원회the 1922 Committee라고 부르는 평의원들의 집단이다. 이 그룹은 1922년 총선을 계기로 만들어졌지만 실제로 구성된 것은 1923년 4월의 일이다. 이 그룹을 만든 주체는 1922년 총선을 통해 처음 의회에 진출한 보수당 초선 의원들이었다. 이 그룹은 처음 의회에 진출한 신참 의원들을 돕기 위한 목적에서 생겨난 조직(Ball, 1995, p. 16)이었지만 이후 1923년, 1924년 총선을 거치면서 계속해서 회원이 늘어나게 되었고 1925년이 되자 내각의 각료직을 맡지 않는 모든 평의원들이 참여할 수 있는 주례 모임의 형태로 확대되었다. 1922년 위원회는 당내 주요 사안에 대한 평의원들의 발언권이 강화되고 있음을 보여준다. 1922년 위원회는 오늘날에도 정치적인 고비 때마다 당내 문제와 관련해 매우 중요한 역할을 수행하고 있다.

한편 1922년 총선에서 승리를 이끌었지만 보나 로는 집권을 위한 분명한 전략을 갖고 있지 못했다. 전시 중 혹은 전후의 중요한 정책 결정에 별다른 기여나 역할을 하지 못했다는 것이 그에 대한 비판으로 돌아왔다. 1923년 1월 보나 로의 내각은 거의 붕괴 직전이었지만 전쟁비용을 둘러싼 미국과의 협상으로 인해 사임하지 않았다. 그러나 적지 않은 이들이 보나 로 내각의 붕괴는 시간문제라고 생각했다. 그런 이유 때문에 1923년 4월 보나 로가 체임벌린에게 내각 참여를 요구했지만 그는 거절했다. 그러나 그 몇 주 뒤 보나 로는 쇠약해진 건강 때문에 갑작스럽게 은퇴할 수밖에 없었다. 1923년 5월 20일 그는 조지 5세에게 수상직을 사임을 청하면서 정치 역정을 끝냈고 불과 6개월 뒤 사망했다.

후임 수상직을 두고 당시 재무장관이던 볼드윈과 1919년 이래 외무성을 맡아온 커즌 경Lord Curzon[51]의 양자 대결이 이뤄졌다. 볼드윈은 1921년에야 내각에 들어갔고 로이드 조지와 보수당의 연립정부가 무너진 후에야 주요 보직인 재무장관직을 맡았다. 한편 내각에서 직책을 차지하지 못한 체임벌린은 일차적으로 후보에서 제외되었다. 볼드윈이나 커즌 모두 로이드 조지와의 연립정부 존속을 반대했던 인물이었으므로 정책 성향에서의 차이는 그리 크지 않았다. 다만 볼드윈은 하원의 지도적 인물이었고 커즌 경은 상원의 지도자였다. 보나 로는 국왕에게 그의 후계자에 대한 조언을 주기를 거부했다. 보수당의 중진 인사들과의 면담 이후 조지 5세는 최종적으로 볼드윈을 선택했다.

국왕으로서는 하원의원이었던 볼드윈을 선택하는 것이 불가피했을 것이다. 당시 노동당이 자유당을 대신해 제1야당으로 떠오르는 상황에서 노동당의 의석이 전무한 상원에 속한 의원을 수상으로 앉힌다는 것은 노동당을 자극할 수 있다는 점에서 커존은 애당초부터 매우 부담스러운 선택이 될 수밖에 없었다. 또한 로이드 조지와의 연립정부 지속 여부를 둘러싼 당내 갈등 와중에 처음부터 반대 입장을 분명히 한 볼드윈에 비해 커존은 마지막 순간에 입장을 바꿨기 때문에 당의 재결집을 위해서는 볼드윈이 보다 나을 것이라는 평가도 받았다. 커존의 잘난 척하고 오만한 태도 역시 당내에 적을 만들었다. 하원의원인 볼드윈이 상원의원인 커존을 제치고 수상이 된 것은 이후 영국 정치에서 하원의원이 수상을 맡는다는 관행을 더욱 확고하게 만들었다.

그러나 볼드윈을 수상으로 정한 것은 그 당시로는 결과를 알기 어려운 불확실한 선택이었다. 처음에 볼드윈은 전도유망한 지도자가 될 것으로 보이지 않았다. 출발은 불확실했지만 볼드윈은 제1차 세계대전과 제2차 세계대전 사이의 기간 동안 보수당의 지배를 굳건히 한 지도자로 성장해갔으며, 솔즈베리 이후 경험해보지 못한 보수당의 전성시대를 이끌었다.

볼드윈의 가족은 제철업으로 돈을 벌었다. 웨스트미들랜즈West Midlands 출신으로 해로우 고등학교와 케임브리지대학을 나왔으나 성적은 그다지 뛰어나지 않았다. 대학 졸업 후 볼드윈은 가족이 운영하는 회사에서 일하면서 우스터셔Worcestershire의 시골 영지를 구입했다. 회사를 열심히 운영했고 시골 생활을 매우 좋아했지만, 정치적 감각이나 정당을 이끌어가는 리더십에 대해서는 사실 별로 두드러진 것이 없었다. 1908년 그가 처음 의회에 진출했을 때 그는 자유무역에 반대하는 관세 개혁 지지자였다. 의원으로서 그의 활동은 처음에는 대단치 않았다. 그는 의원이 된 후 9년 동안 의회 내에서 질문이나 연설을 거의 하지 않았으며, 1917년이 되어서야 부副장관직을 맡았다. 그러나 그 이후 그는 정치적으로 매우 빠른 성장을 거듭했다.

볼드윈이 보수당 당수가 되고 난 이후 직면한 가장 큰 문제는 점증하는 실업, 계속되는 경제적 침체였다. 당 내부적으로는 로이드 조지와의 연립정부 지속 여부를 둘러싸고 생겨난 당내 갈등과 분열을 극복하고 연립 지속을 주장한 이들을 다시 끌어안는 것 또한 큰 과제였다. 그러나 당시 영국 사회가 직면한 경제적 어려움을 헤쳐나가는 데 보수당이 주장해온 반사회주의 정책이나 사회질서에 대한 강조는 별다른 도움이 되지 않았다. 경제 회복을 위한 실질적 정책 대안이 필요했다. 이런 이유로 1923년 10월 볼드윈은 관세 개혁을 다시 들고 나왔다. 이러한 움직임은 1922년 총선에서 당시 보수당 당수인 보나 로가 관세 개혁을 실시하지 않겠다고 한 공약을 뒤집는 것이었다.

볼드윈은 실업 문제를 해결하기 위해서는 관세 개혁을 통한 국내 시장 보호가 필요하다고 생각했다. 그러나 관세 개혁은 체임벌린이 처음 들고 나온 이후 계속해서 커다란 논란을 불러온 이슈였다. 볼드윈은 관세 개혁에 대한 국민적 위임을 구하기 위해 총선을 실시해야 할 필요성을 느꼈다. 그러나 당 주변의 많은 이들은 볼드윈의 이런 생각에 동의하지 않았다. 스코틀랜드 성 부장관이었던 월터 엘리오트 Walter Elliot는 "총선에서 패배하는 가장 최선의 방법은 총선을 실시하는 것이다"라고 비꼬았고, 커존은 이 결정을 '바보 같은idiotic' 것이라고 비판했다(Charmley, 1996, p. 71).

그러나 볼드윈은 자신의 보호주의 정책에 대해 심판을 받겠다고 플

리머스Plymouth에서의 전당대회에서 공식적으로 선언했고, 두 달 후인 1923년 12월 6일 총선이 실시되었다. 1923년 총선은 이전 선거 이후 불과 13개월 만에 다시 실시되는 것이었다. 따라서 해산된 의회의 임기는 4년 가까이 남아 있는 상태였다. 그러나 조기 총선 결정으로 볼드윈은 관세 개혁에 반대하며 자유무역을 주장하는 내각 각료들의 사임을 막았고, 또 한편으로는 체임벌린이나 버컨헤드Birkenhead와 같은 관세 개혁의 열렬한 지지자들의 지원을 얻어낼 수 있었다.

관세 개혁 이슈의 제기와 조기 총선 실시는 보수당을 단합시켰지만 선거 결과는 시원치 않았다. 유권자들은 여전히 관세 개혁이 가져올 빵과 같은 먹을거리에 대한 과세stomach taxes 가능성에 대해 강한 거부감을 드러냈다. 보수당의 전체 득표율은 이전 선거의 38.2퍼센트와 큰 차이가 없는 38.1퍼센트였지만, 당선된 의원의 수는 선거 이전 344명에서 86명이나 적은 258명으로 크게 줄었다. 그래도 보수당은 여전히 최다 의석을 차지한 정당이었다. 노동당은 191석을 얻었고, 자유당은 159석을 획득했다. 선거 결과 보수당은 제1당이기는 했지만 과반 의석에는 미치지 못했고, 그에 따라 자유당과 연립정부의 필요성이 자연스럽게 제기되었다.

그러나 볼드윈은 그 구상을 거부했다. 자유당과의 연립은 보수당 내 갈등을 불러온 로이드 조지를 다시 받아들여야 하는 것이었다. 볼드윈은 자유당과 연립을 통해 권력을 유지하기보다 차라리 노동당에게 권력을 넘기는 것이 낫다고 판단했다. 볼드윈은 국왕 조지 5세에게 노동당 당수 맥도널드가 내각을 구성할 수 있도록 청했다. 버컨헤드나 처칠 등 당내 일부에서는 노동당이 적색 혁명주의자들의 집단이라고 의심하는 시각도 있었지만 볼드윈은 이러한 견해에 동조하지 않았다.

　볼드윈은 4년이나 회기를 남겨둔 상황에서 관세 개혁을 들고 나와 조기 총선을 실시했고 결국 총선에서 패배했다. 이런 결과를 두고 당내에 불만이 터져 나오지 않을 수 없었다. 당 지도자로서 볼드윈의 역량에 대한 의구심이 생겨났고 볼드윈은 선거 패배 이후 한동안 매우 어려운 시기를 보내야 했다. 그러나 볼드윈은 결국 살아남았다. 현실적으로 볼드윈을 대신할 만한 마땅한 대안이 존재하지 않았고, 자유당과의 연립정부 구성에 대한 당내의 거부감도 그의 정치적 생존에 도움을 주었다. 1924년 2월 11일의 당 모임에서 볼드윈은 반대 없이 당수로서의 직책을 그대로 유지할 수 있게 되었다. 주목할 점은 1924년 2월 새로이 구성된 예비 내각에 과거 로이드 조지와의 연립정부 지속을 주장했던 이들도 함께 포함되었다는 점이다. 비록 선거에서는 승리하지 못했지만 선거를 거치면서 이처럼 당의 단합이 이뤄졌고 볼드윈의 리더십도 안정되었다. 이로써 1922년 이래 보수당을 갈라놓은 당내 갈등이 마침내 치유되었다.

　한편 1923년 총선을 거치면서 보수당은 전면적인 보호주의, 즉 관세 개혁을 포기했고 그 대신 덜 논쟁적인 '세이프가드'의 정책을 취하기로 했다. 즉 불공정하거나 보조금을 받는 외국 상품과의 경쟁이 생기는 경우 제한적인 형태의 보호주의 정책을 취하기로 입장을 정리한 것이다. 따라서 보수당이 주장하는 보호주의는 위협받는 산업 분야에만 제한적으로 해당되는 것이며 농업을 비롯한 다른 산업 분야까지 적용되는 것은 아니었다. 이러한 정책 수정과 함께 보수당은 정말 오랫동안 당을 괴롭혀온 관세 개혁 문제로부터도 자유로워졌다.

　1924년 1월 램지 맥도널드가 이끄는 노동당이 소수파 정부로 역사상 최초로 집권하게 되었다. 자유당은 연립정부에 가담하지는 않았지만 사실상 노동당 정부 출범을 지원했다. 당시 보수당 지지자들은 노동당 정부의 사회주의 정책이 국가적으로 큰 위해를 끼칠까 두려워했지만 그러한 우려는 완전한 기우로 드러났다. 노동당 정부는 비교적 큰 무리 없이 국정을 운영해왔지만 소수파 내각의 한계를 극복하지 못하고 결국 9개월 만에 무너졌다.

▶ 스탠리 볼드윈 수상

노동당 정부는 캠벨 사건the Campbell case이라고 불린 정치적 논란 끝에 붕괴되었다. 존 캠벨John Ross Campbell은 당시 공산주의 계열 잡지인 《워커즈 위클리Workers' Weekly》의 편집장이었는데, 그는 이 잡지에 계급 전쟁이든 군사적 전쟁이든 영국 군대는 동료 노동자를 공격해서는 안 된다는 요지의 글을 게재했다. 즉 국가나 민족보다 계급이 우선한다는 것으로 적국의 군대라도 노동계급 출신이라면 공격해서는 안 된다는 주장이었다. 검찰은 캠벨에게 반란법Mutiny Act 1792상의 선동죄를 적용하고자 했다. 그러나 노동당 정부는 즉각 이러한 혐의를 취하하도록 했다. 노동당 정부의 이러한 조치에 대해 보수당과 자유당은 노동당이 소비에트 러시아에 우호적인 급진좌파의 영향 하에 놓여 있다고 비판하며 하원 내 캠벨 사건에 대한 조사위원회Select Committee of Inquiry를 설치하는 법안을 제출했다. 1924년 10월 8일 이 법안이 통과되자 맥도널드는 이 조치를 자신에 대한 불신임으로 간주하고 의회를 해산했다. 이에 따라 또다시 총선이 실시되었다. 1924년 10월 총선은 2년 사이에 세 번째 치러지는 총선이었다.

보수당은 이전과는 달리 단합돼 있었고 총선 승리에 대한 강한 열망을 보였다. 인기 없었던 관세 개혁 정책도 이미 폐기했고, 주택·연금·복지 분야에서 적극적으로 유권자의 관심을 끌 만한 정책도 개발했다. 그러나 보수당은 선거운동 중 적색 공포를 최대한 활용하기 위한 네거티브 선거 전략을 적극적으로 활용했다. 보수당은 캠벨 사건이나 소비에트 러시아와 무역 협정을 맺으려 한 사례를 부각시켜 노동당에 대한 적색 공포감을 부추기고자 했다. 또한 자유당에 대한 투표는 곧 반反노동당 표를 분산시켜 노동당의 승리를 불러오게 될 것이라는 경계심을 자극해 자유당으로 표가 흘러가지 않도록 했다. 이러한 보수당의 전략은 '지노비에프 서신'이라는 사건으로 절정에 달했다. 총선을 불과 나흘 앞둔 1924년 10월 25일 영국 공산당은 코민테른 집행위원회 최고 간부회의 의장인 지노비에프Grigori Zinoviev로부터 편지를 한 통 받았다. 편지의 내용은 영국에서, 특히 영국 군대 내에서 공산주의 선동을 강화하라는 지령이었다. 그런데 당시 노동당 정부는 소비에트 러시아와 관계 정상화를 추구하고 있었기에 이른바 지노비에프 서신은 공산주의의 동조자와 같은 이미지에서 벗어나기 어렵게 만드는 것이었다(고세훈, 1999, p. 179). 지노비에프 서신은 결국 조작된 것으로 후일 확인되었지만 1924년 총선에서 노동당은 이로 인해 큰 타격을 입었다. 영국 역사상 첫 번째 노동당 정부는 이렇게 막을 내렸다.

볼드윈과
'새로운 보수주의'

1924년 총선에서 볼드윈은 자신이 원했던 바의 성공을 얻을 수 있었다. 보수당의 득표수는 800만 표를 넘었고 얻은 의석수는 419석으로, 이전보다 무려 161석이나 늘어났다. 노동당은 40석이 줄어든 151석을 차지했다. 그러나 자유당은 159석에서 겨우 40석으로 몰락했다. 보수당 압승의 원인은 노동당의 참패라기보다 과거 자유당을 지지했던 유권자들이 자유당의 몰락과 함께 보수당으로 돌아선 때문이었다. 보수당의 대승으로 이전이라면 당선 가능성이 희박했던 지역구에 출마한 젊고 유능한 인재들이 대거 의회에 진출할 수 있게 되었다. 제2차 세계대전 이후 보수당을 이끌게 되는 해럴드 맥밀런이나 앤서니 이든, 그리고 버틀러Richard A. Butler[52] 등의 쟁쟁한 인물들이 모두 1924년 총선을 통해 의회에 진출하게 된 것이다.

볼드윈이 이끄는 보수당 내각에서 전 보수당 당수였던 오스

틴 체임벌린은 외무장관을, 처칠은 재무장관을, 버켄헤드 경Lord
Birkenhead[53]은 인도성 장관을 맡았다. 유능한 인물이 많이 참여한 이
내각에서 가장 주목할 만한 인물은 네빌 체임벌린이었다. 그는 오스
틴 체임벌린의 이복동생이며 관세 개혁을 처음 주창했던 조지프 체
임벌린의 둘째 아들이었다. 네빌 체임벌린은 볼드윈 정부 내내 보건
성 장관을 맡았으며 볼드윈 정부 하에서 추진된 대부분의 사회 개혁
을 이끈 인물이었다. 사회 개혁은 사회주의에 대한 보수당의 실질적
대안이었으며, 당내에서도 보호주의 논쟁을 피하면서 당의 통합을
이끌어내는 데 도움이 되었다.

볼드윈은 '새로운 보수주의New Conservatism'를 제창했다. 그의 이러
한 새로운 구호는 1924년부터 1926년 사이의 중요한 연설을 통해 여
러 차례 제시되고 구체화되었다. 1924년 11월의 보수당 모임에서 행
한 그의 연설이나 1924년 6월에 발간된 당 강령집 「앞을 바라보자
Looking Ahead」, 그리고 후에 「산업에서의 평화Peace in Industry」라는 제
목의 소책자로 간행된 1925년 3월 6일 행한 그의 연설 등을 통해 '새
로운 보수주의'에 대한 그의 생각을 제시했다. 그가 말하는 새로운
보수주의는 과거 솔즈베리나 보나 로처럼 사회적 요구나 새롭게 떠
오른 정치 세력을 부정하거나 거부하려는 것이 아니라, 디즈레일리가
'일국 보수주의'를 주창했던 것과 같이 시대적 변화에 따른 적극적이
고 새로운 생각을 담고 있는 것이었다. 볼드윈의 '새로운 보수주의'는
사회적 조화, 산업적 동반자 관계, 국민의 신뢰와 자신감 회복, 국가
이익의 중시, 대결보다 합의를 중시하는 등의 가치를 담고 있었다. 볼
드윈의 이러한 입장은 제1차 세계대전 기간 중 그리고 이후에 보수당
이 보다 적극적인 사회경제 정책을 펼쳐야 한다고 주장한 젊은 보수

당 의원들의 열망에 화답하는 것이기도 했다.

볼드윈은 그가 살던 시대의 요구와 사명에 적절하게 대응했다. 제1차 세계대전 이후 국내적으로는 평온한 삶, 대외적으로는 평화와 군축, 그리고 전쟁 이전의 일상적 생활로의 복귀에 대한 국민적 요구가 높았다. 볼드윈의 보수당이 성공할 수 있었던 것은 바로 이러한 시대적 요구에 제대로 대응할 수 있었기 때문이다. 볼드윈은 중용과 절제의 리더십을 보이면서 당대 영국 국민의 여망을 정치적으로 수용해냈다. 지금까지 경험해보지 못한 역사상 가장 큰 피해를 입은 전쟁을 치르고 난 이후 안전하고 평안한 삶을 원하는 국민들의 요구는 당연한 것이었으며, 볼드윈은 그런 요구에 걸맞은 리더십을 보여준 것이다.

보수당 내 우파들은 상원을 강화하고 노조의 권리를 제한하기를 원했다. 그러나 볼드윈 자신이 우스터셔의 기업가 집안 출신이었고 노사분규에 대한 보수당의 뿌리 깊은 우려와 거부감에도 불구하고 볼드윈은 1925년 보수당 의원들에게 일부 강경노선의 의원들이 추진하는 반反노조 법안을 지지하지 않도록 했다. 볼드윈은 하원과 일반 국민에게 산업 평화와 타협과 공존을 호소했다. 볼드윈은 자유당을 대신해 제1야당으로 자리 잡은 노동당을 적대적으로 바라보지 않았다. 한때 자유당의 로이드 조지가 보수당에 연립정부 구성을 제안한 것은 노동당을 권력에서 배제하겠다는 의도가 포함돼 있었다. 그러나 볼드윈은 당내 많은 인사들과는 달리 노동당을 '적색'이거나 '볼셰비키Bol'shevik가 주도하는' 정당으로 간주하지 않았다. 볼드윈은 오히려 연로한 노동계급 출신 의원들에 대해 친근감을 느꼈다. 후에 노동당 수상이 된 클레멘트 애틀리Clement Atlee는 볼드윈에 대해 "그는 자기 당 사람들보다 우리 노동당 사람들, 특히 나이 든 노조 출신 의원들에게 보다 편안함을 느끼는 것 같았다"라고까지 술회하기도 했다(Lane, 1974, p. 61).

1926년 노조의 총파업은 볼드윈의 이와 같은 유연한 사고의 힘을 보여준 사건이었다. 볼드윈 정부는 광산 소유주에게 더 이상 정부가 보조금을 지급할 수 없다고 선언했다. 그러자 광산 소유주는 그 부담을 광부들에게 떠넘기며 임금은 삭감하고 노동시간은 연장하고자 했다. 노동자들은 이 조치에 대해 '한 푼도 깎을 수 없고 하루 1분도 더 일할 수 없다not a penny off the pay, not a minute on the day'고 반발했다. 1926년 5월 정부와의 협상이 결렬되자 노동조합평의회Trade Union Congress는 광부들의 투쟁을 돕기 위한 총파업을 선언했다. 볼드윈 정부는 이를 의회와 헌정 질서에 대한 도전이라고 비난했지만, 노조는 총파업이 체제에 대한 도전이 아니라 광부들이 최소한의 인간다운 삶을 유지하도록 하기 위한 투쟁이라고 맞섰다. 그러나 총파업은 9일 만에 끝이 나고 말았다. 실패로 돌아간 것이다.

사실 총파업은 오랫동안 내부적으로 부글거리던 불만이 터져 나온 것이라고 할 수 있다. 당시 영국은 실업, 산업의 쇠퇴, 사회문제 등으로 커다란 고통을 겪고 있었다. 잉글랜드 북부, 웨일스, 스코틀랜드 등 오래된 산업 지역은 철강, 조선, 탄광 등 전통적인 산업의 경쟁력이 약화되었고 환경, 주택, 공공 서비스, 공중보건의 상태도 매우 열악했다. 실업도 증가했다. 그런데 1926년의 총파업에 대해 주목할 점은 1920년대, 1930년대 유럽의 다른 국가에서는 전후의 정치적·경제적 불안정이 파시즘이나 공산주의의 부상으로 이어졌지만 영국에서는 그렇지 않았다는 점이다. 영국 노조의 총파업은 혁명적인 봉기가 아니었으며 실상은 매우 평화적인 것이었다(Morgan, 1997, p. 613). 그렇게 된 데에는 볼드윈이 노동자들에게 보수당이 반反노동자 세력이 아니라는 점을 설득할 수 있었다는 사실과도 깊은 관련이 있다. 보수당은 좌우의 양극단을 피해서 보다 중도적인 입장을 취함으로써 사회적 안정을 유지해낼 수 있었다(Lane, 1974, pp. 61-62). 우파 파시즘과 좌파 공산주의가 힘을 얻어가던 극단적 이념의 시기에 보수당은 어느 한 쪽으로 지나치게 치우치지 않으면서 영국 사회가 극단으로 경도되는 것을 막을 수 있었다. 바로 이런 이유로 인해 파시즘이 유럽 각지에서 세력을 넓혀가던 1930년대에 영국에서는 파시즘이 뿌리내리지 못했다. 질서와 안정이 보수당이 추구하자는 핵심적 가치라면 볼드윈의 보수당은 그러한 가치를 성공적으로 지켜낸 것이다.

실제로 볼드윈은 사회 개혁을 통해 노동자들의 요구가 극단적으로 치우치지 않도록 했고, '근대적인 모습의 보수주의'로서 유권자에게 일련의 신선한 정책들을 제시할 수 있도록 이끌었다. 볼드윈이 이끈 1924년부터 1929년 사이 보수당 정부는 매우 개혁적인 조치를 취했다. 대표적인 사회 개혁 가운데 하나인 1925년의 과부·고아·노령연금법the Widows, Orphans, and Old-Age Pensions Act은 국가뿐만 아니라 노동자와 고용주 모두가 부담해야 하는 강제 기여 구조였다. 또한 보수당 정부는 슬럼을 없애고 주택을 제공하는 데 역점을 두었다. 도시 외곽의 마을과 도시에는 중산계급을 위한 많은 새로운 가옥들이 들어서게 되었다. 1928년에는 동등선거법the Equal Franchise Act of 1928이 제정되었다. 이 법안은 여성의 투표 연령을 30세로부터 21세로 낮춰 남성과 동등한 권리를 갖도록 규정했다. 볼드윈의 보수당 정부는 경제 분야에서 석탄과 면직 산업의 합리화 정책, 전국적인 송전망을 구축한 중앙전력국Central Electricity Board의 창설 등을 이끌었고, 1926년에는 BBC 방송을 설립했다.

볼드윈이 적극적으로 사회 개혁을 수용하고자 했고 통치의 안정감을 주었지만 정책적인 실수도 있었고 보수당 내부의 반대 기류도 만만치 않았다. 볼드윈 보수당 정부의 커다란 경제적 실수는 1파운드당 4.86달러라는 1925년의 금 본위제로 돌아가는 결정을 내린 것이다. 이 결정은 당시 재무장관이던 처칠에 의해 이뤄졌다. 영국 파운드화의 값이 올라감에 따라 영국 금융가에는 도움을 주었지만, 영국 수출품의 가격이 높아지면서 대외적인 경쟁력이 약화되었고 이에 따라 실업자도 많이 생겨났다. 1924년부터 1929년 사이에 노동 종사 인구의 수는 늘어났지만 1929년 실업자는 100만 명에 달했다. 이 문제를 해결하기 위해서는 노동자의 임금 삭감이 요구되어야 하지만 이는 노동자들의 저항을 부를 수밖에 없는 일이었다. 1926년의 총파업은 바로 이런 상황에서 생겨난 것이었다.

1926년 총파업 이후 당내 강경 보수파의 목소리가 반영되면서 노동운동에 대한 강경 대응도 나타났다. 1927년 제정된 노동분규법 Trade Disputes and Trade Unions Act of 1927은 총파업과 동조 파업을 불법으로 규정했고 정부 공무원들이 노조에 가입하는 것을 금지했다. 노조원의 회비 납부도 자동 모금이 아니라 개인의 납부 의사를 확인하도록 강화했다. 대외 관계도 삐걱거렸다. 내무장관이었던 윌리엄 조인슨-힉스William Joynson-Hicks의 신중하지 못한 결정으로 소련 무역대표부 직원에 대한 단속으로 양국 관계가 악화되었고, 미국과는 해군력 감축 문제를 둘러싸고 외교적으로 격한 갈등을 겪었다.

네빌 체임벌린이 추진한 사회정책은 눈부신 것이었지만 보수당 지지자들을 격분시키는 결과도 낳았다. 1920년 농업 분야는 계속된 불황에 시달렸고 그런 만큼 농민들의 불만도 높았다. 농민들은 정부가 적절한 관심을 기울여주지 않는다고 정부를 비판했다. 여성의 투표 연령을 남성과 마찬가지로 21세로 낮춘 1928년의 동등선거법에 대해서는 '나이 어린 철부지 아가씨의 표flapper vote'라는 조롱 섞인 불만이 제기되었으며, 심지어 1929년 선거 패배의 한 원인으로 지적되기도 했다(Ball, 1995, p. 82). 한편 당내 강경 보수파들은 보수당이 하원에서 압도적인 의석을 차지하고도 상원의 권한을 회복하는 문제와 관세 도입에 소극적이라고 비판했다. 또한 제철 산업에 대한 세이프가드를 확대하라는 요구가 거셌는데 볼드윈을 1924년 총선의 보수당 공약과 다르다는 점을 들어 이를 거부했다.

이처럼 사회 개혁을 추진하고 사회적 안정을 지켜낸 볼드윈 정부의 업적은 1929년 총선에서 그만큼 보상 받지 못했다. 1929년 5월 총선에서 볼드윈은 1924년과 크게 다르지 않은 강령을 제시했고 선거 구호는 '볼드윈을 믿어라Trust Baldwin', '안전이 최고Safety First'였다. 사실 이 구호는 노동당의 부상에 대한 두려움을 자유당 지지자에게 강요함으로써 보수당에 대한 표로 이어지도록 하려는 전략의 일환이었다. 지난 1924년 선거의 대승은 바로 자유당 지지자들이 보수당으로 표를 옮겨 옴으로써 가능했던 일이었다.

그러나 자유당은 1929년 총선에서는 513개의 선거구에 후보자를 공천했다. 1924년에는 340명만을 공천했던 것과는 전혀 다른 규모였다. 1929년 총선은 자유당 당수로서 로이드 조지의 권력을 향한 최후의 일전이었다. 선거구 가운데 447개 곳에서 보수당–노동당–자유당 3당 간 각축전이 벌어졌다. 적극적인 공세로 자유당은 보수당의 표를 많이 빼앗아 갔다. 그러나 엄청난 노력에도 불구하고 자유당은 단지 59석을 얻는 데 그쳤고, 이후 자유당은 정치적으로 사실상 몰락했다. 보수당의 의석은 419석에서 260석으로 크게 줄어들었고, 노동당은 288석을 차지해 역사상 처음으로 제1당으로 부상했다. 그러나 노동당은 이번에도 과반 의석을 얻는 데는 실패했다. 램지 맥도널드가 이끄는 두 번째 노동당 정부가 이전처럼 소수파 정부로 다시 출범했다.

노동당의 크나큰 불운은 하필이면 월스트리트가 붕괴되고 대공황이 시작된 그해에 집권하게 되었다는 사실이었다. 사실 보수당이 1929년에 집권했다면 볼드윈 역시 유사한 곤경에 처했을 것이다. 1929년의 선거는 아이러니하게도 패배한 정당에게 오히려 도움이 되는 선거가 되었다. 공황은 영국 경제에 커다란 고통을 가져다주었다. 특히 실업이 가장 심각한 문제였다. 경제적 어려움을 극복하려는 노동당 정부의 모든 노력에도 불구하고 실업은 계속 증가했다. 처음 집권했을 때 실업률은 10퍼센트 수준으로 100만 명을 조금 상회하는 수준이었지만, 1931년 중반이 되면 실업률이 23퍼센트로 껑충 뛰고 그 수도 300만 명에 육박하게 되었다. 특히 석탄, 섬유, 조선, 철강 등 4개 산업 부분의 실업률은 19퍼센트 수준에서 45퍼센트로 크게 높아졌고 조선 산업의 실업률은 60퍼센트에 달했다. 노동당 정부에 대한 국민의 불만과 불안의 높아질 수밖에 없었다(고세훈, 1999, p. 197).

그러나 1929년에서 1931년까지는 맥도널드만큼이나 볼드윈에게도 그다지 좋지 않은 시기였다. 보수당은 1929년 총선에서 도시 공업 지역의 의석을 많이 잃어버리면서, 원내에서 잉글랜드 남부 농업 지역 출신 등 완강한 보수파diehard의 당내 영향력이 커지게 되었다. 이 때 문에 1924년부터 1929년 볼드윈 정부의 개혁적 정책에 대한 비판과 불만, 보수당 중앙사무국에 대한 적대감이 터져 나오기 시작했다. 또 한 오랫동안 보수당을 괴롭혀왔던 관세 문제도 다시 수면 위로 떠올 랐다. 보호주의 정책에 대한 압력은 1929년 언론 사주인 비버브룩 경 Lord Beaverbrook이 주도한 '제국 자유무역Empire Free Trade' 운동으로 더 욱 거세졌다. 비버브룩은 늘어나는 실업 문제에 대응하기 위해서는 대영제국 내 자유무역 정책을 채택해야 한다고 주장했고, 이를 거부 한 볼드윈을 강하게 비판했다. 비버브룩 경Lord Beaverbrook[54] 이외에 도 또 다른 보수 언론 거대 사주인 로서미어 경Lord Rothermere[55] 역시 볼드윈에 대단히 적대적이었다. 로서미어는 연합제국당United Empire Party을 창당했다. 한편 비버브룩은 1930년 2월 '제국 십자군Empire Crusade'이라는 조직을 발족하면서 이를 전국적인 정치조직으로 발전 시켰다. 연합제국당과 제국십자군은 상호 긴밀히 협조했다. 제국십자 군은 사실상의 독자적인 정당으로 활동하면서 회원을 모집했고 자금 을 모금했다. 1930년 10월에는 보수당 강세 지역구인 패딩턴 사우스 Paddington South에서 실시된 보궐선거에 후보자를 내세워 당선시키기 도 했다.

이들의 적극적인 활동은 보수당 강세 지역구의 의원들과 당 조직 에 커다란 위협이 되었다. 이들의 주장에 보수당의 핵심 지지자들이 동조하고 있었기 때문이었다. 당연히 볼드윈에게도 대단히 큰 위협이 되었다. 그러나 볼드윈은 대영제국 내 자유무역이 가능한 것인지에 대해 적지 않은 의구심을 갖고 있었다. 선거 전략과 관련해서 볼 때 도 볼드윈은 권력을 되찾아오기 위해서는 보수당의 전통적 지지 기반인 남부보다 공업지대를 포함하는 미들란즈Midlands와 북부 지역의 지지를 확보하는 것이 더욱 중요하다고 생각하고 있었다. 불안정한 의회 의석 분포를 고려할 때 언제라도 의회가 해산되고 총선이 실시될 수 있었다. 이런 상황에서 식료품 값의 상승을 의미할 수 있는 대영제국 내 자유무역은 노동당과 자유당의 손쉬운 비판거리가 될 수밖에 없는 일이었다. 노동당이나 자유당이 강세를 보이는 지역에서 관세 개혁은 대단히 인기 없는 정책이었다.

볼드윈에 대한 당내 공세는 계속되었고 당내 중진인 예비 내각의 각료들은 그의 사임을 설득하려고 했다. 특히 1931년 3월 보수당의 철옹성이었던 웨스트민스터 세인트조지Westminster St, George's에서의 보궐선거를 앞두고 볼드윈과 비판자들 간의 감정적 대결은 더욱 격해졌다. 볼드윈은 리버브룩이나 로서미어 등 언론 귀족들을 향해 '영향력은 행사하면서도 책임은 지지 않는 권력power without responsibility'이라고 노골적으로 비판했다. 비버브룩의 제국 십자군은 이 보궐선거에도 독자적인 후보를 공천했는데, 이 때문에 보수당 주요 인사들은 내키지 않더라도 보수당의 의석 유지를 위해 볼드윈을 중심으로 뭉쳐야 했다. 그 이전인 2월에 실시된 이스트 이슬링턴East Islington 보궐선거에서는 보수당과 제국 십자군이 보수적인 유권자의 표를 나누어 갖게 됨에 따라 결국 노동당 후보가 당선된 바 있었다. 이 때문에 보수당 지지자들은 당의 분열을 매우 우려했다. 선거 결과 세인트조지 보궐선거에서 보수당 공천을 받은 더프 쿠퍼Duff Cooper가 제국 십자군 후보를 손쉽게 누르고 당선되면서 볼드윈은 정치적 곤경에서 다소 벗어날 수 있게 되었다. 세인트조지에서의 보궐선거에서의 패배를 고비로 제국 십자군 운동은 하향세로 돌아섰고 얼마 지나지 않아 정치 세력으로서의 수명을 다하게 되었다.

대영제국 내 관세 개혁 문제뿐만 아니라 볼드윈은 인도 독립 문제 Indian Home Rule로도 당내에서 비판을 받았다. 볼드윈은 인도에 점진적으로 자치 정부를 허용하는 방안을 지지했으나 이는 처칠과 같은 우파 의원들로부터 거센 공격을 받았다. 만일 보수당 내 우파들이 모두 단합해 그의 리더십에 도전했다면 볼드윈은 아마도 살아남지 못했을 것이다. 그러나 다행히도 당내 우파들은 분열돼 있었고 처칠은 고립돼 있었다.

당내 위기를 극복한 이후 볼드윈의 리더십은 재확립되었고 위기 극복 과정에서 큰 역할을 한 네빌 체임벌린의 위상도 높아졌다. 자유당은 존 사이먼 경Sir John Simon이 이끄는 일부 세력이 당에서 이탈하는 등 분열이 계속되었고, 1931년 4월부터 6월 사이에 실시된 보궐선거에서는 보수당의 지지가 큰 폭으로 상승하고 있다는 사실이 확인되었다. 총선이 실시된다면 보수당이 1924년 총선 때처럼 다시 압승을 할 것이라는 기대감도 점차 커져갔다.

이런 와중에 1931년 8월 24일 재정 위기를 두고 노동당 내각은 분열했다. 세계 금융 중심지의 역할을 자부했던 영국 은행들은 미국과 유럽의 여러 은행들로부터 자금을 빌려 와 이를 다른 이들에게 대부해왔다. 그런데 1931년 오스트리아의 한 유력은행the Viennese Credit-Anstalt이 부도를 내면서 수백만 명의 사람들이 피해를 입게 되었다. 여기서 촉발된 신용 불안은 미국, 오스트리아, 프랑스, 독일 등으로 급속히 확산되어 갔고 이는 영국 경제에도 심각한 악영향을 미쳤다.

이런 상황에서 노동당 정부는 메이 위원회May Committee에 정부 재정 지출 현황에 대해 조사하도록 위촉했다. 메이 위원회는 정부의 재정 지출 규모가 너무 커서 경제에 부정적 영향을 미치고 있다고 지적했다. 그리고 내년에 1억 2,000만 파운드 규모의 재정적자가 예상되므로 9,700만 파운드를 공공 지출을 삭감하도록 요구하는 보고서를 제출했다. 미국 등 외국 금융권에서도 「메이 보고서」와 유사한 요구를 했다. 이에 따라 노동당 정부는 금융권의 신용 불안을 해소하기 위해 정부는 지출을 줄이는 균형예산을 추진해야만 했지만, 이는 실업 지원 대책이나 사회 보조 정책에 대한 지출 규모를 대폭 줄여야 한다는 것을 의미했다. 노조의 반발이 거세리라는 것은 불을 보듯 뻔한 일이었다. 노동당 정부는 노동운동과 노동세력의 분열을 피하기 위해 사임을 결정했다(고세훈, 1999, p. 200). 2년 만에 2차 노동당 내각은 붕괴되었다.

맥도널드의 거국 정부와
보수당

노동당 내각 사임 이후의 정국은 보수당으로서는 예기치 못한 새로운 방향으로 전개되어 갔다. 내각 사임 이후 맥도널드가 취할 수 있는 결정이라면 의회를 해산하고 새로이 총선을 치르거나, 혹은 자신은 물러나고 노동당 내 다른 인사가 수상을 맡아 내각을 이끌도록 하거나, 혹은 보수당과 연립정부를 수립하는 일이었다. 그러나 버킹엄 궁을 다녀온 후 맥도널드는 노동당 내각 각료들에게 국왕 조지 5세가 자신에게 심각한 재정 위기 상황을 해소하기 위한 거국 정부 National Government 구성을 요청했고 자신은 이를 수락했다고 밝혔다. 노동당 내의 충격과 반발은 대단히 컸다. 노동당 의원들 중 대다수는 맥도널드와 스노든Philip Snowden의 참여 결정을 당에 대한 배신으로 간주했고 거국 정부에 참여하기를 거부했다. 그러나 보수당 지도부는 1931년 8월 24일 허버트 사무엘Sir Herbert Samuel이 이끄는 자유당의 대다수 의원들과 맥도널드를 포함하는 소수의 노동당 각료들과 함께 거국 정부를 구성하기로 했다. 노동당에서는 수상 맥도널드 이외에도 스노든, 샌키John Sankey, 토마스J. H. Thomas 등이 내각에 참여했다. 자유당은 존 사이먼Sir John Simon, 허버트 사무엘 등이 거국 내각에 참여했다. 의석수에서는 보수당이 압도적인 다수를 차지하는 연립정부였지만 핵심 요직 부서는 노동당과 자유당 의원들이 차지했다. 보수당 당수 볼드윈은 추밀원 의장Lord President of the Council을 맡았다.

거국 정부는 비상 시국에 대한 일시적이고 제한적인 성격을 갖는 조치라는 점을 보수당은 분명히 했다. 이러한 국민 정부의 결성에는 사실 국왕 조지 5세의 역할이 컸다. 8월 24일 버킹엄 궁전에서 열린 회의에서 조지 5세는 국가를 위해서는 모든 정당이 함께 참여해야 하며 맥도널드가 계속해서 수상직을 맡도록 하고 볼드윈이 그 아래서 봉사해야 한다고 결정적인 압력을 넣었다(Ball, 1995, p. 87). 총선에서의 대규모 승리가 예상되는 상황이었지만 보수당은 당보다 국가가 우선이라고 하며 이를 받아들여야 하는 입장이 되었다. 그러나 또 한편으로는 네빌 체임벌린이 주장한 대로 보수당이 거국 정부를 지지하는 것은 노동당의 분열을 확고하고 지속적으로 만들 수 있는 것이기도 했다.

금융 위기가 닥치면서 경제를 회복시키고 예산의 균형을 찾는 일은 보수당이 정책의 최우선 과제로 두고자 했던 것이었다. '동등한 희생equality of sacrifice'을 주장하면서 보수당은 직접세의 증가를 줄이고 사회보장 혜택의 대상과 규모도 감축하고자 했다. 이는 경제에 대한 신뢰를 높이고 파운드화의 붕괴를 막기 위해 필요한 조치일 수 있지만,

정치적으로는 상당한 부담을 감수해야 하는 일이었다. 보수당은 이러한 정책에 대한 책임을 최대한 폭넓게 분산시키고자 했다. 보수당은 거국 정부 내 노동당 각료들이 포함된 사실이 이러한 문제점을 다소나마 해소해줄 것으로 보았다. 그러나 이런 조치에도 불구하고 위기는 더욱 고조되었고 결국 영국은 금 본위제를 포기해야 했다.

이 때문에 경제 운영에 대한 내각의 신뢰가 추락했고 선거를 통해 국민의 재신임을 묻는 일이 필요하게 되었다. 그런데 보수당 입장에서는 자유무역을 주장하는 사무엘의 자유당 세력이 탐탁지 않았지만 노동당 맥도널드는 필요했고 무엇보다 국가적 단결을 보수당이 깼다는 책임을 지고 싶지 않았다. 그 결과 1931년 총선에서 거국 정부는 구체적인 정책 제시보다 '의사에 대한 위임doctor's mandate'이라는 애매하고 구체성 없는 공약을 내걸었다. 현재 영국은 위기 상황이므로 무엇을 하겠다는 구체적인 약속보다 재정 위기를 해결하는 데 필요하다고 인정되는 것이라면 어떤 조치라도 취할 수 있도록 허용해달라는 의미였다. 마치 수술을 집도해야 하는 의사가 무엇을 어떻게 하겠노라고 미리 구체적으로 이야기하는 것이 아니라 자신의 책임 하에 환자를 모든 방법을 다 동원해서 살리려고 하는 것처럼 거국 정부도 그렇게 하겠다는 것이다. 그러나 이러한 표현 뒤에는 자유무역을 주장하는 자유당과 보호주의 정책을 중시하는 보수당 간의 입장 차이를 애매하게 하기 위한 의도가 있었었다. '의사에 대한 위임'이라는 공약은 거국 정부 내부 구성원들 간의 정책적 입장에 상당한 차이가 있음을 스스로 드러내 보인 것이었다.

1931년 10월 총선이 실시되었다. 이 선거에서 거국 정부에 참여하지 않은 '독립' 노동당'independent' Labour은 52석을 차지한 반면, 거국 정부를 지지하는 맥도널드의 노동당National Labour은 겨우 13석을 얻었다. 보수당은 무려 473석을 차지했다. 이 숫자는 1900년 이후 보수당이 총선에서 얻은 가장 많은 수의 의석이었다. 자유당은 68석을 얻어 거국 정부의 의석수는 554석이 되었다. 거국 정부에 참여하지 않은 의원의 수는 '독립' 노동당 52석, '독립' 자유당 4석, 그리고 기타 5석으로 다 합쳐도 61석에 불과했다.

보수당은 1931년 총선 이후 보호주의 법안인 수입관세법the Import Duties Act을 1932년 2월 통과시켰다. 이 법은 대영제국과 자치령 국가를 제외하고 영국에 수출하는 국가의 상품에 10퍼센트의 관세를 물리기로 한 것이었다.[56] 식품과 원자재에는 관세를 유예했다. 이 법안은 찬성 454 대 반대 78표로 통과되었는데, 노동당과 32명의 자유당 의원들이 반대표를 던졌다. 경제적 위기를 돌파하기 위해 보호주의 정책으로 기울게 된 것이었다. 수입관세법은 조지프 체임벌린이 대영제국 중심의 보호주의 정책인 관세 개혁을 주창한 이후 거의 30년이 지나서 마침내 의회를 통과한 것이었다. 그런데 이 법안을 담당한 주무 장관은 다름 아닌 그의 아들 네빌 체임벌린이었다. 법안이 통과된 직후 재무장관 네빌 체임벌린은 조지프 체임벌린의 미망인과 그의 이복형제인 오스틴 체임벌린이 지켜보는 가운데 감격의 연설을 행하기도 했다.

그러나 관세 개혁 법안의 통과는 자유무역 정책을 주장해온 노동당 스노든과 허버트 사무엘을 따르는 자유당 의원들의 분노를 샀고 이들은 1932년 9월 내각에서 사임했다. 이런 반발에도 불구하고 맥도널드는 여전히 수상직에 머물렀고 이들의 빈자리는 사이먼 계파 자유당 의원들로 채워졌다. 수입관세법 통과를 둘러싼 논란은 거국 정부라는 명칭에 심각한 해를 끼치지 않고도, 자유무역 주창자들의 이탈을 통해, 이전에 비해 내각의 결속력을 오히려 높이는 결과를 낳았다.

1931년부터 1935년까지 계속된 거국 정부는 사실 명칭만 제외하면 보수당이 주도하는 정부였다.[57] 거국 정부는 수상 램지 맥도널드, 추밀원 의장 볼드윈, 재무장관 네빌 체임벌린 등 3인 체제였다. 그런데 거국 정부를 바라보는 볼드윈과 체임벌린의 생각은 다소 달랐다. 체임벌린은 거국 정부를 노동당을 계속해서 분열시키는 가장 효과적인 방안으로 바라보고 있었다. 그러나 볼드윈은 자유당 사무엘이 주도하는 연정이 자유당을 분열시키고 로이드 조지를 밀어낼 수 있을 뿐만 아니라, 1929년과 1931년 사이 자신을 괴롭혔던 보수당 내 우파들을 잠재울 수 있다는 점에서 만족했다. 볼드윈은 또한 거국 정부에 대한 국민의 높은 지지는 1924년부터 1929년 사이에 자신이 추진해 온 개혁 정책의 지속에 대한 요구를 담고 있다고 보았다. 따라서 볼드윈은 거국 정부의 유지가 자신이 중시하는 온건한 보수주의에 대한 기반을 공고하게 만드는 바람직한 수단으로 바라보았다.

그러나 정책 내용으로 볼 때 1931년 총선 이후 거국 내각에서 추진된 정책이 보수당의 색깔로 보기에 어려운 것들이 적지 않았다. 이 때문에 1931년에 발생한 재정 위기가 아니었다면 보수당의 당원들이나 의원들의 반발이 만만치 않았을지도 모른다. 사실 1932년부터 1935년까지 이뤄진 거국 내각이 이뤄낸 국민통합은 매우 중요한 의미를 갖고 있었다. 당시 정국 상황은 좌파 쪽에는 공산당이 존재해 있었고 우파 쪽에는 모슬리Oswald Mosley가 만든 영국파시스트연맹British Union of Fascists과 같은 극단적인 정치집단이 각각 자본주의 타도나 혁명, 혹은 파시즘이나 독재 체제의 도래를 주창하고 있었기 때문이었다. 이런 점을 고려할 때 맥도널드를 비롯해 여타 비非보수당 각료들은 보수당으로서도 충분히 받아들일 만한 온건하고 합리적인 인물들이었다. 또한 실업 등 경제적 어려움을 겪고 있던 영국 사회의 현실을 고려할 때 보수당으로서도 상당한 정도의 국가 개입이 불가피한 상황임을 인정할 수밖에 없었다.

이에 대한 보수당의 정책적 대응은 특히 네빌 체임벌린이 적극적으로 주도했다. 그의 주도 하에 다양한 영역에서 사회보장 지원 정책이 추진되었다. 1928년에는 국민건강보험법National Health Insurance Act이 제정되었는데 1,650만 명 정도의 노동자들이 추가로 건강보험의 혜택을 받게 되었고, 영아복지센터Infant Welfare Centre나 국가가 지원하는 산파의 수도 크게 늘렸고 산전 검진도 확대했다. 이에 따라 실제로 영아 사망률은 1906년 1,000명당 132명에서 1924년에는 75명, 1928년에는 65명으로 줄어들게 되었다. 1930년대 후반에는 연금, 교육, 도로 건설, 형사 제도 개혁 방안, 유급휴가의 확대 조치 등이 이뤄졌다. 이처럼 거국 정부 이전 보수당 정부 하에서도 영국의 복지 체제는 꾸준히 발전해가고 있었다. 대외적으로는 군비 감축을 지지하는 여론에 따라 국제연맹을 통한 집단안보를 추구했지만 1933년 이후 국제 정치적 상황은 악화되고 있었다.

그런데 1931년과 1935년 거국 정부 시기 보수당 내부의 심각한 반발을 불러일으킨 것은 다름 아닌 인도 정책이었다. 1920년대 초부터 인도에서는 영국으로부터의 독립에 대한 열망이 커져가고 있었다. 특히 1930년 초 간디Mahatma Gandhi는 영국이 1882년 부과한 소금세 Salt Act 1882에 대한 인도인의 뿌리 깊은 불만을 평화적인 불복종 운동

Satyagraha을 통해 결집하면서 영국에 대한 인도인들의 저항을 전국적으로 확산시키고 있었다. 영국은 인도에서 주민들이 소금을 생산하고 판매하는 것을 금지시켰고 무거운 세금을 물려 영국인이 생산한 것만 소비하도록 강요하고 있었다. 간디는 이에 대해 시민 불복종 운동을 벌였다. 이에 당황한 영국은 간디를 구금시켰으나 저항은 오히려 더욱 커져갔고. 저항 과정에서 수많은 사상자가 생겨나면서 국제적인 여론의 주목을 받게 되었다. 영국으로서는 인도의 독립을 포함한 근본적인 정책의 변화를 강구하지 않으면 안 되는 상황이 되었다. 그러나 인도 정책은 대영제국 정책의 핵심적인 것이어서 애국적 제국주의를 자청하고 있는 보수당으로서는 인도 독립 문제를 쉽사리 수용하기 어려운 입장이었다.

볼드윈은 인도 문제가 과거 아일랜드 독립을 둘러싸고 자유당에 그랬던 것처럼 보수당의 분열과 갈등을 일으킬 수 있다는 점을 우려했다. 또한 그는 현실적으로도 영국이 인도에 자치권을 부여하는 것이 그 이후에도 계속적인 영향력을 유지하는 데 도움을 줄 것으로 보았다. 실제로 인도에서 총독Viceroy이나 주 정부 책임자Provincial Governors를 역임하고 돌아온 현장 경험을 갖고 있는 대다수 의원들은 인도에 대한 정책 변화의 필요성에 공감하고 있었다. 호주를 비롯한 백인 거주 식민지white colonies처럼 자치국가로 만들어야 한다는 견해는 이미 많은 연구서와 보고서를 통해 제시된 것이었다. 볼드윈은 1929년 10월의 어윈 선언the Irwin declaration도 승인했는데, 당시 인도 총독이었던 어윈은 향후 인도를 영연방 내 자치국가로 허용할 것을 선언했다. 인도에 대한 볼드윈의 유연한 입장은 노동당으로서도 받아들일 만한 것이었다.

그럼에도 인도에 대한 이러한 볼드윈의 태도는 당내의 완고한 보수파diehards들로부터 격렬한 반발을 불렀다. 윈스턴 처칠, 월머 경Lord Wolmer, 헨리 페이지-크로프트Sir Henry Page-Croft 등이 반대 토론을 주도했다. 인도 독립에 반대하는 의원들은 인도수호연맹India Defence League이라는 단체를 결성해서 반대 활동을 벌였다. 반대로 정부 정책에 찬성하는 의원들은 영국-인도 연합Union of Britain and India이라는 단체를 결성해서 이에 맞섰다. 1933년 2월 중앙위원회Central Council는 181 대 165라는 근소한 차이로 인도 자치에 대한 당의 공식 정책을 승인했고, 1934년 10월의 연례 전당대회에서도 543 대 520로 승인되기는 했지만 그 표 차이는 매우 작았다. 이 전당대회에서의 표결에 기권한 당원, 대의원은 무려 700명이나 되었다. 이 때문에 볼드윈은 하원에 법안을 제출하기 전에 다시 당의 승인을 요청하겠다고 밝혔고, 1934년 12월 중앙위원회 특별회의에서의 표결에서 찬성 1,102 대 반대 390로 마침내 확실한 승인을 받을 수 있었다.

어렵게라도 당내 지지를 얻을 수 있었던 것은 볼드윈이 인도의 완전한 독립을 의도한 것은 아니었기 때문이다. 당시 영국은 외교권과 국방권, 그리고 여타 몇몇 정책의 권한을 그대로 유지하고 싶어 했다(Lloyd, 1986, pp. 178-179). 1935년 통과된 인도 정부법the Government of India Act of 1935은 직접선거를 통한 주 의회 설립 등 자치권을 크게 강화한 것이었지만 질서 유지권 등 실질적으로 중요한 권한은 여전히 영국에 남겨져 있었다. 노동당은 이러한 법적 내용이 인도 독립이나 자치에 불충분한 것이라고 반발했지만, 인도 정부법에 도입된 이러한 '안전safeguard' 조치는 인도 문제에 반대해온 보수당 내 많은 완고한 보수파들을 안심시켰다. 이 방안은 자유당 의원들로부터도 지지를 받았다.

　그러나 처칠은 1933년 백서 발간, 1935년 인도 정부법 표결 등 인도 문제가 제기될 때 강력하게 반발했다. 당시 처칠은 거국 정부에 참여하지 못하고 있었다. 그는 인도에 자치권을 부여하면 영국에 실업이 늘어나며 인도에서는 내전이 벌어질 것이라고 주장했다. 인도 자치 문제에 대해 지나칠 정도로 강한 저항으로 인해 처칠은 노동당뿐만 아니라 보수당 내 대다수 의원들로부터 위험스러운 반동가 dangerous reactionary(Lloyd, 1986, p. 179)로 간주되었다.

　이 무렵 당내에서 처칠에 대한 신뢰감을 잃게 만든 두 가지 결정적인 일이 있었다. 우선, 앞서 언급한 1931년 3월 웨스트민스터 세인트조지에서의 보궐선거에서 처칠은 보수당 후보가 아니라 볼드윈에 대항하던 언론 사주 리버브룩이 지지한 다른 후보를 지원한 바 있었다. 선거 결과는 보수당 후보 쿠퍼가 당선되었다. 또 다른 경우는, 1934년 당시 인도성 장관이던 사무엘 호어Sir Samuel Hoare와 더비 경이 인도 정부법을 다루던 상하 양원위원회에 제시한 증거를 바꾸도록 맨체스터 상공회의소에 압력을 가했다고 처칠이 주장한 일이었다. 내각 각료가 의회를 속였다는 매우 심각한 이 주장을 처칠은 제대로 입증하지 못했고 그의 신뢰는 회복하기 어려운 지경에까지 몰렸다. 이후 그는 정치적으로 사실상 소외되었다. 그가 1935년 이후 유럽 대륙에서 위기가 고조되었을 때 외교 문제나 국방 문제에 대해 비판을 제기했지만 아무도 그의 말에 귀조차 기울이려고 하지 않았다.

　그런데 인도 자치 문제는, 아일랜드 문제로 인한 1921~1922년이나 1930~1931년의 위기처럼, 보수당에 위협적인 사건이 되지 않았는데 그 이유는 비교적 소수의 의원들만이 여기에 강하게 반대했기 때문이다. 특히 하원보다 상원에 반대파 의원들이 많았는데 이들의 입장은 불분명했고 효율적으로 비판을 제기하지도 못했다. 이 때문에 인도 자치 문제를 둘러싼 보수당 내의 분란이 내각의 안정을 해치지 않았다.

1935년 5월 국왕 조지 5세의 즉위 25주년 기념행사가 지난 뒤 얼마 지나지 않아 수상 맥도널드는 건강이 악화되면서 물러나고 그해 6월 볼드윈이 수상직을 이어받았다. 이로써 볼드윈은 세 번째 수상직을 맡게 되었다. 체임벌린은 재무장관직을 그대로 유지했고 호어는 외무장관직을 맡았다. 1934년과 1935년 사이에 많은 보수당 의원들은 계속되는 경제적 어려움으로 인해 다가올 선거에서 보수당이 패배하지 않을까 우려하고 있었다. 1935년 2월 웨이버트리의 보궐선거Wavertree by-election에서 윈스턴 처칠의 아들 랜돌프 처칠Randolph Churchill[58]이 출마했지만 노동당 후보에게 패배했다. 노동당은 이 선거구에서 사상 처음으로 의석을 차지했다. 이러한 위기감 속에서 보수당 내 일각에서는 반노동당 연대를 위해 로이드 조지를 다시 내각에 불러들이자는 견해까지 제기되었지만 특히 네빌 체임벌린은 이러한 제안을 거부했다.

1935년 11월 총선이 실시되었다. 거국 정부는 이 선거에서 다시 큰 승리를 거둘 수 있었는데, 중요한 한 가지 이유는 당시 노동당이 외교 및 국방 정책을 둘러싸고 내분을 겪고 있었기 때문이었다. 그러나 또 한편으로는 실업이 줄고 경기 회복에 대한 기대감이 커지고 있는 상황이라는 점도 중요하게 작용했다. 1935년 총선을 앞두고 여름부터 실업자의 수가 줄어들고 경기가 다소 나아지기 시작했다.

거국 정부는 전체 유권자의 53.7퍼센트를 득표했고 거국 정부에 참여한 자유당 의원들을 포함해 전체 615석 가운데 432석을 차지했다. 노동당은 154석을 얻어 1931년보다 의석을 늘릴 수 있었는데 지지세의 회복뿐만 아니라 보수−자유−노동당의 3자 경쟁이 노동당의 의석 획득에 도움을 준 것이었다. 그런데 1935년 총선에서 주목할 점은 자유당의 완전한 정치적 몰락이었다. 1931년 68석이었던 자유당의 의석은 1935년 선거에서는 20석으로 크게 줄어들었다. 득표율은 6.4퍼센트, 한 자리 숫자로까지 떨어졌다. 이후 1992년 총선 때까지 자유당은 20석조차 얻지 못했다.

사실 1922년 노동당의 부상 이후 보수당의 전략은 자유당을 약화시켜 계급정당인 노동당과의 양당 제도를 구상하고 있었다. 보수당이 보기에 노동당은 자유당보다 지지 기반이 편협하고 약한 경쟁자로 생각하고 있었기 때문이다. 1920년대에는 이런 목적을 실현할 수 없었지만 거국 정부 기간을 거치면서 정당 재편의 기회를 갖게 되었다.

총선에서는 실업 등 국내 이슈도 중요하게 작용했지만, 선거 이후의 핵심 사안은 국내 문제가 아니라 국제정치적인 이슈였다. 1930년대는 파시즘의 부상으로 인한 국제 정세의 불안정과 그에 따른 국내 정치의 동요가 심각했던 시기였다. 1922년 등장한 이탈리아의 무솔리니 체제는 1933년 독일 나치의 등장에 영향을 미쳤고 일본은 군국주의로 나아갔다. 스페인에서는 1936년부터 처절한 내전이 진행되었다. 영국에서 오스왈드 모슬리Oswald Mosley가 이끄는 극우정당인 영국 파시스트연맹British Union of Fascists이 등장한 것도 바로 이 무렵이었다. 모슬리의 극우주의는 상당히 심각한 사회적 불안을 야기했다. 1936년 런던에서는 모슬리의 파시스트연맹 지지자들과 이에 반대하는 유대인, 사회주의자, 공산주의자들 간에 충돌이 빚어진 케이블

스트리트 폭동the Cable Street riot이 발생하기도 했다. 1930년대에는 공산주의자들보다 극우파들이 더욱 심각한 위협이었다. 그러나 또 한편으로 젊은 지성인이나 일부 노조 운동가들은 극좌적인 마르크스주의로 경도되어 갔다.

국제 정세가 극히 불안정하게 전개되었지만 국내 정치적으로 영국의 군사적 재무장 정책은 그다지 인기 있는 것이 아니었다. 예를 들면 1933년 10월 이스트 풀럼East Fullham의 보궐선거에서 보수당은 '평화' 이슈를 들고 나온 노동당 후보에게 패배했다. 영국의 군사적 재무장 정책은 여전히 국내 정치적으로 쉽게 수용되기 어려운 것이었다.

1935년 총선 불과 몇 주 후 무솔리니는 에티오피아를 침공했다.[59] 이들 두 나라는 모두 국제연맹의 회원국이었고 따라서 상호 침공은 금지돼 있었다. 그 이전인 1934년에 이미 이탈리아의 영향 하에 있던 소말리아와 에티오피아 간 월월Walwal에서의 국경 분쟁이 발생했다. 에티오피아가 이에 대한 중재를 국제연맹에 요구했지만 그 요구는 받아들여지지 않았다. 오히려 프랑스와 영국은 각각 이탈리아의 침략 행위를 비난하기보다 사실상 묵인했는데, 그 대가로 이탈리아가 독일을 견제하기를 바랐다. 특히 영국의 외무장관 호어와 프랑스의 외무장관 라발Pierre Laval은 1935년 12월 이탈리아의 에티오피아 장악을 인정하는 호어-라발 조약Hoare-Laval Pact을 비밀리에 맺었다. 이 비밀 협약이 언론에 새어나가면서 이에 대한 반대 여론이 양국에서 들끓으면서 호어와 라발 모두 사임해야 했다. 이로 인해 볼드윈도 권위에 상처를 입었다. 사임한 외무장관 호어의 후임자는 젊고 인기 있었던 이든이었다.

이 무렵 영국 왕실을 둘러싼 위기가 발생했다. 국왕 조지 5세가

1936년 초 서거했다. 후계자인 에드워드 8세Edward VIII가 후임 국왕이 되었다. 그런데 에드워드 8세는 미국인이며 이혼 경험이 있는 심슨Wallis Simpson과의 결혼을 고집했다. 그러나 볼드윈은 이 결혼에 반대했다. 영국 국왕은 국가의 최고 지도자이며 동시에 오랜 전통을 갖는 영국 국교회의 수장이며 동시에 대영제국의 지도자였다. 따라서 미국인이

▶ 에드워드 8세의 왕위 포기에 대한 신문 보도

며 이혼녀인 그녀가 왕비가 되는 데 대해 영국인들 사이에 상당한 거부감이 있을 수밖에 없었다. 볼드윈이 이 결혼에 반대하면서 이 사안은 정치적인 의미를 갖게 되었다. 에드워드 8세가 그 결혼을 고집한다면 이에 반대한 볼드윈은 사임할 수밖에 없고 이는 또 다른 총선으로 이어지게 될 것이었다. 그렇게 된다면 왕실의 문제가 총선을 통해 정치적으로 해결되는 것이다. 이는 영국의 전통에 맞지 않는 일이었다. 관행적으로 왕실의 일은 현실 정치와는 거리를 두어야 했다. 에드워드 8세로서는 심슨과의 결혼을 포기하거나 왕위를 포기해야 하는 상황이 되었다. 에드워드 8세는 결국 결혼을 선택하고 왕위를 포기했다. 그의 동생인 알버트 왕자Prince Albert가 1936년 12월 조지 6세로 국왕에 올랐다. 그리고 조지 6세의 딸 엘리자베스가 후임 왕위 계승자가 되었다. 에드워드 8세의 결혼 문제로 비롯된 영국 왕실의 위기

는 이렇게 해서 일단락되었다.

볼드윈은 1868년 솔즈베리 이래 보수당에서 건강 등의 문제와 무관하게 자신이 선택한 시점에 자신의 뜻에 의해 물러난 첫 수상이었다. 신경쇠약으로 고통을 받던 볼드윈은 여전히 높은 인기를 누리는 가운데 조지 6세의 즉위 직후 사임하기로 결심했다. 그가 물러난 이후 당수직은 논란의 여지 없이 네빌 체임벌린에게 1937년 5월 승계되었다.

볼드윈이 이끈 보수당은 선거권의 대규모 확대, 노동당의 부상, 그리고 사회주의에 대한 유권자의 관심 등 시대적 변화에 비교적 잘 대응했다. 볼드윈 정부에서 시도된 개혁은 디즈레일리 정부 이래 보수당이 추진한 가장 진취적인 정책들이었다. 1934년의 낙후지역법 Depressed Areas Act of 1934[60]은 기업들로 하여금 실업률이 높은 지역으로 이전하도록 장려함으로써 지역적 실업 문제를 해결하고자 했다. 또한 대중들의 교통 이용 체계를 합리화하기 위해 1933년 처음으로 런던 전 지역의 교통을 총괄하는 런던교통국London Passenger Transport Board을 설립했다. 1936년 교육법the Education Act of 1936은 의무교육을 15세로 높였고, 슬럼 청산과 주택 건설 사업을 대공황 이후 대규모로 추진했다. 농업과 공업을 지원하기 위한 보조금도 도입했다. 이 때문에 노동당의 부상과 자유당에 대한 계속된 관심에도 불구하고 노동계급 유권자의 대다수도 이 시기에 보수당에 투표했다. 볼드윈의 업적은 중산층, 상층 유권자를 소외시키지 않으면서도 보수당을 사회 개혁 문제에 소홀하지 않는 정당으로 만듦으로써 노동계급 유권자를 끌어들일 수 있었다.

볼드윈의 개인적인 리더십 스타일 역시 유권자에게 안도감을 주었

다. 그는 그 무렵 널리 보급되기 시
작한 단편 뉴스영화newsreel와 라디
오를 훌륭하게 활용했다. 이 때문
에 그는 많은 유권자들이 얼굴을
기억하는 최초의 정당 지도자가 되
었다. 볼드윈이 담배 파이프를 물고
있는 모습은 그의 트레이드마크가
되었다. 대공황 이후인 1930년대는
소비 붐이 일어났는데 이로 인해 자

▶ 자신의 트레이드마크가 된 파이프담배
를 물고 있는 볼드윈 수상

동차, 전화기, 라디오 등 소비재가 소수의 부유층을 넘어 폭넓게 일
반화되기 시작했다. 어떤 면에서 본다면 볼드윈의 보수당은 번성의
시기에 권력을 차지하는 행운을 맞이했던 것이다.

1923년부터 1937년까지 14년 동안 보수당 지도자로서 볼드윈은 많
은 이슈에 대해 요란하지 않으면서도 실용적으로 문제를 풀어나갔
다. 사실 많은 심각한 이슈들이 그의 재임 중 부상했다. 인도 자치 문
제, 자유무역, 대영제국의 재편 문제, 재무장 등 그 어느 하나 풀기
쉽지 않은 여러 가지 심각한 이슈를 두고 좌파와 우파로 내부적으로
분열된 보수당을 훌륭하게 결집시켰다. 성공적인 보수당 지도자로서
볼드윈의 역량은 그가 급변하는 시대의 요구를 읽어낼 수 있었고, 거
기에 알맞게 보수당을 변화시킬 수 있는 지도력을 보여주었다는 데서
찾을 수 있다.

10

체임벌린과
'명예로운 평화'

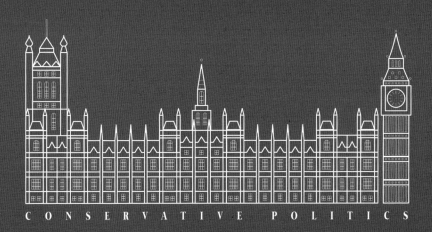

볼드윈의 뒤를 이어 보수당을 이끌게 된 체임벌린은 유능한 관리자였고 성공적인 보건성 장관이었다. 그가 보건성 장관으로 재임하던 시기에 25개나 되는 사회 개혁 법안을 제안했고 그 가운데 21개를 실제로 입법화시켰다. 당 의장Party Chairman과 당 부설 조사국 의장 Chairman of Research Department의 직책도 역임했다. 그는 이처럼 성공적으로 자신의 정치적 경력을 쌓아왔지만, 수상으로서의 체임벌린은 결국 '잘못된 시기의 잘못된 인물the wrong man for the wrong time'(Norton, 1996, p. 42)로 판명이 나고 말았다.

국내 문제에서 체임벌린은 이전 볼드윈 정부가 추진해오던 것으로부터 정책적 변화를 주지 않았다. 외교정책에서 체임벌린은 대결보다 타협을 통한 해결을 선호했다. 체임벌린의 온건한 유화정책 appeasement policy은 사실 오랫동안 국민들 사이에 무척 인기 있는 정책이었다. 누구도 이전에 겪었던 무시무시했던 전쟁의 공포를 반복하고 싶지 않았고 가스 공격이나 공중 폭탄 투하의 두려움에서도 벗어나고 싶었다. 1939년 독일이 과거 독일제국의 영토를 넘어서 체코슬로바키아의 프라하를 점령하기 전까지는 베르사유 조약의 지나친 부분을 바로잡겠다는 독일의 주장은 나름대로 타당해 보였다. 보수당 의원들도 체임벌린과 그가 추진하는 정책에 반대해야 할 특별한 이유를 찾지 못했고, 따라서 그의 노선을 지지했다. 1938년 9월 체코 위기 와중에는 실제로 다시 대규모 전쟁이 발발할지도 모른다는 위기감이 고조돼 있었다. 그때 체임벌린이 독일을 방문했고 뮌헨 협상에서 히틀러와 타협을 이뤄냈다. 뮌헨 조약은 히틀러가 독일인이 다수 거주하고 있다는 이유로 체코슬로바키아의 주데텐란트Sudetenland의 합병을 요구했을 때 영국은 프랑스와 함께 이를 용인한 것이다. 뮌헨 조약이 체결되었을 때 영국 국민들은 큰 안도감을 느꼈고 그의 인기는 최고조에 달했다. 귀국길에 체임벌린은 자신이 '명예로운 평화peace with honour', '우리 시대의 평화peace for our time'를 얻어냈다고 선언

▶ 체임벌린과 히틀러: 1939년 9월 뮌헨 회담

했다(Ball, 1995, p. 94). 체임벌린은 당내 모든 계파로부터 지지를 받았고, 국민들의 커다란 성원을 받았다. 그가 베를린에서 히틀러와 회담을 마치고 돌아오는 길은 영웅의 귀향과 같은 환영 인파로 가득했다.

그러나 소수의 의원들은 이러한 낙관적 기대감을 우려했다.

▶ 히틀러와 뮌헨 회담 뒤 귀국한 체임벌린과 환영 인파

그 대표적인 인물이 윈스턴 처칠이었다. 의회 연설을 통해 그는 많은 이들이 지금 무시하고 있거나 잊어버리고 있지만 유화정책은 완전한 패배를 의미하는 것이라고 체임벌린을 강하게 비판했다. 사실 이들 소수의 의원들은 1934년 이탈리아가 에티오피아를 침공하면서 비롯된 아비시니아 위기Abyssinian crisis 때부터 이러한 타협 정책에 반대해 왔다. 이들은 그 수에서 기껏해야 20~30명 정도에 불과했다. 체임벌린의 유화주의 노선에 대한 여론의 높은 지지로 인해 이들은 지구당 당원들로부터 다음 선거에는 공천 탈락시키겠다는 위협까지 받아야 했다(Ball, 1995, p. 94). 체임벌린 외교정책의 실패가 본격적으로 드러나기 이전까지 반反유화주의자들은 큰 정치적 영향력을 갖지 못했고 결속된 집단이기보다 개성을 갖는 개별 의원들의 느슨한 모임에 불과했다.

뮌헨 조약은 처음에는 커다란 외교적 성과로 받아들여졌지만

1938년 말부터 1939년 초 사이에 유럽 대륙에서 전개된 상황을 볼 때 뮌헨 회담이 실패했다는 사실은 점점 더 분명해졌다. 독일을 달래 유럽 내에서의 평화를 유지한다는 목표는 이뤄지지 않았다. 회담 이후에도 독일의 태도는 바뀌지 않았고 유대인에 대한 학살이나 베네룩스 국가에 대한 위협은 영국을 더욱 우려하게 만들었다. 1939년 3월 독일은 드디어 체코의 나머지 지역을 마저 점령해버리면서 체임벌린과 그가 외친 '명예로운 평화'라는 주장을 우스꽝스럽게 만들어버렸다. 체코에 대한 침공은 독일의 팽창주의가 제한이 없다는 사실을 깨닫게 해주었지만 체임벌린은 이에 대해서도 적절하게 대처하지 못했다. 독일의 다음 침공 대상이 될 수 있는 폴란드를 비롯한 다른 국가들을 위한 효과적인 방어 체제를 체임벌린 정부는 만들어내지 못했다. 오히려 독일은 1939년 8월 23일 소련과 불가침조약을 맺으면서 전쟁 준비를 착실히 진행했고, 독소불가침조약 체결 직후인 9월 1일 폴란드에 대한 공격을 시작했다. 독일을 제어하기 위해서는 소련의 도움이 필요했지만 당시 보수당의 다수는 볼셰비키가 장악한 러시아를 나치 독일과 별 다를 바 없는 존재로 간주하고 있었다.

독일의 침공에도 불구하고 체임벌린은 여전히 독일에 대한 전쟁을 선포하지 않았으며 오히려 최후의 협상을 시도하고자 했다. 많은 보수당 의원들은 영국이 폴란드를 지켜내겠다는 약속을 지키지 못한 것을 국가적인 수치로 느꼈다. 보수당은 전쟁과 안보 이슈에 관한한 노동당이나 자유당보다 유능하고 단합된 정당으로 주장해왔지만, 1939년 9월 제2차 세계대전의 발발은 안보·군사 문제에 대해 보수당이 그동안 쌓아올린 신뢰와 명성을 산산조각 내버렸다.

체임벌린은 내각의 압력으로 인해 1939년 9월 3일 마침내 전시 상태임을 공식적으로 선언했다. 전쟁의 개시는 그동안 무력 개입 없는 사태 해결을 주장해온 체임벌린과 그의 측근들, 호어Hoare, 사이먼Simon, 핼리팩스Halifax의 입장을 곤란하게 만들었다. 전쟁 선포 이후에도 체임벌린은 강한 리더십을 보여주지 못했다. 1939년 9월에서 1940년 4월까지 전쟁은 외면적으로 소강상태를 보였는데, 이 시기에 오히려 체임벌린 정부의 역량에 대한 의구심은 더욱 커졌다. 체임벌린은 나치가 마지노 라인Maginot Line을 넘지 못할 것으로 보았지만, 독일군은 마지노 라인을 우회했고 영국-프랑스군은 독일군에 패퇴했다.

노동당은 체임벌린이 주도하는 연립정부에는 가담하지 않기로 했다. 점점 더 많은 사람이 체임벌린은 커다란 희생을 감수해야 하는 전시에 국가적 단합과 지지를 이끌어낼 수 있는 역량과 지도력을 충분히 갖추지 못했다고 생각하게 되었다. 일반 국민들 사이에, 또 의회 내에서도 그의 인기는 점점 더 떨어졌다. 반면 독일에 대한 적대적 입장을 분명히 하고 독일과의 전쟁을 불사해야 한다고 주장해온 처칠의 인기는 높아져갔다. 1940년 4월 4일 체임벌린은 한 연설에서 히틀러가 중요한 기회를 놓쳤다one thing is certain-he missed the bus고 말했지만, 그 직후 히틀러는 덴마크와 노르웨이를 함락시켰다. 특히 노르웨이 침공을 영국군이 막지 못한 것은 체임벌린에게 치명적인 사건이었다. 결국 그는 이 문제를 계기로 퇴임하게 되었다.

흥미로운 사실은 노르웨이 방어 작전은 당시 해군성First Lord of Admiralty을 담당하고 있던 처칠이 주도적인 역할을 했다는 점이다. 따라서 독일에 당한 군사적 패배 역시 처칠이 일차적으로 책임을 져야 할 일이었다. 그럼에도 노르웨이 방어 실패에 대한 비난은 체임벌린에게 모두 돌아갔다. 의회 토론에서 심지어 보수당 의원들조차도 체임벌린에게 매우 비판적인 연설을 했다. 국민들은 군사작전상의 실패보다 독일의 호전성을 제대로 파악하지 못하고 안이하게 대처한 체임벌린의 태도와 외교상의 실패에 더 큰 책임을 물었던 것이다. 반면 처칠은 그의 강한 전의戰意와 군사적 대응에 대한 적극적 주장으로 인해 전술 실패에 대한 책임에서 벗어났을 뿐만 아니라 심지어 호의적인 평가까지 받았다.

이런 심각한 전쟁의 상황에서 체임벌린이 노동당을 연립정부에 끌어들일 수 없었다는 것은 대단히 심각한 약점이었다. 전쟁을 수행하기 위해서는 자본가와 노동자라는 계급 구분 없이 국민 모두를 하나로 결집시킬 수 있어야 하고, 또 국가의 개입 하에 계획적으로 경제를 운용해야 했으며 전시 물동량을 충족하기 위해 생산량도 늘려야 하는 상황이었다. 그러나 이런 전시 경제 운용에 대해 노동계급을 정치적으로 대표하는 노동당의 지원을 받을 수 없다는 것은 심각한 문제를 낳을 수 있었다. 전임 볼드윈과는 달리 체임벌린은 당수직에 오르기 이전부터 노동당에 대해 매우 냉담했고 적대적이었다. 그로 인해 노동당 역시 체임벌린에 대해서는 대단히 비협조적일 수밖에 없었다.

체임벌린은 자신의 정책적 판단의 실수와 그에 따른 권위의 실추, 정치적 유연성의 부족 등으로 제대로 당과 내각을 이끌기 어려웠다. 1940년 5월 8일 노동당이 체임벌린 내각에 대해 제출한 불신임 결의안이 의회에서 표결되었다. 체임벌린은 281 대 200으로 불신임을 물리쳤으나 찬성과 반대의 표 차이는 예상보다 작았다. 보수당 의원들 가운데 33명이 불신임 결의안에 동조하는 표를 던졌고 또 다른 65명은 기권했다(Butler and Butler, 1994, p. 183).

불신임 표결에서 승리하기는 했지만 체임벌린이 당내에서 신뢰를 얻지 못하고 있다는 사실이 분명해졌다. 이 일이 있고 난 뒤 체임벌린은 노동당 지도부를 만났지만 노동당은 체임벌린이 이끄는 한 전시 연립정부에는 참여하지 않겠다는 입장을 분명히 했다. 노동당은 오히려 사이먼이나 호어와 같은 유화주의자들을 전쟁 발발의 책임을 물어 내각에서 내보낼 것을 요구했다. 전쟁 수행을 위해 모든 정파가 참여하는 전시 연립정부를 구성하라는 요구가 높은 상황에서 체임벌린이 정부를 계속해서 이끈다는 것은 사실상 불가능한 일이 되었다. 체임벌린은 1940년 5월 10일 마침내 퇴임을 결정했다.

체임벌린 후임으로 당시 외무장관이었던 할리팍스 경Lord Halifax과 해군성 장관인 처칠 2명이 각축을 벌이게 되었다. 그러나 상원의원인 할리팍스 경이 내각을 이끈다는 것은 정치적으로 어려운 일이었고 관행에도 맞지 않았다. 또 스스로도 전쟁을 이끌 지도자로 자신이 적합하지 않다고 생각했다. 사실 그 역시도 유화정책에 깊이 간여했다. 노동당 역시 그를 거부했다. 이에 따라 1940년 5월 10일 체임벌린의 뒤를 이어 처칠이 당권을 계승했다. 체임벌린은 수상직에서 물러났지만 보수당 당수로서의 자리는 계속해서 유지하고 있었고 그런만큼 일정한 영향을 여전히 갖고 있었다. 처칠은 그를 추밀원 의장에 임명했다. 그러나 수상에서 물러난 지 꼭 6개월 후인 1940년 11월 체임벌린은 71세로 사망했다. 그의 죽음과 함께 보수당 내에서 처칠의 지위는 보다 강화되었다. 처칠은 이제 수상직과 보수당 당수의 직책을 모두 겸임하게 되었다. 처칠은 잠재적 경쟁자였던 할리팍스를 미국 대사로 보내고 그 자리에 이든을 외무장관에 앉혔다. 처칠이 수상에 오르면서 반유화주의자anti-appeasers들이 당내 실세가 되었고 이후 20년 이상 이들이 보수당 내에서 당권을 장악하게 되었다.

제2차 세계대전과
처칠의 영웅적 리더십

CONSERVATIVE POLITICS

처칠과
전시 연립정부

처칠이 권력을 승계했을 때 유럽의 상황은 더욱 악화되고 있었다. 처칠이 수상으로 취임할 무렵 독일군은 몇 달간의 소강상태를 접고 서부 지역에 대한 공세를 강화했다. 독일군은 네덜란드, 벨기에를 점령하고 프랑스로 진격해왔다. 영국군과 프랑스·네덜란드·벨기에·폴란드 군으로 이뤄진 연합군이 독일군의 진격을 막고자 했지만 역부족이었고 무기력하게 쫓기면서 됭케르크Dunkerque[61]에서 영국으로 후퇴해야 했다. 프랑스는 1940년 6월 22일 독일군에 항복했다. 영국에 대한 공중 폭격이나 직접적인 침략에 대한 위협도 점증했다. 대서양에서는 유보트U-boat가 해상운송을 위협하고 있었다. 이와 함께 이탈리아가 전쟁에 참여하면서 지중해와 북아프리카 지역에서의 전쟁 위험도 커졌다.

처칠은 전시 연립내각the Wartime Coalition Government을 구성했다. 전

시 연립의 구성은 그리 어려운 일이 아니었다. 제1차 세계대전 때는 자유당 애스퀴스, 그리고 이후 로이드 조지가 이끄는 전시 연립내각이 구성된 바 있었고, 1931년 재정 위기를 맞이해서는 노동당 맥도널드가 이끄는 거국 내각이 구성된 바 있어서 제2차 세계대전이라는 심각한 군사적 위기 상황을 맞아 모든 정파가 참여하는 연립내각의 출범은 지극히 당연한 일이었다. 이에 대한 국민적 요구도 높았다. 그러나 처칠의 내각 구성은 그렇게 대담한 개편이라고 보기는 어려웠다. 처칠은 이제 수상이 되었지만 그는 오랫동안 보수당 내에서 고집불통의 비판자였다. 관세 개혁을 둘러싸고 당 노선에 반대해 한때 당적을 자유당으로 옮기기도 했다. 보수당으로 복당한 후에도 인도 자치정부 허용 문제나 대유럽 정책에 대해 신랄한 비판을 해왔고, 이 때문에 한동안 당내에서 소외되어 외톨이 신세가 되기도 했다. 1929년부터 1939년까지 그는 내각의 각료로 임명되지 못했다. 그는 동료 의원들이 볼 때 고집 센 독불장군이었고 당에 대한 충성심에서도 문제가 있는 것으로 비춰졌다. 그리고 그는 전쟁광이라는 비판을 받을 정도로 호전적이었다. 아돌프 히틀러가 1942년 한 방송에서 한 "처칠 그 사람이 평생 해놓은 일이 무엇입니까? … 만일 이 전쟁이 벌어지지 않았다면 누가 윈스턴 처칠을 알기나 했겠습니까?"(Ramsden, 2004, p. 88)라는 말은 매우 일리 있는 것이다. 전쟁이 발발하지 않았다면 처칠은 아마 정치적으로 잊힌 인물이 되었을지도 모른다. 전쟁 발발로 처칠은 수상이 되었지만 보수당 내에서조차 자신을 따르는 이들은 많지 않았고, 이 때문에 당을 결속시키기 위해 노력해야 하는 상황이었다.

이런 이유로 인해 연립정부 파트너인 노동당의 비판에도 불구하고 체임벌린을 실각으로 이끈 뮌헨 회담 관련자들도 호어를 제외하고 대부분 유임시켰다. 핼리팩스도 외무장관직을 그대로 유지했다. 이처럼 처칠이 체임벌린 측근에게도 일부 각료직을 배분하면서 체임벌린 정책에 반대했던 반유화주의자들이 전시 내각 내 요직을 담당하는 것은 그만큼 제한적일 수밖에 없었다. 체임벌린의 정책에 반대했던 앤서니 이든, 리오 아메리, 해럴드 맥밀런 등이 각료 자리를 받았지만 전시 내각 회의에 참여하지 못했거나 중요성이 다소 떨어지는 직책을 맡았다. 그러나 얼마 지나지 않아 내각에 남아 있었더라도 유화주의자들은 소외되어 갔고 점차 좌절감을 갖게 되었다. 외무장관으로 유임되었던 핼리팩스는 처칠 연립정부 출범 7개월 뒤인 1940년 12월 이든으로 교체되었다. 처칠은 또한 자신과 연줄이 있거나 역량 있는 인사들에게도 전시 내각의 보직을 부여했다. 신문사 사주인 비버브룩은 항공생산성 장관Minister of Aircraft Production을 맡았다. 이 밖에도 앤드류 던컨Andrew Duncan, 제임스 그리그James Grigg, 올리버 리틀턴 Oliver Lyttleton 등 정치권 외부의 인사도 전시 내각에 기용했다. 기업가인 울턴 경Lord Woolton은 식품성Minister of Food을 맡았다.

전시 내각에는 보수당뿐만 아니라 자유당과 노동당 의원을 모두 포함했다. 노동당 애틀리는 추밀원 의장직을 맡았고, 허버트 모리슨은 공급성Minister of Supply 장관이 되었다. 자유당의 사이먼은 상원의장직을 맡았다. 처칠은 자유당 로이드 조지에게도 전시 내각 참여를 세 차례나 권고했고, 나중에는 주미 영국 대사직까지 제안했지만 로이드 조지는 이 모든 제안을 거절했다. 전시 연립정부 하에서 정당 활동은 거의 제대로 이뤄지지 않았고 보수당의 조사국Research Department은 폐쇄되었다. 하원 내에서의 토론에서도 정당 간 구분은 그다지 중요하지 않게 되었다. 정치권은 소속 정당과 무관하게 위기 상황을 맞아 대체로 결집돼 있었다. 따라서 의회 내에서 전시 연립정부의 지위는 굳건했고 처칠의 리더십에 대한 심각한 비판과 도전도 거의 이뤄지지 않았다.

그러나 1942년 2월 싱가포르가 일본군에 함락되었고 북아프리카에서는 독일의 롬멜 장군에게 영국군이 패퇴하면서 처칠은 정치적으로 곤경에 처하게 되었다. 그 무렵 보수당 중진 의원인 워드로-밀른 Wardlaw-Milne이 처칠 수상에 대해 불신임 투표를 상정했다. 불신임 투표는 반대 475 대 찬성 25, 기권 30으로 부결되었다. 처칠이 불신임 투표를 손쉽게 물리치기는 했지만 전시 내각의 개편에 대한 요구는 보수당뿐만 아니라 노동당, 그리고 내각에 참여하는 젊은 각료들 사이에서도 제기되었다. 그러나 처칠은 대폭적인 개각 대신 당시 인기가 높던 전직 소련 대사 스태포드 크립스Stafford Cripps를 내각에 참여시키는 것 이외에 별다른 조치를 취하지는 않았다. 그리고 1942년 말부터 전황이 서서히 유리하게 전개되기 시작했다. 그해 10월과 11월에 북아프리카 전선에서 승전보가 전해지기 시작한 것이다. 전황이 바뀌면서 전쟁을 지휘하는 처칠의 지도력에 대한 논란은 줄어들었다. 이와 함께 처칠은 강인한 전시 지도자의 모습을 보다 분명하게 보여주기 시작했다. 처칠은 국내 정책 수행에 대

▶ 트루먼 미국 대통령, 스탈린 소련 서기장과 윈스턴 처칠 수상

해서는 거의 무관심했으며, 국민의 단합과 결의를 이끌어내기 위한 '피, 수고, 눈물 그리고 땀blood, toils, tears and sweat'을 강조하며 전쟁 승리에 주력했다.[62]

이후 5년간 처칠의 호전적 리더십은 전쟁 승리를 위해 모든 노력을 기울이고 있었지만, 적지 않은 수의 보수당 인사들은 전시 연립정부의 국내 정책에 대한 영향을 걱정하기 시작했다. 처칠의 전시 연립정부는 보수당과 노동당 간 일종의 역할 분담 체제로 형성돼 있었다. 처칠과 그의 측근들은 전쟁과 대외 문제를 담당하고 있었는데, 전쟁이 발발한 직후 자연히 대단히 큰 국민적 관심의 대상이 되었고 또 강력한 영향력을 행사했다. 반면 국내 정책과 관련된 주요 보직은 노동당 소속 각료들이 담당했다. 노동당 당수였던 클레멘트 애틀리는 1943년 이후 국내 문제를 조정하는 책임을 맡았고,[63] 허버트 모리슨 Herbert Morrison은 내무장관, 어네스트 베빈Ernest Bevin은 노동성 장관직을 각각 맡았다. 이들은 전쟁이 후반부로 접어든 1943년 무렵부터 영향력을 증대시켜 나갔다. 전쟁 초반인 1940년부터 1942년 사이 영국군이 패배와 후퇴를 거듭하던 시기에 국민들의 관심은 전선에서의 전쟁 승리와 이를 위한 후방에서의 전시 물자의 생산과 보급 등에 놓일 수밖에 없었지만, 전쟁 상황이 점차 개선되면서 국민들은 전쟁 이후의 미래에 대해 관심을 갖기 시작했다.

국내 문제를 노동당이 주도하게 되면서 노동당과 보수당 간의 갈등도 조금씩 드러나기 시작했다. 보수당 의원들은 노동당 각료들이 도입한 국가의 개입과 규제 조치를 우려와 의구심을 갖고 바라보았다. 1941년 12월에 보수당 평의원들의 모임인 1922년 위원회는 처칠에게 '은밀하게 진행되는 국유화nationalisation by stealth'(Ball, 1995, p. 101)에 대해 항의하기도 했다. 1942년 5월 보수당 1922년 위원회는 노동당 소속 각료들이 주도하는 석탄 배급 방식을 지나치게 경직되고 관료적인 방안으로 비판하며 이 방안의 도입을 좌절시키기도 했다. 사실 국내 문제를 총괄하는 직책은 전임 수상 체임벌린이 전시 연립정부 출범부터 맡고 있었는데, 그가 1940년 11월 세상을 떠나고 난 이후 보수당 내에서 국내 문제를 챙길 만한 중량감 있는 정치인을 찾기가 쉽지 않았다는 점도 노동당이 국내 문제를 주도할 수 있었던 한 원인이었다. 보수당 소속으로 처칠 전시 내각에서 인도성 장관이었던 아메리Leo Ameri는 노동당이 국내 문제를 다루는 것을 바라보는 보수당 내의 분위기를 설명하면서 "(우리는) 진정한 보수가 전혀 포함되지 않은 채 의회와 전시 내각을 이끄는 극단적 좌파를 좋아할 수가 없다. 그들은 처칠이나 이든과는 결코 같은 집단으로 분류될 수 없는 이들이다"(Charmely, 1996, p. 112)라고 불만을 토로한 바 있다.

이러한 보수당 내 일부의 비판에도 불구하고 노동당은 국내 정책을 주도해나갔다. 1942년 12월에는 「베버리지 보고서Beveridge Report」[64]가 발표되었고 이는 국민들의 열렬한 환영을 받았다. 그러나 보수당의 반응은 이러한 분위기와는 달리 매우 조심스러운 것이었으며, 「베버리지 보고서」 발표 몇 주 뒤인 1943년 2월에는 116명의 보수당 의원들이 최소임금을 규정한 법안Catering Wages Bill of 1943에 대해 반대표를 던지기도 했다. 정부 개입이 지나치게 확대된 것이라고 이들은 비판했다. 그러나 이 법안은 전시 내각의 지원을 받으며 통과되었다. 전시 내각 내부에서 노동당이 주도하는 국내 정책에 대한 반대는 보수당 재무장관인 하워드 킹슬리 우드Sir Howard Kingsley Wood에 의해 주도되었는데, 자신은 「베버리지 보고서」에 대해 '분명한 반대의 입장

definitely unfriendly'임을 공개적으로 밝히기도 했다(Charmley, 1996, p. 113). 「베버리지 보고서」에서 제안한 여러 가지 정책을 도입하는 데 소요되는 비용과 이러한 정책의 도입이 전후 산업에 미칠 부담에 대한 우려는 1943년 3월 18일 있었던 하원 토론에서 많은 보수당 의원들에 의해 강하게 제기되었다. 그러나 「베버리지 보고서」의 제안과 같이 적극적인 사회 개혁 정책에 대해 보수당이 보여준 부정적이고 불확실한 태도는 노동당 각료들의 확신에 차고 일치된 지지의 입장과 분명한 대조가 되었다. 양당의 이러한 입장 차이는 국민들에게 매우 강하게 각인되었다. 그리고 이는 전쟁이 끝난 후 치러진 1945년 총선 결과에 커다란 영향을 미치게 되었다.

보수당이 이처럼 사회 개혁 정책에 소홀했던 것은 처칠의 관심은 전쟁에 집중돼 있었고, 대다수 보수당 의원들은 변화하는 사회적 분위기를 제대로 깨닫지 못하고 있었기 때문이었다. 그러나 처칠이나 대다수 보수당 의원들이 모르는 사이에 보수당 내에서도 전후 세계에 대한 구상이 이뤄졌다. 이는 버틀러에 의해 주도되었다. 1941년 '전후 문제 처리를 위한 중앙위원회the Post-War Problems Central Committee: PWPCC'가 보수당 내에 설치되었고 버틀러가 의장, 맥스웰-파이프David Maxwell-Fyfe가 부의장을 맡았다. 이 기구는 이름 그대로 전후의 영국 사회에 대한 예상과 필요한 정책에 대한 광범위한 조사와 분석을 행했으며 보수당의 모든 정책에 대해 세밀한 검토를 행했다. 버틀러는 1941년 7월부터 연립정부 내에서 교육위원회Board of Education[65]를 맡게 되었다. 버틀러는 1944년 교육법Education Act의 입안을 책임졌는데, 이 법안은 전후 국가 공교육의 틀을 세운 매우 의미가 큰 것이었다. 이 법안은 직접적인 전쟁 수행과 무관한 것으로 전시 기간 중 제정된 법안 가운데 유일하게 포괄적인 영향력을 갖는 법안이었다. 그러나 이러한 버틀러의 작업은 처칠 수상으로부터는 별다른 도움을 얻지 못했다. 교육법 제정에 대한 버틀러의 노력으로 인해 이 법안은 영국 정치에서는 드물게도 각료의 이름을 붙인 '버틀러 법the Butler Act'으로 이후 수년 동안 통용되기도 했다(Lloyd, 1986, p. 261). 버틀러의 교육법은 교육 기회를 확대했고 중등교육 기관을 개편했으며 보편적인 중등교육의 틀을 닦았다.

이러한 버틀러의 노력은 최소임금법이나 「베버리지 보고서」 채택 문제를 두고 보수당이 부정적인 입장을 표명하는 데 대해 반대해온 당내 개혁 세력에 의해 높은 평가를 받았다. 퀸틴 호그Quintin Hogg는 의회에서 "만일 우리가 국민들에게 사회 개혁을 제시하지 못한다면 그들은 우리에게 사회혁명을 들고 오게 될 것이다"라고 주장하면서 디즈레일리나 볼드윈이 주도해온 사회 개혁의 전통에 따른 보수당의 실용적 기회주의pragmatic opportunism를 강조했다(Charmley, 1996, p. 113). 퀸틴 호그를 포함한 36명의 보수당의 젊은 의원들은 1943년 3월 17일 모임을 결성했는데 이들은 한 달 후 이 단체를 보수당 개혁위원회Tory Reform Committee로 발전시켰다. 이들은 당내의 주류적 분위기라고 할 수 있는 자유방임적 경제laissez faire economics에 대해 심각한 문제를 제기한 것이다. 이 개혁적 성향의 모임에 참여한 의원들의 수는 많지 않았지만 대단히 열정적이었으며 유능하고 참신한 이들이 많았다. 「베버리지 보고서」를 둘러싼 토론에서 이들은 그 보고서의 내용대로 사회복지성Ministry of Social Security을 즉각 설립하자고 주장하는 등 당의 입장과 다른 견해를 내세웠다. 이들의 활발한 활동과 대담한 주장은 당내 보수파의 불만과 반발을 불러오기도 했지만 당의 정체된 분위기에 상당한 자극이 되었다. 그러나 그들은 당내에서 여전히 소수파였고, 당내 주류는 자유주의적·시장 중심적 해결책을 선호하고 있었다.

그러나 전쟁 수행으로 인해 영국 사회는 변화를 겪고 있었다. 전쟁 기간 중 개인의 사회경제적 생활에 영향을 미치는 중앙집권화와 국가의 개입과 통제는 불가피한 일이었다. 전쟁으로 인해 국가의 가용 자원은 한계에 다다를 수밖에 없었으며, 이 때문에 제1차 세계대전을 훨씬 넘어서는 수준으로 정부 통제와 대중 동원을 필요로 할 수밖에 없었다. 또한 배급표, 가스 마스크, 신분증, 그외 다른 전시 통제책은 국민을 평등하게 취급했고 '공정한 배분'이라는 분위기를 조성했다. 즉 전쟁은 동일하고 공평한 희생이라는 분위기 속에서 평등과 공정한 배분에 대한 기대감을 높였다(Morgan, 1997, p. 635). 물론 이러한 평등과 공정한 배분에 대한 기대감이 전통적인 사회 계급의 뿌리까지 뽑아버린 것은 아니었지만 적어도 외형적으로 그 격차는 크게 줄어들게 되었다(Ball, 1996, p. 104). 이런 분위기 속에서 보수당이 자유주의, 시장경제만을 고집한 것은 시대적인 흐름을 잘못 읽고 있는 것이었다.

전쟁의 종식과
1945년 총선

처칠이 이끈 전시 연립정부는 비교적 큰 문제 없이 원만하게 운영되었다. 전쟁 승리를 위해 모든 노력을 다해야 한다는 데 대해 완전한 의견 일치가 있었으며, 소속 정당과 무관하게 각료들은 매우 효과적으로 함께 협력했다. 설사 갈등이 생겨났더라도 개인 간의 문제일 뿐 정당 간 갈등으로 비화되지는 않았다. 법안 처리 역시 정당 간 갈등을 일으킬 소지가 있는 것들은 제외했다. 내각의 의견이 일치되는 경우에만 입법화했다. 또한 의원의 은퇴나 사망으로 결원이 생겨 보궐선거를 치르게 되는 경우에도 정당 간 경쟁 대신 그 공석은 같은 정당 출신 후보에 의해 채워졌다. 정치적인 휴전 상태가 전쟁 기간 동안 계속되었던 것이다. 예컨대 1940년 9월 랭커셔 주 프레스턴에서 보궐선거가 실시되었는데 1931년 이래 이 지역구에서 당선된 보수당 의원의 사망으로 인해 생긴 공석을 채우기 위한 것이었다. 이 보궐선거에는 윈스턴 처칠 수상의 아들인 랜돌프 처칠이 출마해 경쟁 없이 당선되었다.

그러나 이와 같은 정파적 경쟁을 자제한 데에 대한 불만을 갖는 이들도 있었다. 1942년 7월 만들어진 리처드 아클랜드Sir Richard Acland 등이 이끄는 코먼웰스 당Common Wealth Party이 그 예이다. 이들은 이상주의적 좌파 성향을 띠고 있었으며 정파적 경쟁을 자제하는 것에 대해 반대했다. 또한 1942년 4월에는 전시 연립내각에서 전쟁성 장관이었던 마게슨Margesson의 지역구인 럭비Rugby에서 보궐선거가 실시되었다. 마게슨은 싱가포르가 일본에 함락된 책임을 지고 내각에서 물러났다. 이후 자작Viscount 작위를 받고 상원으로 진출하면서 하원의원직을 그만두게 된 것이다. 다른 주요 정당들은 후보자를 내지 않았지만, 보수당에 대한 높았던 지역구에서 실시된 선거 결과는 보수당이 아니라 무소속으로 출마한 브라운William Brown이 당선되었다. 전쟁을 이끄는 지도자로서 처칠에 대한 존경과 인기는 매우 높았지만 보수당에 대한 여론의 흐름이 반드시 호의적인 것만은 아니었던 것이다.

전체적으로 볼 때 전시 연립정부는 국내 문제에서도 주목할 만한 성과를 거두었다. 그러나 버틀러가 주도한 교육법을 제외하면 입법이 이뤄졌거나 원칙적으로 승인된 조치들은 대체로 노동당 출신 각료들에 의해 주도되었다. 「베버리지 보고서」의 입법화를 처칠은 노동당 각료들이 담당하도록 했다. 가족 수당, 사회보장, 국가 의료보장 시스템, 도시 및 농촌 개발계획, 주택 프로그램 및 여타 개혁 프로그램들이 추진되었고, 수요관리 등 케인스주의적 개념이 1941년 예산안부터 반영되었고 경제관리 능력에 대한 자신감이 1944년 백서에서 전후 완전고용에 대한 약속으로 이어졌다.[66] 전쟁 중 연립내각에서 이뤄진 이와 같은 사안들에 대한 합의가 전후의 '합의정치consensus politics'로 이어지는 기반을 마련했다. 그러나 이러한 합의는 논쟁적인 사안들에 대해서는 정당 간 입장의 차이를 얼버무리거나 뒤로 미룬 결과이기도 했다. 즉 두 정당의 입장이 완전히 일치된 합의라고 보기는 어려웠다.

이 때문에 보수당 내에서는 이러한 정책 추진에 대해 적지 않은 불만이 터져 나오기도 했다. 1941년 초 1922년 위원회는 이든 외무장관에게 "사회주의적 법안들이 전쟁의 필요 때문이라는 명목 하에 통과되고 있다"라고 불평하기도 했다(Charmley, 1996, p. 115). 그러나 처칠의 입장에서는 영국이 '전면전'을 치르도록 하기 위해서는 전체 경제와 사회가 국가의 전쟁 수행을 지원하도록 동원하는 일은 불가피한 것이었다. 식품 배급제, 징병제, 노동 지도, 철도와 탄광의 국유화 등 이 모든 조치가 보수당이 이끄는 정부 하에서 통과되었다. 제1차 세계대전을 겪은 후 경제 침체에 빠졌던 기억을 갖는 국민들의 입장에서는 이러한 조치들이 전쟁을 승리하게 할 수 있다면 전쟁 이후 고용 등 경제 회복을 촉진하는 데도 도움이 될 것이라고 생각했다. 그러나 보수당은 전시 연립정부에서 거둔 성과에 대해 국민들로부터 그에 걸맞은 적절한 신뢰를 얻어내지 못했다.

전쟁이 끝나가면서 노동당 내 일부 지도자들은 처칠 주도의 연립정부에 계속 머물러 있는 것도 괜찮을 것으로 생각했지만, 정치적으로 서로 결별해야 한다는 하위 당직자나 당원들로부터의 압력이 만만치 않았다. 1944년 10월 노동당 전당대회에서는 독일과의 전쟁이 종식되면 바로 그해에 노동당은 연립정부에서 물러나고 총선을 실시해야 한다는 결의안이 통과되었다. 그러나 처칠은 전시 연립정부를 연장하기를 원했고 노동당 지도부에게 일본과의 전쟁이 끝날 때까지는 연립정부를 유지하자고 청했다. 애틀리, 베빈, 달턴Hugh Dalton과 같은 노동당 지도자들은 당을 설득하고자 노력했지만 노동당의 방침은 변화되지 않았다. 결국 독일과의 전쟁이 끝난 직후 5월 23일 노동당은 연립정부에서 탈퇴했다. 7월 26일까지 처칠이 '관리 내각'의 수장으로 자리를 유지했다.

1945년 5월 전시 연립정부가 해산되면서 전쟁 기간 동안 중단했던 정당 간 경쟁이 다시 본격화되었다. 전쟁 기간 내내 국내 문제를 책임지면서 경제·사회 정책을 담당했던 노동당은 유권자에게 정책 공약을 제시함으로써 신뢰와 인정을 받았다. 그러나 보수당은 중산층 유권자에게 자신의 장점을 확신시키지 못했다. 보수당이 유권자들에게 보여줄 수 있는 자산은 처칠 수상뿐이었다. 그러나 처칠은 전쟁 수행 중 보수당 지도자로서의 역할을 소홀히 했다. 이 때문에 1945년 총선에서 보수당은 적절한 정책 공약을 마련하지 못했고 당 소속 각료들이나 지방 조직 등도 일사불란하게 대비하지 못했다. 전쟁 기간 중 보수당 당 조직은 정체돼 있었고 여론의 변화에 대해서도 둔감했다. 전시 중 보수당 전당대회는 1943년, 1945년 두 차례만 개최된 반면 노동당은 전쟁 기간 중에도 매년 전당대회를 열었다. 이 때문에 보수당 지구당 조직은 거의 대부분 정체돼 있는 상황이었다.

처칠은 노동당이 일본과의 전쟁이 끝나기도 전에 전시 연립정부를 버렸다고 맹공을 가했고, 노동당에 투표하면 영국 사회가 이념적 노선에 따라 심각하게 분열될 것이라고 경고했다. 처칠 자신만이 전체 국가 이익을 위해 나라를 이끌 수 있을 것이라고 주장했다. 처칠은 전쟁 지도자로서 그에 대한 애정과 존경이 보수당의 선거 승리로 이어질 것으로 믿었고, 이 점을 최대한 활용하기 위해 일본과의 전쟁이 채 끝나기도 전인 7월 5일을 총선일로 결정했다. 최종 선거 결과는 해외 각 지역에 여전히 머물고 있는 군인들의 투표 결과를 집계하느라 7월 25일에 발표되었다.

1945년 총선에서 보수당은 1918년 제1차 세계대전 직후 당시 연립정부를 이끌었던 로이드 조지가 이뤘던 것처럼 커다란 승리를 거둘 것으로 믿었다. 보수당은 전쟁을 승리로 이끈 전쟁 지도자이자 영웅인 처칠이 이끄는 당이었다. 선거운동 중에도 처칠이 가는 곳마다 엄청난 군중이 모였고 열띤 환호와 찬사를 보냈다. 그러나 총선 결과는 예상과는 정반대였다. 보수당은 39.8퍼센트의 득표를 했지만 노동당은 47.8퍼센트를 득표했다. 의석수에서도 보수당은 213명을 당선시켰지만 노동당은 393명을 당선시켰다. 노동당의 압승이었다. 1945년 총선은 1906년 이래 최악의 참패를 보수당에 가져다주었다. 1945년 총선 참패는 보수당이 전혀 예상하지 못했던 것이었기에 그 충격은 더욱더 컸다. 보수당이 느끼지 못하고 있었지만 이미 전쟁 기간 중 보수당으로부터 이탈한 표는 너무도 많았다. 1945년 총선에서 보수당이 아무리 훌륭한 선거운동을 벌였다고 해도 잃어버린 지지 기반을 되돌리기는 쉽지 않은 상황이었다. 처칠의 보수당은 전쟁을 승리로 이끄는 데 크게 기여했지만, 평화를 가져간 것은 노동당이었다(Seldon and Snowdon, 2004, p. 71).

총선 패배로 보수당은 커다란 어려움에 봉착하게 되었다. 선거 결과 노동당과 의석의 차이는 크게 벌어졌다. 보수당은 안정적인 과반 의석을 차지하고 급진적인 정책을 추진하는 정부에 맞서는 무기력한 야당의 신세가 되었다. 이러한 경험은 자유당 정부와 의회법 개혁을 둘러싸고 공방이 치열했던 1906년부터 1910년 이후에 처음 겪는 일이었다. 그나마 당시에는 상원이 어느 정도 방어막의 역할을 해줄 수 있었지만 이번에는 급진적 변화를 추구하는 노동당에 대해 보수당이 할 수 있는 일은 별로 없었다. 그저 시간을 기다릴 수밖에 없었다.

보수당의 패배는 1920년대, 1930년대의 실업과 경제적 어려움에 대한 기억 때문이라는 지적이 당시에 많았다. 1940년 딍케르크 전투의 참담한 패배가 상징하듯이 1930년대 등장한 독재자들에게 제대로 맞서지 못했던 실패의 기억도 보수당의 패배에 일조했다. 제1차 세계대전 이전 보수당의 역할이 전쟁 이후 보수당에 대한 국민적 지지의 상승으로 이어진 것과는 정반대로, 제2차 세계대전 이전의 보수당의 정책에 대한 책임을 전쟁 이후에 지게 된 것이다. 그 어느 누구도 제2차 세계대전 이전의 보수당 지배 기간이 황금시대라고 생각하지 않았다. 사실 보수당에 대해 등을 돌리는 민심의 이반은 그 이전부터 나타났다. 전쟁 기간 중 행한 여론조사의 결과도 1942년 10월 전쟁 개시 이후 국민들의 정치적 지지에 변화가 생겨났다는 사실을 이미 보여주고 있었다. 여론조사 결과는 전쟁 후 정당정치가 복원된다면 노동당이 그 혜택을 볼 것으로 예상했다. 1942년 4월의 보궐선거 패배 역시 불길한 조짐의 서막이었다.

그러나 보수당이 참패한 보다 중요한 원인은 전쟁으로 인해 발생한 영국 사회의 구조적인 변화와 관련이 있었다. 전쟁은 영국 사회를 크게 변모시켰다. 군대 징집과 군사 물자 조달을 위해 새로운 지역에 공장이 건설되면서 많은 노동자들이 기존 거주 지역에서 이주하게 되었다. 또한 도시의 어린이들은 공습을 피해 안전한 시골로 옮겨지면서

상이한 계급 간, 지역 간 사회적 경계가 약화되었다. 여성들도 전례 없이 대규모로 전쟁 관련 업무로 동원되었다. 퇴임한 노령 인력들도 국내치안조Home Guard나 공습대비조Air Raid Precaution unit 등 전쟁 업무 수행에 차출되었다. 이는 매우 평등하고 민주적인 경험이었다. 상이한 계급의 사람들이 예전에 겪어보지 못한 방식으로 서로 뒤섞이게 되었고 모든 사람이 함께 협력하고 희생해야 했다.

전쟁으로 인한 이러한 상황의 변화는 이념적인 문제에도 영향을 미쳤다. 과거 볼드윈의 총선 승리에서 보듯이 보수당은 노동당을 견제하기 위해 '적색 공포'를 적절하게 선거 때 활용했다. 그러나 전쟁 기간 중 산업과 노동에 대한 국가의 통제, 운송 관련 산업의 국유화 등을 경험하게 되면서 정부 계획이나 국가 소유는 더 이상 낯설거나 이상한 것이 아니었다. 또한 전쟁 기간 중 출산을 앞둔 산모들에게는 값싼 우유, 무료 비타민, 의료 진찰의 혜택이 주어졌고 어린이들에게는 무료로 오렌지 주스와 음식이 주어졌다. 1945년에는 가족수당 제도가 도입되었고 실업자는 거의 사라졌다. 여성들도 전시 공장에서 남성들과 대등한 조건에서 노동에 참여할 수 있었다. 또 한편으로는 「베버리지 보고서」에서 제시된 안들이 정책화되고 있었다.

이와 같은 '전쟁 사회주의'의 경험은 노동당의 정책에 대한 거부감이나 두려움을 낮추는 데 기여했다. 또한 영국 국민들은 이제 전쟁 기간 중 국내 문제를 전담해온 노동당의 베빈, 애틀리, 달턴, 모리슨이나 크립스와 같은 인물들에 대해 매우 친숙해져 있었다. 독일, 이탈리아의 파시스트가 우파적 이념과 연관이 있다는 사실도 보수당에는 별로 도움이 되지 않는 것이었다. 또한 전쟁을 승리로 이끄는 데 크게 기여한 러시아에 대한 관심도 있었다. 1941년부터 1944년까지 외부의 지원 없이 러시아가 독일의 공격을 봉쇄해내는 것을 보면서 사회주의 체제의 효율성에 대해서도 나름대로 긍정적인 평가를 내릴 수 있었다.

이러한 변화는 모두 노동당에게 유리한 변화였다. 전쟁 이후의 일차적 관심은 고용과 주거 문제였다. 전쟁에서 돌아온 병사들의 직장과 주거 문제를 해결해줄 수 있어야 했다. 「베버리지 보고서」에 대해 회의적인 반응을 보였던 보수당의 태도는 1918년 제1차 세계대전 이후 로이드 조지가 제시했던 '영웅들을 위한 주택homes for heroes'이라는 야심 찬, 그러나 지켜지지 못한 공약을 떠올리게 했다. 이런 상황에서 처칠의 전시 연립내각에서 국내 문제를 담당한 노동당 지도부의 역할에 대한 관심은 자연스럽게 높아질 수밖에 없었다. 따라서 노동당의 승리는 단순히 1920년대, 1930년대 보수당 정부의 실정에 대한 회고적 비판의 결과뿐만 아니라 전시 기간 중 노동당 각료들이 펼친 정책에 대한 긍정적 평가와 그로 인한 미래지향적 기대감이 함께 나타난 결과였다. 국민들이 이념적으로 좌파 쪽으로 이동했다고 하기보다는 보수당의 공약이 무미건조하고 소심했던 반면 노동당은 보다 실용적인 안건을 제시하면서 국민들의 신뢰를 얻어낼 수 있었던 것이다.

전시 지도자로서 처칠의 리더십은 높게 평가받았지만 그의 호전적 이미지, 고령이라는 점, 그리고 타협을 거부하는 사고방식은 전후 개혁과 재건을 위한 역할을 맡는 데 적절한 인물로 받아들이기 어렵게 했다. 어떤 유권자들은 처칠이 전쟁 승리와 함께 영광스럽게 사임하고 정파적인 다툼에 개입하지 않기를 바라기까지 했다. 그러나 처칠은 선거에서 노동당을 적색 공포 대신 파시스트와 연계시키는 전략을 펴기도 했다. 1945년 6월 4일 방송 연설에서 그는 얼마 전까지 연립정부 내 그의 동료들이었던 노동당 지도자들을 '게쉬타포some form of Gestapo'에 비유하며 비판했다. 이는 상당한 정치적 물의를 일으켰다. 이에 대해 노동당 당수인 애틀리는 그러한 과장된 표현과 함께 처칠이 지닌 국가적 지도자의 이미지가 즉각 훼손되었다고 적절하게 지적했다. 이러한 시각은 국가의 적극적 역할이 개인의 재산이나 자유를 침해할 수 있다는 보수주의자들의 시각을 반영한 것(Ball, 1995, p. 30)이겠지만 처칠의 이러한 말실수 역시 보수당의 패배에 일조했다.

영국 국민들은 불굴의 의지로 처칠이 힘들고 어려운 전쟁을 승리로 이끈 영웅적 지도자로 생각했지만, 과연 그가 평화 시에도 훌륭한 지도자가 될 수 있을지에 대해서는 확신하지 못했다. 이제 국민들이 바라는 것은 전쟁을 승리로 이끄는 불굴의 의지와 전략보다 재건과 사회 개혁을 이끌어낼 수 있는 리더십이었다. 이 때문에 전후 세계 질서 재조정을 위한 포츠담 회담장으로 되돌아간 것은 보수당의 처칠 수상과 이든 외무장관이 아니라 노동당의 애틀리 수상과 베빈 외무장관이었다. 노동당은 이제 역사상 처음으로 의회 내 과반 의석에 기초해 안정적으로 단독 집권할 수 있게 되었다.

전후 합의 체제와 처칠

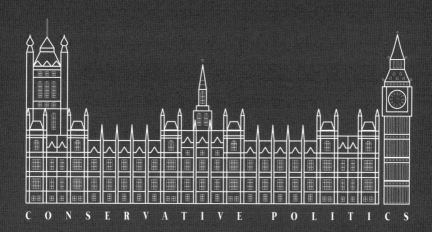

당 노선의 전환과
산업현장

1945년 총선에서 참패한 탓에 보수당이 변화해야 한다는 점은 너무나도 분명했다. 213석의 의석은 10년 1935년 총선에서 보수당이 얻은 432석의 절반에도 미치지 못하는 수였다. '보수의 대학살ₐ Conservative massacre'(Charmley, 1996, p. 123)이라는 표현이 나올 정도로 처절한 패배를 당한 것이다. 1945년 총선 패배가 보수당에 미친 충격은 대단히 컸다. 1945년 8월 21일 처칠이 당내 평의원의 모임인 1922년 위원회에 참석했을 때 한 참석자는 처칠이 "전혀 준비돼 있지 않고, 완전히 무관심하고 남의 말도 듣지 않고 있는 것처럼 보였으며, 모여 있는 청중들의 관심도 이끌어내지 못했다. 난 보수당이 이제 완전히 죽었구나 하는 두려움을 갖고 그 자리를 비켜났다"(James, 1967, p. 412; Norton, 1996, p. 43에서 재인용)라고 증언하고 있다.

총선 참패와 함께 자연스럽게 처칠의 지도력에 대한 불만과 회의도 당내에서 퍼져나가기 시작했다. 일부 의원들은 이제는 해럴드 맥밀런이 보수당을 이끌어야 할 때라고 주장하기도 하고, 또 다른 의원들은 퀸틴 호그에게 당수직을 물려줘야 한다고 말하기도 했다.

그해 말에 있었던 미국으로부터의 자금 대여 건으로 인해 보수당의 사기는 더욱 떨어졌다. 제2차 세계대전 이전에 영국은 35억 파운드의 외채를 외국에 빌려줄 정도의 채권국이었지만, 1945년이 되자 미국에 25억 파운드의 부채를 진 채무국이 되었다. 미국이 일본과의 전쟁이 끝나기 1개월 전 무기대여법Lend-Lease Act[67] 중단을 선언했을 때 영국의 재정 상태는 최악의 상황이 되었다(Speck, 2002, p. 274). 재정 위기를 넘기기 위해 케인스가 이끄는 영국 대표부는 미국과의 협상에서 37억 5,000만 달러(11억 파운드)의 자금을 빌리기로 했는데, 연 1.6퍼센트의 이자율로 1951년부터 50년간 분할해서 갚도록 하는 조건이었다. 그러나 자금을 빌리기 위해 영국은 파운드화의 태환성convertibility 조건을 받아들여야 했고 양국 간 무역 차별도 폐지하기로 했다. 무역 차별의 폐지라는 것은 과거 대공황을 타개하기 위해 1932년 영국과 영연방 국가 간에 맺어진 대영제국 국가 간의 호혜관세 체제인 오타와 협정이 더 이상 유지될 수 없게 되었음을 의미했다(Lloyd, 1986, p. 272).

1.6퍼센트의 이자율은 당시로서 매우 좋은 조건이었지만 영국은 내심 무이자 대여를 기대했었다. 더욱이 미국에서 요구한 자금 대여의 부가적인 조건은 매우 엄격한 것이었다. 이 협상을 개시한 전시 내각 지도자이며 미국과 영국 간의 동맹을 강조해온 처칠은 이러한 자금 대여 협상 결과를 지지한다고 밝혔고, 당직을 맡고 있는 보수당 내 예비 내각의 의원들도 같은 입장을 보였다. 그러나 보수당 내 전반적

인 분위기는 조금 다른 것이어서 미국 측의 엄격한 협상 조건과 세계 무역을 자유화하려는 미국의 요구에 대한 불만이 높았다. 미국의 자유무역 강조는 무엇보다 대영제국 국가 간의 선호 관세를 무너뜨리는 것이었다. 1945년 12월 이 협정안에 대한 의회 내 투표에서 원내 총무인 올리버 스탠리Oliver Stanley는 기권할 것을 권했지만 74명의 보수당 의원은 이러한 대미 협상안에 반대표를 던졌다(Norton, 1996, pp. 43-44). 노동당 내에서도 23명이 반대표를 던졌지만 협정안은 의회를 통과했다. 처칠은 이러한 당내 분열에 당혹해했고 이 협정안을 둘러싼 갈등으로 보수당 의원들의 사기는 더욱 떨어졌다.

보수당 내부에서 처칠이 물러나야 한다는 주장은 쉽게 사라지지 않았지만 처칠은 여전히 선거에서 유권자의 지지를 끌어내기 위한 보수당의 중요한 자산이었다. 보수당은 1945년 총선 패배의 충격에서 벗어나 당을 추스르고 변화를 모색해야 했다. 총선 참패로 인해 드러난 당시 보수당의 과제는 무엇보다 사회 개혁이나 복지정책에 무관심하다는 이미지로부터 벗어나는 일이었다. 또한 과거의 정책 실패로 인해 추락한 보수당에 대한 신뢰와 자신감을 회복하는 일도 중요했다. 그러나 커다란 변화가 발생한 전후 세계에 보수당의 새로운 역할과 노선을 설정하는 일이 당면한 가장 큰 과제였다. 사실 1945년의 총선은 1935년 이후 10년만의 첫 선거였다. 10년 사이에 생애 처음으로 총선에 참여하는 젊은 유권자들의 수가 적지 않았다. 또한 그동안 경제적 침체, 유럽의 위기와 보수당의 유화정책, 그리고 제2차 세계대전을 경험하면서 노동당이 약속한 새로운 사회적 변화에 공감하는 유권자들이 다수를 차지하게 되었다. 보수당은 이러한 새로운 변화에 적응해야만 했다.

보수당의 전후 정책을 재확립하는 일은 버틀러가 가장 주도적인 역할을 행했다. 버틀러는 "필이 수상으로 있던 시기처럼 보수당은 이제 사회적 혁명에 우리가 제대로 적응했음을 보여주어야 한다"(Charmley, 1996, p. 125)라고 말하면서 보수당의 변화를 이끌었다. 앤서니 이든과 해럴드 맥밀런 역시 보수당의 변화와 관련해 중요한 역할을 수행했다. 그러나 당의 이러한 변화에 대해 처칠은 그다지 적극적이지 않았다. 처칠은 1945년 이후 노동당이 스스로 자멸의 길로 들어설 것으로 생각했고 그때를 기다리고자 했다. 이 때문에 버틀러가 추진하는 적극적인 당내 개혁 작업을 적극적으로 지원하지 않았다.

버틀러가 전시 중에 이끌었던 '전후 문제 처리를 위한 중앙위원회'는 이제는 정책자문위원회Advisory Committee on Policy라는 기구로 전환되었다. 이 조직을 계속해서 관장하면서 버틀러는 또 다른 두 개의 중요한 조직을 이끌었다. 전쟁이 끝난 이후 과거 버틀러가 이끌던 보수당 조사국이 부활되었는데, 이안 맥클로드Ian Macleod, 에녹 파월Enoch Powell, 레지날드 모울딩Reginald Maulding 등과 같은 젊고 유능한 인물들이 새로이 충원되었다. 이들의 업무는 정책 개발, 연설, 선전을 위한 기초 자료를 당에 제공하는 것이었다. 청년보수운동Young Conservative Movement도 새롭게 시작했는데, 이 조직은 전쟁 이전의 청년제국연맹Junior Imperial League을 대체한 것이었다. 또한 1945년 12월 버틀러는 보수당 정치센터Conservative Political Centre: CPC를 설립했는데, 이 기구는 당내의 다양한 아이디어와 의견을 서로 교환하도록 함으로써 당원 조직을 활성화시키기 위한 것이었다. 보수당 정치센터는 자기 의견이나 주장을 일방적으로 제시할 수도 있었지만, 실제로는 당내 아이디어가 쌍방향으로 소통되도록 애썼다. 중앙당에서 설정한 안건들은 지역 조직을 통해 전국으로 확산되고 다시 그에 대한 반응이 정해진 시간 내에 되돌아오도록 운영한 것이었다. 물론 쌍방향이라고는 해도 아래로부터의 의견 수렴보다는 중앙의 결정이 보다 쉽게 확산되고 수용되도록 하기 위한 목적이 더욱 컸다. 그러나 이러한 쌍방 소통 방식은 매우 효과적이었고 당내의 의견 수렴과 통합에도 적지 않게 기여했다.

이러한 조직적 개편 작업과 함께 당 노선을 변화시키기 위한 시도도 나타나기 시작했다. 버틀러, 맥밀런, 이든 등의 노력으로 보수당 의원의 5분의 1 정도인 41명이 1945년 10월 보수당 내 개혁파 모임인 보수당 개혁위원회의 주장에 동조하는 서명을 했고, 이들은 다음달 중앙위원회에서 '국가 개입주의'를 수용하는 결의안을 통과시키는 데 큰 역할을 했다(Ball, 1995, p. 111). 보수당 정치센터의 쌍방향 소통을 통해 당내 의견을 들어본 결과 복지국가에 대해 당원들 사이에 그다지 큰 반대가 없다는 사실이 확인되었고, 이 사안에 대해 계속해서 애매한 입장을 유지하는 것은 정치적으로 불리하다는 점이 이러한 정책적 변화를 가져온 주된 이유였다. 이러한 당내의 압력에 처칠은 굴복했다. 처칠은 이후 버틀러를 1946년 산업정책위원회the Industrial Policy Committee의 의장으로 임명했다. 1947년 5월 11일 이 위원회의 연구 활동 결과물인 산업헌장The Industrial Charter이 발표되었다. 이 위원회는 당내 가장 뛰어난 인물인 네 명의 지도급 의원들, 해럴드 맥밀런, 올리버 스탠리, 올리버 리틀턴, 데이비드 맥스웰-파이프 등과 4명의 평의원, 그리고 레지날드 모울딩을 포함한 보수당 조사국 소속 3명이 함께 참여했다. 산업헌장은 차기 보수당 정부를 위한 구체적인 계획안이기보다는 보수당이 추구할 보편적인 원칙을 제시한 것이었다. 처칠이 산업헌장의 초안을 받아보고 이것이 노동당에서 만든 것이 아니라는 사실을 알고 실망했으며, "이제 우리 당에도 사회주의자가 있구나"라고 한탄했다는 소문이 돌 정도로(Charmley, 1996, p. 133) 이 헌장은 보수당의 기존 입장에서 급격한 변화를 의미하는 것이었다.

산업헌장은 노동당 정부가 행한 초기 입법 내용을 받아들였고 산업에 대한 정부의 개입과 노사 간 상호 협력을 지지했다. 보수당은 이와 함께 국가 의료보험National Health Service: NHS의 설립과 철도, 석탄, 가스 산업 등의 국유화도 수용했다. 산업헌장 속에는 또한 보수당이 완전고용을 이루기 위해 노력해야 한다는 점을 분명히 했다. 그리고 국가, 기업, 노조 간의 협력 관계를 강조하는 코포라티스트corporatist 적 입장도 수용했다. 즉 보수당은 케인스주의 경제관리 방식이 안정적인 고용과 건전한 노사 관계를 보장할 것이라는 점을 인정했으며, 국가의 보다 확대된 역할이 수용되었고 보수당은 복지국가를 해체시키려고 하지 않을 것이라는 점을 분명히 했다. 보수당은 사기업을 억누르거나 부의 재분배를 지나치게 추구하지 않는다면 국가의 확대된 역할도 수용할 의사가 있었다.

이러한 급격한 정책적 입장의 변화는 전쟁 이후 노동당이 주도한 이런 정책이 상당한 인기를 얻고 있었고 지배적인 사회적 분위기가 되었기 때문이다. 복지국가 프로그램은 국민들 사이에 너무도 높은 인기를 누리고 있었다. 산업헌장은 이런 상황에서 국내 정치의 핵심적 이슈에 대해 보수당이 유권자들에게 유연하면서도 책임 있는 정당으로 보이도록 하기 위한 노력의 일환이었다. 1948년이 되면 대다수 보수당 의원들은 복지국가를 국가 경제에 해로운 것으로 더 이상 간주하지 않게 되었으며 보수당의 노선과 복지국가가 서로 충돌하지 않을 수 있음을 인정하게 되었다.

그러나 이러한 정책적 변화가 노동당의 모든 정책에 대한 수용을 의미하는 것은 아니었다. 보수당은 자신들이 지켜온 전통적인 가치를 고려하면서 조심스러운 입장도 견지했다. 즉 국가 개입이 지나치게 확대되는 것에는 반대했으며, 불필요한 통제와 규제로부터 자유시장의 중요성, 노조의 가입을 강제하는 클로즈드 숍closed shop의 폐지, 공공 지출의 삭감과 세금 감면, 투자 활성화 등의 정책도 함께 주장했다. 이러한 보수당의 태도는 산업헌장 속에는 '사회주의자들은 국민들에게 명령orders을 내려야 한다고 믿는다. 그러나 보수주의자들은 국민들에게 기회를 제공해야 한다고 믿는다'라는 문구에서 잘 나타나 있다(Ball, 1995, p. 112).

보수당의 이와 같은 자기 개혁은 시대적인 변화에 따라 적응해가는 '실용적 기회주의'라는 보수당의 전통적 특성이 잘 나타난 것이기도 하다. 그런 점에서 보수당이 내세운 산업헌장은 1834년 필의 탐워스 공약Tamworth Manifesto처럼 보수당 역사의 매우 중요한 변화를 상징하는 것이었다. 그리고 디즈레일리나 볼드윈처럼 도그마dogma를 거부하고 상황에 따른 정책적·이념적 유연함을 보였던 것이었다.

처칠은 산업헌장을 수용했지만 당내 우파는 이러한 새로운 정책 방향의 전환을 막기 위해 애썼다. 그러나 1947년 10월 브라이튼Brighton에서 열린 전당대회에서 산업헌장은 별다른 큰 반대 없이 통과되었다. 당내 우파들은 소수에 불과했고 대다수 당원들은 이러한 당의 노선 변화를 지지했다. 산업헌장의 작성을 주도한 버틀러, 해럴드 맥밀런, 데릭 히스코트 아모리Derick Heathcoat Amory, 레지날드 모울딩, 이안 맥클로드 등은 향후 보수당의 합의정치를 이끄는 주역이 되었다. 산업헌장은 뒤이어 나온 농업헌장the Agricultural Charter, 제국정책Imperial Policy 등 보수당의 전후 정책 변화를 이끌어낸 일련의 정책 제안의 최초이자 가장 중요한 것이었다. 이러한 정책 제안은 1950년 당 강령 등 이후 보수당 정책 공약의 토대가 되었다. 대중적인 관심도 커서 이 산업헌장은 그 뒤 석 달 만에 무려 250만 부가 팔려나갔다.

보수당의 정책 변화에는 맥밀런 역시 중요한 역할을 했다. 그는 일찍이 1938년에 별로 큰 주목을 받지는 못했지만 『중도의 길The Middle Way』이라는 책을 펴낸 바 있는데, 그 책에서 자본주의와 사회주의 사이의 중도적 길을 주장했다. 당시 그는 보수당 내에서 좌파 입장이었다. 후에 맥밀런은 그의 회고록에서 1945년 이후의 성과에 대해 다음과 같이 정리했다. "우리는 위대한 전후 시대의 유권자들에게 우리가 복지국가 내에서 완전고용의 필요성을 수용했고, 중앙계획의 필요성, 그리고 심지어 어려운 시기가 된다면 물리적 통제까지 필요하다는 점을 받아들였다는 사실을 일깨워줘야 했다. 우리는 과거의 자유주의와 새로운 사회주의 사이의 입장을 만들어내고 널리 알려야만 했다." (Seldon and Snowdon 2004, p. 77) 맥밀런의 이 말은 1945년 이후 30년 동안 보수당의 노선 변화를 잘 정리한 표현이라고 할 수 있다. 사회헌장과 뒤이은 농업, 웨일스, 대영제국 정책에 대한 보수당의 새로운 노선은 1949년에 '영국을 위한 바른 길The Right Road for Britain'이라는 제목의 당 공식 강령, 그리고 1950년 총선 공약 '여기가 우리가 가야 할 길이다This is the Road'로 종합적으로 정리되었다.

1945년 총선에서 패배한 보수당은 노동당 정부가 추진하는 다양한 복지국가 정책에 대해 반대 입장을 밝혔고 그 법안 통과를 저지하고자 했다. 그러나 보수당이 오랜 기간 동안 생존해올 수 있었던 큰 힘은 바로 시대적 변화를 읽고 필요하다면 그 흐름에 적응하는 것이다. 전후 정치적 환경의 변화와 함께 복지국가에 대한 유권자의 높은 기대와 열망 속에 보수당은 그 흐름 속에 자신을 적응해갔다.

밀리언 펀드와
당 조직의 정비

1945년 총선 패배 이후 보수당이 당 노선의 전환과 함께 추진한 당내 변화는 당 조직의 정비였다. 제2차 세계대전 때 많은 당원들과 선거 운동원들이 전쟁터로 나간 것이 당 조직 약화에 영향을 미쳤다. 또한 처칠은 전쟁 수행에 몰두한 나머지 당 조직의 활동에 대해서는 큰 관심을 쏟지 않았다. 1945년 총선 패배 이후 당 조직에 대한 재건이 본격적으로 진행되었다.

보수당 당 조직은 전쟁 중 식품성 장관Minister of Food을 담당했던 울턴 경Lord Woolton이 1946년 7월 당 의장이 되면서부터 급격하게 상황이 개선되기 시작했다. 울턴은 맨체스터에서 유통업으로 큰돈을 번 사업가 출신이었다. 그는 지역구 당 조직의 사기를 높이고 적극적으로 활동하도록 독려했다. 1947년 전당대회에서 그는 각 지역구 당원들에게 중앙당 자금 지원을 위해 100만 파운드의 성금을 모으는

'밀리언 펀드Million Fund' 운동을 제창했다. 100만 파운드는 당시로서는 쉽게 달성하기 어려운 큰 금액이었다. 울턴은 의도적으로 목표치를 높게 설정한 것이었다. 밀리언 펀드 운동은 중앙당의 인력과 조직 활동의 확대에 도움을 줄 수 있는 것이었지만, 울턴이 보다 중요하게 생각했던 점은 자금 모금 과정에서 일반 당원들의 활동이 활발해질 수 있고 또한 지구당의 자금 확보에도 도움을 줄 수 있다는 점이었다. 1948년 밀리언 펀드 운동은 예정했던 기간보다 앞서 그 목표를 달성했고 이를 계기로 보수당의 하위 당 조직은 전쟁 기간 중의 무기력에서 벗어날 수 있게 되었다.

1948년에 이르러 중앙당 사무국은 거의 완전하게 다시 제 역할을 담당할 수 있게 되었으며 지구당과 지역 하부 조직 역시 되살아났다. 밀리언 펀드 운동을 포함한 당 조직 개혁은 새로운 당원 모집을 위한 적극적인 운동으로까지 이어졌다. 1947년 초 보수당 당원의 수는 93만 7,083명에서 그해 말에는 120만 명으로 급증했지만 이 숫자 역시 제2차 세계대전 이전의 당원 수에는 미치지 못하는 것이었다. 그러나 당 조직의 정비와 함께 당원 수가 급증하기 시작해 1948년에는 224만 명, 그리고 1950년이 되면 276만 명으로까지 늘어나게 되었다(Ball, 1995, p. 113). 보수당 당 조직은 이제 활력을 되찾게 되었다. 맥밀런은 울턴의 이러한 활약을 바라보면서 '그는 훌륭한 조직가a great organiser일 뿐만 아니라 내가 겪어본 이들 가운데 최고의 장사꾼the best salesman that I have ever known이다'라고 평한 바 있다(Childs, 1992, p. 38).

울턴은 1946년 7월에 설립된 청년보수당Young Conservatives을 창설하는 데도 도움을 주었다. 1930년대에는 대다수 젊은이들이 좌파 이념에 친근감을 느꼈고 이는 1945년 노동당 승리의 또 다른 원인이었다. 전쟁 중 총선이 없었기 때문에 1945년 총선은 이들 젊은 유권자들에게는 첫 선거였다. 보수당은 총선 패배를 거울삼아 청년보수당 조직을 통해 이들을 끌어들이고자 애를 썼다. 이런 노력의 결과 청년 보수당은 1949년 말에 2,375개의 지역 조직과 16만 433명의 청년 당원을 갖게 되었다. 이러한 청년 당 조직 개혁에서 울튼의 역할은 절대적이었다(Ball, 1995, p. 113). 울튼 경은 새로운 당사를 위한 기금도 모으기 시작했으며 그 결과 1958년 웨스트민스터 스미스 광장No. 32 Smith Square, Westminster에 새 당사를 열었다. 2004년 인근인 빅토리아 가25 Victoria Street로 이전할 때까지 보수당은 이때 옮긴 당사를 사용해왔다. 이와 같은 당 조직의 강화로 보수당은 1945년과 비교할 때 훨씬 조직적으로 정비되고 단합된 모습을 갖추게 되었다.

당원 교육 및 당 이념의 선전을 위한 노력도 강화되었다. 1945년 이후 당내 중견 간부들을 대상으로 하는 정치교육이 실시되었고 보수당 정치센터는 정치교육 강좌를 개설하고 당원들이 토론하고 내용을 전파할 자료를 만들어 제공했다. 또한 퀸틴 호그에게 영향력 있는 '펭귄 스페셜Penguin Special' 문고판으로 『보수주의란 무엇인가The Case for Conservatism』라는 책을 쓰도록 위탁했다. 이 책은 일반인들과 당원들이 쉽게 보수주의가 무엇인지 이해할 수 있도록 의도한 것이었다. 이 책에 따르면 보수주의는 모든 변화에 반대하는 것이 아니라, 곧 사라져버릴 수 있는 일시적인 시대적 유행이나 사고방식에 저항하며 사회적 균형을 잡고자 하는 것이었다. 따라서 보수주의는 점진적 변화와 전통을 중시하고 그에 기초한 유기적이고 인본적인 사회를 보호하려는 중도적 입장을 대변한다고 주장했다. 예컨대 19세기 보수주의는 자유방임형 고전적 자유주의를 반대하고 공장에 대한 규제와 시장 개입 등 자본주의의 문제점을 줄이기 위해 애썼지만, 20세기에 들어 와서는 사회주의자들이 선호하는 지나친 규제와 개입과 통제에 반대 한다는 것이다. 이러한 시도는 일차적으로는 대중을 대상으로 하는 보수당의 이념 홍보 활동의 일환이었지만 동시에 당을 지원할 지식인 들을 끌어들이기 위한 의도도 있었다.

당내 후보 선출 방식도 이 무렵 변화되었다. 후에 내무장관이 되는 데이비드 맥스웰-파이프가 이끌었던 연구위원회Maxwell-Fyfe Committee는 1948년 후보자나 의원이 지역구 정당에서 지출하는 비용을 형식적이라고 할 만큼 크게 낮췄고 그 대신 지역구 조직이 후보자의 선거비용을 책임지도록 하는 방안을 제안했다. 이 제안은 재산이 아니라 능력에 의해 보수당의 의회 후보자가 될 수 있도록 한다는 점에서 매우 혁신적인 것이었다. 후보자는 연 25파운드, 의원은 50파운드 이상 금액의 기부를 하지 못하도록 규제했으며, 지구당 조직이 선거 자금 마련을 위해 최선을 다하지 않으며 중앙당의 기금 지원을 받지 못하도록 했다. 이러한 맥스웰-파이프 위원회의 개혁안은 보수당에서 공식적으로 수용되었다. 당내 후보 선출 방식에 대한 이러한 개혁 조치는 보수당 하부 지역 조직의 활성화에 큰 도움이 되었다. 보다 우수한 자질과 역량을 갖는 이들이 의회 선거의 후보자가 되기 위해 모여들게 되었고, 당의 지역 하부 조직이 소수의 '큰손'이 아니라 많은 소액 기부자에 의존하도록 만들었다. 따라서 지역 조직으로서는 보다 적극적으로 자금 모금에 나서지 않으면 안 되게 되었다. 이로 인해 지구당 조직이 활성화되었고 조직 운영의 효율성도 높아지게 되었다. 맥스웰-파이프 위원회는 또한 각 지구당이 이전 총선에서의 보수당 후보의 득표수에 따라 거기에 대응하는 금액을 중앙당에 매년 납부하도록 하는 방안도 도입했다. 밀리언 펀드보다 규모는 작지만 항구적인 당 자금 모금의 프로그램을 마련한 것이다.

이러한 당 충원 구조의 개혁은 무엇보다 제2차 세계대전 이후 새로운 영국 사회의 변화된 환경에 보수당이 보다 적극적으로 대응하려는 노력의 일환이었다. 충원 구조의 변화를 통해 보수당이 더 이상 부자만의 정당이 아니라는 점을 부각시키며, 보수당 의원의 사회적 출신 기반을 보다 확대하고자 한 것이다. 정치적 충원의 사회적 범위를 넓히지 않은 채 기득권 층에만 보수당을 묶어놓는 것은 보수당의 정치적 경쟁력을 크게 약화시킬 수 있다는 점을 우려한 것이다. 이러한 「맥스웰-파이프 보고서」가 정치적으로 그 결실을 맺게 되기까지는 적지 않은 시간을 필요로 했지만 이러한 개혁 조치는 그 이후의 보수당을 크게 바꿔놓았다. 1960년대 중반 이후부터 보수당을 이끌었던 에드워드 히스Edward Heath, 마거릿 대처Margaret Thatcher, 존 메이저John Major의 등장은 이때 이뤄진 당내 충원 구조의 사회적 기반 확대의 결과였던 것이다.

그러나 '전통적인' 보수당의 기조로부터의 급격한 노선 전환이 손쉽게 이뤄진 것은 물론 아니었다. 제2차 세계대전 이후 처음 열린 1946년 블랙풀Blackpool에서의 전당대회장에서 보수당 내 우파들은 이러한 당의 노선 전환에 대해 강한 불만을 터뜨렸다. 당내 우파들은 버틀러나 맥밀런 등을 사회주의자라고 부르기도 했고 또는 정치적 편의를 위해 보수당의 참다운 가치를 팔아버린 자들이라고 비판하기도 했다. 사실 이러한 비판은 전시 연립정부 때부터 보수당 내부에서 제기되었던 것이었다. 1942년 보수당 내 불만 세력과 기업인들은 노동당이 주도한 연립정부의 과도한 규제정책에 대해 대항하기 위한 '기업의 과녁Aims of Industry'이라는 압력집단을 만들어 활동했다. 1943년 4월에는 전국자유연맹The National League for Freedom이라는 비슷한 목적을 갖는 또 다른 단체가 만들어졌는데, 이들은 전쟁 이후 정부가 경제활동과 개인생활에 대한 불필요한 통제를 계속하지 않도록 하기 위해 투쟁했다. 그러나 음식과 연료의 부족이 지속되어 온 전쟁과 그 이후의 시기에 당내 우파들이 말하는 '진정한 보수주의'를 위한 건설적인 대안을 찾기는 쉽지 않았다.

한편 이러한 당내 정책 변화에 대한 처칠의 입장은 애매했다. 보수당 내에서 일어난 급격한 노선 전환과 개혁은 처칠이 주도적으로 이끈 것은 아니었다. 1946년 블랙풀 전당대회에서 제기된 당내 우파의 반발에 대해서도 보수당의 일반적인 원칙만을 내세우며 분명치 않은 입장을 취했다. 이 때문에 개혁을 선호했던 청년보수당Young Conservatives과 보수당 개혁위원회 등은 당 지도부가 당의 새로운 정책과 노선에 대해 보다 확고하고 분명한 입장을 취할 것을 주장하기도 했다.

사실 1945년 총선 패배 이후 직면한 보수당 내부의 문제는 당수 처칠의 향배였다. 당 개혁 문제가 아니더라도 처칠은 강력한 리더십을 보여주지 못했다. 1945년 총선 참패 이후 지치고 실망한 탓인지 처칠은 우유부단한 모습을 보였다. 1945년 11월 보수당 평의원들의 조직체인 1922년 위원회는 처칠이 당수로서 적극적인 활동을 보여주지 못한다고 불만을 터뜨렸다. 예비 내각 내에 있는 적지 않은 이들도 다가올 총선에서의 참패를 모면하기 위해서는 처칠이 사임해야 한다고 생각했다. 그들은 또한 그들의 이야기에 더 귀 기울이고, 보다 강력한 당내 장악력을 갖는 인물을 원했다. 1949년 2월 해머스미스 사우스Hammersmith South의 보궐선거에서 보수당이 기대했던 승리를 얻지 못하게 되자 1922년 위원회는 다시 모임을 갖고 처칠을 비판했다. 사실 1946년 초부터 일상적인 당 활동은 이든이 맡아서 사실상의 야당 지도자 역할을 수행해왔다. 처칠은 1946년 미국 미주리 주 풀턴Fulton, Missouri에서 행한 유명한 「철의 장막iron curtain」 연설[68]에서 보는 것처럼 1945년 총선 패배 이후 국제 문제에 보다 집중했고, 뒤에 노벨 문학상을 받게 된 6권 분량이나 되는 자신의 전쟁 회고록War Memoirs의 집필에 몰두했다.

처칠의 무기력에 대한 당내 비판에도 불구하고 그는 여전히 국제 사회에서 영향력 있는 정치 지도자였다. 처칠은 보수당 당수를 넘어서 영국의 국가적 지도자로 남아 있었고 여전히 가장 인기 있는 정치인이었다. 그러나 1945년 총선에서 노동당이 얻은 커다란 승리와 의석수를 감안할 때 5년 뒤에 실시될 다음 총선에서도 보수당이 과연 승리할 수 있을까 하는 데 대한 의구심이 생길 수밖에 없었다. 만일 그렇게 된다면 보수당은 앞으로 10년을 더 기다려야 하는 셈이었다. 1945년 당시 처칠의 나이는 71세였다. 10년을 야당 신세로 남아 있어야 한다면 보수당이 그 후 집권했을 때 처칠은 81세가 되는 것이다. 이런 상황에서 당내에서 리더십 교체에 대한 의견이 일어나지 않을 수 없었다. 그러나 처칠은 물러나기를 단호히 거부했다.

그러나 1946년 이후 당수로서 그의 지위는 다시 굳건해졌다. 1950년까지 대부분의 시기에 처칠은 정치적 논란을 넘어 존재했다. 그는 보수당이 다시 단합할 수 있도록 했고, 보수당이 유권자들에게 보다 호소력을 갖는 정당이 되도록 만들기 위해 애썼다. 그는 심지어 '보수당'이라는 오랜 역사를 가진 당명을 보다 폭넓은 대중적 지지를 확보하기 위해 '연합당Union Party' 등으로 바꾸는 것을 검토하기도 했다. 또한 처칠은 노동당을 물리치기 위해 반사회주의 연합을 결성한다는 차원에서 자유당과 합당을 시도하기도 했다. 당내의 극렬한 반대로 자유당과의 합당은 이뤄지지 못했지만, 그는 1947년 보수당과 전시 연립정부에 참여했던 자유당 분파였던 거국파 자유당National Liberal Party과 선거 협약을 맺는 데는 성공했다. 보수당은 이러한 자기개혁과 당의 조직의 정비 과정을 거치면서 1945년 참패의 충격에서 조금씩 벗어나기 시작했다.

보수당의 권력 복귀와
버츠켈리즘

보수당의 당 정책 노선이 변화하면서 노동당과 보수당은 정책 기조에서 대체로 유사한 입장을 갖게 되었다. 이와 같은 전후의 합의정치는 몇 가지로 그 특성을 나눠 살펴볼 수 있다. 우선 대외 정책에서 노동당 정부는 소련에 대한 적대 정책, 미국과의 긴밀한 공조 정책을 폈다. 1950년 한국전쟁이 발발했을 때 노동당 정부는 미국이 주도하는 연합군에 영국군을 파견하는 결정을 내렸고 보수당 역시 이러한 결정에 찬성했다. 사실 이와 같은 대외 정책은 보수당과 노동당 간의 입장 차이보다 노동당 내부에서 더 큰 시각의 차이를 보이는 것이었다. 노동당이 집권하면서 애틀리 내각이 국제정치적으로 보다 현실적인 노선을 취하게 된 데서 비롯된 결과였다. 보수당의 입장에서 볼 때 합의정치의 핵심은 국내 정책이었다. 보수당이 국내 정책에 대해 입장을 선회하면서 양당 간 입장의 차이는 크게 줄어들었다. 산업현장 등 새로운 정책을 채택하면서 사기업과 공공 소유가 공존하는 혼합경제에 대한 합의가 이뤄졌다는 점이 무엇보다 중요했다.

보수당이 정책적 선회와 조직의 강화를 추진해오는 사이 노동당 정부는 어려움을 겪고 있었다. 노동당 정부는 집권 후 주요 산업의 국유화 정책, 그리고 국민의료법National Heath System Act, 가족급여법 Family Allowance Act, 국민보험법National Insurance Act, 산업재해법Industrial Injuries Act 등 각종 복지 관련 법안을 처리하면서 「베버리지 보고서」에 기초한 복지국가 건설이라는 중요한 사회 개혁을 이끌었다. 그러나 1946~1947년의 겨울에 발생한 식품과 연료의 부족 사태로 배급량이 전쟁 때보다 줄어들면서 노동당 정부에 대한 불만이 점차 높아져 갔다. 당대를 살았던 영국인들이 기억할 수 있는 한 가장 추운 겨울이었다고 할 만큼 연료와 식품 배급 부족으로 위기 상황은 심각했다. 또한 1947년에는 파운드화의 위기가 발생했고 1949년에는 국제수지 적자가 큰 폭으로 늘어나면서 노동당 재무장관 크립스는 30퍼센트의 평가절하를 단행할 수밖에 없었다. 이러한 조치는 국가적 치욕으로 간주되었고 노동당 정부로서도 돌이킬 수 없는 상처였다(고세훈, 1999, pp. 249-250). 이러한 일련의 사건들은 노동당 정부에 대한 신뢰감을 떨어뜨렸고 노동당의 정책은 비효율적이고 관료적이며 인내와 궁핍을 강요하는 것으로 간주되기 시작했다.

이런 상황에서 보수당은 석탄 위기와 식품 공급의 부족으로 인한 불만을 최대한 이용하고자 했다. 보수당은 노동당 내각에서 식품을 담당한 스트라치John Strachey와 연료 및 전력 분야를 담당한 쉰웰 Manny Shinwell을 타깃으로 삼아 '스트라치와 함께 굶고, 쉰웰과 함께 떨다Starve with Strachey, and Shiver with Shinwell'라는 슬로건을 만들어 공격했다. 이는 물론 다소 과장된 정치적 공세였지만 노동당 정부의 문제점을 지적하면서 동시에 보수당의 사기를 높이는 데 기여했다. 식품이나 연료 부족으로 인한 불만뿐만 아니라 노동당 정부로서 가장 뼈아픈 부분은 전쟁을 마치고 귀국한 제대 군인들과 공습으로 집을 잃은 국민들에게 충분한 주택을 공급하지 못하는 것이었다. 1951년 후반까지 노리치Norwich나 글라스고Glasgow에 사는 많은 이들은 일시적인 임시 거처에서 여전히 살고 있었다. 정책 노선을 두고 노동당 내각 내에서 입장 차이도 컸고 당내 갈등도 심각했다.

1950년 2월 총선이 실시되었다. 1949년에 펴낸 당 정책 강령 '영국을 위한 바른 길The Right Road for Britain'을 담은 「여기가 길이다This is the Road」가 당 공약집이었다. 5년 전에 비해 보수당은 정책적으로나 조직적으로 훨씬 나아진 상태였다. 1950년 총선에서 보수당은 298석으로 이전에 비해 85석이나 늘어났다. 그러나 득표율은 3.7퍼센트 늘어나는 데 그쳤다. 한편 노동당은 과반을 넘는 315석으로 보수당에 앞서기는 했지만 이전에 비해 78석이나 줄어들었고, 보다 심각한 사실은 과반을 넘는 의석수가 겨우 6석으로 줄어들었다는 점이었다. 안정적인 통치를 위해 결코 충분하지 못한 의석수였다. 1950년 선거에서는 보수당의 상승세가 두드러졌지만 이는 보수당에 대한 신뢰의 회복이기보다 노동당 정부의 정책 운영에 대한 실망이라는 의미가 더욱 강했다.

그러나 1950년 선거 결과를 보면서 보수당은 차기 선거에서의 승리를 예감할 수 있었다. 노동당 2차 애틀리 정부의 20개월 동안 보수당은 보다 적극적으로 활동했다. 보수당은 연간 30만 호 주택 건설과 같은 야심 찬 정책 공약을 내세웠으며 1950년 10월의 전당대회에서 이러한 결의안을 통과시켰다. 주택 공급 공약의 실패는 노동당에게는 뼈아픈 것이었다. 이처럼 보수당은 노동당이 성공하지 못한 부분의 공약을 최대한 부각시켰다. 1951년 총선을 앞두고 보수당은 단결돼 있었고 자신감을 회복했던 반면 노동당 내각은 사기는 극도로 저하돼 있었다. 엎친 데 덮친 격으로 노동운동 내부의 분열도 다시 고개를 들기 시작했다(고세훈, 1999, p. 252). 1951년 10월 노동당 정부의 긴축재정을 둘러싸고 내각 내 분열이 생겨났다. 어나이린 베번Aneurin Bevan과 해럴드 윌슨Harold Wilson 등이 당 지도부의 긴축재정 편성에 항의하면서 내각 각료직에서 사임했다. 이러한 내각 분열의 위기 속에 애틀리는 의회를 해산하고 총선을 실시하기로 했다. 1950년 2월에 실시된 총선 이후 20개월 만에 다시 치르는 선거였다.

한편 처칠은 총선 승리를 위해 자유당과의 선거 협약Con-Lib Pact을 고려했지만 그 중요성에 대해 당을 설득하는 데 실패했다. 그러나 처칠의 생각과는 달리 자유당과의 협약 없이도 보수당은 자유당으로부터 뜻하지 않은 도움을 받았다. 자유당은 1951년 10월 총선을 앞두고 어려움에 처하게 되었다. 너무 짧은 시기 사이에 두 차례나 선거가 실시된 탓에 자금과 조직력이 크게 약화된 자유당은 후보자를 제대로 내세우기도 벅찼다. 총선에 출마한 자유당 후보자의 수는 1950년의 475명에서 1951년에는 겨우 109명으로 줄어들었다. 선거 결과 자유당의 득표율은 2.5퍼센트로 떨어졌으며 겨우 6명의 당선자만을 낼 수 있었다. 1951년 총선은 20세기에 들어 자유당이 가장 저조한 성적을 보인 선거였다. 그런데 이 때문에 많은 선거구에서 1950년 총선과는 달리 자유당 후보가 존재하지 않게 되었다. 자유당 후보가 없다는 사실은 반사회주의 성향의 유권자 표가 보수당에 집중될 수밖에 없

▶ 처칠 수상

도록 만들었다. 자유당과의 선거 협약 없이도 반노동당 표를 보수당이 모두 끌어갈 수 있었던 것이다. 그 결과 보수당은 1951년 총선에서 이전보다 23석을 더 얻어 모두 321석을 차지했다. 반면 노동당은 295석의 의석을 얻었다. 보수당은 17석의 과반 의석을 차지하게 된 것이다. 그러나 흥미롭게도 1951년 선거에서 노동당은 48.8퍼센트를 득표한 반면 보수당은 48.0퍼센트를 득표했다. 노동당은 보수당보다 20만 표 이상 더 득표하면서 당 역사상 가장 높은 득표율을 기록했지만 권력은 보수당에 넘어가고 말았다.[69] 노동당은 득표율과 의석률 간의 차이가 큰 단순다수제 선거제도의 피해자가 된 셈이다.

77세의 나이에 처칠은 또다시 다우닝 가에 돌아왔다. 처칠은 보수당과 영국에 자신의 역할을 남길 수 있는 마지막 기회를 갖게 되었다. 처칠은 글래드스턴 이래 가장 연로한 수상이 되었다. 이번에 처칠은 전시가 아닌 평화 시에 다우닝 가로 돌아왔다. 1951년 총선 이후 행한 내각 인선은 처칠 내각의 특성을 잘 보여주는 것이었다. 처칠은 보수당 지도자이기보다 국가적 지도자로 간주되고 싶어 했다. 이 때문에 자유당 지도자 클레멘트 데이비스Clement Davies에게도 교육부 장관직을 제안했지만 자유당 내 반발로 무산되었다. 그러나 1947년 공식 합당된 과거 거국파 자유당National Liberas 출신 의원들에게 중요한 직책은 아니라고 해도 모두 18석의 내각 직책을 주었다. 재무장관으로는 올리버 리틀턴이 지명될 것으로 예상했으나 그 대신 버틀러가 임명되었다. 리틀턴은 너무도 런던 금융가의 이해관계에 가깝다는 것이 지명되지 못한 이유였다(Charmely, 1996, p. 142). 버틀러는 이안 맥클로드, 히스, 파월, 레지날드 모울딩, 앵거스 모우드Angus Maude 등 자신과 뜻을 같이하는 이들을 부장관junior minister에 임명했으며, 맥클로드는 1952년 보건부 장관으로 승진해 자리를 옮겼다. 또한 노동당에 대한 노조의 자금 지원 문제를 언급해 노조와 긴장 관계를 야기했던 맥스웰-파이프 대신 부드러운 성격이며 노동계에 보다 유화적인 월터 몬크턴Walter Monckton을 노동부 장관에 임명했다. 해럴드 맥밀런은 주택성 장관Minister of Housing으로 임명했다. 그러나 당내 우파들은 직책을 부여받지 못했다.

처칠 내각은 정책에 따라서 다소 갈등을 빚기도 했지만 대체로 온건하고 개혁적인 보수주의를 추구했으며, 이후 오랫동안 보수당 정책 노선에 영향을 미쳤다. 1951년 총선 당시 보수당의 구호는 '국민을 풀어줘라Set the people free'라는 것이었다. 노동당이 추진하는 세금과 규제, 배급과 통제로부터 국민들을 자유롭게 하라는 것이었다. 그러나 보수당은 이전 노동당 정부가 추진한 정책 기조로부터 180도 전환할 생각은 전혀 없었다. 이러한 정책들은 여전히 국민들에게 큰 인기를 얻고 있었다. 1951년 선거 결과가 보여주듯이 국민들은 노동당 정부가 추진해온 정책 방향에 대해 완전히 돌아선 것이 아니었다. 득표수에서는 노동당이 더 많은 표를 얻었다.

이 때문에 중앙계획, 정부 개입 그리고 사회적 조화의 유지 등의 정책 기조는 보수당 하에서도 이전 노동당 정부 때와 유사하게 지켜졌다. 이 때문에 《이코노미스트》지의 노만 맥크래Norman Macrae는 보수당 정부 버틀러 재무장관의 정책과 그 이전 노동당 정부 때 재무 장관인 휴 게이츠켈Hugh Gaitskell의 정책이 유사한 것을 빗대어 버츠켈 Mr. Bustkell이라는 말을 지어냈고, 이후 이러한 정책 기조는 버츠켈리 즘Butskellism으로 불리게 되었다. 이 용어처럼 그만큼 두 정부의 정책 은 연속성이 컸다. 굳이 차이를 지적하자면 노동당 정부는 계획의 목 표를 정하는 형태로 경제를 통제했고 적극적으로 국가가 개입했던 반 면, 보수당은 신용 규제 및 기타 통화 수단에 의한 방법을 선호했다.

구체적인 정책별로 살펴보면 처칠 정부는 우선 노동당 정부와 마찬 가지로 완전고용을 유지하겠다고 약속했다. 실제로 보수당 정부 하에 서 실업자의 수는 50만 명 규모에서 더 늘어나지 않았다. 노동 분야 에서 보수당의 산업헌장은 노조를 '산업 분야에 있어 중대한 역할을 수행하고 있다'고 치하하고 있다. 사실 제2차 세계대전 동안 충성스럽 게 전쟁 물자 생산 등 노력해온 노조의 노력은 보수당의 생각을 바꾸 게 하는 데 결정적인 영향을 미쳤다. 1951년 이후 처칠의 관심 속에 노동 문제를 비교적 원만하게 풀어갔다. 이 때문에 노동당 애틀리 정 부 때보다 보수당 처칠 정부 하에서 파업으로 인한 손실 일수가 오히 려 줄어들었다. 노동부 장관인 몬크턴은 산업 분규를 해결하는 그의 능력 때문에 '윤활유 통oil can'으로 불리기도 했다(Seldon and Snowdon, 2004, p. 80). 물론 우파들은 이와 같은 '노동조합 달래기'에 대해 불만 이 높았지만, 1951년 이후 보수당 정부의 중요한 임무는 1920년대와 1930년대의 보수당 정부에 대한 부정적 기억이 여전히 생생한 상황 에서 보수당이 노조와 더불어 일할 수 있는 정치 세력임을 보여주는 것이었다. 1951년 총선 이전에 노동당은 보수당이 권력을 잡게 되면 노동 분규로 인해 거의 무정부 상태가 될 수도 있다고 주장하던 상황이었다.

주택 공급에선 처칠 정부는 전임 노동당을 넘어섰다. 1951년 맥밀런이 주택성 장관에 임명되었을 때 그는 사실 그 직책에 다소 실망했다. 그러나 맥밀런은 곧 그 업무의 중요성을 깨달았고 1953년까지 정부는 매년 30만 호의 새로운 가구를 지어 공급하는 목표를 달성했다. 1954년까지 영국에서 자신의 집을 소유한 가구의 비율은 1951년 30퍼센트에서 1954년에는 47퍼센트로 크게 높아졌다. 주택 붐은 노동당의 불필요한 규제를 철폐하려는 보수당의 노선과 건설업에 대한 통제 완화에 의해 이뤄진 것이었다.

경제적으로 호전된 상황에서 전쟁 때부터 지속되어 온 배급제가 폐지되었고 소득세는 다섯 차례에 걸쳐 낮아졌다. 국가 소득 대비 정부 지출의 비율도 1951년 29퍼센트에서 1955년에는 26퍼센트로 낮아졌다. 경제적으로 번영하는 시기에 보수당 정부는 세금을 낮추면서도 동시에 국가 의료보험의 지출을 유지했고 완전고용에 대한 약속도 대체로 지킬 수 있었다. 자본 투자가 늘어났고 무역수지도 흑자로 전환했으며 경제도 성장세였다. 버틀러가 재무장관으로 경제 전반을 책임지고 있던 이 시기에 영국 사회의 전반적인 생활수준은 크게 향상되었다. 경제적으로 윤택했고 재정도 건실했던 1950년대에 보수당은 경미한 인플레이션이 발생하더라도 전반적으로 건실하게 복지국가를 재정적으로 지원할 수 있었다.

1951년 이후에도 처칠 정부는 이전 노동당 정부의 정책을 송두리째 되돌리려고 하지 않았다. 처칠이 노동당 정부 때 국유화된 것을 다시 민영화한[70] 산업은 철강과 도로수송 분야 두 가지에 집중돼 있었다. 보수당 정부는 이 두 가지 분야에서는 어떤 것도 자연적인 독점이 될 수 없다고 보았다. 그러나 방송 분야에서는 BBC의 독점을 허용하려는 이전 노동당 정부의 정책과는 달리 경쟁 정책을 도입했고, 1954년 새로운 독립적인 상업 텔레비전 ITV의 설립을 가능하게 하는 텔레비전 법이 제정되었다.

외교정책에서 처칠은 지배적인 존재였다. 외무장관 이든은 1945년 이래 처칠의 강경한 반소련·친미국 정책을 싫어했지만, 냉전의 심화로 인해 이든은 처칠의 노선과 같이할 수밖에 없었다. 처칠의 보수당 정부는 국방예산 확충과 신형 핵무기 도입 및 개발 등 방위 역량 강화에도 힘썼다. 1952년에는 미국, 소련에 이어 세계 세 번째로 핵실험을 성공시켰고 1955년에는 수소폭탄 개발을 위한 연구를 시작해 2년 뒤 그 실험에 성공했다(고세훈, 1999, pp. 274-275). 처칠은 한때 유럽합중국a United States of Europe과 같이 유럽의 통합 문제에 대해 호의적인 입장을 밝힌 바 있지만, 1951년 집권 이후 이를 정책적으로 추진할 의사는 없었고 오히려 국방과 경제 영역에서 유럽을 통합시키려는 계획에서 한걸음 물러서 있었다.

경제정책에서는 노동당과 보수당 사이에 대체적인 합의가 존재했지만, 대영제국의 식민지 해방 문제에 대해선 두 정당은 매우 뚜렷한 입장의 차이를 보였다. 1945년부터 1950년까지 노동당이 집권하는 동안 인도·파키스탄·스리랑카·미얀마가 독립했고, 1948년에는 아랍과 이스라엘 전쟁과 이스라엘의 독립으로 영국은 팔레스타인에서도 물러났다. 2차 애틀리 내각 때는 이란이 자국 내 유전을 국유화하는 조치를 용인했고 영국은 이란에서도 철수했다. 이 모든 정책에 대해 보수당은 반대해왔다. 애국주의에 대한 강조, 제국의 정당이라는 보수당의 전통에서 본다면 이러한 반대는 자연스러운 일이었다.

처칠은 1947년 인도의 독립을 지지하지 않았고, 1950년대 초 말라야(말레이시아)에서 공산 반군이 반란을 일으키고 또 케냐에서 독립을 위한 투쟁, 마우마우 봉기가 일어났을 때 군대를 파견해 무력으로 진압하기도 했다.

그러나 보수당이 집권한 이후에도 식민지 국가의 독립이라는 시대적 추세는 피할 수 없었다. 대표적으로 처칠은 보수당 내 평의원의 모임인 1922년 위원회와의 회합을 통해 수에즈 지역을 포함하는 이집트에서 영국 군대를 철수시키고자 한 외무부 장관 이든의 정책을 지지하게 되었다. '제국 내 자유무역'이라고 하는 조지프 체임벌린의 관세 개혁 정책의 유산도 당내 일부의 격렬한 반대에도 불구하고 처칠 정부 하에서 폐지되었다.

연로한 처칠은 건강상의 문제를 갖고 있었다. 1949년, 1952년에 이미 심장 문제로 앓은 바 있고 1953년에는 심각한 심장마비 증세를 겪기도 했다. 그러나 처칠은 건강 문제로 이제 수상직에서 물러나야 한다는 주위의 권유를 거부했다. 그는 1942년에 이미 앤서니 이든을 자신의 후계자로 지명했지만 건강상의 어려움에도 불구하고 처칠의 퇴임 일자는 계속해서 연기되었다. 1952년 조지 6세의 서거, 1953년 3월 스탈린 사망, 1953년 6월 엘리자베스 여왕의 즉위, 1954년 11월 그의 80회 생일 등 여러 가지 이유를 대며 그는 은퇴를 미뤄왔다. 1954년 그의 80세 생일 때 대중들의 성대한 환호 속에 처칠의 인기와 존경심은 최절정에 달했다. 1954년 12월 15일 처칠은 다음 해 6월 전에는 수상직에서 사임할 것이며, 이든이 그사이에 총선을 준비할 시간을 갖도록 하겠다고 밝혔다. 결국 그는 1955년 4월 그가 선택한 시점에 수상직에서 떠났지만 그가 물러나기 직전까지도 과연 그가 정말 수상직에서 떠날 것인지 아무도 확신할 수 없었다.

처칠은 영국 정치의 지나간 시대를 대표했다. 그는 대영제국, 귀족 정치, 국제정치에서 영국의 힘을 상징했다. 이제 그의 퇴장은 한 거물 정치인의 퇴장일 뿐만 아니라 과거 세계를 호령하던 강대국 영국의 퇴조도 함께 의미하는 것이었다. 그의 은퇴와 함께 영국은 이제 화려한 과거를 접고 새로운 시대로 나아가게 되었다.

이든과
수에즈 운하 사건

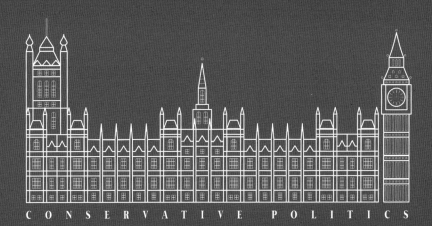

앤서니 이든이 처칠의 퇴임과 함께 새로운 수상이 되었다. 수상에 취임한 후 몇 주 뒤인 1955년 5월 이든은 새로운 총선 실시를 결정했다. 보수당의 선거공약은 '평화와 번영을 위한 단결United for Peace and Progress'이었다. 1951년 이후 보수당 정부 하에서 경제 상황은 개선되었고 대외 정책에서도 긍정적인 평가를 받고 있었다. 제2차 세계대전 당시 외무장관으로 처칠을 도와 전쟁 승리에 기여한 이든의 개인적 인기도 무척 높았다. 선거 결과 보수당은 전후 최대 득표인 49.7퍼센트를 득표했으며 과반보다 55석이나 많은 344석을 차지했다. 노동당의 득표율은 48.8퍼센트에서 46.4퍼센트로 떨어졌으며 의석수는 295석에서 277석으로 18석 줄어들었다. 애틀리의 뒤를 이어 게이츠켈이 당수직을 차지했지만 베번 등 당내 좌파와의 갈등으로 인한 노동당의 당내 분열은 더욱 심각해져 갔다.

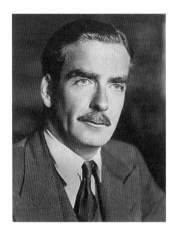
▶ 앤서니 이든 수상

이든은 1955년 총선에서의 압승을 통해 처칠의 그림자에서 벗어나 자신의 리더십에 대한 명백한 위임을 국민들로부터 받게 되었다. 이든은 외교 분야에서 오랫동안 일해온 탓에 경제를 비롯한 국내 문제에는 상대적으로 많은 경험을 쌓지 못했다. 이든은 버틀러에게 경제 문제를 맡기고 자신은 대외 문제에 관심을 집중했다.

그러나 총선 이후 얼마 지나지 않아 그의 리더십은 도전 받기 시작했다. 경제 상황이 나빠지면서 이든과 버틀러는 정부 지출을 줄이기로 했다. 주택 보조금을 줄였고 국유화 기업에 대한 자본 투자 계획도 일시적으로 중단했다. 소비세도 높였다. 이런 조치들로 인해 국민들의 불만이 높아졌고, 당내에서는 랜돌프 처칠 등으로부터 공격을 받게 되었다. 보수적인 《데일리 텔레그래프The Daily Telegraph》지로부터는 이든 수상의 리더십이 '견실한 정부라는 느낌을 주지 못한다'는 비판을 받기도 했다(Seldon and Snowden, 2004, p. 83). 상황이 이렇게 되자 이든은 점차 초조해하며 쉽게 짜증 내고 방어적이 되어갔다. 그의 건강에도 문제가 생겨 요양이 필요할 정도까지 건강도 나빠졌다. 그러나 그의 리더십에 결정적인 타격을 준 사건은 이든의 경험이 적은 국내 문제보다 그의 특기라 할 수 있는 외교정책 분야에서 발생했다.

이든이 처음 대중에 널리 알려진 것은 1935년 12월 볼드윈 정부 시절 외무장관으로 임명되면서부터이다. 젊고 잘생긴 외모에 자신감으로 가득 찬 모습은 국민들로부터 큰 인기를 얻었다. 1938년 2월 독일에 대한 체임벌린 수상의 유화정책과 관련해 이에 대한 정책 입장의 차이로 사임했고 핼리팩스가 그 뒤를 이었다. 이든은 처칠이 수상직을 맡고 난 이후인 1940년 12월 다시 외무장관으로 돌아왔다. 그러나 전쟁 기간 중 외교 및 대외 관계는 처칠이 직접 관장하는 경우가 많았기에 사실상 처칠의 그늘에 가려져 있었다. 그러나 이든은 처칠이 지명한 후계자였다. 1951년 보수당이 다시 집권한 이후부터는 이든이 실질적으로 대외 관계를 주도했다. 1954년에는 베트남을 남북으로 분단해 통치하도록 한 제네바 회의Geneva Conference에서도 큰 역할을 하기도 했다.

그러나 이러한 경력을 가진 이든의 정치적 운명에 결정적인 해를 입힌 것은 바로 외교적 위기였다. 이집트에서 군부 쿠데타가 발생해 1953년 왕정을 전복시켰다. 이후 권력자로 떠오른 인물이 압델 나세르Gamal Abdel Nasser였다. 1956년 7월 이집트 지도자 나세르는 수에즈 운하를 국유화하기로 전격적으로 결정했다.

수에즈 운하Suez Canal는 1869년 프랑스와 이집트 정부의 재정 지원에 의해 완공되었다. 수에즈 운하는 영국과 인도, 홍콩 등 극동, 호주, 뉴질랜드를 연결해주는 '대영제국의 생명선the lifeline of Empire'과 같은 것이었다. 영국 무역의 25퍼센트가 수에즈 운하를 통과했고 중동에서 생산된 원유의 상당량이 수에즈 운하를 거쳐 유럽에 도착했다(Childs, 1992, p. 85). 이러한 전략적 중요성 때문에 영국은 디즈레일리 정부 때인 1875년 수에즈 운하의 이집트 정부 지분을 매입해 소유권을 유지해오고 있었다. 수에즈 운하에 전략적 이해관계뿐만 아니라 금전적 이해관계까지 갖게 된 영국은 1882년 자유당 글래드스턴 시절 반제국주의 시위가 일어나자 운하 보호 명목으로 이집트를 침략해 사실상 점령해버렸다. 공식적으로는 병합이 아니라 독립국가의 형식을 취하고 있었지만 영국은 이집트에서 지배적인 존재였다. 1888년 콘스탄티노플 회담에서 수에즈 운하는 영국의 보호 하에 놓이는 중립지대임이 선언되었다. 그러나 나세르는 그 생명선을 국유화 조치로 영국에서 빼앗아 간 것이다.

영국, 프랑스, 미국은 이집트 재산의 동결 조치를 취했으며 영국은 무기 수출을 금지하고 군 병력을 소집했다. 그러나 유엔의 지원, 특히 미국의 지원에 대한 보장 없이 행하는 군사적 대응은 국제사회에서 따돌림을 감수해야 했다. 미국의 지원을 얻기 위한 외교적 노력은 지지부진했고 별다른 성과를 거두지 못하고 있었다. 그러나 국내에서는 무력을 동원해서라도 수에즈 운하를 되찾아야 한다는 요구가 높았다. 1956년 10월 보수당 전당대회에서는 군사적 침공에 의해서라도 수에즈 운하를 탈환해야 한다고 결의했다.

이런 상황에서 외교적인 수단의 한계가 드러났다고 판단한 이든은 프랑스, 이스라엘과 함께 이집트를 침공하는 비밀 계획을 추진했다. 이스라엘이 이집트를 공격하면 영국과 프랑스는 전쟁하는 양측을 갈라놓기 위해 참전한다는 명분으로 개입할 계획이었다. 그러나 이 계획은 단순하면서도 많은 결점을 가지고 있었다. 더욱이 이든은 이스라엘과의 '공모'라는 정치적으로 매우 예민한 사안에 대해 내각 각료들에게도 거짓말을 한 채 사실을 숨겨야 했다(Seldon and Snowdon, 2004, p. 85). 자신의 내각 각료들에게까지 사실을 알리지 않고 숨긴 일은 후에 그의 리더십에 큰 오점으로 남게 되었다. 1956년 10월 영국군은 마침내 이집트를 침공했다. 그러나 이 침공에 대해 유엔, 미국, 러시아 모두 반대 입장을 분명히 했다. 유엔은 총회 결의안으로 즉각적인 철수를 요구했다.

미국은 이든이 원한 대로 영국군을 지원하지 않았다. 오히려 아이젠하워는 11월 중순 영국이 파운드화 가치 유지를 위해 IMF에 요청한 자금 대여를 미국 재무부가 거절하도록 함으로써 영국에 대한 미국의 지원 철회를 분명히 했다. 이집트에서의 군사작전에 대해 미국이 지원을 거부하면서 영국과 프랑스는 외교적으로 망신을 당한 채 무기력하게 이집트에서 퇴각해야 했다. 이 군사작전으로 이든은 국내에서도 큰 어려움을 겪었다. 노동당은 이집트 침공에 반대하는 대규모 집회를 열었다. 보수당 내에서도 11명의 의원들이 이든에 항의하는 서한에 서명했고 몇몇 각료는 항의의 표시로 내각에서 사퇴했다 (Childs, 1992, p. 89). 보수당 정부의 인기는 급락했고 보궐선거에서도 보수당은 어려움을 겪었다.

수에즈 사태가 일단락된 이후에도 미국은 이든과의 협상을 거부했고 건강까지 악화되면서 이든은 자메이카로 요양을 위해 떠나야 했다. 이든은 1957년 1월 결국 수상직에서 사임했다. 이든은 매우 무기력하고 우유부단한 모습을 보인 채 재임 20개월 만에 수상직에서 물러나야 했다. 이후 가나, 탕가니카Tanganyika, 잠비아, 케냐 및 다른 아프리카 국가들이 보수당 정부 집권 중 속속 독립을 쟁취했다. 영국이 더 이상 초강대국이 아니라는 사실을 보수당조차 이제는 인정해야 했다. 그리고 수에즈 운하를 둘러싼 사건은 국제정치에서 영국의 변화된 지위를 상징적으로 보여주었다.

14

합의 체제 속의 보수당, 변화의 바람을 맞다

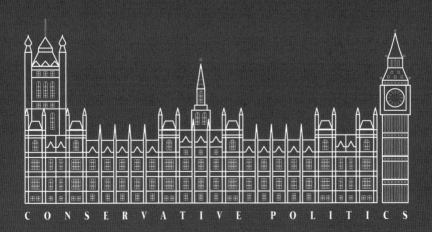

평화와 번영의 상징, '슈퍼 맥'

이든이 물러나고 난 이후 후임 당수로 가장 주목을 받은 사람은 버틀러였다. 그는 제2차 세계대전 이전인 1932년부터 1945년까지 각료직에 있었고 1951년 보수당 집권 이후에도 계속해서 주요 각료직을 수행하고 있었다. 전시 중 교육부를 맡아 전후 영국 교육제도의 근간을 만들어냈고 처칠 수상 하에서 재무장관으로 있으면서 성공적으로 경제를 관리해냈다. 당시 55세로 여전히 젊었고 그때까지 5명의 수상과 함께 일한 경력을 갖고 있었다. 그는 개혁주의자이며 온건한 인물로 대중들에게 기억되고 있었다.

그러나 그의 온건하고 신중한 입장은 당내에서는 별로 인기를 얻지 못했다. 특히 버츠켈리즘으로 불리는 그의 케인스주의를 받아들인 경제정책은 당내 우파들에게는 원성의 대상이었다. 수에즈 운하 위기 때 그가 군사적 대응 대신 타협을 선호한 현실주의적 노선이 결과적으로 옳은 방향임이 입증되었지만, 당내 강경파들이 보기에 그런 태도는 우유부단한 것으로 비춰졌다. 이에 비해 해럴드 맥밀런은 1956년 수에즈 운하 위기 때 나세르에 대한 군사적 대응을 강력하게 주장한 사람 가운데 하나였다. 수에즈 운하 위기 때 버틀러의 조심스러움과 대조적으로 맥밀런의 자신감에 찬 노선은 군사적 공세의 실패에도 불구하고 이든의 후임이 버틀러가 아니라 맥밀런으로 결정된 이유 중 하나였다.

맥밀런이 수상직을 물려받은 1957년 1월의 상황은 매우 좋지 않았다. 수에즈 운하 위기를 거치면서 당은 분열되어 흔들리고 있었고 대외적으로 영국은 국제사회에서의 지위와 평판이 추락하고 있었다. 경제 상황은 좋지 않았으며 미국과의 관계는 최악의 상태를 맞고 있었다. 아프리카의 식민지 국가들에서는 독립 문제로 혼란이 가중되고 있었다. 이런 상황에서 보수당 정부는 얼마 버티지 못할 것처럼 보였다. 그러나 맥밀런의 리더십 하에 보수당은 선거에서 승리하면서 다시 집권할 수 있었고, 수에즈 운하 사건으로 바닥까지 떨어진 국제사회에서의 영국의 위신 역시 개선되었다.

맥밀런은 이튼Eaton 출신이었지만 부유하거나 귀족 계급의 집안 출신은 아니었다. 그는 결혼을 통해 귀족 가문과 연결되었는데, 그는 9대 데본셔 공작의 딸과 결혼했다. 제1차 세계대전 중 장교로 참전했고 전쟁 중 부상을 몇 차례 입기도 했다. 그는 대공황 무렵인 1924년 의회에 처음 진출하는데 그의 지역구인 잉글랜드 북동부의 스톡턴-온-티즈Stockton-on-Tees는 오래된 공업지역으로 대공황기의 경기 침체와 실업으로 커다란 고통을 겪고 있던 곳이었다. 이러한 그의 개인적 경험은 경제적 어려움과 사회적 문제에 대해 커다란 관심을 갖도록 했다. 맥밀런은 1930년대에 실업을 줄이기 위해 국가 개입과 재정 지출을 늘려야 한다고 주장한 소수의 보수당 의원 중 하나였다. 맥밀런은 이러한 관심사를 다룬 1938년 『중도적 노선The Middle Way』이라는 제목의 책을 출간하기도 했다.[71] 여기서 그는 국가의 개입과 계획의 중요성을 역설했다.

따라서 맥밀런은 전후 복지국가 건설의 결과 영국 국민의 전반적인 삶의 수준이 향상된 것에 대해 만족해하고 있었다. 수상이 된 이후에도 다소 인플레이션이션의 우려가 있더라도 국가 지출을 위축시키거나 실업을 늘리는 것을 허용하지 않으려고 애썼다. "약간의 인플레이션이 생겨나더라도 괜찮다a little inflation never hurt anyone"라고 그는 말하곤 했다(Seldon and Snowdon, 2004, p. 87). 그러나 그의 이러한 입장은 고용을 다소 희생하더라도 통화정책을 중시하는 재무부의 입장과는 상치되는 것이었다. 1958년 예산안을 두고 재무장관인 피터 소니크로프트Peter Thorneycroft는 맥밀런이 예산안을 경직된 형태로 짜지 못하게 하자 다른 경제 담당 각료인 버치Birch, 에녹 파월Enoch Powell 등과 함께 사임했다. 나중에 밝혀진 바로는 예산안 가운데 논란이 된 금액은 60억 파운드 가운데 단지 5,000만 파운드에 불과한 것이었다. 소니크로포트가 사임하게 된 보다 근본적인 문제는 케인스주의가 통화주의보다 중시되는 것에 불만을 가졌기 때문이었다. 당내 우파들이 사임을 통해 그의 권위에 도전해왔지만 맥밀런은 그들의 사임을 '집안에서 일어난 사소한 일little local difficulties'로 일축했다(Seldon and Snowdon, 2004, p. 87).

맥밀런은 대외 문제를 둘러싸고 제기된 또 다른 당내 도전도 물리쳤다. 1957년 5월 맥밀런은 영국 식민지인 키프로스의 독립운동을 이

▶ 해럴드 맥밀런

끈 마카리오스 추기경Archbishop Makarios을 감옥에서 석방했다. 이에 불만을 품고 솔즈베리 경 Lord Salisbury[72]이 항의 사임했다. 대영제국 문제를 두고 당내 우파가 도전해온 것이다. 키프로스는 영국에게 러시아의 지중해 진출을 막는 방어막으로 중시되었다. 키프로스는 영국이 1879년 터키로부터 공식적으로는 임대한 것으로 1914년 병합했다.

키프로스 인구의 다수를 차지하던 그리스인들은 1945년 이후 식민지에서 벗어나 그리스와 합병하고자 했다. 1955년 폭동이 발발했고 당시 수상이던 이든은 키프로스 독립운동의 지도자인 마카리오스 추기경을 구속해 유배시켰다. 이로 인해 키프로스 내 폭동은 더욱 격화되어 갔다. 이런 상황에서 맥밀런은 마카리오스를 석방시키고 그와 대화를 재개하기로 결정한 것이다. 당내에서 솔즈베리는 이러한 유화적인 태도에 항의하면서 사임했고, 일부 보수당 의원들도 이 결정을 영국의 지나친 양보로 간주하면서 반대했다. 그러나 1959년 취리히 합의를 통해 키프로스를 영연방 내 독립국가로 승인하는 대신 소수파인 터키인들에 대한 보호 조치와 키프로스 내 영국 기지를 그대로 유지하기로 한 약속을 얻어냈다. 키프로스 문제를 둘러싼 위기를 극복하면서 맥밀런은 당내 도전을 물리쳤고, 이에 따라 그의 입지도 강화되었다.

수에즈 운하 사건으로부터 맥밀런이 얻은 교훈은 영국은 이제 다시는 미국으로부터 떨어져서는 안 된다는 것이었으며, 아이젠하워와 전시 중 맺은 인연을 주고받으며 그는 즉각적으로 이전의 연대감을 복원시키고자 노력했다. 수에즈 운하 사건과 관련해서 그의 태도는 그것과 관련된 것에 대해서는 대답도, 비난도, 논의도 하지 않는 것이었다. 아이젠하워에 뒤이어 존 F. 케네디가 미국 대통령이 되자 케네디와도 굳건한 우호 관계를 유지했다. 1957년에는 태평양 크리스마스 아일랜드 근처에서 수소폭탄 실험도 성공적으로 수행했다. 이 실험에 대해 교황, 슈바이처 박사, 인도의 네루Nehru 수상, 그리고 일본이 강하게 비판했지만 영국 국민들은 국제정치에서 영국의 계속적인 영향력을 과시하는 행사로 받아들였다(Childs, 1992, p. 99).

한편 과거 대영제국에 속했던 국가들이 계속해서 독립을 성취해서 떨어져 나갔다. 이런 와중에 맥밀런은 1958년 영연방 국가들에 대한 방문을 통해 이들과 새로운 관계를 정립했고, 이로 인해 국제적 명성을 확립해갔다. 또한 1959년에는 소련을 방문했다. 그는 제2차 세계대전 이후 소련을 방문한 첫 영국 수상이었다. 그는 또한 TV를 효과적으로 활용한 첫 수상이었다. 모스크바에서도 맥밀런은 시청자들의 눈길을 사로잡는 러시아형의 커다란 털 달린 가죽 모자를 쓰고 나타나 유권자들에게 오랫동안 기억될 이미지를 남겼다. 1959년 총선 직전 미국 대통령 아이젠하워는 영국 수상 관저에서 맥밀런과의 합동 TV 기자회견에 참여함으로써 보수당을 지지한다는 입장을 의도적으로 드러내 보였는데 이는 국제무대에서 영국의 부활, 그리고 수에즈 문제로부터의 완전한 회복을 상징적으로 보여주는 것이었다.

선거가 다가오면서 맥밀런은 자신감을 가질 수 있었다. 1950년대 영국은 풍요로움을 누리고 있었다. 실업은 낮은 수준으로 유지되고 있었고 1951년 10월부터 1963년 10월 사이에 물가는 거의 45퍼센트

▶ 슈퍼 맥**73**

가 올랐지만 임금은 평균 72퍼센트나 올랐다. 공식적인 업무 시간도 줄어들었고, 소비재의 구매도 크게 증가했다. 1965년 영국 전체 가구의 88퍼센트가 TV를 소유했고, 39퍼센트는 냉장고를, 그리고 56퍼센트는 세탁기를 소유하고 있었다.

1951년 225만 대 정도였던 자동차 보유 수는 1964년이 되면 800만 대를 넘어섰다. 또한 주택 보유자도 크게 늘어났고 해외에서 휴가를 보내는 사람들의 수도 증가했다. 맥밀런 정부가 소비재에 대한 세금을 줄인 것도 소비재의 구매 증가에 도움을 주었다(Childs, 1992, pp. 105-106).

이런 여건 하에서 맥밀런에 대한 지지도는 높을 수밖에 없었다. 이 무렵 런던 지역을 대상으로 하는 《이브닝 스탠더드Evening Standard》지에서 1958년 빅키Vicky라는 만화가**74**가 맥밀런을 슈퍼맨에 빗대어 '슈퍼 맥Supermac'이라고 명명했다. 만평에서 냉소적인 의미로 사용된 슈퍼 맥이라는 표현은 맥밀런의 지지자들에게 그에 대한 경의의 표현으로 받아들여지면서 널리 사용되었다.

1959년 10월 총선이 실시되었다. 맥밀런은 1957년 수상이 된 지 얼마 지나지 않아 "대부분의 우리 국민들에게 이렇게 좋았던 적은 없었다most of our people have never had it so good"라고 말한 바 있었는데, 이 문구는 1959년 총선 때 보수당의 선거 슬로건으로 활용되었다. 이와 함께 '보수당과 함께 생활은 더욱 윤택해진다. 노동당이 이를 망치지 못하게 하자Life is better with the Conservatives, don't let Labour ruin it'라는 선거 구호도 내세웠다. 노동당은 수에즈 사태에 대한 이든 수상의 실패 이후 여론상에서 보수당보다 높은 인기를 누리고 있었다. 노동당은 보궐선거에서도 잇달아 승리했다. 그러나 1958년 무렵이 되면서 맥밀런의 보수당은 노동당의 인기를 추월하기 시작했다. 휴 게이츠켈은 애틀리의 뒤를 이어 1955년 노동당 당수가 되었지만 당내 분란을 막고 결속을 이뤄내지 못했고 유권자들을 설득할 수 있는 정책도 제시하지 못했다. 더욱이 게이츠켈이 많은 복지 공약을 제시하면서도 동시에 소득세를 올리지 않겠다고 한 발언은 노동당 정책의 신뢰성에 대해 오히려 의구심을 갖게 만들었다.

1959년 총선에서 보수당의 득표율은 1955년 총선의 49.7퍼센트에서 49.4퍼센트로 다소 낮아졌지만, 투표율의 증가로 인해 득표수는 거의 50만 표 가까이 더 얻었으며 의석수에 있어서는 이전 선거에서의 344석보다 21석 늘어난 365석을 차지했다. 이로써 보수당은 과반보다 100석 이상을 차지한 안정적 의석을 확보하게 되었다. 노동당은 이전보다 19석 줄어든 258석을, 그리고 자유당은 6석을 얻었다. 1924년 총선을 제외하면 연립정부가 아니라 보수당 단독으로 얻은 의석 가운데 최대 의석을 보수당은 1959년 총선에서 얻었다. 또한 보수당은 19세기 초 이래 처음으로 세 번의 총선에서 매 선거 의석수를 계속 늘리면서 선거에서 승리한 진기록도 갖게 되었다.

오히려 당시 영국 정계의 관심은 유권자의 관심에서 벗어나 있는 노동당이 과연 현재의 조직과 정책을 가지고 선거에서 다시 승리할 수 있을 것인가 하는 것이었다(Seldon and Snowdon, 2004, p. 89). 사실 이렇게 된 것은 부분적으로는 노동당의 정책이 성공적으로 진행된 결과 때문이기도 했다. 지난 10년 동안 노동당의 전통적인 지지 기반은 다소 약화되었다. 완전고용과 복지국가로 인해 이제 많은 임금을 받게 된 노동자들은 전쟁 이전과 비교할 때 노동조합과 노동당에 훨씬 덜 의존적이 되었기 때문이다. 계급 정치는 이전만큼의 강한 영향력을 갖지 못하게 된 것이다.

맥밀런이 수상직을 이든으로부터 물려받을 때만 해도 얼마 가지 못할 것으로 보았던 보수당이 이처럼 큰 승리를 거둔 것은 맥밀런의 지도력에 대한 명백한 승인이었다. 맥밀런과 보수당의 인기는 이듬해인 1960년에 더욱 높아졌고, 보수당은 3월 요크셔 보궐선거에서 노동당으로부터 의석을 빼앗으면서 맥밀런은 모든 것을 다 이룰 수 있을 것처럼 보였다. 이러한 분위기 속에서 버틀러는 총선 후 새로이 당선된 의원들에게 "당이 카드만 잘 내밀면 우리는 앞으로 25년 동안 집권할 수 있을 것"이라고 호언하기도 했다(Charmley, 1996, p. 163).

'변화의 바람'과
식민지의 독립

 총선 결과를 통해 보수당이 수에즈 위기 사건의 책임으로부터 어느 정도 벗어났다는 사실이 확인되었다. 이와 함께 맥밀런은 보다 대담하게 대외 정책을 추진하고자 했다. 그것은 대영제국 식민지 국가의 독립을 추진하는 것이었다. 그는 1959년 식민지성 장관으로 이안 맥클로드를 임명했고, 1960년 초에는 자신이 직접 아프리카의 순방길에 나서기도 했다.

 그의 재임 중에 많은 식민지 국가들이 독립해서 떨어져 나갔다. 1957년 가나와 말라야가, 1960년 키프러스·나이지리아·탕가니카Tanganyika·잔지바르Zanzibar[75]가 1961년 시에라리온, 1963년 케냐가 독립했다. 1963년에는 또한 중앙아프리카연합the Central African Federation of Rhodesia, Nyasaland and Zambia으로부터 니아살랜드[76]와 잠비아가 분리해 각각 독립국가가 되었다. 맥밀런은 1960년 2월 3일 아프리카 투어 중 백인만으로 구성된 남아프리카공화국 의회에서 아프리카 전체에 걸쳐 흑인 다수의 지배를 향한 '변화의 바람wind of change'이 불고 있으며 좋든 싫든 민족의식의 성장은 명백한 정치적 현실이라는 연설을 행했다. 영국 정부는 아프리카 대륙의 독립운동에 대해 반대할 의사가 없음을 분명하게 밝힌 것이다. 물론 인종주의적 백인 지배를 관철해온 남아프리카공화국 의회의 반응은 매우 차가웠다. 1961년 남아프리카공화국은 영연방에서 탈퇴했으며, 국내에서도 보수당 내 우파, 친제국주의, 반이민자 입장을 취하는 이들이 모여 먼데이클럽Monday Club[77]이라는 모임을 결성하기도 했다.

　1959년 총선 이후 국내 정책에서 맥밀런은 산업계와 노조의 대표자들이 정부와 함께 모여 논의하고 계획하고 합의하는 코포라티스트적 방식을 선호했다. 이러한 그의 생각은 1960~1961년의 국가경제개발협의회National Economic Development Council와 국가소득위원회National Incomes Commission로 결실을 맺었다. 국가경제개발협의회는 '네디Neddy'라는 애칭으로 불렸고 국가소득위원회는 '니키Nicky'라고 불렸는데 '네디'와 '니키'는 모두 정부 각료, 노조 지도자, 기업 대표들 간 논의의 장을 제공함으로써 국가 경제계획을 수립하고 임금을 통제하기 위한 시도였다. 그러나 이러한 전략은 실제로는 노조의 반대에 부딪혀 커다란 성과를 내지는 못했다. 처칠이 1951년 총선에서 내걸었던 구호는 '국민을 자유롭게 하라Set the people free'는 것이었지만, 맥밀런 수상에서 보듯이 보수당과 노동당의 전후 합의 체제는 맥밀런 시대까지 계속해서 잘 유지되고 있었다.

　한편 맥밀런은 다양한 연구를 진행시켰는데, 가장 대표적인 것은 「로빈스 보고서Robbins Report」로 알려진 고등교육에 대한 것으로 영국에서 대중 고등교육의 필요성을 강조한 이 연구 결과는 이후 여러 대학의 설립으로 이어졌다. 도시 교통에 대한 「뷰캐넌 보고서Buchanan Inquiry」와 「비칭Beeching 보고서」의 제안에 따라 철도 합리화가 이뤄졌다. 지방정부 역시 재조직되었고, 광역 런던 의회Greater London Council가 1963년부터 런던 카운티 의회London County Council를 대체하게 되었다.

1961년 4월 맥밀런은 유럽경제공동체EEC에 영국이 가입하는 문제에 대한 논의를 시작했다. 항상 적극적인 친유럽적 인물로서 맥밀런은 영국이 일찍이 1957년 로마 조약에 조인한 창립 멤버 6개국과 함께할 기회를 놓친 것을 안타까워했다. 영국이 이제 와서 EEC 가입을 모색하게 된 것은 이들 6개국의 경제성장이 영국을 추월했기 때문이었다. 그러나 농업 분야의 이해관계와 영연방 국가의 연관 산업으로부터의 로비로 인한 당내의 반발을 우려해 맥밀런은 유럽공동체 가입 문제를 가능한 조용히 추진했다. 영국은 영연방 국가들과 호혜적 관세조약으로부터 값싼 농산물을 수입하고 있었기 때문에 EEC에 가입하더라도 이를 포기하고 싶어 하지 않았다. 그러나 EEC 국가들은 영국의 요구를 거부했고 이제 영국 농업은 유럽 대륙 국가들과의 경쟁에 노출되어야 했다. 맥밀런은 1962년 10월 전당대회에서 영국의 유럽 가입을 이끌어내겠다는 연설을 했고 무역위원회를 맡고 있던 에드워드 히스가 영국 대표로 EEC 가입 협상을 이끌었다. 모든 것이 순조롭게 진행되는 듯이 보였다. 그러나 1963년 1월 프랑스 드골 대통령이 영국의 가입에 대해 거부권을 행사함으로써 모든 것이 수포로 돌아갔다.

맥밀런은 영국이 EEC에 가입하는 문제를 자신의 두 번째 임기의 가장 중요한 정책으로 간주했다. 수에즈 운하 사건에서 보았듯이 국제정치에서 영국의 독자적인 영향력은 크게 훼손돼 있었다. 맥밀런은 이런 문제를 극복하기 위해서는 유럽과의 긴밀한 관계가 중요하다고 보고 있었다. 그러나 드골 대통령은 영국의 가입 요청에 대해 거부권을 행사한 것이다. 드골에게 영국은 미국이 유럽에 영향력을 행사하기 위한 '트로이의 목마'와 같은 존재로 보였던 것이다. 드골의 거부권 행사로 맥밀런은 커다란 충격을 받았다. 그의 리더십 역시 큰 타격을 받았고, 좀처럼 회복하지 못했다.

1962년 초 보수당의 안정적 의석이었던 켄트의 오핑턴Orpington in Kent 선거구에서 거행된 보궐선거에서 보수당은 자유당에게 뜻밖의 패배를 겪었다. 1962년 7월 12일 레스터 노스-웨스트Leicester North-West 지역 보궐선거에서도 보수당 후보는 자유당 후보에게 10퍼센트나 득표율에 처지면서 3위를 차지하고 말았다. 보수당에 대한 여론의 동향에 우려를 갖게 하는 징표들이었다.

이런 상황을 반전시키기 위해 레스터 보궐선거에서 수모를 겪은 그 다음 날 맥밀런 수상은 재무장관, 상원의장Lord Chancellor, 국방장관, 교육부 장관 등 내각의 최고위 각료들을 대거 해임했다. '칼부림의 밤 the Night of the Long Knives'으로 불리는 개각을 통해 맥밀런은 무려 7명의 내각 주요 각료들을 포함해 전후 최대의 개각을 단행함으로써 보수당 내각의 인기 하락을 막아보려고 했다. 거의 절반에 달하는 각료를 해임한 것을 두고 당시 노동당 당수였던 윌슨은 그들이 '잘못된 절반the wrong half'이었음이 드러난 것이었다고 조롱했다(Charmley, 1996, p. 170). 이와 같이 대담하지만 무모하기까지 한 결정은 맥밀런에게 그가 원하는 바대로 보수당에 대한 신뢰의 회복이나 지지도의 상

316

승으로 이어지지 않았다.

보수당이 당 안팎으로 몹시 어려운 시기에 당의 지도자가 된 맥밀런은 당의 단합을 이끌었고 경제적 성장과 사회복지를 추구했다. 최악의 상황으로 치닫던 미국과의 관계를 호전시켰으며 아프리카에서 부는 '변화의 바람'을 수용했다. 맥밀런은 이처럼 의미 있는 많은 업적을 이뤄냈지만 그를 향해 덮쳐오는 거대한 파도를 이겨내지는 못했다.

맥밀런 정부의 식민지와 유럽 정책에 대한 반발이 1961년 10월 보수당 전당대회에서 터져 나왔다. 1961년 초부터 경기가 하강하기 시작했다. 재정적자는 계속되었고 파운드화는 어려움을 겪고 있었다. 임금 인상이 억제되었고 긴축정책이 실시되었다. 당연히 이런 정책은 당의 인기를 더 떨어뜨렸고 노동계는 반발했다. 1962년에는 1926년 이래 총파업으로 가장 많은 노동손실 일수를 기록했다. 엎친 데 덮친 격으로 1963년에는 세상을 떠들썩하게 한 프로퓨모 사건Profumo Scandal이 터졌다. 존 프러퓨모John Profumo는 맥밀런 정부에서 전쟁성 장관이었다. 프러퓨모는 크리스틴 킬러Christine Keeler라는 젊은 여성 모델과 은밀한 관계를 갖고 있었는데, 킬러는 당시 소련 해군 무관이며 정보원이었던 유진 이바노프Eugene Ivanov와 또 다른 연인 관계를 맺고 있었다. 프러퓨모와 킬러의 만남은 불과 몇 주에 그쳤지만 그들의 관계가 언론에 보도되면서 프러퓨모는 곤경에 처하게 되었다. 프러퓨모가 킬러에게 국가 기밀을 알려준 것은 아니었지만, 그는 킬러와의 관계에 대해 하원에서 거짓으로 증언했다. 그러나 얼마 지나지 않아 이 사건은 언론에 의해 낱낱이 파헤쳐졌고 프러퓨모는 의회에서 거짓말을 한 것을 자인할 수밖에 없었다. 이 때문에 프러퓨모는 사임해야 했다.

의회 요청으로 구성된 진상조사위원회는 맥밀런이 이 사건을 적절하게 처리하지 못했다고 비판했다. 이 사건은 맥밀런 정부의 인기 하락을 부채질했고 커다란 불신을 낳았다. 한편 야당인 노동당에서는 1963년 1월 게이츠켈 당수의 갑작스러운 사망으로 해럴드 윌슨이 당수직을 이어받게 되었다. 윌슨은 프러퓨모 스캔들을 포함해 맥밀런 정부의 문제점을 매우 효과적으로 공략하기 시작했다.

매직 서클과
더글러스-흄

맥밀런의 지도력이 시험대에 올랐지만 그가 정작 사임하기로 결정한 것은 건강상의 문제 때문이었다. 맥밀런은 전립선염으로 입원했고 곧 자신의 건강 상태가 나쁘다는 것을 깨닫고 사임했다. 1963년 10월 블랙풀에서의 연례 전당대회에서 맥밀런은 자신의 당수직 사임을 발표했다. 이와 함께 후기 당권을 향한 경쟁이 본격화되었다. 후임자로는 모울딩, 맥클로드, 에드워드 히스, 퀸틴 호그, 그리고 버틀러 등이 주목을 받았다. 많은 이들은 버틀러가 가장 유력하며 버틀러가 아니라면 모울딩이 될 것으로 예상했다. 그러나 맥밀런은 병상에 머물면서도 버틀러가 후임자가 되지 않도록 하기 위해 애썼다. 그가 버틀러를 거부한 이유는 분명하지 않지만 버틀러가 후임자가 되지 않도록 하려는 의지는 무척 강했다. 맥밀런은 버틀러보다 퀸틴 호그를 후임자로 선호했다. 경쟁이 치열해지면서 퀸틴 호그와 모울딩은 버틀러를 지원하면서 당권 경쟁에서 물러났다. 그러나 막상 맥밀런의 후계자로 선정된 것은 뜻밖에도 흄 백작Earl of Hume이었다. 그는 뮌헨 위기 때 네빌 체임벌린의 의회 개인비서Parliamentary Private Secretary로 회담에 동행했고 맥밀런 정부에서 외무장관을 맡고 있었다. 맥밀런은 내각의 반대를 무릅쓰고 그를 여왕에게 차기 수상으로 천거했던 것이다.

솔즈베리가 수상이었던 1902년 이래 수상은 언제나 하원에서 선출되며 상원의원은 맡을 수 없다는 관행이 확립되었다. 이 때문에 흄은 자신의 귀족 작위를 포기하고 킨로스와 웨스트 퍼스셔Kinross and West Perthsire의 보궐선거에 출마해 하원의원에 당선되었다.[78] 흄 백작이 아니라 알렉 더글러스-흄Alec Douglas-Hume으로 하원의원에 당선되면서 더글러스-흄은 맥밀런을 이어 보수당 당수직과 수상직을 이어받았다. 보수당은 이든, 맥밀런에 이어 연속해서 세 차례 이튼 출신의 당수를 맞이하게 되었다. 강력한 수상 후보였던 버틀러는 내각에 참여하라는 더글러스-흄의 부탁에 대해 고민 끝에 당의 단합을 위해 부수상Deputy Prime Minister직을 맡기로 했다. 그러나 이안 맥클로드나 에녹 파월 등 유능한 당 중진들은 더글라스-흄과 함께 내각에서 일하기를 거부했다.

당시 보수당은 이미 12년간 계속해서 집권하고 있었는데, 그 때문에 보수당에 지겨움을 느끼는 분위기가 생겨났다. 다음 총선까지는 불과 12개월 정도밖에 남아 있지 않았다. 보수당이 총선에서 선전하기 위해서는 새로운 리더십과 변화된 당의 모습을 보여주어야 했다. 더글러스-흄은 여러 가지로 약체였다. 당내에서 강인한 리더십을 보여주지 못했고 인상적인 경력을 가진 인물도 아니었다. 당내에서 그를 따르는 의원들도 많지 않았다. 야당인 노동당의 젊은 지도자 윌슨은 뛰어난 연설가였으며 TV를 적절하게 활용할 줄 알았고 과학, 효율성, 뉴 프런티어New Frontier, 새로운 영국the New Britain 등 정치적 수사를 훌륭하게 구사했다. 그러나 더글러스–흄은 윌슨에 비해 뛰어난 연설가도 아니었고 TV를 활용하는 능력도 부족했으며 박력도 약했다.

1964년 10월 총선이 실시되었다. 보수당은 '성장을 위해 달려가자 Dash for Growth'라는 구호로 유권자들을 끌어들이려고 했지만 역부족이었다. 노동당은 과반에서 4석이 넘는 317석을 차지했고 보수당은 304석을 얻었다. 자유당은 9석을 얻었다. 득표율은 노동당 44.1퍼센트, 보수당 43.4퍼센트로 두 정당의 득표율 차이는 1퍼센트가 채 되지 않았다. 보수당은 패배했지만 지난 13년간 집권해온 것을 감안한다면 나름대로 선전한 선거였다. 그러나 보수당이 지배하던 시기, 특히 선거에서 압도적인 우위를 차지하던 시절은 이제 끝이 나고 말았다. 더글러스–흄은 사임하기까지 9개월 동안 야당 당수직을 어렵사리 수행했다. 그는 당을 계속해서 이끌어나가기에는 너무도 힘이 부쳤다. 1965년 7월 22일 더글러스–흄은 보수당 평의원의 모임인 1922년 위원회에서 사임을 발표했다.

당내 여론에서 유력했던 버틀러 대신 더글러스–흄이 선정된 과정을 두고 당내에서 많은 문제 제기가 이뤄졌다. 이와 함께 더글라스–흄 이후 보수당 당수를 선출하기 위한 절차의 변화가 모색되었다. 더글라스–흄의 당수 선출과 함께 보수당 내에서는 보다 공식적인 당수 선출 절차가 필요하다는 데 대한 합의가 이뤄지게 되었다. 더욱이 1964년 총선거에서 패배하면서 더글라스–흄이 적절하지 못한 선택이었다는 내부의 평가는 더욱 힘을 얻게 되었고, 이에 따라 보수당의 공식적인 당수 선출 절차가 마련되었다(이하 강원택, 2003, pp. 17~18).

더글러스–홈이 당수로 선출될 수 있었던 까닭은 보수당의 당수 선출이 매직 서클magic circle로 불리는 소수에 의한 추대로 이뤄져왔기 때문이었다. 밀실에서 당 원로와 중진 의원, 혹은 일부 의원들이 비공식적인 모임을 갖고 최대 3~4명 혹은 1인을 대상으로 검토해서 후임 당수를 결정하는 방식이었다. 이런 방식 하에서는 맥밀런의 예에서 보듯이 퇴임하는 당수의 영향력도 매우 강할 수밖에 없었다. 더글러스–홈의 선출 이전까지는 이 방식의 문제점이 크게 부상하지 않았지만, 소수의 협의에 의한 당수 선정은 사실 심각한 문제점을 내포하고 있었다. 그리고 1965년의 혼란을 통해 그 문제점이 극적으로 드러나게 되었다. 1902년 밸푸어, 1921년 오스틴 체임벌린, 1937년 네빌 체임벌린 등은 모두 1인 후보만을 검토한 경우이지만 사실 그 선택도 그다지 좋은 결과를 낳지 못했다. 이들 중 그 누구도 당을 선거 승리로 이끌지 못했다. 따라서 보수당에서 추진된 당수 선출 방식의 개혁은 그 절차를 공식화·제도화할 뿐만 아니라 참여의 폭도 늘려야 한다는 것이었다.

당수 선출 방식을 두고 다양한 논의가 이뤄졌고 최종적으로는 보수당 하원의원들이 모두 참여해 선출하기로 결정했다. 전당대회에서 이 결정을 거부할 수 있는 권한을 부여했지만 실제로 이런 상황이 생겨날 가능성은 거의 없었다. 사실상 의원들의 투표로 당수를 선출하도록 한 것이다. 투표 방식은 압도적 다수supermajority rule 방식을 도입했는데, 1차 투표로 당수에 선출되기 위해서는 의원들의 투표를 통해 과반수를 획득해야 하고 동시에 2위를 차지한 후보보다 득표수에서 15퍼센트 이상의 차이를 내야만 했다. 의원 투표로 과반 득표를 하더라도 2위와 15퍼센트 이상의 차이를 내지 못하면 승자가 가려지지 않은 것이며, 이런 경우에는 2차 투표를 실시하도록 했다. 2차 투표에서는 과반수를 획득한 후보자가 있으면 당선이 확정되지만, 그렇지 않은 경우에는 2차 투표의 상위 득표자 3명만을 대상으로 3차 투표를 실시해 승자를 확정하도록 했다. 3차 투표에서는 대안투표제 alternative voting[79] 방식으로 하여 과반수를 얻는 득표자가 나오도록 했다.

이러한 새로운 규정은 과거 전임 수상이나 당 지도자의 추천에 비해 차기 당 지도자가 결정되었던 관행과 비교하면 상당한 진전을 이룬 것으로 평가할 수 있다. 일단 당수 선출의 절차가 공식적으로 마련되었고 의원들의 참여가 규정되었으며 당선에 필요한 요건이 분명히 명시되었기 때문이다. 1964년 제정된 당수 선정 절차는 1965년 더글러스-흄이 당수직을 사임하면서 처음으로 실시되었고, 에드워드 히스가 최초로 의원들의 선거를 통해 당수로 선출되었다.

보수당은 더글러스-흄의 리더십 하에서 1964년 선거에 패배하면서 다시 야당이 되었다. 그러나 1951년부터 1964년까지 13년간 보수당은 노동당을 압도하며 지배해왔다. 이러한 보수당의 장기 집권이 가능했던 것은 몇 가지 요인이 있었다. 우선 자유당의 몰락으로 선거 경쟁은 사실상 보수당과 노동당의 양당 간에 이뤄졌다. 자유당의 득표율은 이 시기 6퍼센트를 넘기지 못했다. 특히 1951년 총선에서 보수당과 노동당의 득표율을 합치면 97퍼센트에 달했다. 거의 완전한 양당제가 구현되었던 것이다. 이런 상황에서 중산층 유권자의 대다수가 견고하게 보수당을 지지했고, 노동계급 유권자의 지지 역시 적지 않았다. 보수당은 전후 정치적 환경의 변화에 맞춰 복지국가를 수용하는 방향으로 당 노선을 전환했고, 이 때문에 노동계급 유권자로부터도 지지를 얻어낼 수 있었다.

또한 이 시기에 보수당을 총선 승리로 이끈 3명의 지도자 처칠, 이든, 맥밀런은 모두 총선 무렵 대중적으로 높은 인기를 누리던 인물이었다. 이에 비해 노동당의 애틀리는 1945년과는 달리 1951년, 1955년 총선에서는 강인한 리더십을 보여주지 못하고 쇠약해졌다. 그의 후계자인 게이츠켈 역시 인지도가 높고 경험 많은 맥밀런을 압도하지 못했다.

보수당의 장기 지배는 단지 유능한 지도자 때문만은 아니었다. 당 조직과 자금에 있어서도 보수당은 준비가 잘 갖춰져 있었다. 특히 텔레비전과 대중광고라는 새로운 정치 홍보 수단을 보다 적절히 활용했다.

그러나 보수당의 지배가 길어지면서 많은 유권자들이 보수당에 지겨움을 느끼기 시작했고 정책 실패도 나타나고 스캔들도 터지기 시작했다. 더욱이 1963년 1월 게이츠켈이 죽은 뒤 노동당 당권을 이어받은 젊은 해럴드 윌슨은 1964년 총선에서 유권자의 상상력을 휘어잡을 줄 아는 지도자였다. 윌슨은 현대 영국 산업계의 젊은 기술 인력들을 매료시켰고, 이로 인해 단지 노동자뿐만 아니라 많은 중산층의 지지를 이끌어냈다. 영국은 당대 국민이 원하는 인물을 발견한 것이다. 1964년 총선을 통해 집권에 성공한 노동당은 1951년부터 1964년까지 13년간 계속된 보수당 지배를 '잃어버린 13년thirteen wasted years'이라고 비판했다. 그러나 보다 심각한 문제는 보수당이 스스로 방향 감각을 잃기 시작했다는 점이다.

영국 보수,
막다른 골목에 몰리다

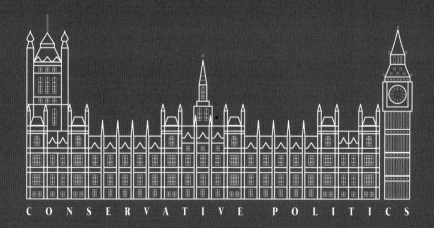

CONSERVATIVE POLITICS

가장 예기치 못한
수상

1965년 7월 더글러스-흄이 사임을 결정한 이후 보수당은 새로운 당수를 선출하는 경쟁에 돌입했다. 강력한 후보였던 버틀러는 이미 정치를 떠나 케임브리지대학 트리니티 칼리지의 학장직을 맡고 있었다. 셀윈 로이드, 줄리안 애머리Julian Amery, 피터 소니크로프트 등의 경험 많은 유력 후보들은 뜻을 접었거나 혹은 2차 선거를 관망하면서 모두 일단 물러나 있었다. 결국 3명의 후보가 경합을 벌였는데 에드워드 히스, 레지날드 모울딩 그리고 에녹 파월이었다. 재무장관을 경험한 모울딩의 승리가 선거 전에 점쳐졌지만 결국에는 히스가 예상 밖의 승리를 거두었다. 히스가 150표, 모울딩이 133표, 그리고 파월은 15표에 그쳤다. 2위와 15퍼센트 이상의 격차를 두어야 한다는 당 경선 규칙에 따르면 모울딩은 2차 투표를 요구할 수 있었지만 히스에게 패배를 인정했다. 이로써 히스는 보수당 역사상 최초로 의원들의 투표에 의해 당수로 선출되었다.

히스의 등장은 또 다른 측면에서도 보수당 역사에 의미가 있다. 20세기에 보수당의 당수를 역임한 인물은 모두 기득권층이나 상층계급 출신이었다. 보나 로, 볼드윈, 체임벌린은 부유한 기업가 집안 출신이었다. 또한 세습귀족 출신도 많았다. 솔즈베리는 후작, 더글라스-흄은 백작, 그리고 이든은 준남작baronet[80]이었다. 밸푸어는 솔즈베리의 조카였고, 처칠은 말보로Marlborough 공작 집안 출신이며, 맥밀런은 데본셔 공작 집안과 결혼한 인물이었다. 출신 배경을 볼 때 이처럼 보수당의 많은 지도자는 이튼 출신의 마피아the Old Etonian mafia이거나 소수의 유력 인사로 구성되는 '매직 서클magic circle' 내에 포함되는 인물이었지만 이제 이러한 전통이 깨지게 된 것이다 (Charmley, 1996, p. 180). 히스는 평범한 중산층 출신이었다. 히스는 오히려 중하류층에 가까운 배경을 갖고 있으며 본인의 노력으로 공립학교를 나와 옥스퍼드대학에 장학금을 받고 진학한 인물이었다. 히스를 뒤이은 대처 역시 평범한 집안 출신이었고 특히 보수당 역사에 첫 여성 당수가 되었으며, 대처를 뒤이은 존 메이저 역시 보수당의 입장에서 볼 때는 드물게 상대적으로 낮은 사회경제적 기반을 갖고 있었다. 이처럼 히스의 등장은 보수당 엘리트 충원의 사회경제적 배경이 확대된 결과로 볼 수 있다. 1945년 총선 패배 이후 맥스웰-파이프가 제안한 당내 충원 구조의 확대 노력이 본격적으로 그 결실을 나타내기 시작한 것이다.

히스는 20세기 다른 보수당 당수들과 비교할 때 관심의 영역이 다양했다. 그는 음악가였으며 재능 있는 지휘자였다. 히스는 수상이었던 1971년 11월 런던의 로얄 페스티벌 홀에서 열린 갈라 콘서트에서 런던 심포니 오케스트라를 지휘한 것을 포함해 국내외 여러 교향악단을 지휘한 바 있다. 또한 그는 영국에서 호주의 시드니까지 항해한 적이 있는 숙련된 요트 선수였다. 젊은 유권자들을 사로잡은 노동당의 윌슨에 맞서기 위해서는 보수당에서도 나이 많고 부유하며 기득권층을 대표하는 이미지가 아니라 젊고 신선한 인물이 필요했다. 더욱이 실패한 더글러스-흄에 대조되는 참신한 이미지가 필요했다. 이처럼 히스가 당수로 선택된 것은 노동당의 지도자 해럴드 윌슨에 맞설 수 있는 참신한 인물로 생각되었기 때문이다. 그는 계급적으로도 특권층 출신이 아니었으며 지적으로 훌륭했으며 젊은 지도자였다. 의회 토론에서나 대중적으로 폭넓은 지지를 얻는 데 노동당의 윌슨에 대적할 수 있는 가장 적절한 후보자로 간주된 것이었다.

히스는 당수가 된 후 맥클로드를 예비 내각의 재무장관으로, 퀸틴 호그를 예비 내각의 내무장관으로, 그리고 에녹 파월을 예비 내각의 국방장관으로 임명했다. 구세대 중에서는 전임 당수인 더글러스-흄만이 예비 내각의 외무장관직을 맡게 되었다. 이러한 예비 내각의 구성은 보수당을 새롭게 변화시키기 위한 히스의 결의를 보여주는 것으로 받아들여졌다.

그 뒤 4년간 보수당은 여론조사에서 노동당에 앞서나갔지만 히스는 당내에서 어려운 시간을 보내야 했다. 그의 지도력에 대한 당내의 의구심이 컸기 때문이다. 히스가 당내 구성원의 마음을 끌지 못했던 가장 큰 이유는 그의 리더십이 너무나도 실무적이었다는 점이다. 큰 틀에서 비전이나 방향을 제시하기보다 매우 구체적인 정책 대안을 항상 고집했다. 즉 히스는 카리스마를 갖춘 화려한 리더십을 갖췄다고 하기보다는 문제 해결형, 실무형 리더십이었다. 히스는 개인적으로는 총명하고 열정적이며 끈기가 있는 인물이었지만, 매력을 느끼게 하고 편안하게 교감할 수 있는 커뮤니케이션 능력 등 리더십의 매우 중요한 자질이 결여돼 있었다. 자기 주변의 측근들은 잘 챙겼지만 국민과의 의사소통에는 문제점이 적지 않았다.

이처럼 히스는 보수당을 그다지 성공적으로 이끌지 못했다. 1950년 처음 의원이 되었을 때 그는 높은 인기를 누렸지만 당수가 되고 나서는 당내의 폭넓은 지지를 이끌어내지 못했다. 그가 당수로 있던 시절 보수당의 당원 수는 오히려 감소했다. 선거에서도 성공적이지 않았다. 그가 보수당 당수로 있는 동안 네 차례의 총선을 치렀지만 그 가운데 세 번을 노동당의 윌슨에게 패배했다. 히스는 언론과의 관계도 좋지 못했다. 그는 신문 만평의 단골 소재가 되었고 특히 수상으로 재임하는 동안 그는 언론에 폐쇄적이었고 권위적이었으며 언론의 비판을 쉽게 참지 못했다. 그 때문에 수상 취임 이후에도 언론과의 밀월 기간은 매우 짧았다(Childs, 1992, p. 220).

변화의 필요성을 인식하고 있었지만 히스는 집권당인 노동당과 차별화할 수 있는 정책 대안도 제시하지 못했고 의회 내 토론에서도 윌슨에게 사실상 압도당했다. 그의 연설은 청중의 관심과 흥미를 이끌어내지 못했다. 그러나 히스가 보수당을 이끄는 동안 드러난 심각한 문제는 보수당의 방향 감각의 상실이었다. 1950년대 이래 이어져온 전후 합의정치 체제에서 보수당은 복지 문제나 완전고용, 노동정책에서 노동당과 커다란 차이를 보이지 않았다. 그러나 1960년대 중반부터 당내에서는 보수당이 온정적 진보주의로부터 벗어나서 노동당과의 분명한 차별성을 보여야 한다는 주장이 꾸준히 제기되어 왔다. 즉 전후의 케인스주의 경제정책에 기반한 복지국가 모델에서 벗어나 공공 지출을 줄이고 직접세를 낮추고 노조의 권한을 축소시키는 등 버츠켈리즘에서 탈피하기 위한 보수당의 정책 전환이 필요한 때가 되었다는 것이다. 미국에서 공화당 우파나 서독 기민당의 변화 역시 이러한 당내 노선 변화의 필요성을 부채질했다(Childs, 1992, pp. 220-221). 그러나 히스는 맥밀런의 보수당에서 더 나아가지 못했다.

보수당은 야당에 머물렀지만 당내에서는 여러 가지 이슈로 바람 잘 날이 없었다. 그 한 가지는 로디지아 문제였다. 1964년 11월 아프리카 로디지아Rhodesia[81]에서 로디지아 전선Rhodesian Front Party의 지도자인 이안 스미스Ian Smith가 영국으로부터의 독립을 일방적으로 선언했다. 이 사태의 해결 방안을 두고 보수당 내에서는 다양한 주장이 제기되었다. UN의 제재를 요구해야 한다는 주장, 기다리면 해결될 것이라는 방관적 입장, 그리고 군사적인 개입을 불사해야 한다는 강경 주장 등으로 보수당 내 의견이 갈렸다(Charmley, 1996, p. 183). 결국 노동당 정부는 이듬해 유엔 안보리를 통해 로디지아에 대한 경제제재를 가하게 되지만 히스는 이 문제에 대한 보수당 내 분란을 쉽사리 정리해 내지 못했다.

로디지아 사태뿐만 아니라 이민과 인종 문제도 보수당에 커다란 난제로 부상했다. 1968년 버밍엄에서 에녹 파월은 인종주의적 연설로 영국 사회에 커다란 충격을 주었다. 그는 영국 사회 내 유색인종 이민자의 증가를 두고, "앞날을 예상하면 나는 불길한 느낌으로 가득 찬다. 로마 사람들의 경우처럼 나는 '티베르 강이 많은 피로 거품을 내며 흘러가는 것'을 보게 될 것 같다"(Charmley, 1996, p. 188)라고 말한 것이다. 영국 사회 내 인종 갈등이 가져올 수 있는 유혈 사태를 예고한 이와 같은 발언은 즉각 정치적으로 커다란 논란의 대상이 되었다.

그런데 사실 파월은 맥밀런 내각에서 보건성 장관으로 있으면서 영국의 노동력 부족을 해소하기 위해 서인도 제도, 파키스탄을 비롯한 영연방 국가로부터의 이민을 장려하는 정책에 일조한 바 있다. 파월의 인종차별적인 표현을 둘러싸고 정치적 논란이 커지자 히스는 파월을 예비 내각에서 사임시켰다. 이후 파월과 히스는 앙숙이 되었고 이후 파월은 히스를 내쫓기 위해 골몰하게 되었다. 파월의 인종주의적 태도는 큰 비판을 받았지만 또 한편으로는 그 당시 영국 사회에 잠재돼 있던 대중의 우려를 대변해주었다는 점에서 큰 주목을 받기도 했다. 파월의 지지자들은 지루하고 재미없는 히스의 연설보다 오히려 낫다고 파월을 두둔하고 그를 해임한 히스를 비판하기도 했다.

노동당 윌슨 수상은 임기 5년 차에 접어든 1970년 5월 의회 해산을 결정했고 6월 18일 총선이 실시되었다. 당시 여론은 미국의 베트남 참전의 지원 여부를 둘러싼 노동당 내부의 갈등에도 불구하고 보수당에 앞서나갔고, 이번 총선에서 보수당이 패배한다면 히스의 퇴임은 자명한 일로 보수당 내에서 받아들여지고 있었다. 불과 한 달 전 치러진 지방선거에서도 노동당이 승리했다. 따라서 보수당의 패배를 당연시 하는 경향마저 당내에 나타났다. 히스가 물러나게 된다면 후임자는 에녹 파월이 될 것으로 보았다.

그러나 총선 결과 보수당은 330석을 얻어 승리했다. 노동당은 287석을 얻었다. 보수당은 득표율에서도 46.4퍼센트를 얻어 43퍼센트에 머문 노동당에 앞섰다. 보수당은 30석이라는 비교적 안정적인 과반 의석을 획득했다. 이러한 보수당의 승리는 사실 매우 예상 밖이었다. BBC는 총선 결과를 보수당의 '깜짝 놀랄 만한 승리a surprise victory'라고 했다. 이 때문에 히스는 '애틀리 이후 가장 예기치 못한 수상Least expected Prime Minister since Clement Attlee'(Liang, 1972, p. 1. 여기서는 Norton, 1996, p. 54에서 재인용)이라고까지 불리게 되었다.

셀스돈 맨

뜻밖이라고 해도 히스는 보수당을 다시 권좌에 복귀시켰다. 히스는 새로운 인물을 충원하지 않았으며 에녹 파월과 같이 히스의 견해에 반대할 법한 인물은 아예 등용하지 않았다. 그의 내각은 18명으로 비교적 적은 수였으며 내각은 정책 방향에 대해 토론하기보다는 정해진 정책을 가장 효율적으로 실행하고 집행하는 데 보다 큰 비중을 두었다. 내각에 정치적 역할보다 실무적이고 행정적인 기능을 강조한 셈이다. 재무장관에 맥클로드, 내무장관에 모울딩, 상원의장에 퀸틴 호그, 외무장관은 더글러스—흄이 맡았다. 그러나 히스의 가장 유능한 조력자였던 맥클로드는 1970년 총선 한 달 뒤 세상을 떠남으로써 히스에게 타격을 주었다. 히스는 맥클로드의 후임으로 앤서니 바버Anthony Barber를 재무장관에 임명했다. 피터 워커Peter Walker가 교통·지방정부·주택 등을 담당하도록 한 막강한 환경부 장관으로 임

명되었고, 피터 토마스Peter Thomas
가 웨일스부 장관, 제임스 프라이
어James Prior가 농업부 장관, 로버
트 카Robert Carr가 고용부 장관, 그
리고 마거릿 대처는 교육과학부 장
관을 맡았다. 후일 영국 정치를 지
배할 마거릿 대처가 처음으로 내각
에 직책을 맡았다. 존 데이비스John
Davies는 산업부 장관을 맡았다. 히

▶ 총선 승리 후 히스 수상

스의 내각은 제2차 세계대전 이전 보수당 내각에 상층계급 출신이
거의 대다수였던 것과 비교하면, 많은 중산층 출신이 각료직을 담당
하게 되었다는 점에서 내각 구성의 커다란 변화를 상징한다(Childs,
1992, pp. 219-220). 그의 내각은 출신보다 역량에 주목했고 대체로 온
건한 인물들로 구성돼 있었다.

히스 정부는 야당 시절 구성한 많은 정책 기구를 통해 다양한 핵
심 이슈에 대해 살펴보았다. 그러나 히스 정부의 가장 심각한 문제는
그런 노력에도 불구하고 영국이 이제 어디로 나아가야 하는지 잘 파
악하지 못했다는 점이다. 정책 변화의 필요성을 인식하고 있었고 그
방향에 대해서도 막연하게나마 알고 있었지만 이를 추진할 만한 철
학적 기반이나 사고방식의 근본적 전환을 이뤄내지 못했다. 히스는
그저 '관리 차원'에서 정책적 변화를 이끌어내고자 했다. 히스를 뒤이
어 보수당을 이끌게 될 마거릿 대처와 히스를 구분하는 가장 큰 차이
점은 바로 여기서 찾아볼 수 있다.

정책 노선에 대한 검토에도 불구하고 1970년 6월 선거에서 제시된

「보다 나은 내일A Better Tomorrow」이라는 제목의 공약집은 1965년 보수당의 선거공약과 별반 다르지 않았다. 보수당 히스 정부의 정책 변화는 공약집보다는 오히려 총선 직전의 예비 내각 회의에서 이뤄졌다. 1970년 3월 런던 남부 크로이든Croydon의 셀스돈 파크 호텔Selsdon Park Hotel에서 열린 예비 내각 회의에서 히스는 보수당이 차기 총선에서 승리하게 될 경우를 대비해 집권 후 정책 방향에 대해 논의했다.

히스는 전후의 합의정치에서 벗어나 당을 보다 우파적인 방향으로 끌고 가고자 했다. 원래 그 회의는 우파적인 방향으로의 전략적 변화를 토의하기 위한 자리가 아니었다. 당시 예비 내각은 경제정책이나 소득정책과 같은 핵심적 이슈에 대한 분명한 입장을 정하지 못하고 있었다. 그러나 이 회의를 통해 보수당은 자유 시장경제 정책으로의 급격한 변화를 추진하기로 결정했다. 보수당의 새로운 정책 방향은 효율성을 높여야 한다는 것이었는데, 그 핵심은 시장의 힘이 제대로 작동할 수 있도록 해야 한다는 것이었다. 규제, 국가 개입, 정부 지원, 소득정책, 고용정책 등에서 나타나는 자유 시장의 장애물을 걷어내야 한다는 것이었다.

셀스돈 회의에서는 복지국가, 세금, 교육, 국유화 등 매우 폭넓은 정책 분야에 대해 논의했으며, 보수당 정부는 향후 낙후된 산업이나 경쟁력 없는 산업 분야에 대한 지원을 축소하겠다는 것이었다. '레임덕lame duck' 산업이 홀로 서지 못하더라도 국가 보조금으로 지원하지 않을 것이며, 마찬가지로 개인이 어렵더라도 무료 학교급식이나 우유 배급, 무상 의료 지원 등을 하지 않기로 했다. 또한 영국의 유럽경제공동체EEC 가입 역시 영국 기업의 경쟁력 강화에 도움이 될 것으로 보았다. 셀스돈 회의는 1950년대 이후 케인스주의 경제정책을 중심으로 한 합의 체제로부터 보수당의 정책 전환을 시도한 것이었다. 이제 야당 당수가 된 노동당 해럴드 윌슨은 이를 두고 '셀스돈 맨Selsdon Man'이라고 히스를 비꼬았다.

셀스돈 맨의 노선은 처음에는 큰 문제 없이 추진되는 듯이 보였다. 국가가 운영해온 토머스 쿡Thomas Cook and Son 여행사가 민간에 팔렸고, 국가석탄위원회나 브리티시 레일British Rail은 효율성이 낮은 부서를 민간에 이양하도록 했다. 또한 국영석유공사가 별다른 성과 없이 계속해온 북해의 유전 발굴 탐사도 중단토록 했다. 또한 전임 노동당 윌슨 정부가 신설한 노동 관련 정부 중재 기구인 산업재조정처the Industrial Reorganisation Corporation나 물가임금위원회National Board for Prices and Incomes 등의 부서도 폐지했다. 1970년 10월 전당대회에서 통상산업부 장관인 존 데이비스John Davies는 레임덕 산업에 대한 국가 지원은 없을 것이라는 점을 다시 분명히 했다(Norton, 1996, p. 54). 세금도 내렸다. 노조와의 새로운 관계를 위한 산업관계법Industrial Relations Act of 1971이 1971년 의회를 통과했는데 이는 매우 강력한 반反노조법이었다. 공공 부서 역시 효율성을 높이기 위해 재조정되었는데 방대해진 중앙정부 조직, 국가의료서비스NHS 조직, 지방정부 조직이 그 대상이었다. 이처럼 1970년 총선 이후 히스 정부는 과거 복지국가에 기초한 1950년대 이래 합의정치로부터 벗어나 셀스돈에서의 결정대로 우파적인 개혁을 시도하고자 했다.

대외적으로도 오랫동안 추진해온 EEC 가입 문제가 해결되었다. 1967년 드골이 두 번째로 영국의 EEC 가입에 거부권을 행사했을 때 히스는 영국의 EEC 가입에 대해 더욱 강한 결의에 차게 되었다. 히스는 맥밀런이 처음 EEC 가입을 추진했을 때 영국 측 협상 대표였다. 히스는 프랑스에서 드골이 물러나고 퐁피두Pompidou가 대통령이 된 이후 EEC 가입을 다시 추진했다. 히스는 원내 총무 프란시스 핌Francis Pym의 조언에 따라 의회 내에서 당론과 무관하게 의회들이 소신껏 투표할 수 있도록 이 사안에 대해 자유 투표 방식을 허용했다. EEC 가입은 의회에서 찬성 356, 반대 244, 기권 22로 인준되었고, 마침내 1973년 1월 히스의 뜻대로 영국은 EEC에 가입하게 되었다. 대외 경쟁력 강화를 위해 EEC 가입을 추진하자던 셀스돈 회의에서의 또 다른 계획이 실현되었다.

그러나 셀스돈 계획이 실제로 추진되면서 예상치 못한 일이 생겨나기 시작했다. 그리고 결과적으로 히스 정부는 셀스돈에서 결정한 정책적 전환을 성사시키지 못했다. 1971년 자동차와 엔진을 만드는 롤스-로이스Rolls-Royce 사는 미국 록히드Lockheed 사에 엔진을 공급하기로 했지만 예상을 넘은 막대한 개발 비용과 고정된 계약 금액으로 인해 재정적 어려움에 처했고, 이에 더해 약속한 기한 내에 물량을 공급하지 못해 엄청난 위약금을 물게 되었다. 부채와 위약금에 시달리던 롤스-로이스는 1971년 2월 파산을 선언했다. 그런데 히스 정부는 이런 상황에 개입하기로 결정했다. 파산한 롤스-로이스 사를 공적 자금을 투입해서 회생시키고자 했고 3개월 뒤 끝내 파산하자 이를 국유화하기로 결정한 것이다. 이 결정은 레임덕 산업을 지원하지 않겠다고 한 기존 입장을 뒤엎는 것이며 셀스돈에서의 논의를 무력화시키는 것이었다.

업퍼 클라이드 조선소Upper Clyde Shipbuilders의 사례도 이와 유사하다. 이 조선소는 글라스고Glasgow 지역의 고용에 매우 큰 비중을 차지하고 있었다. 보수당 정부는 이 조선소에 대한 국가 보조금 인상을 거부했고, 이 조선소의 문을 닫게 하면서 작업장 네 곳을 폐쇄하고 자 했다. 그런데 이 결정은 이미 실업률이 높은 글라스고 지역에 2만 명의 실업자가 추가로 생겨나는 것을 의미했다. 노동자들은 정부 결 정을 받아들이기를 거부하면서 작업장을 점거하고 조선 건조 작업 을 계속했다. 여론이 이들에게 동조적으로 흐르자 히스 정부는 결국 4,000만 파운드라는 거액을 투자하기로 결정하고 조선소를 다시 열 도록 했다.

히스 정부를 더욱 어렵게 만든 것은 노동계의 저항이었다. 인플레 이션을 잡기 위해서는 공공 분야의 과도한 임금 인상 요구를 물리쳐 야 했다. 그러나 이러한 정책은 대규모 노동 분규를 불러왔으며 히 스 정부는 이 중 어느 하나에서도 승리하지 못했다. 히스 정부와 노 조의 관계가 악화된 상당히 중요한 원인은 1971년 노동법Industrial Relations Act 제정 때문이었다. 이 법안은 파업을 규제하고 노동법원 National Industrial Relations Court을 설치해서 산업 분쟁을 조정할 수 있 는 권한을 부여하도록 했다. 그러나 노조는 노동법 입법 자체에 반 대했고 대규모 쟁의 행위를 통해 법의 효력을 대부분 무력화시켰다. 1971년 2월에는 10만 명이 런던에 모여 반대 시위를 했고, 그다음 달 에는 150만 명의 공장 노동자들이 노동법에 반대하는 24시간 파업을 실시하기도 했다(Childs, 1992, pp. 223~224). 또한 임금 인상 억제도 쉽 지 않았다. 탄광 노조는 정부로부터 높은 임금 인상을 얻어냈다. 항 만 노동자 역시 정부를 대상으로 대규모 분규를 일으켰고 결국 정부 로부터 양보를 이끌어냈다. 노동계의 분규와 함께 또 한편으로는 실 업이 늘어나고 있었다. 실업은 이전에 비해 계속 증가하는 추세였는 데 1971년 10월이면 90만 명이던 실직자의 수는 1972년 초가 되면

150만 명으로 늘어났다. 실업자의 수가 심리적으로 중요한 저항선인 100만 명을 넘어서면서 히스는 총선 이후 자신이 추진해온 자유 시장을 중시하는 정책적 전환에 대한 자신감을 잃게 되었다.

이처럼 셀스돈 회의에서 기대했던 성과가 나타나지 않고 오히려 실업이 계속 늘어나면서 제조업 투자도 침체에 빠지게 되자 당황한 히스 정부는 정책상의 급격한 전환을 모색하게 되었다. 1972년 정책의 완전한 유턴이 시작되었다. '셀스돈 맨'을 내던지게 된 것이다. 1972년 3월 예산안을 짜면서 재무장관 바버는 세금은 다소 낮췄지만 공공 지원금은 대폭 늘렸다. 이도저도 아닌 정책을 취하게 된 것이다. 1972년 산업 분야에 대해 상당한 수준의 정부 개입의 가능성을 열어둔 1972년의 산업법Industrial Act은 히스 정부가 이전에 추진해온 정책으로부터의 분명한 방향 전환을 보여주는 것이다. 레임덕 산업을 지원하지 않기로 한 정책이 폐지되었고, 산업개발처Industrial Development Executive를 신설해 경쟁력이 없는 기업이라고 할지라도 지원하는 방안을 모색하기로 했다. 기업 지원을 위해 지역 개발 지원금도 활용하기로 했다. 이들에 대한 지원은 고용에 미치는 영향을 고려하도록 했다. 그런데 당시 교육과학성 장관을 맡고 있던 마거릿 대처는 마지막까지 셀스돈의 정책을 바꾸지 않으려고 했다. 교육과학성에서 관장했던 무료 학교급식의 폐지는 히스의 정책 전환에도 불구하고 바뀌지 않은 채 지속되었다.

인플레이션이 계속되면서 히스 정부는 가격과 임금을 관리하는 데에도 다시 적극적으로 개입하기 시작했다. 1972년 여름에 히스는 노조를 대표하는 노동조합평의회TUC와 기업을 대표하는 영국기업연맹 Confederation for British Industry과 함께 자발적인 임금 억제 정책과 가격

제한에 대한 협상을 시도했다. 히스 정부는 전임 노동당 윌슨 정부가 만들었던 물가임금위원회National Board for Prices and Incomes를 폐지했지만 사실상 동일한 방식의 해결책을 모색했던 것이다. 그러나 이 협상은 실패로 끝났고 그해 11월 히스 정부는 향후 90일간 임금 및 물가 인상을 동결하는 조치를 취했다. 히스 스스로 몇 달 전까지만 해도 극력 반대하던 정부의 개입 정책을 오히려 적극적으로 취하게 된 것이다. 이로써 셀스돈 맨은 끝이 나고 말았다.

이런 와중에 북아일랜드의 상황도 심각하게 돌아갔다. 이것은 히스에게는 불운이었다. 1970년 7월 2,000명의 영국 군인들이 벨파스트의 가톨릭 거주자 구역을 수색해 많은 양의 무기를 찾아냈다. 이후 가톨릭계 주민의 반발이 거세지면서 신교도들과의 충돌이 더욱 잦아졌고, 북아일랜드 주민뿐만 아니라 영국 군인들까지 포함해 사상자가 크게 늘어났다. 이런 상황에서 히스 정부가 1971년 8월 북아일랜드에서 재판 없이 구금할 수 있도록 한 조치를 내리면서 북아일랜드 상황을 더욱 악화시켰다. 시위가 금지되었지만 가톨릭계 주민들은 이런 조치에 항의하는 시위를 이어갔고, 이에 대한 진압과정에서 또다시 많은 사상자가 나왔다. 1972년 1월에는 14명의 시위대가 영국군의 총격으로 사망하는 '피의 일요일Bloody Sunday' 사건도 생겼다. 이런 혼란 속에서 히스가 내린 1972년 북아일랜드 자치 의회Stormont의 일시 권한 정지 조치는 50년 전 로이드 조지가 만들어놓은 북아일랜드 자치의 틀을 중단시킨 것이었다. 북아일랜드 지역에서의 혼란을 수습할 방안이 필요했다. 1973년 12월 버크셔 서닝데일Sunningdale에서 히스 정부는 북아일랜드의 각 정파와 아일랜드 공화국 대표가 참여한 가운데 신교도와 구교도가 함께 북아일랜드 통치 권한을 공유하도록 하는 합의안을 이끌어냈다. 그러나 어정쩡한 합의였다. 서닝데일 합의Sunningdale Agreement는 권력 공유에 반대해온 북아일랜드 내 신교도들을 소외시켰지만 그렇다고 해서 구교도들도 만족시키지도 못했다. 그리고 오랫동안 보수당과 깊은 관련을 맺어온 얼스터 연합당 Ulster Unionist Party: UUP과 보수당의 관계는 이 합의로 인해 사실상 단절되었다. 서닝데일 합의는 오히려 상황을 더욱 악화시켰다. 1974년 초부터 북아일랜드 사태는 통제할 수 없는 상황으로까지 더욱 악화되었고, 보수당 정부 역시 이 사태에서 헤어나기 어렵게 되었다. 서닝데일 합의는 결국 실패로 끝나고 말았다.

히스 정부는 국제정치적 환경의 변화로부터도 어려움을 겪게 되었다. 1973년 10월 이스라엘과 이집트 간 전쟁이 발발했다. 이후 고조된 중동에서의 정치적 위기로 인해 중동 국가들을 중심으로 하는 석유수출국기구OPEC는 원유 수출을 무기화했고 석유 수출 가격을 크게 인상했다. 국제 유가의 상승과 그로 인한 에너지 위기, 그리고 뒤따른 세계 경제 위축은 영국의 경제 상황을 어렵게 만들었다. 그러나 석유 위기가 아니었더라도 영국의 경제 상황은 좋지 않았다. 재정수지는 적자였고 인플레이션은 이전 윌슨 정부 때보다 더 악화되었으며 실업률도 더 높아졌다(Childs, 1992, p. 237). 셀스돈 맨은 폐기되었고 국내 경제 상황, 북아일랜드, 국제 경제 상황 어느 것 하나 만만한 것이 없었다. 히스 정부는 위기에 봉착했다.

누가 영국을
통치하는가

1972년 이미 정부를 압박해 상당한 임금 인상을 얻어낸 전국광부노조National Union of Miners: NUM는 정부의 임금 인상 제한 지침을 넘는 임금 인상을 요구하고 있었다. 이 요구를 관철하기 위해 전국광부노조는 1973년 11월 근무시간 외에는 더 이상 일하지 않도록 하는 연장근무 금지overtime ban를 노조원들에게 명령했다. 세계적인 석유 위기에 국내에서 탄광노조의 연장근무 금지 조치는 국내의 에너지 수급을 어렵게 만드는 것이었다. 이에 대해 히스는 에너지 절감을 위해 1974년 1월 일주일에 3일만 근무하도록 명령했다. 가로등, 네온사인, 텔레비전의 사용은 이미 그 이전부터 사용 시간을 크게 줄였다. 국가 비상사태가 선언된 것이다. 또 한편으로 히스 정부는 전국광부노조와의 협상을 재개했다. 그러나 그 협상은 양측의 입장 차이로 지지부진했고 1974년 2월 5일 최종적으로 결렬되었다. 노조는 찬반 투표를 거쳐 2월 10일부터 전국적으로 파업을 시작하기로 했다.

이와 같이 대내외적으로 총체적 난국에 직면한 히스는 돌파구를 찾기 위해 2월 7일 의회를 해산하고 2월 28일 총선을 실시하기로 결정했다. 히스는 총선 승리를 확신하면서 '과연 누가 영국을 통치하는가?Who governs Britain?'라는 질문을 총선 표어로 정했다. 영국을 통치하는 주체가 정부인지, 아니면 노조인지 결정하라고 유권자에게 요구함으로써 경제 및 산업상의 위기를 다룰 수 있는 분명한 위임을 얻고자 했다. 심각한 노사분규와 파업, 그리고 그에 따른 비상사태와 주 3일 근무 조치 등 일련의 사회적 갈등과 그로 인한 국민들의 불만의 원인을 노조의 탓으로 돌리고 그 책임을 묻겠다는 것이었다. 그러나 이러한 히스의 전략은 기대한 것처럼 잘 먹혀들지 않았다. 보수당 내부에서도 다른 목소리가 나오기도 했다. 영국기업연맹CBI의 사무총장, 국가임금위원회Pay Board, 그리고 특히 인종주의 발언 이후 히스에게 버림받은 에녹 파월 등은 모두 선거를 앞두고 히스와 반대되는 입장을 취했다. 파월은 노동당은 유럽공동체에서 탈퇴를 공약했으므로 보수당 지지자들에게 차라리 노동당에게 투표하라고 공개적으로 권하기도 했다.

1974년 총선 결과는 뚜렷한 승자 없이 끝나고 말았다. 보수당은 득표수로는 더 많은 표를 얻었지만 의석수는 노동당보다 적었다. 노동당은 301석, 보수당은 297석을 각각 얻었다. 그리고 자유당은 6석 늘어난 14석을 차지했다. 북아일랜드 선거구에서는 얼스터 연합당이 11석을 차지했다. 의석수에서는 노동당이 근소하게 앞섰지만 보수당이나 노동당 모두 단독으로 집권하기는 어려운 상황이었다.

히스는 자유당의 도움을 통해 보수당 정부를 수립하고자 했으나 자유당 당수 제레미 소프Jeremy Thorpe와의 협상에서 합의를 이끌어내는 데 실패했다. 그러자 히스는 이번에는 북아일랜드의 얼스터 연합당과 협상을 모색했다. 예전 같다면 이들의 도움으로 히스는 과반의석은 아니더라도 보수당 정부를 출범시킬 수 있었을 것이다. 그러나 서닝데일 합의 실패에서 보듯이 히스 정부의 북아일랜드 정책에 대해 불만을 가진 얼스터 연합당은 히스에 협력하기를 거부했다. 자유당과 얼스터 연합당으로부터 도움을 얻어내지 못한 히스는 결국 수상직에서 사임해야 했다. 1974년 3월 4일 윌슨이 노동당 소수파 내각을 구성했다. 윌슨은 1966년 이후 자신이 이끄는 두 번째 내각을 출범시켰다. 안 그래도 당내에서 인기가 없던 히스는 선거 패배로 더욱 어려운 입장이 되었다.

노동당 윌슨 수상은 소수파 정부에서 벗어나기 위해 집권 7개월 뒤인 1974년 10월 다시 총선을 실시하기로 결정했다. 보수당은 2월 총선보다 20석을 잃어 277석이 되었고 노동당은 18석을 더 획득해 319석이 되었다. 노동당은 과반에서 3석이 넘는 의석을 차지해 가까스로 단독 집권이 가능하게 되었다. 다시 총선에 패배하자 보수당 내에서 히스의 사임을 요구하는 소리가 더욱 커지게 되었다. 당내 평의원 모임인 1922년 위원회는 당 지도부에 대한 신임을 정기적으로 묻도록 하자는 의견을 제시했고, 이 제안을 지지하는 의원들은 점차 늘어나게 되었다. 결국 히스는 이러한 당내 요구에 굴복해 그 이전까지 보수당 내에 존재하지 않았던 당수 재임 중 신임을 묻거나 당권에 도전할 수 있도록 하는 방안의 도입에 동의했다. 이전 수상이었던 흄 경Lord Home[82]이 이끄는 제도개선위원회는 당내 요구가 있다면 매년 당수의 신임을 물을 수 있도록 하는 개선안을 제시했다. 이 안이

1922년 위원회와 히스 모두에게 받아들여졌고, 이에 따라 1975년 2월 4일 보수당 역사상 현직 당수의 신임을 묻는 첫 투표가 실시되었다.

당내에서 주목을 받던 가장 유력한 도전자는 키스 조지프Sir Keith Joseph였다. 마거릿 대처 등과 정책연구센터Centre for Policy Studies: CPS를 설립했고 자유 시장경제를 강조해왔다. 그는 히스의 견해에 반대하며 보수당은 기존의 경제정책을 재검토해서 자유 시장경제의 방향으로 나아가야 한다고 주장해왔다. 그는 이런 견해로 인해 히스와 논쟁을 벌이기도 했다. 그러나 그는 뜻밖의 말실수로 인해 경선 후보군에서 배제되었다. 그는 1974년 하반기에 행한 한 연설에서 '하위 계층의 여성들은 자식들을 제대로 키워내는 데 적합하지 않기 때문에 아이를 가져서는 안 된다'는 취지의 발언을 한 것이다. 이 발언이 커다란 정치적 논란을 불러오면서 그는 보수당 내 경선에서 탈락하게 되었고, 그 대신 마거릿 대처가 새로운 도전자로 주목 받게 되었다. 대처는 히스 내각에서 교육과학성 장관을 역임했으며, 히스 내각에서 반대의 목소리를 내온 몇 안 되는 인물 가운데 하나였다. 조지프가 히스의 도전자로부터 물러났을 때 대처는 곧 자신의 도전을 선언하면서 히스의 경제정책을 비판하고 자유주의 경제정책을 주창했다.

처음에 히스는 대처의 도전을 그리 대단하게 여기지 않았다. 내각 각료직을 맡고 있었지만 대처는 아직 당내에서 정치적으로 크게 두드러지지 않았고 여성이었으며 그다지 사교적이지도 않았다. 그러나 대처의 출마 명분은 선거운동 책임을 맡아준 에어리 니브Airey Neave에 의해 상당히 보강되었다. 또한 당내에서 인기가 있었던 에드워드 두 칸Edward du Cann이 개인적인 이유로 당수 경선 출마를 포기하면서 이제 승부는 히스와 대처 간의 양자 대결로 압축되었다.

히스뿐만 아니라 당내의 많은 이들이 히스가 쉽게 승리할 것으로 예상했다. 히스와 대처는 아무래도 정치적 중량감에서 차이가 있어 보였다. 그러나 결과는 전혀 예상 밖이었다. 1974년 10월 두 번째 총선 패배 이후 보수당 의원들의 솔직한 심정은 '히스만 아니면 누구라도anyone but Ted' 당수로 뽑고 싶다는 것이었다(Seldon and Snowdon, 2004, p. 101). 히스의 예비 내각 당 중진 의원들의 대다수는 여전히 히스에게 충성스러웠지만, 1974년 두 차례 총선 패배를 통해 히스와 당 지도부는 의회와 지방의 보수당 당원과 지지자들로부터 점점 더 소외되어 가고 있다는 사실이 분명해졌다. 1975년 보수당 당수 선거는 그동안 보수당 의원들이 히스의 지도력에 대해 얼마나 큰 불만을 가지고 있었는지를 극적으로 보여줬다. 1975년 2월 4일 실시된 당수 선거 결과는 대처가 130표, 히스가 119표, 그리고 휴 프레이저Hugh Fraser가 16표를 얻었다. 대처는 선거 규정상 당선에 필요한 과반 득표로부터 31표가 적었으므로 2차 투표가 실시되어야 했다. 그러나 과반 지지는커녕 경선에서 1등도 못 한 히스는 2차 투표에 나서지 않기로 하고 즉각 사임했다.

이어 2차 투표가 실시되었다. 2차 투표에서 대처는 146표, 윌리 화이트로Willie Whitelaw는 79표, 제임스 프라이어James Prior 19표, 제프리 하우Geoffrey Howe 19표, 존 페이턴John Peyton은 11표였다. 대처의 확실한 승리였다. 1975년 2월 11일 대처는 히스를 대신해 보수당의 새로운 지도자가 되었다. 당수 선거는 끝이 났지만 히스는 그 이후 대처와는 매우 불편한 관계를 계속해서 유지했으며, 대처가 자신의 예비 내각에 히스의 참여를 권유했을 때도 이를 거부했다.

이렇게 히스는 당수직에서 물러나야 했다. 히스는 당내의 예상을 뒤엎고 1970년 총선을 승리로 이끌었지만, 그에 대한 평가는 당내에서나 일반 국민 사이에 그렇게 긍정적이지 않았다. 히스가 당수직을 맡은 10년은 보수당의 '막다른 길a blind alley'(Seldon and Snowdon, 2004, p. 97)이었다는 평가까지 나오고 있다. 물론 이는 좀 심한 표현일지도 모른다. 사실 히스가 '셀스돈 맨'으로 상징되는 정책 변화를 시도한 것은 올바른 방향 설정이었다. 그런데도 히스의 재임 기간을 '막다른 길'로 평가하는 것은 그가 자신의 정책에 대한 확신과 신념을 가지고 당 의원들을 설득하고 따르도록 하는 강한 리더십을 보여주지 못했기 때문이다. 히스는 보수당 의원들로부터 정책 추진에 대한 공감을 얻어내지 못했고 이들이 자신과 함께 하도록 만들지 못했다. 히스는 당내의 목소리에 귀 기울이려고 하지 않았다. 이 때문에 보수당은 단합된 모습을 보이지 못했고 전례 없는 당내 분란을 겪어야 했다. 대다수 의원들은 정책의 불확실성과 히스의 리더십 스타일에 적대감을 갖고 있었다. 사실 셀스돈에서 결정한 새로운 정책적 전환에 대해 히스는 자신의 노선이 옳다는 것을 충분히 확신하지 못하고 있었다. 그 때문에 경제 상황이 악화되고 노동의 저항이 가열되자 셀스돈 맨을 포기하고 다시 손쉬운 옛날 방식으로 돌아갔다.

1974년 10월 선거에서 패배한 4개월 후 그는 쓸쓸히 떠나야 했다. 히스에게 그것은 참기 힘든 쓰라리고 아픈 종말이었다. 그러나 보수당 내 많은 사람이 떠나는 그를 그다지 아쉬워하지 않았다. 이제 보수당은 새로운 시대를 향해 나아가고 있었다.

16

대처,
'철의 여인'의 시대를 열다

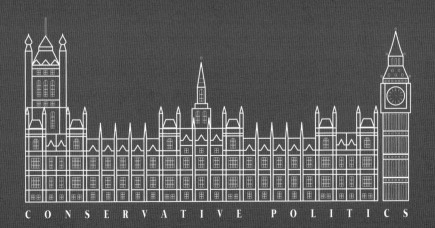

CONSERVATIVE POLITICS

'불만의 겨울'과
대처의 등장

마거릿 대처가 1975년 보수당의 당권을 잡았을 때 그 뒤에 일어날 엄청난 변화를 미리 예견할 수 있는 사람은 아마도 없었을 것이다. 당수직을 맡은 초반에 대처는 다소 불안해 보이기까지 했다. 당내 경선에 나오기 전 대처는 보수당 내에서 큰 신망을 받는 유력 정치인도 아니었다. 그러나 이후 약 15년 동안 대처는 영국 역사에 '대처 시대'라고 부를 만한 강력한 리더십을 보여주었다. 그리고 영국 사회를 대처가 집권하기 이전과 이후가 근본적으로 달라진 환경으로 변모시켰다. 마거릿 대처 하의 보수당은 말 그대로 대처가 '지배했던' 시간이었다.

현직 당수에 도전해 굴복시킨 당내 경선의 결과로 인한 후유증이 없을 수 없었다. 당내 경선에서 패배한 히스는 대처의 예비 내각에서 직책을 맡기를 거부했고 제프리 립폰Geoffrey Rippon, 피터 워커Peter Walker 등 히스를 따랐던 이들도 대처와 함께 일하기를 거부했다. 이들의 협조 거부는 경선으로 인한 당내 분열을 극복하고 통합과 결속을 이끌어내야 하는 대처의 입장에서는 상당히 부담이 되는 일이었다. 그러나 당내 경선 2차 투표에 함께 경쟁했던 화이트로가 부당수직을 수용하면서 당내 분위기가 바뀌기 시작했다. 화이트로의 참여와 함께 당내 경선 과정에서 대처를 지지하지 않았던 유력 인사들도 예비 내각에 참여하게 되었다.

대처의 예비 내각에서 중요한 인물은 키스 조지프였다. 전임 당수인 히스는 경제정책 운영을 두고 자신과 다른 견해에는 귀 기울이려 하지 않았으므로 키스 조지프는 1974년 중순 마거릿 대처를 비롯한 당내외의 지지자들과 함께 정책연구센터를 설립했다. 이 기구는 보수당 조사국의 대안적인 싱크탱크think tank를 모색한 것으로, 또 다른 보수 성향의 싱크탱크인 아담 스미스 연구소Adam Smith Institute도 이 무렵 생겨났다. 정책연구센터는 영국이 고통을 겪고 있는 경제적 어려움을 극복하기 위한 해결책으로 히스 정부 때와는 달리 통화주의, 자유 시장경제 원칙의 고수를 강조했다. 히스와 그 이전의 맥밀런 수상은 정부가 문제의 해결책이라고 생각했지만, 조지프와 그의 동료들은 확대된 정부가 바로 문제의 근원이라고 생각했다. 자본주의만이 개인의 진정한 자유를 보장할 수 있고, 집단주의의 흐름은 이제 퇴조했으며 탈규제, 민영화, 재산권의 확대, 개인의 노력과 노조의 개혁 등을 주장했다(Childs, 1992, p. 296). 이러한 정책적 방향은 뒤에 대처 정부의 핵심적 정책 의제가 되었다.

이처럼 조지프는 대처가 추진한 정책의 정신적 지주였다. 대처가 당수가 된 이후 조지프는 정책자문위원회the Advisory Committee on Policy 위원장으로 임명되어 정책 개발과 조정의 중책을 맡게 되었다.

대처는 히스에 의해 해임된 앵거스 모드Angus Maude에게 보수당 조사국 책임자의 역할을 맡겼고, 제프리 하우Geoffrey Howe는 예비 내각의 재무장관이 되었다. 이와 함께 대처는 1958년 재정 위기 때 인상적인 모습을 보여주었던 소니크로프트를 당 의장에 임명했다.

대처는 자신에게 그다지 우호적이지 않은 인사들도 예비 내각에 참여시켰다. 예비 내각의 내무장관직을 맡은 이안 길모어Sir Ian Gilmour는 대처의 반대파였다. 산업성을 담당한 마이클 헤젤타인Michael Heseltine이나 상원의장이 된 캐링턴 경Lord Carrington은 히스에 더 가깝다고 할 수 있는 이들이었다. 당수 경선에 참여했다가 패배한 짐 프라이어Jim Prior에게는 예비 내각의 고용성을 맡겼다. 대처와 가깝지는 않았지만 짐 프라이어에게는 경제정책을 검토하기 위해 설립된 경제재건그룹Economic Reconstruction Group을 맡겼다. 이처럼 대처의 초기 예비 내각은 자신과 가까운 이들뿐만 아니라 반대자들도 많이 포함돼 있었다.

그러나 이 때문에 대처와 각료들 간의 입장의 차이로 예비 내각 내에서 갈등이 생겨나기도 했다. 예비 내각의 외무장관직을 맡은 모울딩은 대소련 정책이나 데탕트détente에 관해 대처와 의견이 매우 다른 인물이었다. 모울딩과는 달리 대처는 공산주의에 대해 타협 없는 매우 강경한 입장을 취하고 있었다. 대처의 강경한 태도는 보다 유연한 입장을 중시하는 모울딩과 종종 충돌했다. 결국 대처는 1976년 11월 모울딩을 예비 내각에서 해임했다. 잘 알려진 대처의 별명인 '철의 여인the Iron Lady'은 자기들에게 강경한 입장을 취하는 대처에게 소련이 지어 붙인 이름이었지만, 그러한 냉정함과 강인함은 예비 내각을 이끄는 과정에서도 마찬가지로 드러나곤 했다.[83]

당수가 된 대처는 내용이나 스타일 모두에서 이전과는 완전히 새로운 방향으로 보수당을 이끌었다. 히스와 같이 매우 구체적이고 세밀한 사안에 집착하기보다 우선 큰 틀의 원칙과 방향을 세우고자 했다. 대처가 이끄는 보수당의 경제 운영 원리는 신자유주의 철학에 기초해 있었다. 신자유주의 노선은 당시 노동당 정부가 제대로 해결하지 못하는 영국 사회의 문제점을 해결하기 위한 대처의 대안이었다. 그러나 대처가 추진하는 정책 기조의 변화에 대한 당내 반발은 적지 않았다. 대처는 당내에서 여전히 폭넓은 신망을 얻지 못하고 있었고 당 지도자로서 그녀의 역량에 대한 회의론도 적지 않았던 상황이었다. 당내 대다수 의원들은 여전히 맥밀런이나 히스가 취했던 방식대로 케인스주의적 처방에 익숙해 있었다. 이들처럼 대처의 신자유주의 정책에 소극적이거나 조심스러운 입장을 갖는 당내 의원들을 대처는 이후에 '웨츠wets'[84]라고 불렀다.

이에 비해 대처와 키스 조지프, 제프리 하우 등은 자유 시장, 민영화, 국가의 역할 축소 등의 입장을 강조했는데 대처가 당을 이끌기 시작했을 때 이들은 소수파였다. 이들은 '웨츠'에 대비해 '드라이즈dries'라고 불렸다. 드라이즈가 신자유주의 정책을 급진적으로 이끌어야 한다는 강경한 입장이라면 웨츠는 온건하고 조심스러운 정책 변화를 주장한 이들로 볼 수 있다. 대처가 당의 새로운 정책을 추진하기 위해서는 우선 당내 의원들의 반대부터 극복해야 했다. 대처를 비롯해 드라이즈의 핵심적 인사들은 과거 방식으로는 더 이상 문제를 해결할 수 없으며 새로운 접근법이 필요하다는 점을 당내 인사들을 대상으로 꾸준히 설득해갔다.

대처가 이끄는 보수당의 새로운 정책 노선은 이처럼 1950년대 형성된 합의정치로부터의 전면적인 이탈을 의미하는 것이었다. 그런 만큼 이러한 정책 전환에 대해 대처 스스로 강한 확신과 자신감을 가져야 하는 것이었다. 전임 히스 정부가 셀스돈 회의를 통한 정책 전환 결정에도 불구하고 실패한 것은 자신이 추진하는 정책적 결과에 대한 확신을 히스 자신이 갖고 있지 못했기 때문이었다. 그러나 대처는 달랐다. 한 연설에서 대처는 자신의 정책적 입장에 대한 확고한 신념을 다음과 같이 표현한 바 있다.

"성경 구약에 나오는 예언자들은 '형제들아, 나는 타협을 원한다'고 말하지 않습니다. 그들은 말합니다. '이것이 나의 신념이고 꿈이다. 바로 이것이 내가 열정적으로 믿고 있는 것이다. 너희가 이를 믿는다면, 나를 따르라.' 오늘밤 저는 여러분께 바로 그렇게 말하고자 합니다. 그동안의 황폐하고 우울했던 과거로부터 벗어나자고(Thatcher, 1995, p. 448)."

대처가 보수당을 맡은 뒤 이뤄진 정책 노선의 변화는 당내 연구 그룹의 설립을 통해 구체적으로 검토되었다. 의원들이 정책 검토에 중요한 역할을 담당하도록 했으며 당내의 다양한 입장을 골고루 검토했다. 또한 히스가 당수로 있을 때처럼 이들의 활동을 간섭하려 하지 않았다. 첫 결실은 1976년 10월 출간한 당 정책집인 '올바른 접근The Right Approach'으로 정리되었다. 이는 그동안의 정책 검토를 종합한 것으로 구체적인 대안을 담고 있다기보다 개괄적인 정책 방향을 제시한 것이었다. 이는 1년 뒤 '경제를 위한 올바른 접근The Right Approach to the Economy'으로 보다 구체화되었고, 이 두 가지 정책 검토 내용은 1979년 총선에서 보수당의 공식적인 선거공약이 되었다. 대처의 리더십 하에서 보수당은 점진적으로 보다 통화주의적인 방향으로 옮겨갔지만, 1966년과 1970년 총선에서 히스의 발목을 잡은 것과 같이 지나칠 정도로 구체적인 정책 공약의 제시는 피해나갔다.

　당수 경선 직후 당내 의원들이 가졌던 우려나 의구심과 달리 대처는 큰 무리 없이 당을 이끌어갔지만 그렇다고 해서 결코 순항한 것만은 아니었다. 대처의 리더십에 대한 반발이 적지 않았다. 당 중진들 가운데는 히스를 지지하는 이들이 수적으로도 적지 않았고, 더욱이 정치적으로나 당 운영에서 경험이 풍부한 이들이었기 때문에 이들의 저항을 무시하기가 쉽지 않았다. 또한 보수당은 수많은 이슈에 대해 분열했다. 가장 대표적인 것이 로디지아 문제였다. 로디지아 문제는 히스가 당을 이끌 때도 골치 아픈 문제였다. 이번에는 내전 문제였다. 당시 로디지아에서는 흑인 반군이 이안 스미스Ian Smith가 이끄는 백인 정부를 무너뜨리기 위해 게릴라 전쟁을 펼치고 있었다. 흑인 반군은 잠비아, 탄자니아, 모잠비크 및 쿠바 등지로부터 직접적인 지원을 받고 있었다. 노동당 정부는 다른 영연방 국가들과 함께 민주적 절차를 무시하고 반군을 소통하려는 로디지아 정부에 압력을 가하기 위해 경제제재를 취하고 있었다. 1978년 노동당 정부는 이러한 제재를 연장하려 했고 보수당 역시 찬성하기로 했다. 그러나 보수당 내 일부 의원들은 솔직히 백인 지배의 종식을 원치 않았다. 이 때문에 로디지아 제재 조치에 대한 당과 달리 116명이나 되는 보수당 의원들이 제재를 연장하는 데 대해 반대표를 던졌다. 이뿐만 아니라 보수당은 노동당이 추진했던 스코틀랜드, 웨일스의 자치 확대devolution 문제를 두고서도 분열했다. 노동당은 스코틀랜드와 웨일스에 부분적인 과세의 권한까지 허용하는 자치 의회를 설립하기로 방침을 정했지만, 역사적으로 연합왕국을 강조해온 보수당 내부의 견해는 찬성과 반대로 뚜렷이 갈렸다.

이러한 어려움에도 불구하고 정국 상황은 보수당에 유리하게 돌아가고 있었다. 당시 영국은 대단히 심각한 인플레이션에 시달리고 있었고 정부는 노조에 끌려다닌다고 할 만큼 이들의 요구를 제대로 통제하지 못했다. 인기가 떨어진 노동당은 1975년 울위치 웨스트Woolwich West 보궐선거 패배를 시작으로 1976년 왈살 노스Walsal North와 워킹턴Workington, 1977년 버밍엄 스테치포드Birmingham Stechford와 애쉬필드Ashfield, 1978년 일포드 노스Ilford North, 1979년 리버풀 에지 힐Liverpool Edge Hill 보궐선거까지 모든 선거에서 의석을 잃었다. 이처럼 보궐선거에서의 잇단 패배와 일부 노동당 의원의 당적 이탈[85]로 1976년 4월이 되자 노동당 정부는 과반 의석을 유지할 수 없게 되었다. 이 때문에 1977년 5월 보수당이 상정한 캘러헌 내각에 대한 불신임 투표는 자유당과의 협약Lib-Lab pact을 통해 겨우 물리칠 수 있었다.

대처의 지도력은 점차 안정되어 간 반면 노동당은 노조와의 관계가 악화되면서 어려움을 겪었다. 1978년 말부터 1979년 초까지 겨울 기간 내내 계속된 공공 부문 노동쟁의의 여파로 영국 사회는 커다란 혼란에 빠지게 되었지만 노동당 정부는 이러한 혼란을 제대로 해결하지 못한 채 노조에 끌려다녔다. 노동당 정부의 무능과 정책 실패에 대한 국민들의 불만은 극에 달했다. '불만의 겨울Winter of Discontent'이었다(이하 강원택, 2005).

캘러헌Callaghan은 인플레이션을 잡기 위해 1978년 노조에 5퍼센트 임금 인상의 상한선을 요구했다. 그러나 노조는 이러한 임금 인상 상한선의 수용을 거부하고 파업 등 실력 행사에 들어갔다. 1978년 9월 포드 자동차 공장 노조원들이 정부의 5퍼센트 임금 인상안을 거부하고 집단행동에 들어갔다. 노동당 정부는 이에 굴복했고 포드 노조는 파업 두 달 만에 17퍼센트의 임금 인상을 얻어낼 수 있었다. 이후에도 여러 공공 분야 노조들이 높은 임금 인상을 주장하며 한꺼번에 파업에 돌입하면서 심각한 사회적 혼란이 생겨나게 된 것이다. 불만의 겨울은 1979년 2월 정부가 제시한 9퍼센트 임금 인상안을 노조가 수용하면서 그 위기가 겨우 종식되었다. 그러나 많은 국민의 눈에 영국 경제의 산업 시스템에는 심각한 문제가 존재할 뿐만 아니라 정부의 정책 관리 능력이 마비되었다고 느끼게 되었다(Bentley et al., 2000, p. 50). '불만의 겨울'을 보낸 쓰라린 경험은 노동당 정부의 정책 수행 능력에 대한 깊은 불신을 남겼다.

'불만의 겨울'을 보낸 후 캘러헌 정부는 또다시 불신임 투표에 직면하게 되었다. 이번에는 주민투표에서 스코틀랜드 자치안이 부결된 데 불만을 가진 스코틀랜드 민족당Scottish National Party: SNP이 불신임안을 상정했다. 1978년 자치의회의 설립을 골자로 하는 스코틀랜드 법Scotland Act 1978이 통과되었다. 자치의회 구성을 위해서는 주민투표를 실시해야 하고 전체 인구의 40퍼센트 이상의 지지를 얻도록 규정하고 있었다. 1979년 3월 1일 주민투표가 실시되었고 투표자의 52퍼센트의 찬성을 얻었지만, 투표율이 낮아 찬성률은 전체 인구의 33퍼센트의 지지에 그쳤다. 부결된 것이다. 스코틀랜드 자치의회 결성이 실패로 돌아가자 스코틀랜드 민족당은 캘러헌 정부에 그 책임을 넘겼다. 소수 정당인 스코틀랜드 민족당의 불신임 투표 상정은 그들도 예상하지 못한 커다란 정치적 결과를 낳았다. 1979년 3월 28일 실시된 불신임 투표에서 노동당 정부는 찬성 311 대 반대 310, 한 표 차이로 패배했다. 그다음 날인 3월 29일 캘러헌 수상은 의회 해산을 여왕에게 요청했고 5주 뒤인 5월 3일 총선이 실시되었다.

총선 타이밍은 노동당에게 매우 불리한 것이었다. '불만의 겨울'을 보낸 유권자들은 이제 노동당보다 보수당을 바라보게 되었다. 만약 1978년 가을에 총선이 실시되었다면 보수당은 아마도 승리할 수 없었을 것이다. 1979년 선거운동 기간 중에도 정당에 대한 지지도는 보수당이 노동당을 앞섰지만 여전히 캘러헌은 대처보다는 더 나은 수상감으로 받아들여지고 있었기 때문이다(Childs, 1992, p. 289).

1979년 총선 결과 보수당이 승리했다. 보수당의 지지율은 1974년 10월의 35.8퍼센트에서 43.9퍼센트로 높아졌고 339석을 얻어 1974년 10월 선거 때보다 62석을 더 얻었다. 43석의 과반 의석을 차지한 것이다. 득표수에서도 보수당은 1,360만 표를 얻어 1,150만 표에 그친 노동당을 200만 표 이상의 차이로 압도했다. 반면 노동당은 36.9퍼센트의 득표로 지난 선거보다 50석이 줄어든 269석에 그쳤다. 자유당은 11석을 얻었다. 흥미로운 것은 결과적으로 총선을 실시하게 만든 스코틀랜드 민족당인데, 이들은 선거 전 의석 11석 가운데 9석이나 잃었다. 스코틀랜드 민족당의 불신임안 상정을 두고 캘러헌은 "마치 크리스마스가 빨리 오도록 투표로 결정하자고 덤비는 칠면조 같다"라고 일갈한 적이 있는데(Childs, 1992, pp. 289-290) 꼭 그 말처럼 된 셈이다.[86]

보수당은 1979년 총선에서 매우 효과적인 선거운동을 전개했다. 보수당은 세금 감면 및 법과 질서의 회복을 내세웠는데 이 공약은 유권자에게 어필했다. 또한 광고 회사인 사치앤드사치Saatchi and Saatchi 는 노동당 정부의 실정을 꼬집는 '노동당은 제대로 돌아가지 않습니다Labour isn't working'라는 선거 문구의 광고를 기획했다. 이 정치광고는 실업자들이 실업자 지원센터에 긴 행렬을 이루며 기다리고 있는

▶ 1979년 총선에서 보수당의 정치광고: '노동당은 제대로 돌아가지 않습니다.'

모습을 묘사한 것이었는데 많은 유권자의 공감을 이끌 어냈다.

영국은 이제 역사상 최초로 여성 수상을 맞이하게 되었다. 그러나 당시 대처 수상이 어느 방향으로 영국을 이끌어갈 것인지 여전히 불투명해 보였으며, 수상으로서 그녀의 리더십에 대한 의구심도 적지 않았다. 더욱이 영국의 첫 여성 수상이 장차 두 차례의 총선 승리를 더 이끌어내고 강력한 리더십으로 무려 11년 동안 다우닝 10번가 수상 관저에 머물면서 리버풀 수상 이후 연속해서 가장 긴 기간 동안 재임할 지도자가 될 것으로 기대하는 사람은 아무도 없었다. 당시에는 대처 자신도 상상하지 못했을 것이다.

나는 되돌아가지
않을 것이다

대처는 조심스럽게 출발했다. 그녀는 첫 내각을 보수당 내 의원들의 의견을 적극적으로 반영해 구성하고자 했다. 그 결과 그녀의 첫 내각에는 신자유주의적 정책 변화에 적극적인 드라이dry보다 이에 대해 조심스러운 입장을 가진 웨트wet가 더 많았다. 그러나 대처가 중시하는 경제정책 부분에 대해서는 타협하기를 거부했다. 그녀의 동료이자 급진적인 정책적 변화를 원하는 제프리 하우를 재무장관에 임명했고, 키스 조지프는 산업성 장관에 임명했다. 내각 구성을 마치자 대처는 전후의 합의정치에 기반이 된 케인스주의 경제정책으로부터의 급격한 변화를 추구하기 시작했다.

대처 수상의 핵심적인 정책 목표는 통화주의 원칙에 따라 인플레이션을 통제하고 경제를 운용하는 것이었다. 케인스주의 경제정책에선 실업을 줄이기 위해서는 공공 소비를 늘려야 하는 것이지만, 대처는 실업을 희생해서라도 인플레이션을 먼저 잡는 것이 중요하며 그래야만 안정적으로 경제 회복을 이룰 수 있다고 보았다. 사실 이러한 노선은 1970년 에드워드 히스가 집권했을 때도 '셀스돈 맨'으로 상징되는 정책적 전환을 통해 시도했던 것이었다. 그러나 대처 정부가 앞선 히스 정부와 달랐던 것은 분명한 정책적 목표가 있었고 개혁의 방향에 대한 강한 확신을 갖고 있었다는 점이다. 집권 첫해인 1979년 6월 재무장관 제프리 하우는 소득세를 줄이는 대신 부가가치세VAT를 인상했다. 8퍼센트 수준이었던 부가가치세는 12.5퍼센트로 올랐고 이후 15퍼센트까지 인상되었다. 상층계급의 소득세 부담은 그만큼 줄어들게 된 것이다. 더욱이 1980년 예산안부터 대처 정부는 보수당이 오랫동안 지켜온 완전고용 정책과 합의정치를 과감하게 폐기했다. 1945년 이후 보수당과 노동당을 막론하고 장기간 지속되어 온 영국 경제정책의 급격한 전환이 본격적으로 시작된 것이다.

대처 정부의 출범 첫해에 웨트파 의원들은 대처가 추진하는 급격한 정책 전환에 반대했지만 대처의 리더십을 지지하며 따랐다. 그러나 1980년 말이 되면서 인플레이션과 실업률이 동시에 상승했고 영국의 경기 침체는 더욱 깊어졌다. 1978년 실업자의 수는 125만 명 수준이었는데 1980년 10월에 그 수는 200만 명에 달하게 되었다. 인플레이션도 20퍼센트를 넘어섰다. 1980년 3월 사우스엔드Southend에서 실시된 보궐선거에서 보수당 정부에 대한 불만이 표출되었다. 보수당은 대중적으로 잘 알려진 후보를 공천했음에도 불구하고 그 이전까지 만 표 이상으로 보수당이 쉽게 당선되던 곳에서 500표 이하로 간신히 승리했다(Childs, 1992, pp. 302-303). 상황이 이렇게 되자 당내에서 그녀의 리더십에 대한 비판과 공격이 본격적으로 터져 나오기 시작했다. 일부 내각 각료들까지도 대처 정부의 정책 전환에 대해 의구심을 갖고 있었다. 그들은 대처 정부의 이러한 정책 기조가 과거 히스나 노동당 캘러헌 수상 때처럼 오랫동안 지속되지 못할 것으로 보았고 곧 노조의 압력에 굴복할 것으로 생각했다. 대처는 이러한 당내의 비판과 공격에 정면으로 맞섰다. 1980년 보수당 연례 전당대회에서 대처는 그 이후에도 자주 인용되는 유명한 연설을 통해 정책 변화에 대한 그녀의 강력한 의지를 드러내면서 비판자의 공세를 잠재웠다.

> 유턴u-turn이라는 낯익은 미디어의 표현을 숨죽이고 기다리고 있는 이들에게 내가 말해줄 수 있는 것은 단지 한 가지뿐이다. 원하면 되돌아가라, 그러나 나는 되돌아가지 않을 것이다U-turn if you want, the Lady's not for turning. 이는 여러분에게만 하는 말은 아니다. 해외의 우리 동료들에게, 그리고 우리 동료가 아닌 이들에게도 던지는 말이다(Thatcher, 1993, p. 122).

대처는 1981년 1월의 첫 개각에서도 반대파에 대한 공세를 계속해서 대처에 대해 가장 큰 비판자였던 하원 원내대표이며 예술성 장관이었던 노만 세인트 존-스티바스Norman St. John-Stevas를 해임했다. 신자유주의 정책에 대한 대처의 확신과 의지에도 불구하고 상황은 좀처럼 개선될 기미가 보이지 않았다. 실업은 꾸준히 상승했다. 이에 더해 사회적 소요 사태도 생겨나기 시작했다. 1981년 4월에는 브릭스턴Brixton과 리버풀Liverpool에서 폭동이 발생했다. 대처의 비판자들은 이러한 사회적 소요가 직장을 얻지 못한 젊은이들과 흑인 등 소수인종과 같은 사회적 약자에 대한 공공 지출을 삭감한 정부의 경제정책과

▶ 1983년 보수당 전당대회에서 마거릿 대처

관련이 있다고 공격했다.

대처 정부에 대한 비판이 고조되어 가면서 이러한 급진적인 정책 변화에 불만을 갖고 있던 내각 내의 웨츠들이 다시 결집하기 시작했다. 그들은 대처 정부가 추진하는 공공 지출에 대한 추가 삭감을 막기 위해 내각 회의에서 대처의 정책에 반기를 들었다. 대처는 이번에도 물러서기를 거부했다. 그리고 대처는 1981년 9월 2차 개각을 단행해 그녀의 반대자들을 내각에서 해임했다. 대처의 이번 조치는 보다 대담했고 가혹했다. 대처의 정책에 대해 끊임없이 반대해온 마크 칼라일Mark Carlisle, 이안 길모어Ian Gilmour, 크리스토퍼 소움Christopher Soames 등을 내각에서 해임했고, 노조 개혁을 반대한 프라이어Prior 를 포함한 다른 이들은 한직으로 보직을 변경시켰다. 대신 대처와 뜻을 같이하는 리온 브리튼Leon Brittan이나 노만 테빗Norman Tebbit은 중용되었다. 실업률과 인플레이션, 사회적 소요 그리고 당내 비판 등으로 대처에게 1981년은 매우 힘든 한 해였다. 그러나 정책 노선 전환에 대한 대처의 의지는 강했고 개각과 함께 적어도 내각에서 웨츠의 영향력은 약화되었다.

1982년 4월 예상치 못한 사태가 발생했다. 1976년 쿠데타를 통해 권력을 잡은 갈티에리Galtieri 장군이 이끄는 아르헨티나가 영국령 포클랜드 섬Falklands Islands을 침공한 것이다. 영국에서 멀리 떨어진 이 섬은 150년 전인 1833년 영국이 군사적으로 차지한 것이었지만, 사실 아르헨티나가 침공해 오기 전까지 대다수 영국 국민들은 이 섬이 어디에 있는지조차 잘 알지 못했다. 그러나 아르헨티나의 침공은 영국 국민의 민족주의 감정을 자극했다. 영국이 섬을 탈환하기 위한 모든 노력을 기울여야 한다는 요구가 높았다. 대처는 포클랜드에서 영국의 지배권을 회복하겠다는 결의를 다졌다.

하원에서의 격렬한 토론이 있고 난 이후 대처는 외무장관인 캐링턴 경Lord Carrington과 2명의 외무부 부장관의 사임을 받아들였다. 그리고 당의 단합을 위해 강성 웨트파인 프란시스 핌Francis Pym을 새로운 외무장관에 임명했다. 영국으로서는 외교적 수단에 의해 아르헨티나군이 조건 없이 철수할 수만 있다면 그 이상 좋은 것은 없었다. 대처는 미국 대통령 레이건에 협조를 요청했고 UN 안전보장이사회에서 아르헨티나군의 철수 결의안을 이끌어내기도 했다. 소련조차도 이 결의안에 반대하지 않았다. 그러나 외교적 노력은 모두 수포로 돌아갔다. 대처는 군 병력의 포클랜드에 파견하도록 명령했고, 필요하다면 군사력에 의해 포클랜드 섬을 재탈환하도록 했다. 대규모 함대와 항공모함이 포클랜드로 떠났다. 퀸엘리자베스 2호 같은 민간 여객선도 군 병력 수송을 위해 징발해 파견했다. 외교적 노력은 계속되었지만 갈티에리는 철수를 거부했다. 결국 4월 25일 영국과 아르헨티나 군 사이에 전투가 개시되었고, 이후 몇 주간 격렬한 전투가 이어졌다.

영국의 승리는 결코 확신할 수 없는 상황이었다. 구축함 셰필드 호가 아르헨티나군 미사일에 침몰되는 등 군사적으로 어려움을 겪기도 했다. 여기서의 패배는 영국의 체면뿐만 아니라 대처의 정치적 생명의 종식을 의미할 수 있는 것이었다. 5월 21일 영국 해병대와 특수부대가 포클랜드 섬에 상륙하면서 전세가 영국 쪽으로 기울기 시작했고 마침내 6월 14일 아르헨티나군이 항복했다. 포클랜드에 대한 영국의 지배권은 재확인되었다. 전쟁 승리와 함께 보수당 정부의 인기는 급격히 상승했다. 대처의 결단력도 높은 평가를 받았다. 경제적 어려움의 지속, 실업의 증가, 국제무대에서 영국 위상의 실추 등 그동안 영국 국민들이 들어온 실망스러운 소식과 달리 포클랜드에서의 승전보는 다시금 국가적 위신과 자부심을 느끼게 해주는 것이었다. 포클랜드 전쟁에서의 승리로 대처의 리더십과 권위는 대중적으로나 당내에서 크게 강화되었다.

포클랜드 전쟁 승리로 대처 수상과 보수당의 인기는 크게 높아졌으며 이와 함께 1983년 초부터 영국 경제도 다소 호전되기 시작했다. 포클랜드 전쟁이 끝난 1년 후인 1983년 6월 총선이 실시되었다. 사실 이 총선에서의 관심은 어느 정당이 승리할 것인가에 대한 것이 아니라 과연 보수당이 얼마나 큰 차이로 승리할 것인가 하는 데 있었다. 그만큼 보수당의 승리는 선거 전부터 쉽사리 예상되는 것이었다. 경기 호전과 포클랜드 승전으로 대처와 보수당의 인기가 높아진 탓도 있지만 또 다른 중요한 원인은 노동당이 대단히 어려운 처지에 놓여 있었기 때문이다. 1979년 총선 패배 이후 노동당은 급격히 좌경화하면서 핵무기의 일방적 폐기, 유럽경제공동체로부터의 탈퇴, 북대서양조약기구NATO에서의 탈퇴 등과 같은 비현실적인 주장들이 당내에서 터져 나왔다. 지방에서는 지방정부를 장악한 노동당이 추진한 지나치게 이념에 경도된 정책으로 '멍청한 좌파looney left'라는 비난을 받고 있었다. 비현실적인 극단주의 노선으로 인해 노동당은 유권자들로부터 소외되기 시작했다. 또한 노선을 둘러싼 당내 갈등으로 일부 온건파 중진 인사들이 탈당해 사회민주당Social Democratic Party을 결성하기도 했다. 사회민주당은 기존의 제3당인 자유당과 선거 연대를 추진했다. 이 때문에 1983년 총선에서의 또 다른 관심사는 사회민주당과 자유당의 선거 '동맹Alliance'이 과연 노동당을 제치고 제1야당으로 올라설 수 있을까 하는 것이었다. 그만큼 노동당은 1983년 총선에서 심각한 정치적 위기에 놓여 있었다.

선거 결과 보수당은 예상대로 압승을 거두었다. 보수당은 과반 의석보다 무려 144석이나 많은 의석을 차지했는데 이는 1935년 이래 최대의 대승이었다. 보수당은 42.9퍼센트의 득표로 397석을 얻었고 노동당은 27.6퍼센트의 득표로 209석을 차지하는 데 그쳤다. 한편 노동당으로부터 이탈한 사회민주당과 자유당의 동맹[87]은 26퍼센트라는 높은 득표율을 기록했으나 표가 전국적으로 산재되어 겨우 23석을 얻는 데 그쳤다. 소선거구 단순다수제 선거제도의 희생자가 된 것이다. 그러나 보다 중요한 점은 제1야당의 지위는 유지했지만 노동당이 참패했다는 사실이었다. 노동당의 득표율은 1918년 이래 가장 낮았다.

1983년 총선에서 대승을 거두면서 대처의 리더십은 크게 강화되었다. 당내에서 대처에 비판적이던 웨츠들의 입지도 좁아졌다. 내각에 유일하게 남아 있던 웨츠의 일원인 핌을 외무장관에서 해임하고 재무장관이던 제프리 하우Geoffrey Howe를 임명했다. 나이젤 로손Nigel Lawson이 재무장관이 되었다. 또 다른 대처의 측근인 리온 브리튼은 내무장관이 되었다. 사실상 이때부터 대처 정부의 급진적이고 대담한 정책 변화가 본격적으로 추진되기 시작했다.

국영기업의 민영화 정책이 본격화된 것도 바로 2기 대처 정부 때였다. 민영화는 첫 임기 중에는 영국 우주항공British Aerospace이나 국영 석유회사 BP 등에 대한 정부 소유 주식을 파는 형태로 조심스럽게 시작되었다. 그러나 1983년 이후 민영화 정책은 가속화되기 시작했다. 1984년 11월에 브리티시 텔레콤British Telecom이 민영화되었고, 그 뒤를 이어 1986년 브리티시 가스British Gas, 1987년에는 브리티시 항공British Airways, 그리고 자동차 제조회사 롤스-로이스가 민간에 매각되었다. 또한 국가가 보조하는 임대주택을 유지하기보다 임대주택을 세입자에게 매각함으로써 이들이 주택을 구입할 수 있도록 했다. 주식과 주택을 많은 이들이 구입할 수 있도록 함으로써 이제 대처의 보수당은 이제 스스로를 '대중 자본주의popular capitalism'의 정당으로 자리매김하고자 했다.

대처는 또한 런던을 비롯한 영국 내 광역시 정부Greater London과 Metropolitan Councils를 없애고 하위 단위로 행정 기능을 분리하는 정책을 추진했다. 이 조치는 정치적으로 큰 논란거리가 되었다. 당시 지방정부는 대부분 노동당이 장악하고 있었는데 지방정부 개혁 조치는 지방에서 노동당의 반대를 효과적으로 제압하는 방편이 되기 때문이었다. 그러나 그런 정치적 고려 이외에도 영국에서 지방정부는 정부가 제공하는 복지 서비스의 제공을 담당하고 있었다. 대처의 지방정부 개혁 정책은 복지 서비스를 감축하기 위한 한 방편으로 그 실무를 담당하던 지방정부의 역할을 축소시키고자 한 것이었다. 그러나 이러한 조치는 중앙정부의 권한을 더욱 강화하기 위한 것이라는 비판을 받았다.

대처 2기에 가장 중요했던 개혁 조치 중 하나는 노조에 대한 것이었다. 특히 당시 강력한 영향력을 갖고 있던 전국광부노조National Union of Mineworkers의 의장이었던 아서 스카길Arthur Scargill과 길고 힘든 싸움을 벌여야 했다. 대처는 노조가 너무 강력하고 정치적이어서 비효율적인 노동 관행을 유지하겠다는 노조의 요구가 영국 경제 회복의 발목을 잡고 있다고 믿었다. 대처는 집권 이후 노조를 압박하는 법안을 잇달아 통과시켰다. 1980년 그리고 다시 1982년 대처 정부는 노조의 법적 특권을 약화시키는 새로운 법안을 도입했다. 법률 개정으로 피켓팅이 금지되었고, 노동쟁의를 위해 공장, 항구, 공공시설을 봉쇄하지 못하도록 했다. 취직과 함께 의무적으로 노조에 가입해야 하는 클로즈드 숍도 금지했고, 파업 실시를 위한 조합원 찬반 투표도 강제화했다. 노조의 정치자금의 모금도 각 노조원의 동의를 얻어야 하고, 일정 기간마다 반드시 다시 동의를 얻는 과정을 거치도록 했다. 대처는 노조 관련법을 정비하면서 히스의 1971년 산업관계법 실패의 교훈을 새겼다. 한꺼번에 모든 것을 다 이루려고 하지 않았다. 1980년, 1982년 그리고 1984년 각각 노조의 힘을 제한하는 법안이 점진적으로 도입되었다.

1980년 경제성이 낮은 탄광을 폐쇄하겠다는 계획에 대해 광부들이 파업으로 위협하자 대처는 그 당시 한걸음 물러났다. 그때 대처는 아직 노조에 맞설 태세가 되어 있지 않았다. 1984년 3월이 되자 대처

▶ 최초의 여성 총리, 마거릿 대처

정부는 경제성이 떨어지는 탄광을 폐쇄하기로 결정했다. 이 정책에 반발해 전국광부노조의 지도자 아서 스카길은 파업을 결정했다. 영국 정치사에서 광부노조의 영향력은 매우 컸다. 광부노조는 19세기 말 이미 40만 명에 가까운 조합원을 가진 영국 최대의 노조였다. 노동당 창당 이전인 1874년 자유당 간판으로 출마해 최초로 의회에 진출한 노동계급 출신 의원 알렉산더 맥도널드와 토마스 버트Thomas Burt 모두 광부노조 출신이었다. 광부노조의 노동당 가입은 노동당 창당 8년 뒤인 1908년으로 다소 늦었지만 광부노조는 섬유노조, 기계노조와 함께 노동당 창당의 기틀을 제공한 노동조합평의회TUC를 구성하는 3대 노조 중 하나였다(고세훈, 1999, pp. 48-49). 1970년대에 히스 정부를 괴롭혔던 노동계의 공세도 광부노조가 주도적인 역할을 했다. 따라서 당시 대처 정부가 광부노조의 파업에 맞선다는 것은 그리 간단한 문제가 아니었다.

노조 파업을 분쇄하기 위해 대처는 치밀한 준비를 했다. 탄광 폐쇄 조치로 광부노조와의 대결이 불가피하다는 것을 예상하고 대처 정부는 비밀리에 파업으로 인해 모든 탄광이 폐쇄되더라도 석탄 수급에 문제가 없도록 석탄 재고량을 충분히 비축해두었다. 또한 스카길이 파업 의사를 밝혔을 때도 대처 정부는 이에 개입하기를 거부했으며, 이는 광부노조와 국가석탄위원회National Coal Board 간에 해결해야 할 문제라고 주장했다. 그러나 또 한편으로 대처는 국가석탄위원회의 도움 요청에 적극적으로 대응했다. 예컨대 노조가 파업에 참여하지 않는 노조원들의 조업을 방해하거나 협박하는 일을 막기 위해 파업장에 경찰력을 배치하도록 했다. 이 파업은 1926년 이래 가장 치열하고 오랜 시간 동안의 싸움이었다(Childs, 1992, p. 320). 파업은 1984년 3월 12일부터 1985년 3월 3일까지 무려 거의 1년 동안 계속되었다.

역시 쉽지 않은 싸움이었다. 한때 대처는 이들에 대한 양보와 타협을 심각하게 모색하기도 했다. 그러나 대처는 결국 버텨냈다. 적지 않은 수의 광부들이 파업에서 이탈해 조업에 참여했고 시간이 지나면서 그 수는 계속해서 늘어났다. 결국 1985년 3월 파업은 노조의 패배로 끝이 났다. 파업은 실패했고 어떤 타협이나 양보 없이 이들은 작업장에 복귀했다. 대처는 "1972년부터 1985년까지 영국인들이 가졌던 상식적인 견해는 영국은 노조의 동의 하에만 통치될 수 있다는 것이다. 어떤 정부도 주요한 파업, 특히 광부노조의 파업을 분쇄하기는커녕 사실상 저항할 수도 없었다"(Thatcher, 1993, p. 377)라고 말하며 영국 정치에서 노조가 가진 엄청난 힘에 대해 언급한 바 있다. 그러나 광부노조 파업의 실패와 함께 이제 노조의 영향력은 크게 쇠퇴하게 되었다. 1970년대 후반 1,200만 명에 달하던 노조원의 수는 대처 정부 10년 동안 그 수가 절반 정도로 줄어들었다. 노조원의 이러한 급격한 감소는 1980년대 초 영국 경제의 불황과 제조업의 하강이 큰 역할을 했지만, 광부노조와의 싸움에서 보듯이 노조를 억누르려는 대처의 정책도 큰 영향을 미쳤다.

대처의 두 번째 인기 중에는 북아일랜드 문제에 대한 돌파구도 마련되었다. 대처 정부 시기 북아일랜드 문제는 영국에도 매우 골치 아픈 일이었다. 당시 영국 지배에서 벗어나 아일랜드와의 통일을 원하는 북아일랜드 내 가톨릭계의 아일랜드공화군IRA을 비롯한 여러 무장조직들이 영국 본토에서 테러 공격을 빈번히 행하고 있었다. IRA의 테러 공격으로 1979년 3월에는 대처의 최측근이던 에어리 니브Airey Neave가 런던에서 사망했고, 그해 8월에는 여왕의 사촌인 마운트배튼 경Lord Mountbatten이 살해되었다. 1982년에는 호스 가즈 팰리스Horse Guards Palace에서 이들이 설치한 폭탄이 터졌으며, 1983년 크리스마스 무렵에는 런던 해로즈Harrods 백화점 밖에 설치한 폭탄이 터져 6명이 죽고 100명 이상이 부상을 입는 사건도 발생했다. 대처를 직접 향한 테러도 시도되었는데 1984년 10월에는 보수당 연례 전당대회 장소였던 브라이튼Brighton의 그랜드 호텔에 폭탄이 설치되었다. 다행히 대처와 대다수 내각 각료들은 무사했지만 각료 가운데 노만 테빗Norman Tebbit과 그의 부인은 폭탄 폭발로 상처를 입고 다리를 못 쓰게 되었다.[88] 이들의 테러 공격이 가열된 것은 1981년 북아일랜드 메이즈Maze 감옥에 수감된 보비 샌즈Bobby Sands가 자신을 정치범으로 대우해줄 것을 요구하며 단식 농성에 돌입했고 단식 끝에 결국 사망한 일이 발생했기 때문이다. 이후 이에 동조하는 단식 농성으로 9명의 수감자가 더 사망하면서 북아일랜드에서 위기감이 매우 고조돼 있었다.

이런 상황에서 대처 정부는 아일랜드 정부와 협상을 통해 북아일랜드 문제 해결을 위한 방안을 마련하고자 했다. 1985년 11월 체결된 영국-아일랜드 협정Anglo-Irish Agreement은 북아일랜드 다수 주민이 원하는 한 북아일랜드는 영국의 영토라는 점을 분명히 했지만, 동시에 북아일랜드 문제에 관한 아일랜드 정부의 개입 권한을 인정했고 국경에서의 안전 확보 문제를 위한 양국 간 협조를 강화하기로 했다. 이는 대담한 결정이었다. 아마 솔즈베리나 보나 로가 수상이었다면 결코 용인할 수 없는 결정이었다. 이 협정의 성과로 이후 아일랜드 사태 해결에 돌파구가 된 메이저 수상의 다우닝 가 선언과 1998년 블레어Tony Blair의 굿 프라이데이 협정Good Friday Agreement으로 이어질 수 있게 되었다.

그러나 영국 정치에서 매우 오랫동안 그래왔듯이 북아일랜드 문제는 정치적으로 매우 복잡하고 풀기 어려운 문제였다. 북아일랜드가 영국의 영토로 계속해서 남아 있어야 한다고 주장하는 북아일랜드의 신교도들은 영국–아일랜드 협정이 아일랜드 통일로 이끄는 영국의 배신행위로 비난했다. 그리고 이 협정과 함께 대처는 자신의 최측근 가운데 하나로 1975년 당수 경선 때 자신의 선거운동을 책임졌고 대처 정부 1기 때 자신의 비서를 맡았던 이안 고우Ian Gow를 떠나보내야 했다. 그는 북아일랜드 신교도의 입장을 매우 강하게 대변해왔기에 이 협정을 도저히 수용할 수가 없었다.

제2기에 추진된 대처의 개혁 정책은 영국 사회의 거의 전 영역에 큰 영향을 미쳤다. 산업계, 노동계나 지방정부뿐만 아니라 공무원 조직, 대학, 교육계, 문화예술 분야도 상당한 변화를 겪게 되었다. 이제 전후 30년간 지속되어 온 케인스주의에 입각한 합의정치는 완전히 자취를 잃게 되었다. 그 자리에 시장의 효율과 경쟁, 통화주의 경제정책 등이 강조되는 신자유주의 정책이 들어서게 되었다. 대처는 영국 사회를 이전과 완전히 다른 새로운 사회로 변모시켜 놓았다. 가히 '대처 혁명The Thatcher Revolution'이라고 부를 수 있을 만큼 대처 하에서 영국 사회는 커다란 변화를 겪게 되었다.

그러나 이 모든 업적에도 두 번째 임기 역시 대처에게 그리 순탄하지만은 않았다. 보수당 내 일부 의원들은 대처의 군림하는 리더십 스타일에 점차 불만을 갖게 되었다. 군림하며 타협하지 않는 대처의 리더십을 두고 대통령과 같은 총리Presidential Prime Minister라는 비판까지 제기되었다(Bentley et al., 2000, p. 405). 실제로 대처는 전체 내각 구성원의 토론을 통한 문제 해결보다 소수의 각료 집단과 측근들의 의견을 통해 해결책을 모색하는 편이었다. 또 다른 의원들은 대처의 매우 강한 우파적 견해에 불만을 갖기도 했다. 이러한 대처의 리더십 스타일은 당내에 불만 세력을 키울 수밖에 없었다.

대처 리더십의 이러한 문제점이 결국 수면 위로 드러나게 되었다. 1985년 마이클 헤젤타인은 대처 내각의 국방장관이었다. 대처와 헤젤타인이 갈등을 빚게 된 것은 경제적으로 어려움에 처한 헬리콥터 생산회사인 웨스트랜드Westland를 처리하는 방안을 둘러싼 입장 차이 때문이었다. 웨스트랜드는 미국 시코스키Sikorsky 사로부터 지원 제안을 받았는데, 당시 국방장관이었고 매우 친유럽적인 인물이었던 헤젤타인은 웨스트랜드를 미국 기업에 넘기기보다 유럽 기업이 이를 맡아주기를 원했다. 그러나 대처는 웨스트랜드가 알아서 할 일이고 정부가 개입할 일이 아니라고 주장했다. 사실상 대처는 미국 기업에 웨스트랜드를 넘기고 싶어 한 것이다. 이후 자신의 뜻을 관철하려는 다툼이 헤젤타인과 대처 수상 간에 몇 달 동안 계속되었다. 1986년 1월 헤젤타인은 이런 갈등 끝에 매우 극적인 형태로 언론에 자신의 사임을 발표했다. 사임과 함께 헤젤타인은 대처 수상에 대해 매우 강한 비판을 퍼부었다. 그는 웨스트랜드 건에 대한 내각 내 토론에서 각료로서 자신에게 주어진 권리가 부인되었으며, 자신의 신뢰를 떨어뜨리기 위해 대외비인 관련 서한이 누출되는 등 비겁한 정치

공작이 이뤄져왔다고 비난했다. 특히 후자의 주장은 매우 심각한 사안이었다. 대처가 그 서한 누출에 개입한 것이 입증된다면 대처는 명백히 사임해야 하는 일이었다. 그러나 아무런 구체적인 증거가 드러나지 않았고 대처는 살아남았다. 대처의 지지자들은 웨스트랜드 사건을 헤젤타인의 개인적 보복극으로 간주했지만, 보수당 내 다른 의원들은 이 일을 계기로 대처가 얼마나 군림하는 스타일인지 깨닫게 되었고 그 대안에 대해 서서히 고민하기 시작했다.

세 번째 총선 승리와
내리막길

1986년 중반 영국 경제 상황은 개선되었다. 인플레이션은 낮아졌고 집값은 상승했고 경제 회복의 조짐이 뚜렷했다. 대처 수상의 인기도 여전히 높았다. 노동당은 1983년 참패 이후 닐 키녹Neil Kinnock으로 당수를 교체했지만 아직 당의 변화된 모습을 대중에게 충분히 각인 시킬 수 없었다. 자유당과 사민당의 동맹도 여전히 노동당에 위협적인 존재였다. 이런 와중에 실시된 1987년 총선에서 대처는 역사적인 세 번째 잇단 총선 승리를 얻었다. 20세기에 들어 어떤 수상도 경험하지 못한 잇단 승리였다. 보수당은 1951년, 1955년, 1959년에도 잇달아 세 차례 총선 승리를 경험했지만 그때는 처칠, 이든, 맥밀런 등 총선을 이끈 보수당 당수가 각각 달랐다. 한 지도자가 세 차례 선거를 연속적으로 승리로 이끈 것은 20세기 들어 대처가 처음 이룬 위업이었다.

보수당의 지지는 1983년과 비교하면 다소 떨어졌다. 보수당은 42.3퍼센트의 득표로 376석을 획득하면서 101석의 과반 의석을 차지했다. 반면 노동당은 30.8퍼센트를 득표했고 229석을 얻었다. 이는 가히 재앙이라고 말할 만한 1983년 총선에서의 노동당 득표율 27.6퍼센트보다는 나아진 것이지만 득표율의 증가는 그다지 크지 않았다. 의석수에서 노동당은 1983년의 209석보다 20석을 더 얻었다. 여전히 노동당과 보수당 간 의석수의 격차는 컸다. 노동당에서 이탈한 사민당과 자유당의 동맹은 22.6퍼센트의 득표로 22석을 얻었다. 총선 결과는 대처와 보수당의 또 한 번의 승리였으며 자신이 이끌어온 '혁명'을 계속해서 강력하게 추진할 수 있는 명백한 위임을 다시 확인 받은 것이었다.

대처 정부 제3기에 관심을 가진 개혁 안건은 사회정책이었다. 교육정책에도 경쟁과 효율의 개념을 도입하고자 했다. 1988년 교육개혁법 the 1988 Education Reform Act은 수학이나 영어처럼 핵심적인 몇 개의 과목에 대해서는 전국적으로 동일한 교과과정National Curriculum을 설정하도록 했고, 학생들의 핵심적인 성취 목표를 만들어 학력 수준을 향상시키기 위한 학력평가 시스템인 GCSEGeneral Certificate of Secondary Education를 도입했다. 이로 인해 전국적으로 학교 간 학업 성취도에 대한 비교가 가능해졌지만 저소득층 거주 지역의 학교에 불리한 조치라는 비판도 적지 않았다. 보다 논란이 되었던 정책은 개별 학교가 학부모의 투표를 거쳐 지방정부의 교육 감독으로부터 벗어날 수 있도록 허용한 법적 조치였다. 개별 학교가 지방정부의 통제에서 벗어나기로 결정하면 중앙정부가 직접 지원을 제공하도록 했는데, 이들 학교에 대한 정부의 자금 지원은 질적 개선의 유인을 제공하는 형태로 이뤄지도록 했다. 문제가 되었던 것은 이런 조치가 경쟁력 있고 부유한 학교에 유리한 것이어서 결국 지방정부 산하에는 가난하고 상대적으로 뒤처지는 학교만 남게 되는 것이 아닌가 하는 우려가 제기되었기 때문이었다.

이러한 교육정책은 전 사회에 파급되고 있는 '대처주의 혁명'의 관점에서 볼 때 일관성을 갖는 것이었다. 그러나 경쟁과 효율을 강조하는 대처의 신자유주의 정책으로 대학을 비롯한 교육 분야에 대한 정부 보조금은 크게 줄어들었다. 자연히 대학생이 내야 하는 학비도 크게 올랐다. 이 때문에 대처 정부의 교육 정책에 대한 교육계의 불만은 매우 컸다. 한때 대처의 모교인 옥스퍼드대학에서 1985년 대처에게 명예박사 학위를 수여하는 방안이 논의되기도 했지만 교내 교수들의 반발로 무산되고 말았다.

교육과 함께 국민건강보험제도NHS에 대해서도 대처의 보수당 정부는 시장 원리를 도입하고자 했다. 환자가 내야 하는 약값이나 치과 치료 비용을 점차 올렸고 시력검사에도 비용을 물리기 시작했다. 보다 중요한 것은 일반 의사들이 지역 보건당국의 감독에서 벗어나 국민건강보험제도의 틀 속에서 대규모 병원을 자체적으로 운영할 수 있는 제도를 도입한 것이다. 이들은 국민건강보험이나 사설 병원에 자신들의 보다 값싸고 나은 의료 서비스를 판매할 수 있도록 했다. 대처 정부는 국민건강보험제도를 민영화하지 않는다고 여러 차례 강조했지만 적지 않은 국민들이 의구심을 가졌고, 실제로 국민들이 느끼는 국민건강보험 서비스에 대한 불만은 커졌다. 평균수명이 늘어났고 의학 분야의 발전으로 NHS 비용이 더욱 커지면서 필요한 재정 규모는 커졌지만 대처 정부의 정책은 이를 뒷받침할 수 없었다. 이 때문에 영국 의료계의 한 지도적 인사는 1990년 "NHS에 대한 재정 지원이 장기간 부족했고 이 때문에 자금 부족으로 인해 NHS는 이제 불치병에 걸렸다"(Childs, 1992, p. 352)라고 말하기도 했다. 그러나 전반적으로 볼 때 대처의 사회정책은 경제정책이나 산업 관련 정책과 비교해서 본다면 그다지 급진적이지 않았다. 복지의 틀을 전면적으로 바꾼다는 것은 정치적으로 엄청난 모험을 감행해야 하는 일이었을 것이기 때문이다. 또한 이미 지난 8년 동안 영국 사회를 크게 변모시킨 대처 정부가 3기에 들어서도 또 다른 급진적 개혁 조치를 계속해서 실행하기를 기대한다는 것 자체가 무리였을 지도 모른다. 실제로 대처 정부 3기는 새로운 급진적 정책을 펼쳐나가기보다 서서히 쇠퇴해가는 모습을 보였다.

총선 이후 얼마 지나지 않은 1987년 10월 19일 전 세계적으로 증시가 갑자기 폭락했다. 소위 '검은 월요일Black Monday'의 충격으로 영국 증권시장 역시 24퍼센트의 가치가 하루아침에 하락했다. 재정적자와 무역적자 등 쌍둥이 적자로 고전하고 있던 미국 경제에 대한 신뢰감 추락이 주된 원인이었다. 이로 인해 금융계가 어려움을 겪었고 금융 관련 스캔들도 잇달아 터져 나왔다. 그러나 재무장관 로손은 이에 동요하지 않고 기존 정책을 고수했다. 그러나 그가 고집한 감세 정책으로 인해 물가 상승이 계속되었고 대규모 경상수지 적자가 발생했다. 또한 경상수지 적자는 파운드화의 가치 하락에 대한 압력으로 이어졌고 계속된 인플레이션으로 이자율도 크게 상승했다. 대처는 공기업의 민영화와 임대주택의 판매 등으로 주식이나 주택을 소유하게 된 중산층의 지지를 받고 있었다. 그러나 이와 같은 이자율의 상승과 계속된 인플레이션은 대처로 인해 혜택을 입은 바로 이들 중산층을 어렵게 하는 것이었다. 대처로서는 자신의 핵심 지지층이 동요하는 정치적으로 매우 어려운 상황에 처하게 되었다.

이런 상황에서 1988년 4월에는 여론을 고려하지 않은 세금 정책으로 인해 대처 정부의 인기는 폭락한다. 이 세금 정책은 '인두세poll tax'로 널리 알려져 있지만 사실 원래의 명칭은 우리나라의 주민세에 해당하는 공동체세community charge이다. 지방정부 재정 충당을 위한 기존 과세 방식은 가옥별 명목 임대 가격을 기준으로 한 등급별 과세 방식이었다. 그런데 이에 대한 과세 방식을 바꿔 가옥별이 아니라 가옥에 거주하는 성인 모두에게 동일한 세금을 물리고자 한 것이다. 즉 과세의 대상이 가옥 중심에서 개별 주민으로 바뀌게 되는 것이었다. 사실 이는 갑작스러운 제도의 변경은 아니었으며 1979년 이래 계속해서 추진되어 온 지방정부 제도에 대한 개편 작업의 일환이었다. 그러나 인두세에 대한 핵심적인 불만을 그것이 소득이나 재산과 무관하게 모든 사람이 동일하게 세금을 내야 한다는 데 있었다. 많은 사람들은 이 제도의 도입으로 가난한 이들은 오히려 더 불리하게 되었고 부자는 보다 유리해진 것으로 인식했으며 실질적으로 세금 인상의 효과를 갖는 것으로 받아들였다. 대처는 지방정부 재정 충당 방식을 이렇게 개편하면 재정적 안정성이 커질 뿐만 아니라 정치적으로도 유리한 상황을 만들 것으로 계산했다. 즉 지방정부를 노동당이 장악한 곳에서는 각종 지원이나 사업으로 인해 많은 예산을 필요로 하게 될 것이므로 고액의 세금을 물릴 것이고, 그런 만큼 노동당의 인기는 낮아질 것으로 기대했다.

그러나 이런 예상은 잘못된 것이었다. 현실은 지방정부가 인두세를 매우 낮게 매겼다고 하더라도 대다수 사람들은 이전보다 세금을 더

내게 되었다고 느꼈고, 그 책임을 지방정부가 아니라 대처 수상에게 돌렸다. 보수당의 지지도는 급감했다. 처음 이 제도가 시범 적용된 스코틀랜드에서는 대처와 보수당에 대한 적대감이 커졌고 적지 않은 주민들이 세금 납부를 거부했다. 1990년 3월 30일에는 런던 중심부 트라팔가 광장Trafalgar Square에서 대규모 항의 집회가 열렸다. 그날 약 3만 5,000명의 군중이 광장에 운집해 인두세 도입에 대한 반대 집회를 가졌다. 집회 이후 격노한 군중들의 시위가 폭력화되어 여러 곳의 건물과 기물이 파손되었다. 일부 시위대는 수상 관저인 다우닝 가로 몰려가기도 했다. 이 인두세 항의 집회는 1945년 이래 북아일랜드를 제외한 영국 지역에서 발생한 가장 폭력적인 시위로 평가되고 있다(Smith and McLean, 1994, p. 231). 이런 강한 반대에도 불구하고 대처는 인두세를 바꾸려고 하지 않았고 그대로 밀고 나갔다.

대처의 고집스러운 정책은 정치적으로 그 결과가 나타나기 시작했다. 인두세 도입 이후인 1990년 3월의 미드스태포드셔Mid-Staffordshire, 1990년 10월 이스트본Eastbourne에서 보궐선거가 실시되었는데 이들 지역구는 전통적으로 보수당이 매우 강세를 보인 곳이었다. 그러나 두 곳 모두 보수당 후보가 패배했다. 여론조사에서도 보수당의 인기는 급격하게 낮아졌다. 상황이 이렇게 되자 차기 총선을 염두에 둬야 하는 당내 의원들의 우려는 점차 커져갔고 대처의 리더십에 대한 불만도 높아갔다.

대처의 고집스럽고 타협하지 않는 리더십은 대처리즘이라는 변화를 이끌어내는 데는 큰 기여를 했지만, 3기에 와서는 독선적이라는 비판을 받을 정도로 그의 주변 측근들과도 충돌을 빚게 되었다. 그이전에 대처는 그의 측근 인사들과 가까웠고 그들의 견해를 받아들였다. 대처 수상 하에서 첫 재무장관이었고 이후 외무장관이었던 제프리 하우, 그리고 하우의 뒤를 이어 1983년 재무장관이 된 나이젤 로슨Nigel Lawson 등은 대처 혁명을 이끈 최측근들이었다. 그러나 대처 3기에 들어서면서 대처와 이들의 관계는 껄끄럽게 되었다. 이들과 간극이 생긴 한 가지 중요한 이유는 유럽 정책이었다.

대처는 원래부터 유럽 통합에 대해 대단히 적대적이었다. 대처가 처음 집권했을 때 영국의 소득수준은 유럽경제공동체EEC 전체 회원 국가의 평균보다 낮았지만 EEC 예산에 대한 가장 큰 액수의 재정 분담금을 내는 국가 중 하나였다. 1980년 대처는 EEC 정상회담에서 이러한 사실을 지적하면서 그 후 종종 인용된 유명한 표현인 "우리의 돈을 돌려달라I want my money back"라고 말하며 영국의 분담금을 줄여 줄 것을 요구했다. 1983년 슈투트가르트에서 열린 EEC 정상회담에서는 대처는 영국의 재정 분담금을 낮춰줄 때까지 EEC 내 모든 업무를 거부하겠다고 선언했다. 다른 모든 회원국들은 대처의 이런 요구에 분노했지만 1년 뒤 EEC의 다른 회원국들은 결국 양보했다. 이후에도 대처는 유럽 통합과 관련된 사안에 대해 점차 더욱 회의적인 입장이 강화되어 갔고 사안마다 매우 강한 반대의 입장을 거침없이 드러냈다.

그러나 로손과 하우는 이러한 대처의 태도를 수용할 수 없었다. 이들은 유럽연합으로 점차 통합이 가속화되어 가고 있는 상황에서 영국이 유럽 문제에 영향력을 행사하고 싶다면 영국은 반드시 유럽 문제에 대해 적극적으로 참여해야 한다고 믿었다. 이들은 파운드화를 유럽의 화폐통합을 위한 유럽환율조정체계Exchange Rate Mechanism: ERM에 가입시켜야 한다고 대처를 설득했다. 1989년 마드리드 유럽 정상

회담에서 대처가 영국이 ERM에 가입하겠다고 합의해준 것은 이들의 노력 덕택이었다. 이들은 ERM에 가입하지 않는다면 사임하겠다고 대처에게 압력을 가했다. 그러나 대처는 유럽 문제에 대해 이들과 근본적으로 생각이 달랐다. 대처는 유럽 통합의 진전이 영국의 주권을 침해할 수 있다는 점을 우려했다. 나이젤과 로손은 대처에게 거듭해서 유럽을 포용하고 영국이 보다 적극적인 역할을 할 수 있도록 노력을 하라고 설득했지만 매번 거절당했다. 이러한 정책적 입장의 차이는 결국 개인적인 불화로 발전되어 갔다.

대처 수상은 1989년 7월 개각을 단행했다. 이 개각에서 대처는 하우를 외무장관에서 경질하고 그때까지 별로 주목 받지 못하던 존 메이저가 그 직책을 후임자로 맡게 되었다. 하우는 아무런 사전 통고도 없이 자신을 외무장관에서 물러나게 하고 하원 리더Leader of the House of Commons로 내친 데 대해 분노를 느꼈다. 하우에게는 부수상직이 함께 주어졌지만 사실 대처와 같은 리더십 하에서 그 직책은 별다른 영향력을 갖기는 어려운 것이었으며, 대처의 개인 특보는 이 자리가 대단치 않음을 공개적으로 밝히기도 했다. 하우는 큰 상처를 받았다.

1989년 10월에는 또 다른 오랜 측근인 재무장관 나이젤 로손과도 불화가 생겼다. 대처의 경제 자문관인 알란 월터스Alan Walters는 ERM에 대해 강한 거부감을 갖고 있었다. 그의 이런 견해는 로손의 입장과 완전히 상충되는 것이었으며 이들 간 갈등은 점점 더 커져갔다. 1989년 10월 26일 로손은 대처에게 정부의 경제정책을 두고 서로 다른 목소리가 동시에 존재할 수 없다고 항의하면서 월터스를 해임하라고 요구했다. 그러나 대처는 이 요구를 거부했다. 그러자 로손이 사임을 결정했다. 불과 몇 해 전 대처는 로손이 현대 영국 정치에서 가장 훌륭한 재무장관 가운데 하나라고 칭송했었지만 이제 로손은 대처의 곁을 떠났다. 로손의 후임으로는 존 메이저가 임명되었고, 외무장관은 더글러스 허드Douglas Hurd가 맡았다. 제프리 하우나 나이젤 로손 등 오랜 측근들이 이렇게 대처에게 등을 돌리게 되었다.

이 무렵 당내에서 예상치 않게 대처 수상의 리더십에 대한 도전이 이뤄졌다. 대처 수상의 당권에 대한 도전자는 '웨츠' 가운데 살아남은 몇 안 되는 의원인 앤서니 메이어Sir Anthony Meyer였다. 1989년 12월 3일 메이어는 대처 수상의 당권에 도전하겠다고 선언했다. 그러나 당내에서 별로 주목 받지 못하던 메이어가 대처를 누르고 승리하거나 혹은 새로운 리더십을 이룰 것으로 보는 이들은 없었다. 이 도전은 당내에서 대처의 리더십을 어떻게 평가하고 있는지 그 분위기를 파악하기 위한 일종의 리트머스 시험지처럼 간주되었다. 이 경선에서 대처는 314표를 얻어 쉽게 승리했다. 그러나 메이어는 33표를 얻었고, 24표는 무효표였으며, 3명의 기권자가 있었다. 메이어처럼 주목 받지 못하는 경량급 후보를 대상으로 한 경쟁에서 60명이나 되는 의원들이 대처를 지지하지 않는 것으로 드러난 선거 결과는 대처 리더십에 대한 경고 메시지였다. 그러나 대처의 권위주의적 통치 스타일은 이 이후에도 변화하지 않았다.

오랜 동지였던 제프리 하우나 나이젤 로손을 내친 뒤 당내에서 대처의 신망은 크게 낮아졌다. 이들이 떠난 후 대처는 내각보다 수상실의 개인 보좌관들에게 더욱 의존하게 되었다. 이때 대처가 크게 의존했던 측근은 언론 담당 특보인 버나드 잉함Bernad Ingham과 외교 담당 비서인 찰스 포월Charles Powell이었다. 그런 만큼 대처는 당과는 더욱 거리감을 갖게 되었다.

이런 가운데 대처의 리더십이 드디어 위기를 맞이하게 되었다. 그 전 주 로마에서 열린 유럽 정상회담에서 대처는 영국은 결코 유럽 단일화폐에 가입하지 않을 것임을 처음으로 공개적으로 선언했다. 대처의 반유럽적 노선에 반발해 제프리 하우는 1990년 11월 1일 내각에서 사임했다. 그리고 11월 13일 하원 사임 연설에서 매우 직접적이고 가시 돋친 용어를 써가며 대처의 리더십과 그녀의 유럽에 대한 태도에 대해 비난을 쏟아부었다. 하우는 자신이 오랫동안 충성을 바쳤지만 이런 갈등을 겪게 되었다며 보수당 내 다른 의원들에게도 자기와 비슷한 처지가 되지 않을지 고민을 해볼 것을 권고하며 연설을 마쳤다. 오랫동안 대처의 최측근이었고 가까운 동료였던 하우의 이러한 연설은 보수당 내 많은 의원에게 상당한 충격을 주었다. 하우 연설의 충격은 즉각적으로 나타났다.

하우의 의회 연설이 있었던 바로 그다음 날, 마이클 헤젤타인은 자신이 대처에 맞서 당권에 도전할 것임을 선언했다. 헤젤타인은 전 국방장관으로 웨스트랜드 헬리콥터 사건으로 인해 대처에게 큰 상처를 받았던 인물이었다. 또한 헤젤타인은 대처와 달리 유럽 통합에 대해 호의적인 시각을 갖고 있었고 내각 각료직도 역임한 만큼 앞서 당권에 도전한 바 있는 메이어와는 비교할 수 없는 정치적 중량감을 갖고 있었다. 하우나 로손 같은 최측근이 등을 돌린 상황에서 대처는 처음으로 부담스러운 인물의 도전을 맞이하게 된 것이다. 11월 20일 실시한 당내 선거에서 대처 수상은 204표, 헤젤타인은 152표를 얻었다. 16표는 무효 처리되었다. 대처는 일단 과반수를 넘기는 했으나 2등과 15퍼센트 이상의 표차가 나야 한다는 당규에 따라 승리하지는 못했다. 1차 투표 승리 요건에 4표가 모자랐다. 1차 투표에서 도전자를 물리칠 수 있는 완벽한 지지를 대처는 얻어내지 못했던 것이다. 당시 유럽 공동체EC 정상회담으로 파리에 머물고 있던 대처는 이러한 투표 결정이 나온 뒤 "싸울 것이다, 승리하기 위해 싸울 것이다fight, fight to win"라고 말하며 2차 투표에 나서겠다는 결연한 의지를 보였다. 그러나 2차 투표 참여 선언 직후 대처는 자기 내각의 동료 의원들에게 투표 결과의 의미와 자신의 정치적 거취에 대해 자문을 구했다. 일부에서는 대처가 처음 보수당 당수가 되었을 때와 비슷한 득표율이란 점에서 괜찮은 상황이라고 했다. 그러나 대다수는 대처의 2차 투표 참여를 만류했다. 패배 가능성이 크다는 것이었다. 이미 45퍼센트의 의원들이 대처에게 등을 돌렸고 나머지 의원들의 지지도 유보적이라는 것이었다. 대처는 망신스러운 패배를 당하기보다 당당하게 경쟁에서 물러나기로 결정했다. 1989년 11월 22일 아침 대처는 경선 불참을 발표했다. 지난 15년간 당수로서 보수당을 이끌어온 대처의 시대는 그것으로 종말을 고하고 말았다.

1차 투표 후 일주일 뒤인 11월 27일 치러진 2차 투표에서 재무장관인 존 메이저Jon Major가 외무장관인 더글라스 허드Douglas Hurd와 마이클 헤젤타인을 물리치고 후임 수상에 올랐다. 메이저는 185표를 얻었고, 헤젤타인은 131표, 그리고 허드는 56표를 얻었다. 메이저는 승리 요건에서 2표가 모자랐지만 나머지 두 후보가 패배를 인정함으로써 추가 투표까지 가지 않고 승리를 확정 지었다. 11월 28일 메이저는 버킹엄 궁전을 찾아 여왕을 알현하는 것으로 새로운 수상으로서 그의 업무를 시작했다.

대처는 11년 6개월간 연속해서 수상으로 재임했고 세 번의 계속된 총선 승리를 이끌었다. 이는 19세기 초 리버풀 이후 어느 정치인도 이루지 못한 대단한 업적이었다. 근대 이후 영국 정치사에서 대처보다 더 오랫동안 집권했던 수상은 솔즈베리와 글래드스턴뿐이었다. 그러나 이들은 모두 시기적으로 몇 차례 나눠 수상직을 수행했지만 대처는 연속적으로 그 기간 동안 집권해왔다.

'대처 시대'에 대한 평가는 관점에 따라 커다란 차이를 보인다. 어떤 이들은 대처가 이룬 업적은 제2차 세계대전 이후 집권했던 다른 수상보다 별로 나을 것이 없다고 평가한다(Childs, 1992, p. 363). 또한 부자와 빈자 간의 사회적 양극화가 심해졌고, 지역적으로는 북부와 남부 간의 격차도 상당하게 늘어났다는 것이다. 지방정부는 약화되었고, 작은 정부의 구호와 민영화에도 불구하고 중앙정부의 권한은 이전보다 더욱 강화되었다는 비판도 제기되고 있다.

그러나 그 기간 동안 대처는 적지 않은 중요한 업적을 이뤄냈다. 대처를 싫어하는 이들조차 대처가 보수당과 영국 역사에 큰 변화를 이끌어낸 인물이라는 점을 부인하지는 않는다. 대처는 1945년 노동당 정부 출범부터 30년간 지속된 케인스주의 경제정책으로부터의 과감한 변혁을 시도했고, 이후 1983년과 1987년 총선을 승리로 이끌면서 지속적인 정책의 추진을 통해 영국 사회를 이전과 완전히 다른 새로운 사회로 변모시켜 놓았다. 대처 시대의 정책은 '자유경제와 강한 국가'[89]였다. 대처는 케인스주의 정책을 버리고 시장 경쟁과 효율성을 강조하는 신자유주의 정책을 재임 기간 중 일관성 있게 추진했다. 그리고 오랫동안 강력한 이익집단으로 남아 있었던 노조를 마침내 길들였다. '대처 혁명'이라고 부를 만큼 대처 재임 기간 중에 이뤄진 정책적 변화의 폭은 대단히 컸다. 이와 함께 대처는 영국은 국내에서나 국제무대에서 새롭고 활력이 넘치는 국가로 만들어놓았다. 대처는

'신자유주의 동지'인 레이건 대통령과의 개인적 친분으로 미국의 핵심적인 우방으로 영국을 자리매김했고 냉전의 종식을 도왔다.

그러나 산이 높았던 만큼 대처가 남겨놓은 골 역시 깊었다. 대처 이후 보수당은 분열되었다. 대처의 실각으로 이어진 유럽 통합 이슈는 대처가 떠난 이후에도 계속해서 보수당과 지지자들을 분열시키는 요인으로 오랫동안 작용했다. 이러한 갈등은 영국이 유럽연합을 떠나기로 결정한 브렉시트Brexit 이후까지 이어져왔다. 또한 수상직에서 물러나고 난 이후에도 대처는 종종 현실 정치 문제에 대한 자신의 입장을 서슴지 않고 드러냈다. 퇴임 후에도 여전히 많은 당원의 지지를 받았던 대처의 이러한 행보는 이후 수상이 된 메이저의 지도력에 상당한 어려움을 끼쳤다. 군림하는 스타일이었던 대처의 강한 리더십이 이끌었던 혁명의 기간이 길었던 만큼 이를 극복하는 일도 그리 쉽지 않았던 것이다.

대처 이후의 보수당,
길을 잃다

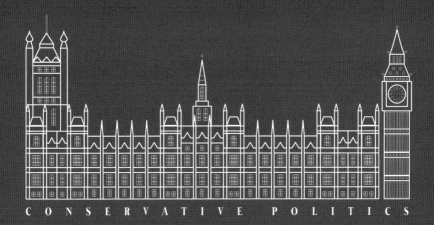

CONSERVATIVE POLITICS

메이저와 당내 불화

마거릿 대처처럼 화려하고 강력한 리더십을 보였던 수상 아래서 11년 이상을 보낸 이후 그 자리를 이어받는 것은 후임자로서는 불운한 일일지 모른다. 대처는 매우 긴 시간 동안 계속해서 집권했으며 개성이 매우 강한 지도자였다. 그리고 그녀가 남겨놓은 정치적 유산의 영향은 곳곳에 여전히 강하게 남아 있었다. 무엇보다 대처의 퇴장으로까지 이어지게 한 유럽 이슈는 이미 보수당을 심각하게 갈라놓고 있었다. 메이저는 보수당 평당원들의 사랑을 받았고 많은 지역구의 당 활동가들로부터 호감을 얻었지만, 대처처럼 자기만의 색깔로 당을 이끌지 못했고 강력한 리더십을 보여주지도 못했으며 당의 분란을 해결하지도 못했다. 이 때문에 1832년 개혁법 이래 최악의 보수당 정부로 평가 받기도 했다(Seldon and Snowdon, 2004, p. 119). 그러나 메이저는 모두의 예상을 뒤엎고 1992년 총선을 승리로 이끌면서 보수당을

20세기 들어 처음으로 네 번 연속 집권하도록 이끌었다.

47세에 영국 수상직에 오른 메이저는 대처와는 다른 스타일의 지도자였다. 대처의 리더십이 독단적이라고 할 만큼 군림하는 스타일이었다면, 메이저는 대조적으로 점진적인 개혁을 선호했으며 당원들과 협의하는 과정을 중시했다. 대처가 도전하고 대결하는 전사戰士라면, 메이저는 달래고 설득하려는 온건한 스타일이었다. 두 사람은 출신 배경에서도 차이가 났다. 대처가 평범한 중산층 출신이라고 해도 옥스퍼드대학을 졸업했다면, 메이저는 더욱 어려운 환경에서 성장했다. 시골 악단 예술가의 아들로 태어난 메이저는 아버지의 사업 실패로 빈민가인 브릭스턴에서 성장했으며 16세에 학업을 마쳐야 했다. 여러 일자리를 전전하다가 스탠다드차타드 은행에 취직하면서 은행원으로 성장했다. 16세 때 청년보수당Young Conservatives에 참여했고 런던의 지방의회 의원으로 정치에 입문했으며 대처가 집권한 1979년 처음으로 하원의원이 되었다. 메이저는 수상이 되기 불과 2년 전만 해도 대처 내각에서 하위 직책을 맡고 있었으나 의회 진출 11년 만에 수상에까지 올라섰다.

이념적으로도 메이저는 대처주의자Thatcherite가 아니었다. 유럽 통합 문제에 대해서도 그렇게 강경하지 않았고 현실 문제에 보다 큰 관심을 보였다. 이처럼 메이저의 리더십 스타일은 대처와는 크게 달랐으며 조정자적인 특성이 강했다. 사실 수상이 되기 전 그는 개인적으로 대처의 군림하는 리더십 스타일을 싫어했다. 대처와 대조적으로 그는 수상이 된 이후 내각 회의를 주재하면서 각료들에게 자신의 의견을 자유롭게 피력하도록 허용했으며, 내각 내에서 이견이 있을 때도 자신의 입장을 밀어붙이기보다 의견의 차이가 해소할 때까지 기다린 후 결정하는 방식을 선호했다. 자기주장을 강요하지 않는 그의 리더십 스타일은 대처와 구별되었지만 중요한 결정에 대해서는 분열과 갈등을 촉발시킬 수도 있는 것이었다.

사실 수상직을 이어받은 메이저가 접하게 된 상황은 그리 유리한 것은 아니었다. 경기 침체가 심화되었고, 인두세 문제로 인한 유권자들의 반발이 고조되면서 당의 인기는 이미 떨어질 대로 떨어졌다. 유럽 통합을 둘러싼 당내 분열은 매우 심각한 상황이었다. 그럼에도 수상직을 이어받은 첫해를 메이저는 성공적으로 보냈다. 인기 없는 인두세를 폐기했고 유럽 통합에 대한 영국의 반대 입장도 완화했다. 1991년 12월 마스트리히트 조약Maastricht Treaty 체결을 위한 유럽 정상회담에서도 좋은 모습을 보였다. 미국이 주도하는 걸프전에 영국군을 파견하는 등 국제 문제에 대해서도 적극적으로 참여했다.

재임 첫해를 비교적 무난하게 보내고 난 이후 메이저는 1992년 4월 총선을 실시하기로 했다. 이전 선거가 1987년 6월에 실시된 만큼 1992년 4월 총선은 5년 임기를 사실상 다 채운 후 실시되는 총선이었다. 이처럼 의회 임기가 종료될 때까지 총선을 연기한 것은 그만큼 보수당의 인기가 노동당에 뒤처져 있었기 때문이다. 사실 선거 전날에 행한 여론조사에서도 노동당은 보수당에 7퍼센트가량 앞서는 것으로 나타났다. 그러나 막상 총선 결과는 보수당의 승리로 돌아갔다. 보수당은 41.9퍼센트의 득표로 336석을, 노동당은 34.4퍼센트의 득표로 271석을, 그리고 자유민주당은 17.8퍼센트의 득표로 20석을 얻었다. 보수당은 이전 선거보다 34석이 줄어들었지만 21석의 과반 의석을 획득했다. 노동당은 1983년 총선에서 바닥을 친 후 지지세가 서서히 회복되고 있음이 확인되었다. 그러나 노동당은 1987년 총

▶ 존 메이저 수상

선에 비해 40석을 더 얻었지만 이번에도 권력을 쟁취하는 데는 실패했다. 노동당은 1979년 이후 네 차례 잇달아 보수당에 패배했다. 1992년 총선에서 보수당의 승리는 메이저 수상의 개인적 인기에 힘입은 바 컸다. 당시 보수당의 지지도는 메이저의 개인적 인기에 뒤처져 있었다. 만일 보수당이 1992년 총선에서 진다면 메이저는 마치 1960년대의 더글러스-흄처럼 단기적인 관리자에 그치고 말 것이라는 회의적인 시각이 적지 않았다. 그러나 메이저는 여론조사와 당내에서의 비관적인 예측을 뒤집고 전례 없는 보수당의 연속 4기 승리를 이끌어냈다.

정작 메이저가 당내에서 어려움을 겪게 된 것은 총선을 승리로 이끌고 난 이후의 일이었다. 메이저 리더십에 대한 첫 번째 심각한 도전은 다름 아닌 유럽 문제였다. 총선이 끝난 뒤 다섯 달 뒤인 1992년 9월 16일 투기 자본이 영국 파운드화를 공격하면서 파운드화의 가치가 급락하기 시작했다. '검은 수요일Black Wednesday'의 충격으로 인해 메이저 정부는 부득이 유럽환율조정체계에서 탈퇴해야만 했다. 이로 인해 유럽 통합에 대한 부정적 인식이 당내에서 보다 힘을 얻게 되었다. 이런 상황에서 이듬해인 1993년 7월 22일에는 유럽연합으로 유럽 국가 간 통합을 보다 심화시키기 위한 방안을 담은 마스트리히트 조약에 대한 인준 투표가 하원에서 실시되었다. 이 조약의 하원 인준 투표를 앞두고 덴마크에서 실시한 국민투표에서는 마스트리히트 조약이 부결되었다. 가뜩이나 부정적인 인식이 적지 않던 참에 덴마크에서의 부결 소식 또한 보수당 내 의원들의 인준 반대 의지를 더욱 자극했다. 유럽 통합에 원칙적으로 찬성해온 노동당은 마스트리히트 조약에는 찬성하지만 영국이 선택적으로 빠지기로 한 노동 관련 조항 등이 담긴 사회조약Social Chapter을 함께 포함시켜야 한다는 점을 지적하며 반대하기로 했다. 유럽 통합에 반대하는 보수당 내 의원들이 노동당에 합류해 반대표를 던져 마스트리히트 조약 인준은 부결되었다. 그러자 메이저 수상은 그다음 날 이 법안에 대한 인준 투표를 다시 실시하기로 결정하면서 이 법안의 통과를 자신의 내각에 대한 신임 투표로 간주하겠다는 승부수를 던졌다. 이 법안이 통과되지 않으면 의회를 해산하고 총선을 치르겠다는 것이었다. 그러나 당시 보수당에 대한 여론의 지지도는 매우 낮은 상황이었기 때문에 만약 총선이 실시된다면 그것은 보수당으로서는 정치적 자살행위였다. 이런 위협이 가해진 이후에야 마스트리히트 조약은 유럽 통합에 부정적인 보수당 내 반대 세력을 잠재우고 의회를 통과했다.

마스트리히트 조약 이외에도 메이저 정부의 정책 추진은 적지 않은 어려움을 겪었다. 메이저 수상은 무엇보다 보수당 내부의 반발을 제대로 관리하지 못했다. 통상부 장관이던 마이클 헤젤타인이 추진한 우체국의 민영화에 대해 적지 않은 보수당 의원들이 반대했고 결국 이 정책은 취소되었다. 국내 소비 연료에 대한 부가세 징수를 연장하려고 한 법안 역시 보수당 내 의원들의 반대로 인해 의회 투표에서 패배했다.

유럽 통합 이외에도 메이저 수상을 괴롭힌 것은 또다시 보수당이었다. 메이저 수상 개인과는 무관한 일이었지만 당내 의원들의 추문

sleaze이 잇달아 터져 나왔다. 메이저는 1993년 전당대회에서 '기본으로 돌아가자back to basics'라는 구호를 제창했다. 메이저는 경제, 교육, 치안 등에서 보수당의 정책적 원칙을 강조한 것이었지만 이는 도덕, 윤리, 가족의 가치를 중시하겠다는 입장으로 이해되었다. 당내 우파는 특히 이를 가족 중시의 가치로 해석하면서 결혼, 순결의 강조, 동성애 반대 등을 강조했다. 그러나 이러한 구호가 무색하게도 보수당의원들의 성적 스캔들이 잇달아 터져 나왔다. 보수당 의원의 혼외정사 사실과 관련된 사건들이 언론에 터져 나왔고 동성애 추문까지 보도되었다. 더욱이 일부 보수당 의원들이 의회 내에서 특정인의 이익을 위한 발언을 행하는 대가로 돈을 받았다는 소위 '의회 질의를 위한 뇌물Cash for Questions' 스캔들이 언론을 통해 터져 나오면서 보수당 의원들의 도덕성이 논란의 대상이 되었다. 이와 함께 메이저 수상이 주창한 '기본으로 돌아가자'라는 구호는 사실상 무의미해졌고 언론의 조롱거리가 되어버렸다. 메이저 정부에 대한 여론의 지지도 크게 떨어졌다.

이와 함께 메이저는 노동당의 새로운 지도자 토니 블레어의 등장과 함께 만만치 않은 야당을 상대해야 했다. 대처 때 노동당을 이끌었던 마이클 푸트Michael Foot나 닐 키녹은 토니 블레어에 비해서는 손쉬운 상대였다. 토니 블레어가 주창하는 '신노동당New Labour'은 보수당의 비밀 병기 가운데 하나인 정치적 적응력, 유연성을 선점해버렸다. 경직된 이념에 갇혀 변화하는 유권자의 선호에 제대로 적응하지 못한 과거의 노동당Old Labour과 달리, 토니 블레어가 이끄는 새로운 노동당은 중도 유권자의 지지를 이끌어내기 위해 과감한 정책적 변화를 추진했다. 이제 보수당은 정치적으로 유연하고 적응력이 높아진 노동당을 만나게 된 것이다(Seldon and Snowdon, 2004, p.124). 노동당의 노선 전환으로 인해 이전에 보수당에 표를 줬던 유권자들도 노동당에 두려움을 더 이상 갖지 않게 되었다. 토니 블레어의 등장과 함께 각종 여론조사나 보궐선거에서는 보수당의 참패를 예견하게 하는 결과가 이어졌다. 보수당 내에서 메이저의 지도력은 강력한 야당의 출현과 함께 더욱 위축될 수밖에 없는 일이었다.

1995년이 되면서 메이저에 대한 당내의 비판은 공공연해졌다. 특히 유럽 문제로 인한 당내 불만이 결국 메이저에 대한 도전으로까지 이어지게 되었다. 유럽 통합에 대한 메이저의 입장은 중도적이었다. 예컨대 쟁점이 되었던 유럽 단일화폐에 대한 그의 정책 입장은 중도적이라고 할 수 있는 관망wait-and-see이었다. 뚜렷한 찬성의 입장도, 그렇다고 반대의 입장도 아니었다. 유럽 문제로 당이 분열된 상황에서 이러한 입장은 친유럽·반유럽 의원들 모두로부터 지원 받기 어려운 것이기도 했다. 메이저 내각에 있는 마이클 포틸로Michael Portillo, 피터 릴리Peter Lilley, 존 레드우드John Redwood, 마이클 하워드Michael Howard 같은 중견 의원들이 메이저의 지도력에 대해 반기를 들었다. 이들은 유럽 통합에 대해 부정적인 입장을 갖는 이들이었다. 이들은 대처의 강력한 반유럽 노선을 칭송하면서 메이저를 비판했다. 보수당 내 평의원들 역시 메이저가 강한 지도력을 발휘하지 못한다고 비판했는데 보수당의 지지도가 노동당에 뒤처지면서 당내에서의 비판은 더욱 거세졌다. 1994년 토니 블레어가 노동당을 이끌면서 보수당의 인기는 노동당에 뒤처지기 시작했다. 1995년 초가 되면 노동당은 보수당보다 무려 30퍼센트 이상을 앞서나가게 되었다. 보수당은 당원의 수가 줄어들었고 정치자금 모금도 어려워졌으며 당내 사기도 크게 위축되었다.

1995년 6월 메이저는 이러한 방식으로 보수당을 계속 끌고 갈 수는 없다고 판단했다. 그는 당내 비판을 잠재우기 위한 정치적 도박을 감행했다. 메이저는 자신의 당수직을 걸고 새롭게 당내 신임을 얻기 위한 당권 도전을 청했다. 이러한 메이저의 결의를 두고 당시 언론은 '덤벼라, 아니면 입 다물어라put up or shut up' 혹은 '나를 밀든지, 아니면 나를 잘라라Back me or Sack me' 등으로 표현했다. 사실 이는 메이저에게 쉽지 않은 싸움이었다. 현직 수상이지만 당내 도전을 스스로 청한 것이 정치적 도박일 수밖에 없는 것은 투표 방식 때문이었다. 당수가 되기 위해서는 보수당 의원 329명 중 절반 이상의 지지를 확보해야 하고 동시에 2등과 15퍼센트 이상의 득표 차이를 내야 하는 두 가지 조건을 모두 만족해야 했기 때문이다. 만약 1차 투표에서 이 조건을 모두 충족하지 못해 2차 투표까지 가야 간다는 것은, 대처의 실각에서 보았듯이 메이저에게 정치적으로 치명적인 결과를 가져올 수밖에 없는 것이었다.

메이저 내각에서 웨일스 부장관이었던 존 레드우드가 각료직을 사임하고 당수직에 도전했다. 그는 유럽 통합에 부정적인 입장을 갖는 유럽 회의론자들Eurosceptics의 지지를 규합하고자 했다. 1995년 7월 4일 실시된 당수 신임 선거에서 메이저는 329명의 당내 의원 가운데 218표를 얻었다. 레드우드는 89표, 무효표 12표, 그리고 기권 8표로 1차 선거에서 메이저는 당내 재신임을 받았다. 이후 메이저의 리더십에 대한 당내 논란은 줄어들었지만, 재신임 투표 결과 100명이 넘는 보수당 내 의원들이 메이저를 지지하지 않은 것으로 드러났기 때문에 재신임에도 불구하고 이를 '완승'으로 볼 수는 없는 것이었다. 메이저 자신도 100명보다 작은 수를 반대표를 자신에 대한 재신임의 기준으로 보았기 때문에 이 결과를 보고 잠시 사임을 생각했다. 그러나 당수직에 머물러 있어야 한다는 주위의 권유를 받아들였고 재신임 투표 결과를 자신에 대한 승리로 선언했다(Norton, 1996, p. 67). 메이저가 재신임을 받지 못할 것으로 생각했던 당내 우파들은 크게 실망했지만 메이저에 대한 공개적인 비판은 수그러들 수밖에 없었다. 재신임 투표 이후 메이저는 마이클 헤젤타인을 부수상으로 임명하면서 당내 지위를 더욱 굳히고자 했다.

그러나 여론상에서 보수당의 지지도는 여전히 토니 블레어가 이끄는 노동당에 크게 뒤처져 있었고 다가올 선거에서의 패배 가능성이 당내에서 메이저의 위치를 여전히 어렵게 했다. 또한 당수 재신임 투표 이후 잠복하게 되었지만, 유럽 통합에 부정적인 당내 우파들의 유럽 정책에 대한 불만은 여전히 높았기 때문에 이들은 메이저와 같이 신중하고 관망적인 입장에 결코 동조할 수 없었다. 대내외적으로 메이저와 보수당은 어려움에 처해 있었다. 이런 상황에서 1997년 5월 총선이 실시되었다. 1997년 총선에서 보수당은 토니 블레어가 이끄는 노동당에 참패했다. 보수당은 30.7퍼센트를 득표했고 의석수는 165석을 얻었다. 1992년 총선에서 41.9퍼센트로 336석을 얻은 것과 비교하면, 득표율은 11.2퍼센트 하락했고 의석수는 무려 171석을 잃었다. 보수당은 최악의 선거 결과를 맞이했다. 1997년 선거에서 보수당은 득표 기준으로는 1832년 개혁법Great Reform Act 이래 최저 득표, 의석 기준으로는 1906년 이래 최저 의석을 얻었다. 보수당은 스코틀랜드와 웨일스에서는 한 석의 의석도 당선시키지 못했고 잉글랜드의 대도시 지역에서도 거의 후보자를 당선시키지 못했다. 이에 비해 노동당은 43.2퍼센트의 득표로 419석을 얻었다. 1992년 34.4퍼센트로

271석을 얻은 것과 비교하면 9.2퍼센트 득표율이 높아졌고 의석수는 148석이 늘어났다. 노동당이 전후 최악의 성적을 기록했던 1983년 총선에서 얻은 209석과 비교하면 2배가량의 의석을 1997년 총선에서 확보한 것이다. 노동당은 과반보다 무려 179석 많은 의석을 확보했다. 이렇게 1979년 이후 연속 네 차례 총선에서 승리하면서 무려 18년간 쉬지 않고 달려온 보수당의 지배는 끝이 나고 말았다.

메이저의 부드럽고 중도적인 리더십은 자기 주관이 강하고 군림하는 대처 이후에 보수당 의원들이 원했던 것이었을지 모른다. 그러나 대처가 남겨놓은 당내의 상처와 갈등은 생각보다 컸다. 그리고 메이저는 실용적이고 단기적인 문제 해결에는 뛰어남을 보였지만 영국과 보수당이 나아가야 할 미래에 대한 방향이나 목표를 제시해주지는 못했다. 그가 정치적으로 어려움을 겪었던 것은 이러한 그의 리더십의 특징과 관련이 크다. 메이저는 정책적 주도권을 갖고 앞서 끌고 나아가기보다 사건이나 문제가 생기고 나면 이에 대해 반응하는 형태의 지도자였다.

그러나 메이저 수상은 적지 않은 업적을 남겼다. 메이저 정부는 대처 정부 때의 정책 기조를 그대로 이어받았고 안정적으로 뿌리내리도록 했다. 임기 후반 들어서는 경제 회복도 가시화되었다. 경기가 침체되었던 임기 초반을 제외하면 낮은 인플레이션을 유지했고 꾸준한 경제성장을 이뤄냈다. 그러나 이런 업적에도 불구하고 투기 자본의 파운드화 공격으로 ERM에서 탈퇴해야 했던 일은 보수당의 경제 운영 능력에 대해 유권자들이 깊은 불신을 갖게 한 계기가 되었다. 메이저 수상이 이뤄낸 중요한 업적은 북아일랜드 정책이다. 1993년 12월 메이저는 아일랜드 수상 알버트 레이놀즈Albert Reynolds와 함께 '다우닝

가 선언Downing Street Declaration을 통해 북아일랜드의 정치 세력들이 무력 투쟁을 완전히 포기한다면 문제 해결을 위한 협상을 개시할 수 있음을 밝혔다. 이후 가톨릭계와 신교 측의 무장 테러 세력이 휴전을 선언했다. 후일 북아일랜드 문제 해결의 중요한 돌파구가 된 1998년 굿 프라이데이 협정을 조인한 이후 당시 수상인 노동당의 토니 블레어가 인정했듯이 메이저는 북아일랜드 문제의 평화적 해결을 위한 중요한 기반을 마련했다.

1997년 총선 참패를 메이저의 탓으로만 돌리는 것은 적절하지 않아 보인다. 당시 어느 누가 보수당을 이끌고 있었더라도 보수당의 패배를 막기는 쉽지 않았을 것이다. 18년간의 계속된 집권만으로도 유권자들은 피로감을 느꼈고 변화를 원하고 있었다. 그리고 토니 블레어라는 젊고 매력적인 리더십으로 무장한 노동당은 과거와는 전혀 다른 새로운 모습으로 유권자에게 다가서고 있었다. 유럽 통합을 둘러싼 당내 분란은 대처의 몰락을 초래할 만큼 강력한 것이었고 그런 만큼 대처와 입장을 같이하는 반유럽주의자들의 반발도 처음부터 잠재돼 있었다. 메이저에게 아쉬웠던 점은 기존의 당내 갈등의 틀을 뛰어넘을 수 있는 새로운 정책적 어젠다agenda를 발굴해서 그것을 자신의 리더십으로 연결해내지 못했다는 점이다. 대처 이후의 보수당을 이끄는 메이저만의 고유한 비전이나 방향을 제시하지 못한 것이다. 대처의 등장과 함께 화려한 세월을 보낸 보수당은 이제 대처를 뛰어넘어야 하는 새로운 과제에 직면하게 되었다. 메이저의 실패는 그런 새로움을 보이지 못했기 때문이었다. 그리고 그 과제는 메이저가 떠난 이후에도 한동안 그 해결책을 찾지 못했다. 보수당은 이제 화려한 나날을 뒤로하고 다시 황야에서 비바람과 맞서게 되었다.

다시 황야에 선
보수당

1997년 총선에서 보수당이 겪은 기록적인 참패의 충격은 깊었다. 보수당은 18년 만에 다시 야당 신세가 되었다. 장기간 지속된 대처의 강력한 리더십은 영국 사회를 변화시켰지만 동시에 신자유주의 정책 추진으로 인해 경제사회적으로 어려움을 겪게 된 이들도 적지 않았고 낙후된 공공 서비스에 대한 불만도 높아졌다. 이제는 대처의 그림자에서 벗어나 새로운 시대적 요구에 귀를 기울여야 할 때가 되었다. 1997년 총선에서 보수당의 참패는 영국 사회가 그런 변화를 강하게 요구하고 있다는 것을 극적인 형태로 보여준 것이었다. 새로운 출발점에 서 있게 된 셈이지만 보수당은 어디로 가야 하는지 방향을 쉽사리 찾지 못했다. 대처 시대의 산이 높았던 만큼 그 골도 깊었다. 보수당은 그 골짜기에서 길을 잃고 말았다. 더욱이 대처의 실각을 가져왔던 유럽 이슈를 둘러싼 당내 불화는 깊었고, 치유되지 못한 채 오랜 시간 동안 보수당을 괴롭혔다.

존 메이저는 총선 다음 날인 1997년 5월 2일 당수직 사퇴를 밝혔다. 이에 따라 5명의 후보자가 당수 경선에 출마했는데 케네스 클라크Kenneth Clarke, 윌리엄 헤이그William Hague, 마이클 하워드, 피터 릴리, 존 레드우드 등이었다. 대처의 축출을 주도했던 또 다른 강력한 후보자였던 마이클 헤젤타인은 건강상의 문제로 출마를 포기했고, 메이저 내각에서 각료직을 수행하면서 후계 그룹에 포함되었던 마이클 포틸로, 말콤 리프킨드Macom Rifkind 등은 총선에서 낙선하면서 출마가 불가능해졌다. 케네스 클라크는 유럽 통합에 우호적이었던 반면 마이클 하워드, 피터 릴리, 존 레드우드는 유럽 통합에 부정적 입장을 갖는 이들이었다. 헤이그는 비교적 중도적인 입장을 취하고 있었다. 1차 투표에서 릴리와 하워드가 탈락했고 2차 투표에서 레드우드가 탈락했다. 클라크와 레드우드는 2차 투표 이후 서로 협조하기로 협약을 맺었지만 1997년 6월 19일 실시된 최종 투표에서는 예상 밖으로 헤이그가 92표, 클라크는 70표를 얻었다. 헤이그는 1783년 피트 이래 보수당 역사에서 가장 젊은 당수가 되었다. 당시 헤이그는 36세였다. 헤이그는 1977년 보수당 전당대회에서 당시 16세의 나이에 노동당을 공격하는 인상적인 연설로 당원들의 커다란 박수를 받기도 했다. 젊은 나이에 보수당 당수로 선출될 수 있었던 데에는 40대 초반에 노동당 당수로 선출되어 당의 이미지를 쇄신했던 토니 블레어의 영향도 적지 않았다.

헤이그는 당수가 된 이후 '새로운 출발Fresh Start'을 선언했다. 총선 참패를 벗고 새롭게 시작하자는 것이었다. 그는 우선 당수 선출 방식을 보다 개방적인 형태로 변화시켰다. 과거 의원들만 참여해 당수를

▶ 1977년 전당대회에서 대처 당수와 당시 16세의 윌리엄 헤이그

결정하던 방식에서 당의 전 구성원이 모두 참여하는 형태로 바뀠다. 의원들은 2명의 후보자를 투표로 선정할 수 있으며 이 2명의 후보자는 당원들이 직접 참여하는 우편투표를 통해 승자를 선출하도록 했다. 당 조직도 지방 당 조직과 당 중앙사무국, 원내 보수당을 하나의 통합된 형태로 당 조직을 재구성했다.

헤이그는 당 운영에 새로운 활기를 불어넣고자 했지만 유럽 통합을 둘러싼 당내 갈등은 총선 참패 이후에도 여전히 보수당을 괴롭혔다. 보수당이 더욱 힘든 상황이 된 것은 '제3의 길'과 함께 신자유주의 노선을 수용한 블레어의 노동당 정부와 정책적인 차별성을 부각시키기도 어려워졌기 때문이다. 보수당은 이제 전통적으로 자신들이 강한 정책 분야에서도 노동당을 압도하지 못하게 되었다. 법과 질서, 안보, 공공 서비스에 대한 소비자의 선택권 강화 등은 전통적인 보수당의 의제였지만 이제는 중도적인 입장으로 변화된 노동당이 이러한 의제를 장악하고 있었다. 또한 노동당은 블레어를 중심으로 단합된 모습을 보였다.

이에 반해 보수당은 여전히 분열돼 있었다. 헤이그는 당의 단합과 결속을 이끌어내지도 못했고 당내에서 강한 권위와 리더십을 보여주지 못했다. 유권자들에게도 강한 인상을 심어주지 못했다. 더욱이 잦은 말이나 행동의 실수로 그의 권위와 신뢰는 실추되었고, 정책적으로도 일관성 있는 메시지를 전달하지 못하고 자주 우왕좌왕하는 모습을 보였다.

2001년 총선을 앞두고 보수당은 총 80억 파운드에 달하는 세금 감면, 보건과 교육 분야에서 국가 개입의 축소, 다음 의회 임기 동안 유럽 단일화폐 가입 배제 등을 주요 공약으로 제시했다. 그러나 총선 결과 보수당은 31.7퍼센트 득표에 166석을 얻었다. 최악의 총선이었던 1997년과 비교할 때 겨우 1퍼센트 득표율이 높아졌고 의석도 한 석 더 얻었다. 사실상 1997년의 참패가 다시 재현된 셈이다. 4년 동안의 노력에도 불구하고 유권자들은 보수당에 다가서지 않았다. 총선 다음 날 헤이그는 총선 패배에 책임을 지고 사임을 발표했고 새로운 당수 선출 방식에 따라 차기 당수가 결정될 때까지만 업무를 계속하겠다고 밝혔다. 그의 사임 발표를 뜻밖으로 받아들이는 이들이 적지 않았지만 대체로 적절한 선택으로 받아들여졌다. 그만큼 잇단 선거 참패가 보수당에 준 충격은 컸다. 헤이그는 1920년대 초 오스틴 체임벌린 이래 수상에 오르지 못한 첫 보수당 당수가 되었다.

뒤이은 당수 선출 경선에서 케네스 클라크, 데이비드 데이비스David Davis, 이언 던컨 스미스Ian Duncan Smith, 마이클 포틸로, 마이클 앤크램Michael Ancram 등 5명이 경쟁하게 되었다. 전임 당수 헤이그가 도입한 새로운 당수 선출 방식이 처음으로 적용되었다. 하원의원들 사이에서 선출하는 투표에서는 클라크와 던컨 스미스가 1, 2등을 차지해 당원 투표로 치러지는 최종 경선에 나가게 되었다. 포틸로는 한 표 차이로 던컨 스미스에 뒤져 최종 경선에 나가지 못했다. 클라크는 유럽 통합에 호의적인 인물이었고 던컨 스미스는 유럽 문제에 회의적이었다. 유럽을 둘러싼 당내 분열이 당수 선출 경선에도 그대로 반영되었다. 대표적인 유럽 회의론자인 마거릿 대처 전 수상은 던컨 스미스에 대한 지지를 공개적으로 밝혔는데, 당원 사이에서 여전히 인기가 높았던 대처 전 수상의 지원은 그의 당선에 도움을 주었다. 의원 투표에서는 클라크가 앞섰지만 당원 투표에서는 던컨 스미스가 15만 5,933표를 얻어 10만 864표를 얻은 클라크에 앞서면서 새로운 보수당 당수로 당선되었다.

사실 던컨 스미스는 대중적으로 그다지 인기 있는 인물이 아니었다. 그가 당수가 될 수 있었던 것은 그의 리더십이나 대중적인 친화력보다 반유럽적 태도를 갖는 후보였기 때문이다. 강력한 후보였던 클라크가 친유럽적 성향이 강했기 때문에 그가 당수가 되지 않도록 하기 위해서는 던컨 스미스를 지지해야 했다. 던컨 스미스가 당수로 있는 동안 여론조사에서 당의 지지율은 노동당에 크게 뒤처졌을 뿐만 아니라 그 차이를 좁히지도 못했다. 게다가 그의 당수 재임 시기에는 아프가니스탄 내전, 9·11 테러, 이라크 전쟁 등 국제적인 사건으로 가득했다. 던컨 스미스는 이런 사태에 대한 노동당 정부의 대응을 지지했다. 그러나 이러한 굵직한 국제적 사건과 관련해서 여론의 스포트라이트를 받는 것은 야당인 보수당이 아니라 집권당인 노동당일 수밖에 없었다. 당수로 선출되고 난 이후 던컨 스미스는 강력한 리더십을 보여주지도 못했고 당내 구성원의 폭넓은 신망을 받지도 못했다. 그의 청렴성이나 정직함에 의구심을 갖게 하는 스캔들도 있었다. 던컨 스미스는 자신의 리더십에 대한 불만과 비판이 끊이지 않자 2002년 보수당 전당대회에서의 연설을 통해 "'과묵한 사람a quiet man'의 단호함을 과소평가하지 마라"라고 말하면서 자신의 권위에 도전하는 이들에게 경고했다. 그러나 자신을 '과묵한 사람'이라고 칭한 이 연설은 오히려 그를 조롱하는 표현으로 자주 사용되었다.

무엇보다 던컨 스미스를 힘들게 한 것은 그가 보수당을 다시 권좌로 복귀시킬 수 있을 것이라는 기대감을 갖는 이들이 점점 더 줄어갔다는 점이다. 2003년 9월 노동당 의석이었던 브렌트 이스트Brent East 지역의 보궐선거에서 지난 총선에서 3등을 한 자유민주당 후보가 노동당의 의석을 차지한 반면 보수당의 득표는 이전보다 오히려 떨어지는 결과가 나왔다. 보궐선거를 통해 노동당 정부에 대한 불만은 드러났지만 그 혜택은 보수당이 아니라 자유민주당이 차지해간 것이다. 당내에서 던컨 스미스를 사임시키고 당수를 교체해야 한다는 목소리가 공개적으로 터져 나오기 시작했다. 보수당 규정에는 당 소속 의원의 15퍼센트 이상이 요구하면 당수에 대한 신임 투표를 거행하도록 돼 있다. 2003년 10월 28일 당헌의 규정대로 보수당 의원의 15퍼센트에 해당하는 25명의 의원이 당수에 대한 신임 투표를 요구하는 데 서명했다. 던컨 스미스에 대한 신임 투표가 불가피해진 것이다. 당수 신임 투표가 실시되었다. 그리고 그 결과 던컨 스미스는 90 대 75로 패했다. 2년 만에 당수직에서 물러나게 되었다. 그다음 날 아침《가디언 The Guardian》지의 사설은 '과묵한 사람이 이제 입을 다물게 되었다the quiet man has been silenced'라고 제목을 붙였다. 총선까지도 가보지 못하고 던컨 스미스는 중도에 강제로 하차 당했다.

던컨 스미스의 사임 이후 새 당수는 뜻밖에 경선 없이 결정되었다. 던컨 스미스 예비 내각에서 재무장관직을 맡고 있었고 과거 메이저 내각에서 내무장관직을 수행한 마이클 하워드가 경쟁자 없이 2003년 11월 6일 보수당의 새로운 당수가 되었다. 마이클 하워드는 1965년 보수당에서 당수 선출 방식을 도입한 이래 처음으로 경쟁 없이 당수가 되었다. 하워드가 당수가 된 이후 메이저, 헤이그, 던컨 스미스 때와 비교할 때 당내에서의 잡음이나 불화는 크게 줄어들었다. 의회 내 토론에서도 이라크 전쟁 파병과 관련된 노동당 정부의 문제점을 집요하게 파고들었고 보다 효과적으로 블레어 수상을 공격했다. 그러나 노동당 블레어 수상은 여전히 높은 인기를 누리고 있었다.

하워드가 당수가 된 이후 1년 반의 시간이 흐른 2005년 5월 총선이 실시되었다. 총선에서 보수당은 세금·범죄·이민 문제를 집중적으로 거론했다. 그러나 그 스스로 이민자의 자손인 하워드가 외국인 이민 문제를 정치적 이슈로 활용한 것에 대해서는 비판이 적지 않았다.[90] 총선 결과 보수당은 다시 패배했다. 블레어는 노동당 역사상 처음으로 세 번 연속 총선 승리를 자신의 지휘 하에 이끌었다. 보수당은 의석수에서는 이전보다 33석을 더 얻었지만 사실 1997년, 2001년 총선 결과와 비교할 때 크게 달라진 것은 없었다.

노동당은 2001년에 비해 의석이 47석 줄어들었지만 355석을 차지해 과반보다 66석이나 많은 안정적 의석을 차지했다. 보수당은 197석을 얻는 데 그쳤고, 자유민주당은 62석을 차지했다. 보수당은 또다시 블레어가 이끄는 노동당에 연속으로 세 번째 참패를 당했다. 그러나 득표율에서 노동당은 35.2퍼센트, 보수당은 32.3퍼센트를 얻었다. 득표율에서 양당의 차이는 크지 않았다. 이를 두고 마이클 하워드는 보수당이 정치적으로 회복하기 시작한 총선이라고 평가했다. 그러나 보수당은 2001년에 비해 득표율이 0.7퍼센트 높아졌다. 양당의 득표율이 비슷해진 것은 노동당의 득표율이 4년 전에 비해 5.5퍼센트 낮아졌기 때문이었다. 4년 동안 노동당에 대해 실망한 이들이 생겨났다고는 할 수 있지만 보수당에 대한 호감도가 높아졌다고 보기는 어려웠다.

대처 수상을 퇴진시켰던 유럽 이슈는 메이저 수상 시기, 그리고 야당으로 처지가 전락한 이후에도 보수당을 계속해서 분열시키면서 당의 변화를 이끌어낼 동력을 만들어내지 못했다. 2005년 총선 결과는 하워드가 당수가 된 이후에도 유권자들이 보수당을 바라보는 시각에는 아무런 변화가 없다는 사실을 확인시켜 주었다. 하워드 역시 이런 사실을 인정했다. 하워드는 다음 총선은 새로운 인물이 당을 이끌어야 한다고 말하면서 당수 사임 의사를 밝혔다. 1997년 존 메이저가 총선 패배에 책임지고 물러난 이후 2005년까지 8년 동안 윌리엄 헤이그, 던컨 스미스, 그리고 마이클 하워드 등 3명의 보수당 당수가 무기력하게 중도에 물러나고 말았다.

메이저 이후의 8년 동안 보수당은 황야에서 길을 잃고 헤메고 있었다. 그러나 사실 보수당은 그 이전부터 길을 잃고 있었다. 1992년 총선에서 존 메이저가 예상을 뒤엎고 보수당을 승리로 이끌었지만, 메이저는 대처 시대의 연장선상에 있었다. 메이저가 보수당을 승리로 이끌 수 있었던 것은 여전히 노동당에 의구심을 갖는 유권자들 때문이었다. 블레어가 신노동당을 기치로 당 체질의 변화를 추진하면서부터 유권자들은 보수당에 등을 돌렸다. 대처의 시대를 보내면서 보수당은 그의 정치적 그림자에서 벗어나기 위한 혁신적인 당 노선의 변화가 필요했다. 메이저는 그런 변화를 이끌 리더십이 부족했고, 이런 문제점은 메이저 이후의 리더들 역시 마찬가지였다. 보수당은 유럽 문제로 당 내부가 심각하게 분열되었다. 로버트 필 시대의 곡물법이나 볼드윈 시절의 관세 개혁 이슈가 과거 보수당을 심각하게 분열시켰다면, 이번에는 유럽통합 이슈가 보수당을 흔들어놓았다.

캐머런과
온정적 보수주의

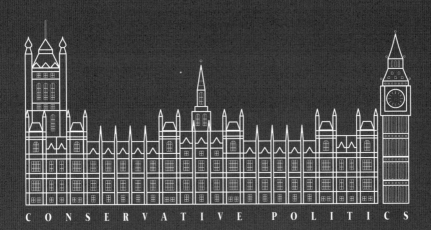

공감의 보수로
권력을 되찾다

하워드 당수의 사퇴로 인해 8년 사이에 네 번째 당수를 선출해야 하는 상황이 되었다. 2005년 12월 보수당 당수 선거에는 모두 네 명의 후보가 출마했다. 데이비드 캐머런David Cameron, 데이비드 데이비스, 리엄 폭스Liam Fox, 그리고 케네스 클라크가 당수직을 두고 경쟁했다. 의원들이 선출하는 투표에서는 데이비드 캐머런과 데이비드 데이비스가 각각 1, 2위로 뽑혔다. 1차 투표에서는 데이비스가 62표로, 56표를 얻은 캐머런을 눌렀지만 2차 투표에서는 캐머런이 90표, 데이비스는 57표가 나왔다. 그리고 본선에서의 당원 우편투표에서는 13만 3,446표를 얻은 캐머런이 6만 4,398표를 얻은 데이비스를 누르고 보수당의 새로운 지도자가 되었다. 캐머런은 의원 투표에서도 다른 후보들을 비교적 큰 표 차이로 누르고 1위로 선출되었을 뿐만 아니라 일반 당원 투표에서도 경쟁자보다 2배 이상 많은 득표로 압도적

지지를 받아 당선되었다.

사실 캐머런은 경선 초기에는 큰 주목을 받지 못했다. 그러나 경선에서의 연설 이후 그는 당내에서 높은 지지를 얻게 되었다. 그는 '현대적이고 공감하는 보수주의modern, compassionate conservatism'를 추구하겠다고 주장하면서 "완전히 새로운 세대로 바꾸고 싶다I want to switch on a whole new generation"라고 말했다. 또한 당이 우경화해서는 안 되며 이는 보수당을 '주변부 집단fringe group'으로 만들 것이라고 했다. 이러한 그의 연설은 당원과 대의원들부터 매우 높은 평가를 받았고 그가 당수로 선출되는 데 기여했다. 그는 대처 이후 무기력하게 정체돼 있던 보수당의 변화를 주창했던 것이다. 이처럼 새로운 세대로 바꾸고 싶다고 한 캐머런은 당시 39세의 젊은 정치인이었다.

캐머런은 상층계급 출신으로 이튼과 옥스퍼드대학을 나왔다. 그는 1960년대 보수당 당수였던 더글러스-흄 이후 첫 이튼 출신 당수이다. 사실 그의 의회 경력은 매우 짧다. 1997년 총선에 출마했으나 낙선했고, 2001년 총선에서 처음으로 당선된 신참 정치인이었다. 의원이 된 이후에 당내에서 빠르게 정치적으로 성장했고 2004년 마이클 하워드 당수 하에서 예비 내각의 교육부를 맡았다. 그러나 그의 정치 경력 자체가 짧다고 할 수는 없다. 그는 대학 졸업 후 보수당의 싱크탱크라고 할 수 있는 보수당 조사국Conservative Research Department에 들어갔으며, 메이저 정부에서 재무장관이었던 노만 라몬트Norman Lamont와 내무장관이었던 마이클 하워드의 특별보좌역을 각각 거쳤다. 그리고 민간 홍보회사에서 7년을 보낸 후 정치에 입문했다.

그러나 블레어가 노동당 당수가 되기 이전 11년간 의정 활동을 하면서 노동당 예비 내각에서 내무장관 등 주요 보직을 다양하게 경험

한 것에 비해 캐머런은 겨우 4년의
의회 경험만을 갖고 있으며 당내에
서 중요한 보직을 맡을 기회도 블
레어에 비해서는 매우 적었다. 그
런 만큼 보수당으로서는 충분히 검
증되지 않은 젊은 정치인을 당수
로 선출하는 모험을 선택한 셈이다
(Childs, 2006). 세 차례의 총선 참패
가 이러한 모험을 감행할 만큼 당
의 사정을 긴박하게 만든 것이다.

▶ 데이비드 캐머런

실제로 캐머런은 당수 경선 당시 후보자들 가운데 보수당의 미래를
가장 급격하게 바꿀 수 있는 인물로 간주되었다. 이에 비해 경쟁자였
던 데이비드 데이비스는 사회적 이슈에 대해 보다 보수적 입장을 취
했으며 당의 체질 변화 등에 부정적인 태도를 취하고 있었다. 캐머런
에 대한 보수당의 의원과 당원들의 압도적 지지는 결국 젊은 당수가
나와서 당의 체질을 근본적으로 개선해야 할 필요성에 대한 폭넓은
공감대가 존재하고 있음을 보여주는 것이었다.

　사실 대처가 떠나고 난 이후 보수당은 두 가지 커다란 과제를 안고
있었다. 하나는 대처 정부가 강력하게 추진한 신자유주의 정책의 부
작용이었다. '대처 혁명'은 영국병을 고치는 데 크게 기여했지만 동시
에 그 정책으로 인한 후유증도 적지 않았다. 효율과 시장 경쟁을 강
조하는 대처 정부의 정책은 많은 사회적 약자를 더욱 어렵게 했고,
민영화 등의 정책은 공공 서비스에 대한 투자를 소홀히 함으로써 그
에 대한 불만을 높일 수밖에 없었다. 계층 간, 지역 간 격차의 확대,

제조업의 약화 등도 대처 정부 정책의 부정적 결과였다.

또 한 가지의 과제는 유럽 문제였다. 대처는 강경한 반유럽적 입장을 가지고 있었고 이는 보수당 내에서 유럽 회의론자의 위상을 강화시켰다. 대처 이전 당수였던 히스는 친유럽 인물이었고 유럽 문제로 인한 갈등은 당내에서 존재하지 않았다. 대처가 당수직에서 물러나야 했던 것도 그의 유럽에 대한 태도가 중요한 원인이었다. 메이저 수상은 대처가 떠나고 난 이후 당내에서 촉발된 유럽 문제를 둘러싼 내분 속에서 자신의 임기를 보내야 했다. 메이저 이후 보수당이 권력을 잃고 야당이 되었지만 유럽 이슈는 여전히 당의 분열을 초래하는 잠재적 위협으로 남아 있었다.

그러나 대처 이후 어느 보수당 지도자도 이 두 가지 과제 해결을 위해 과감하게 달려들지 못했다. 캐머런이 메이저 이후의 다른 보수당 지도자와 달랐던 점은 보수당의 이미지를 쇄신해야 한다는 점을 인식하고 있었다는 사실이다. 데이비드 캐머런은 사회적 이슈에 대해 자유주의적 색채를 갖고 있으며 당의 개혁과 현대화가 필요하다는 입장을 대표하고 있었다. 당의 현대화라는 것은 보수당이 오늘날의 영국 사회의 문제를 직시해야 한다는 것이었다. 캐머런은 시장을 중시하는 전통적인 정책 기조를 유지하면서도 약자를 배려하고 분배를 중시하는 진보적 색채도 포함해야 한다고 주장했고, 이러한 기조는 '온정적 보수주의compassionate Conservatism'로 요약되었다. 보수당이 전통적으로 중시해온 시장과 자유교역을 중시해야 하지만 동시에 약자에 대한 배려와 분배에 대한 관심을 소홀히 해서 안 된다는 것이었다. 또한 캐머런은 다른 사회적 이슈에 보수당이 적극적으로 대응해야 한다고 주장하면서 보수당이 상대적으로 취약했던 환경보호에 대

한 변화된 태도를 강조하기 위해 연
두색의 나무 이미지를 넣은 새로운
당 로고를 새로 제정하기도 했다.
또한 여성과 소수인종 등 그동안 보
수당이 상대적으로 뒤처졌던 영역
에 대해서도 관심을 기울이기 시작
했다. 실제로 그가 당수가 된 이후
보수당 내 여성과 소수인종 출신 의

▶ 환경을 강조하기 위해 캐머런이 도입한
보수당의 새로운 로고

원의 수는 증가했다. 이처럼 캐머런은 대처가 남긴 부정적 유산을 극
복해야 한다는 인식을 갖고 있었으며, 그것을 위한 해법을 적극적으
로 제시했다. 그가 당수로 선출된 이후 처음 찾은 곳도 런던의 빈민
지역이었던 이스트 엔드East End의 초등학교였다. 그는 마거릿 대처가
경제 영역에서 행했던 것처럼 사회 분야에서 급진적 개혁자가 되겠다
고 말한 바 있다.

한편 젊은 캐머런이 당수로 당선된 것은 1997년 이전 18년간 야당
신세에 머물러 있던 노동당이 당의 근본적 변화를 위해 당시 41세였
던 젊은 토니 블레어를 필요로 했듯이 보수당 역시 당의 면모 일신을
위해 젊고 변화를 가져올 수 있는 리더십이 필요하다는 인식이 반영
된 것이었다. 그가 정치 경력이 매우 짧지만 당수로 선출될 수 있었던
것도 당 리더십의 세대교체가 필요하다는 당내의 폭넓은 공감대 때
문이었다. 캐머런은 사적인 자리에서 자신을 '블레어의 계승자heir to
Blair'라고 부르기도 했다. 그가 블레어의 계승자라고 한 것은 블레어
가 노동당에 했듯이 그도 보수당의 과감한 혁신을 이루겠다는 뜻이
었겠지만, 실제로 그는 당수가 된 이후 노동당 정부가 추진하는 정책

에 대해 사사건건 반대하지 않았고 우경화되었던 보수당의 노선을 중도로 옮겨놓았다.

그러나 당수가 된 이후 당내에서 비판도 적지 않았다. 맥밀란 이래 가장 많은 수의 이튼 출신을 예비 내각에 임명했다는 비판을 받기도 했고, 2007년에는 소수이기는 하지만 당내 의원 중 일부가 그에 대한 불신임 투표를 요구하기도 했다. 또한 대처의 정치적 유산을 당내에서 제거하려 한다는 대처주의자의 비판을 받기도 했다.

하지만 캐머런이 보수당 당수가 된 직후 거의 10년 만에 처음으로 보수당은 블레어가 이끄는 노동당보다 여론조사에서 높은 지지도를 기록했다. 2007년 6월 고든 브라운이 토니 블레어에 이어 새로운 수상이 되면서 노동당의 지지율이 일시적으로 높아지기도 했지만, 이후 잇단 노동당 정부의 실정과 함께 보수당의 지지율이 노동당을 앞서나가기 시작했다. 2008년 5월의 지방선거에서 보수당은 노동당보다 득표에서 20퍼센트를 앞섰으며, 노동당이 차지해온 런던 시장직도 처음으로 빼앗아 왔다.[91] 캐머런은 메이저 이후 처음으로 보수당이 권력을 되찾아올 수 있는 가능성을 보여주었고, 이 때문에 당내에서의 반대와 비판의 목소리는 잦아들게 되었다. 1997년 총선 패배 이후 10년 이상 보수당이 황야에서 길을 잃고 하염없이 헤매고 다녔다면 이제 거기서 벗어날 수 있는 변화의 가능성을 보여주었다.

2010년 5월 6일 총선이 실시되었다. 2005년 이후 5년 만에 실시되는 총선이었다. 이미 13년을 연속으로 집권한 노동당에 대한 대중의 피로감이 커져 있었다. 2007년 말부터 보수당은 노동당을 여론 지지도에서 앞서기 시작했고 총선 전에도 우위를 이어나갔다. 1979년 이후 처음으로 주요 세 정당 모두에서 새로이 선출된 당수가 선거운동을 이끌게 되었다.⁹² 고든 브라운은 2007년부터 노동당을 이끌기 시작했고 데이비드 캐머런은 2005년 새로이 보수당 당수가 되었다. 자유민주당에서도 2007년 닉 클레그Nick Clegg가 당수로 선출되었다. 2010년 총선에서 처음으로 보수당, 노동당, 자유민주당 당수 간의 TV 토론이 도입되었다. 세 차례의 TV 토론에서 자유민주당의 닉 클레그가 전반적으로 좋은 평가를 받았다.

선거 결과 보수당은 제1당이 되었다. 전체 의석 650석 중 보수당은 306석을 얻었고, 노동당은 258석을 얻었다. 보수당은 이전 선거에 비해 96석이 늘어났고 노동당은 97석을 잃었다. 득표율에서도 보수당은 36.1퍼센트를 얻어 이전보다 3.7퍼센트 표가 늘어난 데 비해 노동당은 29.0퍼센트로 5년 전보다 6.2퍼센트 줄어들었다. 그러나 보수당의 의석수는 단독정부 구성에 필요한 의석에는 20석 미치지 못하는 것이었다. 어느 정당도 단독으로 과반 의석을 얻지 못한 상황hung parliament이 만들어진 것이다. 한 정당이 단독으로 과반 의석을 확보하지 못한 것은 1974년 2월 총선 이후 처음 있는 일이었다. 자유민주당은 닉 클레그의 TV 토론에서의 좋은 평가에도 불구하고 득표율은 1퍼센트 오른 23퍼센트였고, 의석은 이전보다 5석 줄어든 57석을 얻었다. 2010년 총선에서는 녹색당the Green Party of England and Wales이 사상 처음으로 한 석의 의석을 얻었다.

보수당이 제1당으로 떠오른 것은 13년 만의 일이었다. 그사이 노동당 정부에 대한 피로감과 식상함이 높아졌다. 그러나 그 이전 선거가 보여주듯 그것만으로는 충분하지 않았다. 캐머런이 보수당 당수가 되고 난 이후 당의 변화에 대한 유권자의 기대감이 높아진 것이 승리의 한 원인이었다. 특히 2009년 영국 정계를 뒤흔든 하원 활동비 스캔들Expenses scandal도 보수당의 승리에 도움을 주었다. 영국 의회에서 지급되는 활동비를 의원들이 부당하게 청구해 사용한 일이 일간지 《데일리 텔레그라프》에 의해 폭로되었다. 의원 활동비 명목으로 청구된 돈으로 개인의 시골 주택 유지비나 집안 물품 구입비로 쓰거나, 심지어 거짓으로 주택 보조금을 타내는 일까지 드러났다. 수십 명의 의원들이 이 스캔들에 개입되었고 노동당 내각 각료나 보수당 예비 내각 멤버까지 포함돼 있었다. 이 사건은 영국 정치권에 대한 국민의 불신을 높였고 특히 집권당이던 노동당이 큰 타격을 입었다. 2010년 노동당의 선거 패배에는 이 스캔들의 영향도 있었다. 젊고 개혁적인 캐머런은 선거 기간 중 자신이 이러한 부패를 청산하고 과감한 정치 개혁을 이끌 수 있는 인물임을 강조했다.

노동당의 고든 브라운 총리는 자유민주당과 일부 소수 정당들과 연립정부를 구성하고자 했으나 실패로 돌아가고 말았다. 브라운 총리는 곧 사임을 발표했다. 13년 만에 노동당 정부가 끝이 난 것이다. 이에 따라 엘리자베스 여왕은 캐머런에게 조각을 요청했고, 보수당과 자유민주당 간의 연립정부 구성에 대한 논의가 본격화되었다. 두 정당은 잇단 회합을 갖고 연립정부 구성에 합의했다. 제2차 세계대전 당시 처칠이 이끌었던 전시 연립정부가 1945년 유럽에서의 전쟁이 끝나면서 종식된 이후 첫 연립정부가 출범하게 되었다.

보수당의 캐머런이 수상을, 자유민주당의 닉 클레그가 부수상deputy Prime Minister을 맡았다. 데이비드 캐머런은 당시 43세로 1812년 리버풀 경이 42세로 수상이 된 이래 가장 젊은 수상이었다.[93] 내각 구성에는 보수당이 16석을, 자유민주당이 5석을 차지했다. 조지 오스본George Osborne을 재무장관에 임명했는데 그는 당시 38세였다. 원스턴 처칠 수상의 아버지인 랜돌프 처칠이 1886년 37세에 재무장관이 된 이후 가장 젊은 재무장관이었다. 전직 당수였던 윌리엄 헤이그는 외무장관에 임명되었다. 보수-자민 연립정부는 연정 구성을 위한 협의 때 서로가 동의할 수 없는 부분에 대해서도 합의했다. 기본적으로는 연립정부 구성원으로서 '집단적 책임collective responsibility'의 원칙을 지키지만, 당의 정체성이나 공약과 관련해서는 연립정부를 구성하고 있더라도 각 정당이 서로 상이한 정책 분야에 대해서는 반대투표를 할 수 있도록 한 것이다.

그러나 두 정당 간 연립은 큰 마찰이나 불화 없이 5년 동안 지속되었다. 연립 구성을 위한 협상에서 자유민주당의 공약 중 국민의료보험, 학교, 연금생활자, 그리고 최저소득층에 대한 세금 감면 등 사회경제 정책과 선거제도 개정을 위한 국민투표 실시도 보수당에 의해 받아들여졌다. 자유민주당 선거공약의 4분의 3 정도가 받아들여진 반면, 보수당 선거공약은 3분의 2 정도가 유지되었다(Hazell and Yong, 2012). 또한 내각 구성에서도 연정 내 자유민주당의 의석 비율보다 높은 비율로 각료직이 주어졌다. 보수당 캐머런 수상과 자유민주당 클레그 부수상 간의 개인적 관계도 원만했다. 이런 점 이외에도 연립정부가 무난하게 유지될 수 있었던 데는 '온정적 보수주의'로 상징되는 진보적 속성을 캐머런이 보수당에 접목시켰기 때문이다. 상대적으로 진보적인 자유민주당과 보수당의 정책적 차별성이 특히 사회문제에 있어서는 그만큼 줄어들었기 때문이다. 예를 들면 2013년 동성애자 결혼법 도입이 논의되었을 때 보수당 내에서는 이 사안에 대한 찬성보다 반대가 많았다. 그러나 캐머런은 이 제도 도입에 반대하지 않았고 이 법안은 통과되었다. 보수-자민 연립정부는 5년 동안 큰 마찰 없이 무난하게 집권했다.

연정 구성 때 자유민주당이 강력하게 요구했던 것은 선거제도 개정이었다. 단순다수제 선거제도 하에서 제3당인 자유민주당은 득표율에 비해 작은 수의 의석을 얻을 수밖에 없었다. 한 선거구에서 한 명만을 선출하는 단순다수제 방식은 대정당에게 유리한 것이었기 때문이다. 2010년 총선에서도 자유민주당은 23퍼센트를 득표했지만 의석 비율은 8.8퍼센트에 불과했다. 이에 비해 보수당은 36.1퍼센트를 득표했지만 의석 비율은 47.1퍼센트였고, 노동당 역시 29퍼센트를 득표했지만 의석 비율은 39.7퍼센트였다. 보수당은 선거제도 개정에 반대하는 입장이었지만 자유민주당의 주장을 수용해 선거제도 개정을 연정 출범 이후 가능한 이른 시점에 국민투표에 부치기로 했다. 2011년 5월 5일 지방선거 일에 맞춰 선거제도 개정 여부를 묻는 국민투표가 실시되었다. 현행 단순다수제 선거제도에 대한 대안은 대안투표제였다. 자유민주당은 비례대표제를 원했지만 현실적으로 수용될 수 있는 안으로 대안투표제를 제시했다. 선거제도 개정에 대한 투표 결과 찬성 32.1퍼센트, 반대 67.9퍼센트로 부결되었다. 투표율은 42.2퍼센트였다. 이 국민투표에서 자유민주당을 비롯해 대다수 소수정당들은 찬성 캠페인을 벌였지만, 보수당은 공식적으로 이에 대한 반대 입장을 표명했고 반대 캠페인을 벌였다. 노동당은 공식적인 입장을 정하지 않았다. 이 국민투표와 함께 자유민주당이 주장한 선거제도 개정 문제는 해소되었다.

사실 캐머런이 수상으로 있는 동안 직면했던 정치적 어려움은 자유민주당과의 연정보다 다른 데서 비롯되었다. 하나는 스코틀랜드 문제였다. 2011년 스코틀랜드 의회 선거Scottish Parliament election에서 스코틀랜드 민족당Scottish National Party: SNP의 지지가 급상승하면서 독자 과반 의석을 확보해 스코틀랜드 의회를 처음으로 지배하게 되었다. 이들은 연합왕국으로부터 스코틀랜드가 독립하는 문제를 두고 주민투표를 실시할 것을 공약으로 제시했다. 이와 동시에 독립에 대한 대안으로 재정적 자치devolution max, devo-max, 즉 스코틀랜드 의회가 그 지역에서의 과세권과 재정권을 갖도록 하는 안을 내세웠다. 스코틀랜드 독립당의 주장은 독립 관련 주민투표를 받아들이거나 영국을 재정적으로 일종의 연방국가로 받아들이라는 것이었다. 그러나 캐머런은 재정 자치를 거부하면서 독립 찬반을 두고 주민투표를 하는 안을 선택했다.

이에 따라 2014년 9월 18일 스코틀랜드에서 독립 여부를 두고 주민투표가 실시되었다. 투표율이 84.6퍼센트가 될 정도로 그 지역에서 높은 관심과 참여를 나타냈다. 투표 실시 전 여론조사는 찬반 입장의 차이가 매우 근소하게 나타났고, 이 때문에 캐머런은 투표일 무렵 수상이 의회에 가서 행해야 하는 질의응답Prime Minister's Question Time도 취소한 채 스코틀랜드로 달려가야 했다. 투표 결과 55.3퍼센트가 반대, 44.7퍼센트가 찬성하는 것으로 나타나면서 부결되었다. 주민투표 과정에서 독립 후 사용할 화폐 문제, 유럽연합 회원국 자격 문제, 북해 유전 문제, 공공 지출 등이 주요 관심 사안으로 논의되었다. 주민투표 결과 부결되기는 했지만 거의 절반에 가까운 주민이 독립을 찬성하는 것으로 나타났다. 이는 보수당이 중시하는 연합왕국에 심각한 위기가 생겨났음을 보여주는 것이었다. 독립 주민투표는 부결되었지만 이 지역의 녹자성에 대한 주민의 의식은 더욱 강화되었고, 이러한 정서는 2015년 총선에서 그대로 표출되어 스코틀랜드 독립당이 지역 의석을 휩쓸게 되었다.

　또 한 가지 캐머런을 힘들게 한 것은 유럽 문제였다. 유럽 이슈로 인한 어려움은 당의 안과 밖에서 모두 나타났다. 캐머런은 유권자의 신뢰를 회복할 수 있도록 중도로 당 노선을 변화시켰지만 이에 대한 당내 우파의 불만은 적지 않았다. 유럽 문제에 대한 불분명한 그의 태도 역시 불만의 원인이었다. 2013년 8월 테러 집단인 IS 섬멸을 위해 유엔 주도 하의 리비아 군사작전에 영국군이 참가하는 캐머런 정부의 동의안이 의회에 제출되었다. 그런데 당내 우파들이 이 안의 표결에서 야당에 합류해 이를 부결시켰다. 전쟁 등 주요 외교정책과 관련된 의회 투표에서 정부안에 부결된 것은 1782년 당시 노스Lord North 수상이 미국 식민지에서의 전쟁 지속을 두고 행한 표결에서 패배한 이후 처음 있는 일이었다. 그만큼 이러한 당내 우파의 반발은 캐머런에게 상당한 정치적 타격이 되었다.

　이들 못지않게 심각한 도전은 당 외부에서 제기되었다. 반유럽적 이슈를 제기한 영국독립당UK Independence Party: UKIP의 지지가 크게 높아진 것이다. 영국독립당은 1991년 반연방주의자 연맹Anti-Federalist League으로 출범해 1993년 그 이름을 개칭했다. 이 정당은 영국이 유럽연합에서 탈퇴해야 한다고 주장하는 단일 이슈 정당이었다. 그런데 영국독립당이 2013년 지방선거에서부터 그 지지가 급격하게 높아졌다. 특히 2014년 유럽의회 선거에서는 보수당, 노동당을 제치고 가장 많은 의석을 차지했다. 영국에 부여된 73석의 유럽의회 의석 가운데 영국독립당은 24석을 차지한 반면, 보수당은 19석, 노동당은 20석을 차지했다. 영국 역사에서 보수당, 노동당 그리고 이전의 자유당을 제외한 정당이 가장 많은 의석을 차지한 것은 이때가 처음이었다. 득표율에서도 영국독립당은 27.5퍼센트를 얻어 보수당의 23.9퍼센트, 노동당의 25.4퍼센트보다 높았다. 이듬해에 총선이 예정돼 있었다. 영국독립당의 부상에 대해 유럽 문제로 어려움을 겪는 보수당으로서는 대책이 필요했다.

브렉시트,
판도라의 상자를 열다

2015년 5월 7일 다시 총선이 실시되었다. 2015년 총선은 그 이전과는 다른 절차를 통해 선거 일자가 정해졌다. 2011년 고정임기 의회법 Fixed-term Parliaments Act 2011이 통과되면서 과거처럼 수상이 정치적 판단에 따라 5년 임기가 마무리되기 이전에 선거 실시를 결정할 수 없게 되었다. 5년 임기가 채워지기 전에 의회를 해산하고 총선을 치르기 위해서는 의회에서 3분의 2 찬성을 얻어야 가능하게 되었다. 또한 정식으로 제기된 내각 불신임안vote of no confidence이 의회를 통과하고 그 후 14일 이내에 새로운 내각이 구성되지 않는 경우에는 조기 총선이 실시될 수 있도록 했다. 이와 함께 내각 불신임에 대한 정의 역시 강화해 정식으로 의회에 상정된 불신임 투표만을 대상으로 했다. 과거에는 내각이 제출한 법률안 중 정치적 의미가 큰 것에 대해 수상이 자신의 내각에 대한 신임과 연계시키는 경우가 있었다. 이렇게 고정

임기 의회법이 통과된 것은 자유민주당의 선거공약에 이 내용이 포함돼 있었고 연정 협상 과정에서 이 안의 법률화를 주장했기 때문이었다. 노동당도 구체적인 내용이 담겨 있지는 않았지만 임기 고정에 대한 내용을 선거공약에 담고 있었다. 또 한편으로는 보수-자민 연정의 잠재적 불안정성을 막기 위해 5년 임기를 다 채울 수 있도록 하기 위한 의도도 있었다. 이런 이유로 2010년 이후 5년이 지난 2015년 5월 7일 선거가 실시되었다.

선거를 앞둔 분위기는 보수당에 불리했다. 각종 여론조사에서는 노동당이 보수당에 앞서나갔다. 또한 영국독립당은 15퍼센트 수준의 지지를 얻고 있었다. 그 이전에 실시된 지방선거, 유럽의회 선거에서도 보수당과 연정 파트너인 자유민주당의 지지는 하락세였고 노동당과 영국독립당의 지지는 높았다.

그러나 선거 결과 보수당은 전체 650석 중 330석을 차지해 선거에 승리했다. 보수당은 과반보다 12석이 많은 의석을 확보하면서 독자적으로 정부를 구성할 수 있게 되었다. 사실 이러한 결과는 선거 이전의 예상을 뒤엎는 것이었다. 노동당은 232석을 얻었다. 2010~2015년 동안 보수당의 연정 파트너였던 자유민주당은 이전의 57석에서 무려 49석이 줄어든 8석만을 건졌다. 득표율에서도 자유민주당은 이전의 23퍼센트보다 15.1퍼센트 낮은 7.9퍼센트를 득표했다. 보수당과 노동당의 양당 구도가 회복된 것이다. 그런데 2015년 총선에서 가장 약진한 것은 스코틀랜드 민족당이었다. 스코틀랜드 민족당은 스코틀랜드 지역에 할당된 59석 가운데 56석을 차지했다. 2010년과 비교할 때 무려 50석이 늘어났다. 2014년 스코틀랜드 독립 주민투표의 후유증이 지역 정당의 압승으로 이어진 것이다.[94] 스코틀랜드 민족당의 급상승은 그 전까지 이 지역에서 다수 의석을 차지해온 노동당에게 큰 타격이 되었다. 5년 전 2010년 총선에서 노동당은 스코틀랜드에서 41석을 얻었고 자유민주당은 11석, 보수당은 1석을 각각 얻었는데, 2015년 총선에서는 노동당, 보수당, 자유민주당 모두 1석씩만을 얻었다. 노동당은 이 지역에서 무려 40석을 잃었다. 스코틀랜드 민족당의 부상은 향후 선거에서도 노동당에게 커다란 부담으로 작용할 수밖에 없었다. 고든 브라운 이후 노동당을 이끌면서 재집권을 노렸던 에드 밀리반드Ed Miliband는 선거 결과를 보고 당수직에서 사임했다.

한편 2014년 유럽의회 선거에서 가장 많은 의석을 차지했고 총선 전 여론조사에서도 15퍼센트 수준의 지지를 받았던 영국독립당은 정작 선거에서는 단 한 석을 얻는 데 그쳤다. 영국독립당의 득표율은 12.6퍼센트로 그다지 낮지 않았다. 지역적으로 집중되지 않고 각 지역별로 분산된 득표가 영국독립당이 당선자를 내지 못하게 만든 것이다.

그런데 2015년 총선을 앞두고 캐머런은 2014년 유럽의회 선거에서 나타난 영국독립당의 지지 상승이 반복되지 않도록 하기 위한 전략을 마련해야 했다. 영국독립당 투표자들의 다수는 보수당의 잠재적 지지층이었다. 2014년 10월에 실시한 한 여론조사 결과는 당시 영국독립당 지지자의 45퍼센트가 2010년 총선에서 보수당에 투표한 것으로 나타났다.[95] 또한 당내 우파들의 공세를 막기 위한 방안도 필요했다. 영국독립당은 유럽연합 탈퇴 여부를 국민투표에 부치자고 줄곧 주장해왔다. 캐머런은 총선 공약에서 보수당이 다시 집권하면 '유럽연합 내에서 영국의 지위에 대한 새로운 합의안을 협의한 후에only after negotiating a new settlement for Britain in the EU' 유럽연합 잔류-탈퇴에 대한 국민투표를 실시하겠다고 공약했다. 이 공약은 영국 내 반유럽적 정서가 고조되어 가는 상황에서 유럽 통합에 회의적인 보수당 지지자가 영국독립당에 투표하는 것을 막고 당내 우파의 불만도 누그러뜨릴 수 있는 방안이 될 수 있었다. 캐머런은 국민투표를 통해 보수당을 어렵게 만들어온 유럽 이슈를 항구적으로 잠재울 수 있을 것으로 기대했다.

그러나 국민투표는 정치적으로 중요한 공약인 만큼 총선 후 승리한다면 반드시 지켜야 할 사안이었다. 캐머런은 유럽연합과의 협의를 국민투표 실시의 전제 조건으로 내세웠고, 국민투표가 실시되면 유럽연합 잔류라는 결과를 이끌 수 있다고 자신했다. 그러나 유럽연합의 다른 회원국들이 기존의 틀을 넘어서는 파격적인 수준으로 영국에 양보하기는 어려운 것이었다. 더욱이 유럽연합이 캐머런의 입장을 고려해서 상당한 양보를 한다고 하더라도, 그것이 완전한 결별을 원하는 영국 내 유럽회의론자들을 결코 만족시킬 수는 없는 것이었다. 결국 캐머런이 내세운 전제 조건과 무관하게 국민투표 공약은 정치적으로 폭발성을 갖는 유럽 이슈를 재점화시킬 수밖에 없는 것이었다. 유럽 이슈는 대처 재임 말기부터 보수당을 괴롭혀온 매우 분열적 이슈였다. 선거공약의 제시와 함께 이제 그 이슈는 보수당을 넘어 영국 정치의 전면에 부상하게 되었다. 캐머런은 2015년 총선을 승리로 이끌었지만 매우 값비싼 대가를 지불해야 했다. 그는 영국 정치를 혼란에 빠지게 하고 자신의 사임까지 몰고 오게 될 판도라의 상자를 무심코 열어버린 것이다.

브렉시트로 가는 길

C O N S E R V A T I V E   P O L I T I C S

마침내 유럽을 떠나다

캐머런은 총선에서 보수당을 다시 승리로 이끌었지만 선거 결과는 영
국에 두 가지 심각한 도전을 제기했다. 그리고 그것은 보수당이 중시
하는 연합왕국, 그리고 보수당을 괴롭혀온 유럽과 관련된 것이었다.
두 가지 이슈 모두 영국의 헌정 체제에 영향을 미칠 수 있는 것이었
다. 우선 스코틀랜드에서 분리, 독립을 외치는 민족주의자들이 그 지
역의 의석을 휩쓸어버린 것은 보수당 정부에 상당한 부담이었다. 캐
머런은 이 때문에 선거 승리 직후 보수당은 '전국을 모두 대표하는
정당a party of one nation'으로 통치할 것이며 '하나의 연합왕국one United
Kingdom'의 틀을 지켜나갈 것임을 강조했다.

　또 한편으로 캐머런 정부는 유럽연합 잔류－탈퇴를 위한 국민투
표 공약의 준비를 해나가야 했다. 우선 보수당은 공약대로 국민투
표 실시를 위한 법안을 마련했다. 유럽연합 국민투표법European Union

Referendum Act 2015은 2015년 5월 의회에 상정되었고 하원과 상원에서의 승인을 거쳐 그해 12월에 정식으로 공포되었다. 이 법에 따라 영국과 영국령인 지브롤터Gibraltar[96]에서는 2017년 말까지 국민투표를 실시해 유럽연합 잔류−탈퇴 여부를 결정하기로 했다. 또한 2015년 여름부터 영국의 지위에 대한 재협상을 유럽연합과 시작했다.

영국은 현행 유럽연합이 개별 회원국에 적용하고 있는 규정 가운데 몇 가지 사안에 대한 예외적 적용을 주장했다. 가장 쟁점이 되었던 것은 유럽연합 내 이주민에 대한 복지 혜택의 제한이었다. 그동안에는 EU 회원국 국민이 다른 회원국에서 3개월 간 거주하고 나면 구직 수당, 아동 수당, 아동 세제 감면 등 복지 혜택을 신청할 수 있었다. 그러나 영국은 새로이 입국한 회원국 국민이 구직 수당을 3개월 후 신청하는 것을 금지했고 6개월 동안 일자리를 구하지 못하면 그 나라를 떠나도록 명령할 수 있도록 했다. 또한 일자리와 관련된 복지 혜택도 새로이 입국한 회원국 국민에게 지급을 제한할 수 있는 4년간의 '긴급 중단emergency brake' 방식을 도입할 수 있게 했고 긴급 중단은 최대 7년까지 연장할 수 있도록 했다. 입국자들은 4년간 일하면서 세금을 내야 복지 혜택을 받을 수 있도록 하겠다는 것이었다. 이러한 복지 혜택 축소 문제는 유럽연합 내 다른 국가로의 이주 노동자가 많은 폴란드 등 일부 동유럽 회원국이 반발했지만 결국 수용되었다. 또한 유럽연합이 제정한 법률에 대해 회원국 정상이나 관계 장관의 회의체인 유럽연합 평의회the Council of European Union 구성원의 55퍼센트 이상이 지지하면 그것에 대한 변경을 요구할 수 있는 '레드카드the Red Card' 제도도 받아들여졌는데, 그 이전에는 회원국 55퍼센트 이상과 유럽연합 전체 인구의 65퍼센트 이상의 지지로서만 변경 요구가 가능했다. 또한 위협이 될 수 있다고 판단하면 해당 국가 정부는 회원국 국민의 입국을 거부하거나 출국을 강요할 수 있도록 했다. 범죄와 같은 위협 행위를 직접 하지 않은 경우라도 잠재적 위협 가능성에 따라 입국을 거부한다고 하는 것은 사람과 물자의 자유로운 이동이라고 하는 유럽 통합의 정신과는 배치되는 것이었다. 또한 영국은 유럽연합의 핵심적 가치로 초기 협약부터 사용되어 온 '유럽 인민들의 보다 긴밀한 연합Ever closer union of the peoples'이라는 선언에서 영국은 제외된다는 점을 명기해달라고 요구했고, 이 요구 역시 수용되었다. 또한 유로 화를 사용하지 않는 영국 등 비유로권 국가들이 상대적으로 불이익을 받지 않도록 요청했고, 협의 결과는 영국 등 비유로권 국가들은 유로권 경제와 관련된 재정 지원이나 기금 모금에서 제외될 수 있도록 했다.

이러한 영국의 요구는 협의 과정에서 상당한 논란을 빚었지만 결국 2016년 2월 20일 벨기에 브뤼셀에서 열린 EU 정상회의에서 만장일치로 합의되었다. 캐머런은 이 결정을 두고 영국에 '유럽연합 내 특별한 지위special status within European Union'를 인정한 합의안이라고 환영했다. 그리고 2016년 6월 23일 유럽연합 잔류−탈퇴를 위한 국민투표를 실시하겠다고 발표하면서 자신은 이처럼 '개혁된 유럽연합reformed European Union' 내에 영국이 잔류하도록 하기 위한 캠페인을 전개하겠다고 선언했다.

사실 캐머런이 요구한 내용은 유럽연합의 다른 회원국들 입장에서 볼 때는 무리하거나 과도한 내용이 적지 않았다. 또한 폴란드 등 동유럽 회원국들로서는 명백히 자국민의 영국 입국과 취업 기회를 제약하기 위한 것으로 받아들일 수밖에 없는 것이었다. 그럼에도 캐머런 수상의 요구가 받아들여진 것은 유럽연합 회원국들이 영국의 탈퇴를 막도록 도움을 줘야 한다는 데 공감하고 있었기 때문이었다. 그러나 캐머런의 이런 협상 성과는 보수당 내의 강경 유럽 회의론자들에게 별다른 영향을 미치지 못했다. 완전한 탈퇴를 원하는 이들로서는 캐머런이 유럽연합에 제시한 협상 요구 조건은 캐머런 내각이 영국을 유럽에 잔류시키기 위한 술책일 뿐이었다.

2월 23일 캐머런 내각은 국민투표 실시를 발표하면서 유럽연합 내영국의 '잔류'에 대한 내각의 지지를 결의했다. 탈퇴를 주장해온 이안 던컨 스미스는 3월 19일 고용과 연금 담당 장관직Secretary of State for Work and Pension에서의 사임을 발표했다. 국민투표 실시를 앞두고 찬반 진영의 선거운동이 본격화되었다. 유럽연합에 잔류해야 한다는 쪽에서는 '유럽 내에서 더욱 강해진 영국Britain Stronger in Europe'을, 탈퇴해야 한다는 쪽에서는 '유럽연합을 떠나자Leave. EU', '탈퇴에 투표하자Vote Leave'를 구호로 내세웠다.

2016년 6월 23일 영국 전역과 지브롤터에서 영국의 유럽연합 잔류-탈퇴를 위한 국민투표, 즉 브렉시트Brexit 국민투표가 실시되었다. 투표율은 72.2퍼센트였다. 국민투표 결과는 충격적이었다. 캐머런을 비롯한 보수당 지도부가 예상했던 것과 전혀 다른 결과가 나왔다. 투표 결과 유럽연합을 탈퇴하자는 'Leave'가 51.89퍼센트, 그리고 잔류하자는 'Remain'이 48.11퍼센트로 나타났다. 영국이 유럽연합을 탈퇴하기로 결정한 것이다. 잔류와 탈퇴의 표 차이는 3.78퍼센트였다. 잔류와 탈퇴 간 표의 근소한 차이는 브렉시트를 두고 둘로 쪼개진 영국 사회의 심각한 분열을 그대로 드러냈다. 유럽연합에서 떠나기로 결정했지만, 그 과정이 만만치 않을 것임을 시사하는 결과이기도 했다.

2015년 총선에서 보수당에 투표한 이들 가운데 39퍼센트가 잔류, 61퍼센트가 탈퇴를 선택했다. 노동당 지지자 가운데는 잔류가 65퍼센트, 탈퇴가 35퍼센트였다. 자유민주당 지지자 역시 노동당의 경우와 비슷하게 잔류 68퍼센트, 탈퇴 32퍼센트였다. 그러나 영국독립당 지지자들 가운데는 5퍼센트만이 잔류, 95퍼센트는 탈퇴를 선택했다. 지역에 따라서도 입장의 차이가 컸다. 지브롤터를 포함해 잉글랜드 지역에서는 잔류 46.6퍼센트, 탈퇴 53.4퍼센트로, 또 웨일스에서도 잔류 47.5퍼센트, 탈퇴 52.5퍼센트로 탈퇴의 비율이 높았다. 그러나 북아일랜드에서는 잔류 55.8퍼센트, 탈퇴 44.2퍼센트, 스코틀랜드에서는 잔류 62퍼센트, 탈퇴 38퍼센트로 잔류의 비율이 높았다. 세대별로도 분명한 차이가 확인되었다. 젊은 세대에서는 압도적으로 잔류에 대한 지지가 높았지만 50대 이상 연령층에서는 탈퇴에 대한 지지가 높았다. 18~24세 집단에서는 71퍼센트가 잔류를, 29퍼센트가 탈퇴를 선택했지만, 65세 이상에서는 잔류 36퍼센트, 탈퇴 64퍼센트로 나타났다. 교육수준별로도 고학력층에서는 잔류의 비율이, 교육수준이 낮은 이들 중에서는 탈퇴의 비율이 높았다. 대학 졸업자 집단에서는 32퍼센트가 탈퇴를, 68퍼센트가 잔류를 선택한 반면, 학력이 가장 낮은 집단에서는 70퍼센트가 탈퇴를, 30퍼센트가 잔류를 선택했다.[97]

6월 24일 브렉시트 투표 결과를 보고 캐머런은 자신이 10월 이전 물러날 것이라고 사임을 발표했다. 국민투표를 선거공약으로 내세웠고 '잔류'의 승리를 확신했던 캐머런은 유럽연합 탈퇴로 결정되면서 더 이상 내각과 당을 이끌 수 없는 처지가 되었다. 캐머런은 대처 이후 길을 찾지 못해 헤매고 있던 보수당에 '온정적 보수주의'라는 새로운 좌표를 제시했고, 그로 인해 13년 만에 다시 권력을 되찾아오게 했다. 그러나 그는 대처 이래 남겨진 또 다른 과제인 유럽 이슈에 대해서는 제대로 대처하지 못했다. 캐머런은 유럽 이슈를 둘러싼 당내 갈등을 제대로 수습하지 못했고 영국독립당의 도전 역시 국민투표라는 신중하지 못한 처방을 제시함으로써 영국이 유럽 통합에서 스스로 소외되도록 만들었다.

▶ 2016 영국 브렉시트 국민투표 용지

뒤이은 당수 선출 선거에서는 잔류 쪽 입장이었던 내무부 장관을 역임한 당시 여성평등부 장관Minister for Women and Equalities 테레사 메이Theresa May, 그리고 탈퇴 쪽 입장이었던 전 런던 시장 보리스 존슨Boris Johnson이 경합할 것으로 보았다. 보리스 존슨은 브렉시트 투표 캠페인 과정에서 동지였던 마이클 고브Michael Gove나 안드레아 리드섬Andrea Leadsom의 지원을 받았다. 그러나 당수 선거를 앞두고 돌연 마이클 고브가 존슨을 비판하면서 독자 출마를 선언했다. 고브의 뜻하지 않은 배신으로 존슨은 출마를 접었고 대신 안드레아 리드섬에 대한 지지를 표명했다. 이외에도 스테판 크랩Stephan Crabb, 리암 폭스Liam Fox 등이 출마했다. 1차 투표 결과 테레사 메이가 과반 득표로 1위를 차지했고, 리암 폭스가 최하위로 탈락했다. 4위를 한 스테판 크랩도 후보 사퇴를 했다. 2차 투표에서 테레사 메이는 60.5퍼센트로 1위를, 안드레아 리드섬이 25.5퍼센트로 2위를 했고, 마이클 고브는 3위로 탈락했다. 1, 2위 후보자에 대한 당원 투표가 남아 있었지만 리드섬이 자진 사퇴하면서 테레사 메이가 2016년 7월 11일 보수당 당수 겸 수상이 되었다. 메이는 마거릿 대처 이후 26년 만에 영국 역사에서 두 번째 여성 수상이 되었다.

수상 취임 후 메이는 캐머런 내각에 있던 9명을 교체하는 등 내각 구성을 전면적으로 개편했다. 브렉시트로 보수당이 분열되었던 만큼 '잔류' 쪽 인사들로 구성되었던 이전 내각과 달리 '탈퇴' 쪽 인사들을 다수 포함시켰다. 보리스 존슨을 외무장관에, 데이비드 데이비스는 신설된 브렉시트 장관Brexit Secretary[98]에, 그리고 리암 폭스는 역시 신설된 국제무역부 장관International Trade Secretary에 임명되었다. 보수당 내에서 탈퇴를 주장한 이들은 그동안 당내 주류에서 벗어나 있었지만, 국민투표 결과에 따라 이들이 당 전면에 부상하게 되었다.

그러나 브렉시트 국민투표로 탈퇴가 결정된 이후에도 보수당 내의 분열은 해소되기보다 오히려 심각해졌다. 어떤 형태의 브렉시트냐 하는 것이 갈등의 쟁점이었다. 테레사 메이는 영국의 유럽연합 탈퇴를 서두르려고 하지 않았으며, 유럽연합으로부터 '분별 있고 질서 있는 퇴장a sensible and orderly departure'을 원했다. 그러나 당내 강경파들은 즉각적이고 전면적인 퇴장을 요구했다. 문제는 이러한 강경파가 당 의원들 중 4분의 1 정도였지만, 유럽 문제에 대한 어떤 대안이라도 그에 대한 다수파가 만들어지지 못했다는 점이다.

메이 수상은 당내 분열을 가라앉히고 자신의 리더십을 강화하기 위해 조기 총선을 결정했다. 선거에서 크게 승리한다면 이는 유럽연합에 대한 협상력에도 도움을 줄 수 있는 것이었다. 2015년 총선이 실시되었기 때문에 의회 고정임기법에 의해 원래 의회 임기의 만료는 2020년 5월이었다. 조기 총선이 가능했던 것은 노동당이 조기 총선에 동의하면서 의회 3분의 2 이상의 승인을 받았기 때문이었다. 2017년 6월 8일 총선이 실시되었다. 선거 결과는 메이의 기대와는 전혀 다른 것이었다.

선거 결과 보수당은 이전보다 오히려 13석 줄어든 317석을 얻었고, 노동당은 30석 늘어난 262석을 얻었다. 2017년 총선 결과는 보수당과 노동당 양당 체제를 강화시켰지만, 메이 수상으로서는 매우 아쉬운 결과였다. 보수당의 득표율은 42.4퍼센트로 1983년 이후 가장 높은 수치였고 이전보다 5.5퍼센트 높아진 것이었지만 의석수에서는 오히려 줄어들었다. 보수당은 독자적으로 과반 의석을 차지하지 못했다. 스코틀랜드 민족당은 2015년 56석에서 21석 줄어든 35석을 얻었다. 자유민주당은 8석에서 12석으로 다소 늘어났다. 영국독립당은 2015년 얻은 한 석마저 잃어 의석을 하나도 얻지 못했다. 연합왕국과의 일체감을 중시하는 북아일랜드의 연합파인 민주연합당Democratic Unionist Party은 10석을 얻었는데, 메이 수상은 이들의 도움으로 과반을 유지하게 되었다.

▶ 테레사 메이 수상

총선이라는 승부수를 던졌지만 그 결과는 리더십의 강화로 이어지지 않았고 이후 메이 수상은 브렉시트 문제로 어려움을 겪었다. 질서 있는 탈퇴를 강조한 메이 수상은 유럽연합 국가들과 2018년 11월 브렉시트의 구체적 사항에 대해 합의했다. 메이 수상은 유럽연합 탈퇴 절차를 규정한 유럽연합조약Treaty on

European Union의 절차에 따라 영국이 탈퇴 의사를 전달한 지 2년이 되는 2019년 3월 29일 공식적으로 EU를 탈퇴하기로 했다. 다만 탈퇴 이후에도 영국이 교역과 관련해 회원국에 준하는 대우를 받기 위한 자유무역 협정을 2020년 12월까지 논의하기로 합의했다.

한편 가장 논란이 된 조항은 북아일랜드를 위한 안전장치, 이른바 백스톱the Irish backstop에 대한 것이었다. 북아일랜드는 영국에서 건너간 이들이 다수를 차지해 1922년 아일랜드가 독립할 때 영국령으로 남은 지역이다. 즉 아일랜드는 남쪽의 아일랜드(공화국)와 북쪽의 영국령 북아일랜드로 분단되었다. 그런데 영국과 아일랜드가 모두 유럽연합에 가입하면서 아일랜드와 북아일랜드 간에는 자유로운 통행이 이뤄졌다. 하지만 영국이 유럽연합에서 탈퇴하게 되면 더 이상 회원국 간의 자유로운 통행이 허용되지 않게 되고 영국은 북아일랜드 남쪽의 '국경을 통제hard border'하게 되는 것이었다. 그러나 아일랜드나 북아일랜드 주민들은 이러한 국경 통제를 결코 받아들일 수 없었다. 이에 따라 메이 수상은 아일랜드─북아일랜드 간의 국경 통제는 하지 않겠다는 안전조항, 즉 백스톱에 합의했다.

그런데 백스톱 조항은 아일랜드와 북아일랜드 간의 관계를 고려할 때 불가피한 것이지만, 이 조항은 영국 전체로 봐서는 심각한 문제를 야기할 수 있는 것이었다. 영국 다른 지역의 국경을 통제한다고 해도, 아일랜드와 북아일랜드 간 자유로운 통행과 교역이 이뤄지게 되므로, 브렉시트 이후에도 영국은 농수산물이나 식품, 환경 기준 등에서 유럽연합의 규제를 따라야 하게 되는 것이다. 더욱이 북아일랜드는 브렉시트 이후에도 유럽 단일시장에 사실상 남아 있게 되는 것이다.

이러한 메이 수상의 브렉시트 안은 2019년 1월 15일 의회 표결에서 찬성 202, 반대 432로 압도적으로 부결되었다. 내각이 제출한 법안에 대한 의회 표결에서 200표 차이의 패배는 영국 의회 역사상 가장 큰 차이의 패배였다. 보수당을 포함한 브렉시트 찬성파는 백스톱이 브렉시트를 통해 영국이 이루고자 했던 자유교역을 사실상 막는 것이라고 반발했고 차라리 아무런 협정도 맺지 않고 탈퇴하는 방식no-deal Brexit이 나을 것이라고 주장했다. 또한 메이 정부 집권에 결정적 역할을 하고 있는 북아일랜드 기반의 민주연합당DUP은 백스톱이 북아일랜드를 영국의 다른 지역과 차별화함으로써 결국 연합왕국으로부터 분리시킬 수 있다고 반대했다. 의회에서 브렉시트 협상안이 큰 표 차이로 부결된 후 노동당 당수 제레미 코빈Jeremy Corbin은 메이 수상에 대한 불신임안을 상정했다. 이튿날 의회에서의 표결 결과 찬성 306, 반대 325로 부결되었다. 메이가 불신임 투표에서 살아남았지만 사실 아무것도 바뀐 것이 없었다. 보수당은 여전히 유럽 문제로 심각하게 분열돼 있었다.

　메이 수상은 1월의 의회 표결 당시 논란이 됐던 '백스톱' 조항이 무기한으로 적용되지 않는다는 내용을 수정안에 담아 다시 의회 표결에 부쳤다. 영국이 EU의 관세동맹에서 영원히 빠져나올 수 없다는 브렉시트 강경파와 민주연합당의 우려를 씻기 위한 것이었다. 3월 12일 실시된 의회 표결에서 수정안은 찬성 242, 반대 391로 또다시 부결되었다. 그런데 유럽연합 규정에 따르면 3월 29일이 영국의 공식 탈퇴 날짜였다. 메이 수상은 영국이 유럽연합과 아무런 협상 없이 일방적으로 탈퇴하는 '노 딜no deal' 브렉시트 여부를 의회 표결에 부쳤다. 3월 13일 실시된 의회 표결에서는 노 딜 브렉시트에 대한 반대를 찬성 321, 반대 273으로 가결했다.

메이 수상은 3월 29일 세 번째 의회 표결을 시도했다. 사실 이전의 내용과 큰 차이가 있는 것은 아니었다. 전날 하원에서 브렉시트 해법을 찾기 위해 가능한 여러 가지 대안들에 대한 의원들의 태도를 확인하는 '의향 투표indicative vote'를 실시했지만 다수가 동의하는 하나의 대안을 찾지 못했기 때문에 메이 수상은 다시 합의안을 제출했다. 다만 같은 내용의 안건을 동일 회기에 다시 표결에 부칠 수 없다는 의회 관행을 들어 반대한 하원의장 버커우John Bercow의 지적에 따라 유럽연합과의 합의안 중 탈퇴 협정을 다룬 부분에 대해서만 다시 표결에 부쳤다. 유럽연합과의 브렉시트 협정은 탈퇴 협정과 미래 관계에 대한 정치 선언 두 부분으로 이뤄져 있다. 그러나 세 번째 표결에서도 EU와의 합의안은 찬성 286표, 반대 344표로 부결되었다. '질서 있는 퇴장'을 강조한 메이 수상이 유럽연합과 합의한 브렉시트 안은 이렇게 세 차례 모두 의회 표결에서 부결되었다. 이러한 혼란을 극복하기 위한 야당인 노동당과의 협의도 성과 없이 끝나고 말았다.

　5월 21일 메이는 브렉시트 합의안 통과를 위한 마지막 시도를 행했다. 영국이 유럽연합에서 탈퇴한 이후에도 긴밀한 관계를 유지할 수 있도록 '촉진된 관세협정'을 맺고 상품 분야에서 일시적으로 관세동맹에 잔류하며 '백스톱' 문제도 다음 해까지 법적 효력이 있는 대안 협정을 이뤄내겠다고 약속했다. 더욱이 메이는 이 합의안이 통과된다면, 그동안 '브렉시트는 브렉시트'라며 국민의 결정을 존중한다는 뜻에서 자신이 반대해온, 제2의 브렉시트 국민투표를 실시할 수 있다고까지 물러섰다. 그러나 이에 대해 노동당은 반대 의사를 분명히 했고 보수당 내에서도 보리스 존슨 등 강경 탈퇴파에서도 반대투표를 하겠다고 공개적으로 밝혔다. 결국 메이 수상은 이틀 뒤 보수당 평의원

▶ 보리스 존슨 수상

모임인 1922년 위원회와 논의를 가진 후 당 대표 사임 의사를 밝혔다. 2016년 6월 국민투표 이후 3년 동안 영국은 브렉시트를 두고 혼란에 빠져 있었다. 유럽연합에서 탈퇴하겠다고 결정했지만 구체적으로 무엇을 어떻게 해야 할지에 대해 방향을 찾지 못했고 집권당인 보수당은 그에 대한 당내 합의도 이뤄내지 못했다.

6월 7일 보수당 당수 선출을 위한 경선이 실시되었다. 10명의 후보자가 경선에 나섰다. 보수당 의원들만을 대상으로 한 1차 경선에서 대표적 '탈퇴파'인 보리스 존슨과 '잔류'를 주장한 제레미 헌트Jeremy Hunt가 1, 2위로 선정되었다. 일반 당원을 대상으로 한 2차 경선에서 66.4퍼센트를 득표한 보리스 존슨이 새로운 보수당 당수 겸 후임 총리가 되었다.

존슨은 이튼과 옥스퍼드대학 출신으로 《데일리 텔레그라프》 기자와 《더 스펙터the Spector》 편집장을 거쳐 정치에 입문했다. 의원 생활을 하다가 2008년 런던 시장으로 선출되었고 메이 수상 시절 외무장관으로 임명되었으나 메이 수상과 브렉시트 방식에 대한 입장 차이로 사임한 바 있다. 존슨은 브렉시트 국민투표 당시 '탈퇴' 진영의 핵심 인물 중 하나였다. 이제 브렉시트 강경파가 마침내 탈퇴 과정을 이끌게 된 것이다. 존슨은 수상으로 취임 후 '한여름의 대학살a summer day's massacre'로 불릴 만큼 내각을 전면 교체했는데 11명의 중견 각료들을 해임하고 6명의 각료로부터는 사임을 받았다.

취임 직후 존슨은 10월 31일까지 무슨 일이 있어도 브렉시트 협상을 마무리 짓고, 그렇지 않은 경우 영국은 협약 없이 유럽연합을 탈퇴한다는 입장을 밝혔다. 그러나 존슨이 수상이 되었다고 브렉시트를 둘러싼 보수당 내 분열이 하루아침에 해결될 수 있는 것은 아니었다. 존슨 수상은 8월 28일 여왕에게 9월 3일로 예정되었던 국왕의 의회 연설을 10월 14일로 연기해줄 것을 요청했고, 여왕은 그 요청을 승인했다. 여왕의 연설을 새로운 의회 회기의 시작을 의미하기 때문에 여왕의 연설이 연기되었다는 것은 10월 14일까지 의회가 정회prorogation된다는 것을 의미했다. 이렇게 의회 회기의 시작을 늦추려고 한 것은 존슨 수상이 노 딜 브렉시트를 강행하기 위한 것으로 받아들여졌다. 존슨 수상은 2019년 10월 31일까지는 어떤 방식으로든 유럽연합에서 탈퇴해야 한다고 공헌해왔다. 개원을 10월 14일로 늦추게 되면 의회에서 탈퇴와 관련된 다른 대안을 논의하기에는 물리적으로 시간이 부족할 수밖에 없었다. 결국 그가 선호하는 노딜 브렉시트로 갈 수밖에 없는 것이었다. 존슨 수상의 이런 조치에 반발한 일부 시민들이 법원에 심리를 요청했고 대법원은 9월 24일 만장일치로 존슨 수상이 브렉시트 시한을 앞두고 5주간 의회를 '정회'하도록 한 조치는 위법이라고 판결했고, 이에 따라 곧 의회가 개원하게 되었다. 존슨의 이런 무리한 조치는 정치적 목적을 위해 여왕을 이용했다는 비판을 받았고 친위 쿠데타self-coup라는 평가까지 받았다.

한편 당내의 분란도 계속되었다. 노동당을 비롯한 노 딜 브렉시트에 반대하는 의원들이 영국의 브렉시트 탈퇴 일자를 원래의 2019년 10월 31일로부터 2020년 1월 31일로 연장하도록 개정하는 법안을 발의했다. 이 법안에 대해 보리스 존슨 내각은 크게 반발했다. 그러나 보수당 내에서도 이 법안을 지지하는 의원들이 적지 않았다. 하원은 내각이 갖고 있는 의사 일정 주도권을 9월 4일 하루 동안 가져오겠다는 결의안을 찬성 328, 반대 301로 통과시켰다. 보수당 소속 의원 중 21명이 당론과 달리 이 결의안에 찬성했다. 그런데 존슨 수상은 당론을 어기고 '노 딜 브렉시트 방지법'을 표결할 수 있도록 한 보수당 소속의원 21명을 제명하기로 결정했다. 21명 중에는 메이 전 수상 내각에서 재무장관을 지낸 필립 해먼드, 법무장관을 지낸 데이비드 고크, 메이저 수상 내각에서 재무장관을 지낸 케네스 클라크, 윈스턴 처칠 수상의 손자인 아서 니컬러스 윈스턴 솜스 등이 포함되었다.[99] 그러나 브렉시트 탈퇴 시한 연장 법안은 327 대 299로 하원에서 가결되었다.

이런 상황에서 존슨은 조기 총선을 언급했지만, 존슨 수상이 제출한 조기 총선안은 3분의 2의 지지를 얻지 못해 세 차례나 부결되었다. 그러자 존슨은 10월 29일 '2019년 조기 총선을 위한 법안Early Parliamentary General Election Act 2019'를 의회에 제출했다. 의회 임기 고정법에서 규정한 3분의 2의 지지 대신 과반 득표로 가능한 일반 법률의 형태로 조기 총선 실시를 시도한 것이다. 이 법안을 두고 '눈가림 속임수gimmick'이라는 비판도 적지 않았지만 의회 표결에서는 찬성 438표, 반대 20표, 기권 181표로 통과되었다. 자유민주당과 스코틀랜드 민족당이 조기 총선을 지지했다.

가보지 않은 길을 향해

2019년 총선은 12월 12일에 실시되었다. 2017년 총선 이후 2년 반만에 다시 치러지는 선거였다. 2015년 총선 이후 4년 동안 세 번째 실시되는 선거이기도 했다. 그만큼 브렉시트 국민투표 이후 영국 정치는 혼란스럽고 불안정했다. 선거 이전의 여론 분위기는 보수당에 유리했다. 무엇보다 장기간 이어진 정치적 불확실성을 이제는 해소해야 했기 때문이다. 선거 결과 보수당이 크게 승리했다. 보수당은 2017년 총선보다 48석 늘어난 365석을 얻어 전체 의석 650석 가운데 과반의 석을 독자적으로 확보했다. 2019년 총선에서 보수당은 1987년 마거릿 대처가 이끈 승리 이후 가장 많은 의석을 차지했다. 보수당의 득표율은 43.6퍼센트로 대처를 처음 수상으로 이끈 1979년 선거 이후 가장 높은 득표율을 보였다. 노동당은 이전보다 무려 60석이 줄어들었고 득표율도 7.9퍼센트나 떨어졌다. 스코틀랜드 민족당은 13석을 더 얻어 48석이 되었고, 자유민주당은 한 석이 줄어든 11석을 얻었다. 보수당의 명백한 승리였다. 선거 패배에 책임을 지고 2015년 이후 노동당을 이끌어온 제레미 코빈이 사의를 표했다. 2010년 총선 이후 노동당은 네 번째 잇단 패배를 당했다. 대처처럼 강한 리더가 있는 것도 아니고, 보수당이 결집돼 있지 않은 상황에서 노동당은 잇단 패배를 겪었다. 브렉시트 국민투표 때 '탈퇴' 쪽을 지지했던 유권자들이 보수당으로 집결했고, 노동자들이 많이 사는 북부 잉글랜드에서도 보수당 지지가 상승했다. 선거 결과가 나온 후 존슨 수상은 자기에게 '브렉시트를 마무리하라get Brexit done'는 위임이 주어졌다고 선언했다. 2019년 총선은 사실상 브렉시트에 관한 또 한 번의 국민투표와 같은 것이었다. 브렉시트 국민투표 이후 영국 정치를 혼란에 빠뜨려온 리더십의 불확실성이 2019년 총선 결과로 해소되었다. 존슨 수상의 말대로, 영국은 선거 결과와 함께 브렉시트를 향해 달려가게 되었다.

보수당으로서도 오랫동안 당내 분란의 원인이 되어온 유럽 문제로부터 마침내 벗어날 수 있게 되었다. 그러나 이를 위해 너무나도 값비싼 대가를 치러야 했다. 마거릿 대처, 존 메이저, 데이비드 캐머런, 테레사 메이 등 네 명의 보수당 수상이 사실상 유럽 이슈로 인한 당내 분열의 희생자가 되었다. 영국 국민도 2016년 브렉시트 국민투표 이후 사회적 분열과 정치적 혼란으로 고통을 겪어야 했다.

사실 영국을 유럽 통합으로 이끌고 간 것은 보수당이었다. 맥밀런 수상이 추진한 유럽경제공동체 가입이 프랑스 드골의 거부권에 의해 좌절되고 난 후 이를 성사시킨 것은 히스 수상이었다. 1980년대 중반까지 노동당은 유럽 통합에 부정적이었고 이는 노동당에게 매우 분열적 이슈였다. 당시에 보수당 내에서도 반유럽적 입장을 갖는 이들이 없지 않았지만 소수였고 당의 주류가 아니었다. 마거릿 대처가 유럽 공동체 지도자들과 만나 영국의 이익을 강하게 내세웠지만 사실 대처는 유럽단일시장에 찬성했다. 대처는 단일화폐나 사회정책에서의 통합 등 유럽이 초국가a European superstate로 나아가는 데는 반대했다. 1980년대 후반부터 보수당 내 분위기가 달라지기 시작했다. 보수당 내에서 반유럽적 태도가 결정적으로 강화되기 시작한 것은 1992년 9월 16일의 이른바 '검은 수요일'을 겪고 나서부터였다. 당시 메이저가 이끌던 보수당 정부는 투기 세력에 밀려 굴욕적으로 영국 파운드화를 유럽환율메커니즘Exchange Rate Mechanism: ERM[100]에서 탈퇴하도록 해야 했다. 이후 보수당 내에서 유럽 통합을 부정적으로 바라보는 태도가 강화되었고, 이는 극심한 당내 불화로 이어졌다. ERM 탈퇴는 보수당이 경제 문제에서 유능하다는 이미지를 실추시켰고, 이후 이들에게 '유럽은 국가적 수치와 동의어가 되었다.'[101]

그러나 유럽 문제를 둘러싼 당 내부의 갈등이 이처럼 국가적 혼란으로까지 이어지도록 한 것은 보수당의 잘못이었다. 보수주의 정치철학자인 오크숏은 "보수주의자는 잘 모르는 것보다 익숙한 것을 선호하고, 해보지 않은 것보다 해본 것을 선호하고, 신비한 것보다 사실을 선호하고, 가능해 보이는 것보다 실제의 것을 선호하고, 무제한적인 것보다 제한적인 것을 선호하고, 멀리 있는 것보다 가까운 것을 선호하고, 넘쳐나게 많은 것보다 충분한 것을 선호하고, 완벽한 것보다 편리한 것을 선호하고, 유토피아의 행복보다 현재의 웃음을 선호한다"[102](Oakeshott, 1956)라고 말한 바 있다. 그런 점에서 볼 때 브렉시트와 관련된 보수당의 행태는 보수주의자답지 못한 것이었다.

무엇보다 국민투표 실시를 공약한 캐머런 수상의 사려 깊지 못한 판단이 이후 영국 정치를 미궁 속에 빠뜨렸다. 의회라고 하는 기존 제도에서의 논의 대신 국민투표에 결정을 미룸으로써 불확실한 미래에 영국의 국가적 운명을 걸었다. 예상해볼 수 있는 의회 내에서의 논의와 표결 대신 '잘 모르고' '해보지 않았고' '실제의 것이라기보다 가능해 보이는' 국민투표라는 방안에 의존했던 것이다. 실제로 브렉시트 국민투표 캠페인에서는 막연하고 불투명한 민족주의 열정이나 인종주의를 자극하는 포퓰리즘이 횡행했고 그런 정서적인 감정이 실제로 브렉시트로 영국을 이끌었다. 그 후임자인 메이 수상은 '분별 있고 질서 있는 퇴장'을 말했는데 이는 보수주의자로서 올바른 정책의 방향이었다. 그러나 메이가 보수당을 맡았을 때는 영국 정치가 브렉시트 국민투표 결과로 인한 혼란 속에 깊이 빠져들어 있었다. 어느 누가 그 당시 보수당을 이끌었더라도 그 수상의 운명은 메이와 같았을 것이다.

메이 이후 보수당과 영국을 이끌게 된 보리스 존슨은 매우 강경한 유럽연합 탈퇴파였다. 그는 캠페인 당시 "나폴레옹과 히틀러, 여러 사람이 이것(유럽 통합)을 해내려고 했지만, 비극적으로 끝이 났다. 이제 유럽연합이 다른 방식으로 이것을 하려고 시도하고 있다"라고 말하면서 유럽연합을 나폴레옹이나 히틀러에 비유한 바도 있다. 그가 추진하는 즉각적이고 완전한 탈퇴라는 방식은 보수당이 오랫동안 지켜온 점진적이고 타협적인 변화라고 하는 전통에서 벗어나 있는 것으로 보인다. 또한 유연하고 현실적인 대응보다 교조적이고 독단적인 접근 방식도 보수당의 오랜 전통과는 달라 보인다. 하지만 처칠도 수상이 되기 전에는 빼어난 정치력을 보여주지 못했다. 여전히 그 과정이 진행 중인 만큼 그가 어떻게 영국의 브렉시트를 이끌고 또 그 이후의 변화를 해결해나갈 것인지 조금 더 지켜봐야 할 것 같다.

하지만 이미 브렉시트로 인한 심각한 후유증이 나타나고 있다. 브렉시트 국민투표에서 스코틀랜드 주민들은 62퍼센트 대 38퍼센트로 유럽연합 잔류의 뜻을 '강하고 분명하게' 드러냈다. 스코틀랜드 민족당 당수 니콜라 스터전Nichola Sturgeon은 스코틀랜드는 유럽연합의 한 부분으로 미래에도 있기를 원하며, 따라서 스코틀랜드 독립 여부에 대한 주민투표를 적절할 때 다시 실시하겠다고 했다.[103] 북아일랜드 문제 역시 브렉시트 논의 과정에서 심각한 사안으로 부상한 바 있다. 지브롤터에 대한 문제 역시 유럽연합뿐만 아니라 스페인과의 외교적 문제가 되고 있다. 보수당이 중시하는 가치인 연합왕국의 안정성이 브렉시트 이후 흔들리고 있다. 캐머런이 '하나의 연방왕국one United Kingdom'을 강조하고, 메이가 수상 취임 후 처음 행선지로 스코틀랜드를 방문하고, 또 존슨이 내각에 연합왕국부 장관Minister of the Union직을 신설하고 자신이 그 직을 겸하기로 한 것 모두 역설적으로 연합왕국이 불안정해졌음을 보여주는 것이다.

브렉시트 이후 영국은 커다란 혼란의 시간을 보내야 했다. 그 혼란을 만들어낸 것도 보수당이었고, 그 혼란을 수습해가는 책임도 보수당이 맡았다. 브렉시트 이후의 영국은 새로운 환경에 놓이게 될 것이다. 하지만 외부 환경은 시대가 바뀔 때마다 항상 변화해왔고 보수당은 그러한 변화에 지난 300년 동안 성공적으로 적응해왔다. 지금 영국은 가보지 않은 길을 향해 나아가고 있다. 이런 낯선 환경 속에서 보수당이 어떻게 대처하고 변화에 적응해가는지 앞으로 주의 깊게 지켜봐야 할 것이다. 그 역사에서 본 대로, 보수당의 정치적 성패는 결국 변화에 대한 유연성, 적응성에 달려 있기 때문이다.

20

에필로그:
보수는 어떻게 살아남았나

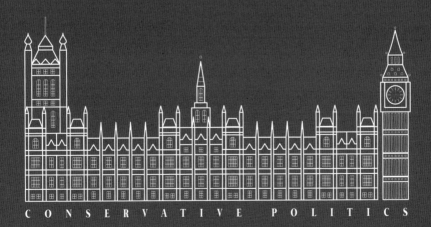

CONSERVATIVE POLITICS

영국 보수당의 역사는 흥미로운 수수께끼다. 과거를 지켜내는 것을 존재의 목적으로 하는 정당이 거의 300년 동안 성공적으로 존속해오고 있기 때문이다. 보수당의 역사가 성공적이라고 할 수 있는 것은 그 긴 시간 동안 단지 정치적 생명을 유지해오고 있다는 점 때문만은 아니다. 보수당은 예나 지금이나 여전히 정치적으로 커다란 영향력을 갖는 정치 세력으로 남아 있다. 그 오랜 시간 동안 보수당은 권력을 장악하고 있었거나, 혹은 제1야당으로서 집권당에 대한 가장 확실한 대안 세력으로 남아 있었다. 그 긴 세월 동안 보수당은 제3당의 지위로 떨어진 적이 없었다. 보수당과 비슷한 시기에 함께 등장한 자유당이 20세기 초 노동당의 등장으로 정치적인 몰락을 경험했던 것과 비교할 때 보수당의 이와 같은 건재는 매우 놀라운 일이다. 유럽 어느 나라의 정당도 영국 보수당과 같은 성공적인 긴 역사를 자랑하지 못한다.

　보수당의 이러한 성공적인 역사가 관심을 끄는 것은 보수당이 원래 대토지를 소유하고 있는 거대지주와 귀족계급의 정당이었기 때문이다. 구질서를 대표하고 그들의 이익을 지키려던 보수당이 오랜 세월의 변화 속에서도 살아남아 여전히 건재함을 과시하고 있다는 사실은 무척 놀라운 일이다. 국왕과 세습귀족, 국교회 성공회, 그리고 농업에 기반한 대지주의 이익이 처음 보수당이 탄생했을 때 지켜야 했던 핵심적 가치였다. 이 가운데서 군주제, 국교회 성공회, 귀족으로 구성된 상원과 같은 '전근대적으로 보이는' 제도들이 아직까지도 살아남아 있다. 산업혁명과 그로 인한 사회경제적 변화와 선거권의 대규모 확대, 1·2차 세계대전과 같은 대외적인 환경의 변화, 대영제국의 몰락 등 급격한 정치적 환경의 변화 속에서도 보수당은 정치적 경쟁력을 잃지 않고 살아남았다. 다른 나라에서 보수 세력이라면 이런 변혁의 와중에 타도의 대상이 되었거나 수구 반동으로 몰려 이미 사라졌을지도 모를 일이다.

　더욱이 대중 민주주의와 복지국가가 등장했던 20세기에도 보수당은 지배적인 정당이었다. 1900년 이후 보수당은 1905년부터 1915년까지, 1945년부터 1951년까지, 1964년부터 1970년까지, 1974년부터 1979년까지, 그리고 1997년 이후 등 약 30년 정도를 제외하고 20세기의 대부분의 시기에 보수당은 집권당이었다. 이런 이유로 20세기를 보수당의 세기Conservative Century(Seldon and Ball, 1994)로 부르기도 한다. 구지배계급을 대표하는 '과거의 정당'일 것 같은 보수당은 이처럼 대중 민주주의의 시대에도 여전히 경쟁력을 갖는 중요한 정치 세력으로 남아 있다.

보수 정치는 영국에서 어떻게 살아남을 수 있었을까? 이제 이 책에서 던진 질문에 대해 답을 해야 할 것 같다. 영국 보수당의 역사는 크게 세 가지 점에서 그 성공적인 생존의 이유를 제시해주고 있다. 첫째, 보수당은 권력에 대한 열망이 매우 강한 정당이다. 권력을 열망하지 않는 정당은 세상 어디에도 없겠지만, 보수당의 권력에 대한 의지는 매우 강하고 그 이유도 대단히 현실적이다. 보수당이 권력을 잡아야 하는 이유는 그것이 자신들의 이해관계를 지키고 급격한 변화를 막을 수 있는 가장 좋은 방안이기 때문이다. 보수당은 자신들과 견해를 달리하는 경쟁 정당이 권력을 잡아 자신들이 감당할 수 없는 속도와 규모로, 급격한 변화를 이끄는 것을 원치 않았다. 이 때문에 보수당은 선거 승리를 통해 권력을 유지하고 자신들의 이해관계를 지키기 위해 애썼다.

그러나 이를 위해서는 최대한 현실과 타협해야 했다. 교조적이고 이념적인 독단보다 이해관계를 지키기 위한 수구 반동적 태도보다는 변화하는 현실에 자신을 맞춰가려고 했다. 즉 영국 보수당은 이념적 원칙이나 순수성보다 권력 장악이라는 실용성을 강조하는 정당이었다. 디즈레일리 수상이 한 "빌어먹을 너의 원칙을 버려라. 그저 당에 충실해라Damn your principles. Stick to your party"라는 말은 보수당의 이런 특성을 잘 지적하고 있다. 또한 대처 수상 때 주요 내각 각료직을 역임한 노만 테빗Norman Tebbit은 "보수당은 무엇보다 권력 장악을 위해 애쓰는 정당이다. 그리고 그 목적을 위해 보수당은 어디에 그런 역량이 있는지 항상 주목하며 살펴왔다The Tory Party, above all, a party dedicated to being in office and to that end has always looked for talent from any quarter"(Davies, 1995, p. 9)라고 언급한 바 있다. 100년 이상의 시차가 있지만 두 사람이 생각하는 보수당의 특성은 동일한 것이다. 원칙이 아니라 집권이 언제나 우선시되었던 것이다. 영국 보수당을 그 오랜 동안 정치적으로 경쟁력을 갖는 세력을 살아남게 한 저력 가운데 하나는 바로 이와 같은 보수당의 강한 권력 의지였다.

시대의 변화는 보수당이 지키려는 이해관계나 선호하는 정책의 방향과 어긋나는 경우도 적지 않았다. 또한 민심의 흐름을 제대로 읽지 못해 선거에서 참패한 경우도 많았다. 그러나 보수당은 비교적 신속하게 회복했다. 1906년 총선에서 157석을 얻어 400석을 얻은 자유당에 크게 뒤졌지만 1910년 1월 선거에서는 273석으로 곧 회복했다. 1945년 총선에서 213석으로 393석을 얻은 노동당에 참패했지만 1950년 총선에서는 298석으로 회복했다. 1997년부터 2000년까지 13년 동안 야당 신세에 머물렀지만 2000년 이후 오늘날까지 보수당은 권력을 유지하고 있다. 당장 권력을 되찾지는 못했더라도 보수당은 정치적 지지를 빠르게 회복하는 모습을 보여 왔다. 이러한 빠른 회복세는 그만큼 보수당이 선거 승리를 위해 자신을 유권자의 요구에 맞추려는 노력을 게을리하지 않았음을 보여주는 것이다. 급변한 정치적 변화에도 불구하고 보수당이 성공적으로 살아남을 수 있었던 원인은 보수당의 실용적 자세와 빠른 적응력 때문이었다. 보수당에게는 원칙의 실현보다 선거 승리를 통한 권력 장악이 언제나 우선했다.

당연한 말이지만 보수당이 시대 변화에 적응할 수 없었다면 이제까지 살아남을 수 없었을 것이다. 앞에서 보았듯이 정치적 참정권의 확대, 복지 증진, 사회 개혁 등은 자유당이나 노동당과 같은 상대적으로 진보적인 정당 하에서뿐만 아니라 보수당 정부 하에서도 적지 않은 성과를 거뒀다. 그러나 그러한 정책의 추진은 이념적인 원칙이나 교조적인 철학의 반영이 아니라 매우 현실 정치적인 이유를 지녔다. 디즈레일리, 볼드윈, 처칠, 맥밀란이 노동계급의 생활 개선과 복지 증진 같은 사회 개혁에 관심을 가졌던 것은 그것이 당대의 시대적 요구였고 특히 선거 승리에 도움이 되는 것이었기 때문이다. 이들이 이끈 보수당은 고루한 원칙이나 교조적인 이념에 집착하기보다 선거 승리를 위한 뛰어난 수용성과 적응력을 보여주었다. 선거 승리, 즉 권력 장악이야말로 보수당의 가장 중요한 목표였으며 이를 위해 보수당은 이념에 집착하지 않는 실용적이고 포용적인 자세를 가져야 했다.

둘째, 보수당이 성공적인 역사를 가질 수 있었던 까닭은 유연함 때문이다. 변화를 고집스럽게 거부하지 않았다. 사실 보수당은 구체적인 정책이나 프로그램을 만들어내는 데는 다소 취약하다. 바꾸기보다 지키려는 현상 유지를 원하는 정당이 변화를 위한 구체적인 청사진을 제시하려고 하지 않을 것이기 때문이다(Ball, 1995, p. 26). 그렇다고 해서 보수당은 수구적이거나 반동적인 정당은 아니었다. 오히려 변화를 수용하는 유연성을 보였다. 보수당이 시대 변화에 적응력을 가질 수 있다는 것은 현재의 이익을 있는 그대로 지키고자 하기보다는 영리하게 양보할 것은 양보함으로써 자신들의 기득권이 뿌리째 위협받지 않도록 했기 때문이다. 만일 보수당이 기득권을 있는 그대로 지키려고만 했다면 영국 역시 프랑스 혁명과 같은 급격한 정치적 격변을 경험했을지도 모른다.

보수당은 영국 사회에서 발생한 변화와 그로 인한 정치적 결과를 수용했다. 자유당이나 노동당이 추진한 정책도 필요하다고 판단되면 수용하고 모방했으며, 이전 정부가 커다란 정치적 논란 뒤에 실행한 정책을 보수당이 그 뒤에 집권했더라도 이를 되돌리려고 하지 않았다. 곡물법 폐지, 아일랜드 자치 허용, 상원의 권한을 크게 줄인 의회법 개정, 여성 참정권 허용, 식민지 독립, 시장과 사유재산에 대한 국가의 개입을 강조한 복지국가 등의 정책이 추진될 때마다 보수당은 이에 대해 격렬하게 반대했다. 그러나 그 어느 것에 대해서도 일단 정책이 결정되고 나면 집권한 이후 이를 그 이전의 상태로 되돌리려는 시도는 하지 않았고 모두 수용해왔다. 이런 변화를 수용하면서 보수당은 시대적 흐름에 유연하게 적응할 수 있었다. 대토지 소유계급과 귀족들의 정당이, 대영제국의 정당, 상공업자의 정당 그리고 복지국가의 정당으로 변화할 수 있었던 것은 이와 같은 유연성 때문이었다. 보수당은 오래된 정당Old dog이지만 새로운 변화New tricks에도 수용적이었던 것이다(Davies, 1995, pp. 9-39). 후일 수상이 된 이든은 1947년 보수당 전당대회에서 "우리는 난폭하고 잔인한 자본주의의 정당이 아니며 결코 그런 적도 없다"(Ball, 1995, p. 31)라고 말한 바 있다. 노동당 정부가 추진한 복지국가 정책이 유권자들의 호의적인 평가를 받는 상황에서 보수당 역시 그런 입장에 반대하지 않음을 강조한 것이다. 선거 승리를 위해 필요하다면 변화를 수용해야 했고 스스로 변해야만 했다.

1846년 곡물법을 둘러싼 당의 분열이 발생한 이후 보수당은 지금까지 단 한 차례도 당의 분열이나 집단적 탈당을 경험하지 않았고 외부 정치 세력을 받아들이면서 온전한 하나의 조직으로 생명력을 갖고 이어져 내려오고 있다. 그러나 외형적으로 변화하지 않은 채 하나의 정치적 조직체로 이어져왔지만 사실 그 내부적으로는 다양한 명칭, 목적과 신념 하에 집단이 형성되고 재형성되는 과정을 겪어왔다고 볼 수도 있다. 즉 보수당의 역사는 시대적 변화에 적응해 그 모습을 변화시켜 가는 단절적인 형태로 이어져온 것이다. 사실 보수당이 유연성을 가질 수 있었던 것은 당의 지도자가 새로운 변화를 수용하며 과거의 정치적 갈등과 단절적으로 당을 이끌었기 때문이다. 셀든과 스노든은 영국 보수당의 역사가 9명의 위대한 지도자가 이끈 '각각 다른' 보수당이었다고 주장한다(Seldon and Snowdon, 2004, p. x). 그들은 윌리엄 소 피트, 리버풀 경, 로버트 필, 벤저민 디즈레일리, 솔즈베리 경, 스탠리 볼드윈, 윈스턴 처칠, 해럴드 맥밀런, 그리고 마거릿 대처 등을 보수당을 이끈 위대한 지도자로 꼽고 있다.

보수당이 과거의 정치적 논란에서 벗어나는 유연성을 가질 수 있었던 것은 바로 이러한 당 지도자의 리더십과 역량에 크게 의존했다. 자유당이나 노동당이 보수당의 반대를 무릅쓰고 관철한 정책에 대해 집권 후 이를 되돌리자고 하는 의견이 보수당 내에서 없을 수 없었다. 그러나 이러한 당내 반대를 물리치고 변화된 시대에 당을 유연하게 맞춰나가는 것이 성공한 보수당 지도자들의 리더십이었다. 그러나 이런 당 노선의 유연함과 변화에 대한 당내의 거부와 저항이 있게 마련이기 때문에 모든 보수당 지도자들은 기회주의자 혹은 배신자opportunism or betrayal라는 비판에 시달려야 했던 것이다(Charmley, 1996, p. 1). 보수당의 역사에서 당수가 주창하고 추진한 정책의 내용이 새로운 보수주의로 이해되고 받아들여지는 것도 바로 이러한 특성과 관련이 있다.

셋째, 보수당은 당의 외연을 넓혀왔다. 배타적인 집단으로 남아 있지 않았다는 것이다. 토지 소유계급, 귀족의 집단으로 출발한 보수당은 산업혁명 이후 부를 축적하며 새로운 사회적 힘으로 떠오른 상공업자들을 끌어들였고 이들과 하나로 융합했다. 노동계급에게까지 투표권이 확대된 이후 당 조직의 강화를 통해 이들을 보수당의 지지자들working class Tory로 만들었다. 이러한 이유로 인해 영국의 지배계급은 프랑스와 같은 유럽 대륙 국가의 지배계급처럼 배타적인 계급으로 남아 있지 않았다. 정치적으로 존속하기 위해 사회적으로 영향력을 갖는 새로운 세력을 당내에 수용했던 것이다.

상공업자 출신의 볼드윈 수상, 중산층 출신의 자수성가형 히스 수상과 대처 수상, 고등학교 졸업 후 은행에서 일했던 메이저 수상 모두 보수당이 배출한 수상들이다. 보수당은 이처럼 귀족과 기득권층의 정당, 이튼과 옥스브리지[104] 출신만의 배타적 정당이 아니라 다수를 포용해낼 수 있는 정당으로의 변모를 위해 애썼다. 과거 보수당의 반대편에 서 있던 이들도 끌어들였으며 심지어 당을 이끄는 중책을 맡기기도 했다. 자유당 글래드스턴이 추진한 아일랜드 자치법안에 반대하며 자유당에서 떨어져 나온 연합파 자유당이나 관세 개혁에 반발해 보수당에서 자유당으로 옮겨 갔던 처칠을 다시 받아들였다.

기득권층을 대표하는 보수당이 노동계급의 이익을 수호한다고는 말할 수 없을 것이다. 그러나 보수당은 디즈레일리나 볼드윈처럼 필요하다면 사회 개혁도 적극적으로 추진했다. 그뿐만 아니라 애국주의 정당, 제국의 정당과 같이 누구나 공감할 수 있는 공동체적인 요소를 보수당의 전통에 포함시켰다. 디즈레일리가 보수당의 기반을 닦은 지도자로 평가 받는 것은 기존 질서와 헌정 체제의 수호라고 보수당의 전통적 가치에 사회 개혁과 애국주의 정당이라는 중요한 두 가지 요소를 추가했기 때문이다. 디즈레일리는 사회 개혁을 통해 보수당을 어느 한 계급의 이익을 지키기 위한 정당이 아니라 모두의 정당임을 보여주고자 했다. 이러한 일국 보수주의의 전통은 보수당의 정치적 명분과 기반을 크게 확대시켰다. 또한 대외적으로는 제국의 정당임을 강조하며 국가 이익의 수호자, 유니언잭Union Jack의 수호자라는 이미지를 높였다. 이러한 애국주의 정당에 대한 강조가 애국심과 제국의 자긍심으로 계급 적대감을 퇴색시키려는 것이라는 비판이 제기되기도 하지만, 모든 계급이 국왕과 유니언잭 그리고 국가의 상징에 감동하고 보수당을 중심으로 단합하는 계기를 마련해준 것만은 분명하다.

보수당의 성공적인 역사는 행운도 따랐다. 제1차 세계대전이 발발하지 않았더라면 의회법 개혁이나 아일랜드 독립 허용 등 자유당의 정국 주도에 끌려가던 보수당으로서는 대단히 어려운 처지에 빠질 수도 있었다. 1982년 포클랜드 전쟁 발발도 집권 초 어려움을 겪던 대처에게 좋은 기회를 제공했다. 그것이 없었다면 1984년 총선에서의 압승과 뒤이어 강력하게 추진된 대처 혁명은 어려웠을지도 모른다. 또한 보수당이 잘해서라기보다 자유당이나 노동당 등 경쟁 정당의 내분과 분열에 힘입어 성공했던 적도 적지 않았다.

보수당의 긴 역사 동안 언제나 성공적인 이야기만이 있었던 것은 아니었다. 보수당을 어렵게 만들었던 것은 무엇보다 당내 갈등과 분열, 그리고 취약한 당 지도자의 리더십이었다. 보수당의 역사는 그 지도자에 의해 흥망성쇠가 결정되었다고 해도 과언이 아닐 만큼 어떤 지도자를 뽑느냐 하는 것은 보수당의 정치적 성패에 대단히 중요한 일이었다. 포용력 있는 리더십은 당내 통합과 단결을 위해 중요한 것이었지만 그렇다고 해서 갈등하는 당내 두 파벌을 모두 고려하는 신중하고 중도적인 입장을 취하는 리더십이 성공적이었던 것은 아니었다. 1900년대 초 당을 분열시킨 관세 개혁을 둘러싼 밸푸어의 조심스러운 중도적 정책은 당뿐만 아니라 자신에게도 별 도움이 되지 못했다. 1990년대 대처의 실각까지 몰고 온 유럽 이슈를 둘러싼 존 메이저의 중도적이고 조심스러운 관망 정책은 당내에서도 환영 받지 못했고 1997년 보수당 참패의 한 원인이었다. 정책 변화를 두고 어정쩡한 태도를 보인 히스 역시 당을 어렵게 만들었다. 유럽 이슈에 대한 당내 분열을 국민투표라는 미봉책으로 덮으려고 했던 캐머런의 잘못된 판단 역시 그 후 수년 동안 영국 정치를 혼란에 빠뜨렸다. 신념, 확신을 갖지 못한 지도자 아래서 보수당은 분열했고 정치적으로 위기에 빠지곤 했다.

한편 영국 보수주의는 유럽 대륙으로부터의 영향력과 위협에 대한 대응의 성격도 지닌다. 로마 교황이 주도하는 가톨릭으로부터 성공회를 지키고, 프랑스 혁명과 공화정으로부터 군주제를 지키고, 사회주의로부터 재산권을 지키려고 하는 데서 보수당의 역할과 가치가 존재하는 것이다. 보수당의 이러한 특성이 애국주의 정당의 전통으로 이어지기도 했지만, 어떤 면에서 본다면 섬나라인 영국의 편협함을 보수당이 대표하는 것으로 볼 수도 있다. 외부의 위협으로부터 영국의 이익과 질서를 지켜야 한다는 보수당의 애국주의적 전통은 종종 보호주의적 입장과 연계되어 왔다. 그러나 이러한 전통은 종종 보수당의 내부를 분열시키고 정치적으로 곤경에 처하게 하는 원인으로 작용하기도 했다. 로버트 필의 곡물법 폐지를 둘러싼 논란이나 대영제국 국가 간의 배타적 교역 관계를 강조한 관세 개혁을 둘러싼 논란, 그리고 유럽통합을 둘러싼 논란 등은 모두 당을 심각하게 분열시켰다. 보수당은 개방에 대해 언제나 소극적이었다. 특히 유럽 통합을 둘러싼 논란은 1990년대 이후 보수당을 지속적으로 분열시키는 핵심적 의제가 되어왔고, 이는 결국 브렉시트로까지 이어졌다.

현재 보수당은 또 다른 변화의 기로에 서 있다. 브렉시트로 인한 혼란과 환경의 변화는 보수당에게 새로운 도전이 되고 있다. 이 문제를 어떻게 해결해내느냐 하는 것이 향후 보수당의 정치적 미래에 커다란 영향을 미칠 것이다. 1992년의 '검은 수요일'에 대한 기억이 보수당을 그 뒤 13년 동안 야당 신세로 머물게 만들었던 것처럼, 유권자의 평가는 매우 냉혹하고 분명하기 때문이다. 브렉시트 과정을 거치면서 생겨난 당내 분열 역시 보수당으로서는 풀어야 할 또 다른 과제이다.

그러나 보수당의 역사를 돌이켜볼 때 끊임없는 갈등과 내부 분열 속에서도 그것이 분당分黨이나 자기 파멸로 이어지지는 않았으며 궁극적으로는 건강한 자기 혁신의 기회를 제공해주었다. 그리고 무엇보다 보수당은 기득권을 대표하는 정당이지만 교조적이고 배타적이지 않았으며 포용적이고 개방적이었다. 이 때문에 보수를 내세우는 정당이지만 시대의 변화에 대한 뛰어난 적응력을 가질 수 있었고 새로이 제기된 요구에 대해 유연하게 대처할 수 있었다. 그리고 그와 같은 끊임없는 자기 변신은 그 시대를 읽어내는 탁월한 지도자의 존재로 인해 가능했다. 이것이 영국 보수당의 생존 비밀이었다. 이와 같은 전통이 유지되는 한 영국 보수당의 역사는 앞으로도 계속해서 성공적으로 이어질 것이다.

미주

1 당시 찰스 1세는 하원에 군을 이끌고 들어와 당시 하원의장인 윌리엄 렌털 William Lenthall에게 체포하려는 의원들이 어디에 있느냐고 다그쳤다. 이때 렌 털 의장은 찰스 1세에게 "폐하, 저는 이곳에서 쳐다볼 눈도, 말할 입도 가지고 있지 않습니다. 이 하원이 제게 명령한 대로 저는 이곳에 봉사하는 하인일 뿐 입니다. 제가 폐하께서 요구하시는 것에 대해 이 이상으로 답변을 드릴 수 없 음에 대해 송구스럽지만 폐하의 용서를 구합니다May it please your majesty, I have neither eyes to see nor tongue to speak in this place but as this House is pleased to direct me, whose servant I am here; and I humbly beg your majesty's pardon that I cannot give any other answer than this to what your majesty is pleased to demand of me"라고 말했다. 찰스 1세 는 하원으로부터 그냥 물러날 수밖에 없었다. 이후 영국 정치에서 국왕은 하 원에 출입할 수 없는 관행이 만들어졌다.

2 영국 역사상 유일한 공화국 시절인 이때의 국호는 the Commonwealth of England였으며, 1649년부터 1660년까지 지속되었다.

3 그러나 찰스 2세는 수많은 후궁과의 사이에 17명의 '공인된' 서자를 낳았다.

4 휘그와 토리의 명칭 역시 종교적 관점의 차이에서 그 이름이 비롯되었다. 휘 그모어the Whigmores는 기존 교회에 대항해 폭동을 일으킨 것으로 알려진 스코 틀랜드 장로교도를 지칭하는 것이었으며, 토리는 아일랜드의 가톨릭 노상강 도나 도적을 지칭했던 말이다.

5 메리는 윌리엄과 같이 통치했다. 그래서 일반적으로 William and Mary로 부 른다. 여왕 메리 2세는 1994년에 윌리엄보다 먼저 세상을 떠났다.

6 이 법안은 1694년의 An Act for the frequent Meeting and calling of Parliaments이다.

7 제임스 당의 반란은 제임스 2세가 쫓겨 간 이후인 1688년부터 1746년까지 여 러 차례 계속되었다. 처음에는 제임스 2세의 복귀를 위해, 이후에는 그의 아

들 제임스 스튜어트가 왕위 승계를 위해, 그리고 마지막에는 제임스 스튜어트의 아들 찰스 스튜어트가 그의 아버지의 왕위 복귀를 위해 반란을 일으켰다.

8 휘그는 이러한 의회에서의 우위를 활용해 1715년 의회의 임기를 1694년에 법the Triennial Act 1694으로 규정한 3년에서 7년으로 연장하는 법the Septennial Act 1715을 통과시켰다. 이러한 의회 임기의 7년 규정은 1911년 의회법 개정으로 5년으로 축소될 때까지 유지되었다. 또한 1719년 상원의원 법the Peerage Bill of 1719을 제정해 상원의원을 추가로 임명하는 국왕의 권한을 제한해 상원의 의원 정수를 그대로 유지하고자 했다. 이런 법들은 모두 당시 휘그의 정치적 우위를 유지하기 위한 조치들이었다.

9 그러나 월폴은 당시 수상이라는 이름으로 불리지 않았다. 그는 제1재무상First Lord of the Treasury과 재무장관Chancellor of the Exchequer의 직을 맡고 있었다. '수상'이라는 용어가 사용되지는 않았지만 월폴은 오늘날의 수상 역할을 실제로 담당했다. 각료를 임명했고 행정의 최고 책임자 역할을 했으며 국왕과 국정 운영에 대한 논의를 독점했다. 이 때문에 월폴은 영국 최초의 수상으로 간주되고 있다. 1735년 조지 3세는 월폴에게 런던 다우닝 10번가10 Downing Street의 저택을 선물하는데 그때 이후 지금까지 영국 수상의 공식 관저로 사용되고 있다.

10 미국의 피츠버그Pittsburgh 시는 바로 이 피트의 이름을 따서 지은 것이다. 수상 취임 이후 그는 채텀 백작Earl of Chatham이 되었다.

11 후에 수상을 맡게 되는 같은 이름의 아들 윌리엄 피트와 구분하기 위해 아버지는 대 피트Pitt, the Elder, 아들은 소 피트Pitt, the Younger로 구분해 부른다.

12 흥미롭게도 미국의 독립을 허용해야 했던 노스의 생가는 현재 영국에 거주하는 미국 학생들을 위한 학교로 사용되고 있다.

13 본명은 로버트 젠킨슨Robert Banks Jenkinson이며 제2대 리버풀 백작2nd Earl of Liverpool이 되었다. 런던 시내의 리버풀 가Liverpool Street는 그의 이름을 따서 명명한 것이다.

14 영국의 유명한 차茶 브랜드인 얼그레이의 명칭은 바로 그레이 수상, Earl Charles Grey로부터 유래된 것이다.

15 새로이 두 개 의석이 부여된 선거구는 맨체스터Manchester, 버밍엄Birmingham, 리즈Leeds, 그리니치Greenwich, 셰필드Sheffield, 선더랜드Sunderland, 데본포트Deveonport, 울버햄프턴Wolverhampton, 타워 햄리츠Tower Hamlets, 핀즈베리Finsbury, 메리-르-본Mary-le-Bone, 램베스Lambeth, 볼턴Bolton, 브래드포드Bradford, 브라이턴Brighton, 할리팩스Halifax, 맥클레스필드Macclesfield, 올드햄

Oldham, 스톡포트Stockport, 스토크-온-트렌트Stoke-on-Trent, 스트로우드Stoud 등이며, 한 석이 부여된 선거구는 애쉬톤-언더-라인Ashton-under-Lyne, 베리 Bury, 채담Chatham, 첼튼험Chetenham, 더들리Dudley, 프롬Frome, 게이츠헤드 Gateshead, 허더스필드Huddersfield, 키더민스터Kidderminster, 켄달Kendal, 로치 데일Rochdale, 샐포드Salford, 사우스 실즈South Shields, 타인무스Tynemouth, 웨 이크필드Wakefield, 월살Walsal, 워링턴Warrington, 휘트비Whiteby, 화이트헤븐 Whiteheaven, 머시어 티드필Merthyr Tydfil 등이다(Lane, 1974, p. 30).

16 탐워스는 잉글랜드 스태포드셔Staffordshire 지역의 도시로 중부 지역의 대도시 버밍엄에서 북동쪽으로 그리 멀지 않은 곳에 위치해 있다.

17 이후에 더비 백작14th Early of Derby이 된다.

18 칼턴 클럽은 1832년 대치트 하우스 타번the Thatched House Tavern에서 결성되었 고 켄싱턴 경Lord Kensington이 기부한 칼턴 테라스Carlton Terrace에 자리 잡았다. 칼턴 클럽이라는 이름은 여기서 유래했다. 1835년에 런던 시내 폴 몰Pall Mall 로 이주했는데 이 건물은 제2차 세계대전 당시 폭격으로 파괴되었다. 지금 칼 턴 클럽은 런던 중심의 세인트 제임스 가69 St James's Street에 위치해 있다. 칼 턴 클럽에서는 남성들만이 정회원의 자격을 부여하며 여성들에게는 투표권이 없는 준회원 자격만을 부여했다. 여성인 마거릿 대처는 1975년에 명예 회원이 되었는데 2008년까지 정회권 자격을 가진 유일한 여성이었다. 전 수상이었던 데이비드 카메론David Camerion은 여성을 정회원으로 받아들이지 않는 칼턴 클 럽의 정책 때문에 가입을 거부하기도 했다. 2008년 이후 회칙을 개정해 여성 들에게도 정회원 자격을 부여하고 있다.

19 필의 내각에서 상원 리더Leader of the House of Lords를 맡은 웰링턴Duke of Wellington, 교역부 의장President of the Board of Trade직을 맡은 고더리치Goderich(후 에 리폰 백작Earl of Ripon), 그리고 외교부 장관Foreign Secretary으로 임명된 아버 딘Earl of Aberdeen은 필 이전에 수상을 역임한 인물들이었다. 또한 전쟁-식민 지 장관Secretary of State for War and the Colonies을 맡은 스탠리Stanley(후에 더비 백 작), 그리고 1843년 고더리치에 이어 교역부 의장이 되는 글래드스턴William Gladstone은 나중에 수상직에 오른다.

20 1847년, 1852년 선거에서는 보수당이 휘그보다 많은 수의 의원을 당선시켰 다. 그러나 자유당으로의 합당 이전에도 필 지지자들이 휘그파에 가세해 있 었기에 정치적으로는 이 두 차례의 총선에서도 보수당이 패배했다고 보는 게 적절할 것이다.

21 http://www.number-10.gov.uk/output/Page146.asp(검색일 2008. 2. 20).

22 그의 부인은 1872년 사망했다.

23 1871년 프랑스−프러시아 전쟁Franco-Prussian War에서 프랑스가 패배하고 나폴
레옹 3세의 제2제정이 몰락하는 과정에서 파리 시민과 노동자들의 봉기에 의
해 수립된 혁명적 자치 정부를 일컫는다. 혁명정부는 1871년 3월 18일부터
5월 28일까지 존속하면서 사회주의적 정책을 추진했으나 정부군에 의해 진압
되었다.

24 1998년 이후에는 National Conservative Convention으로 대체되었다.

25 과거 영국에서 사용되던 금화이다. 아프리카 기니에서 생산된 금을 이용해
만들어졌다고 해서 기니라는 이름이 붙게 되었다. 1기니는 1파운드 5센트 정
도의 가치를 갖는 것으로 평가되고 있다.

26 이후 1956년 나세르가 수에즈 운하를 국유화하기로 결정할 때까지 영국과 프
랑스가 공동으로 운하를 경영해왔다. 이 책의 제13장 이든과 수에즈 운하 사
건을 참조하라.

27 랜돌프 처칠은 첫 번째 말보러 공작Duke of Marlborough인 존 처칠John Churchill의
셋째 아들이다. 말보러 공작은 블렌하임 전투나 스페인 왕위 계승 전쟁에서
혁혁한 공을 세운 군인이었다. 우리에게 잘 알려진 윈스턴 처칠Winston Churchill
은 랜돌프 처칠의 아들이다.

28 소설가이기도 했던 디즈레일리가 쓴 『시빌Sybil』이라는 소설 속에는 "나는 특
권층the Privileged과 평민the People이 두 개의 나라Two Nations를 이루고 있다고
들었다"는 표현이 나온다(Norton, 1996, p. 29). 디즈레일리의 정책을 일국 보수
당One Nation Tory이라고 부르는 것도 이와 관련이 있다.

29 제4당으로 불리게 된 것은 그들이 보수당, 자유당 그리고 아일랜드 민족주의
자들 등 세 개의 주요 정치 세력과 구분되는 정치 세력이었다는 의미에서였다.

30 공식 명칭은 로버트 가스코인−세실, 3대 솔즈베리 후작Robert Gascoyne-Cecil,
3rd Marquess of Salisbury이다.

31 영국에서는 1918년이 되어서야 30세 이상 독신 여성에게 투표권이 부여되었
고, 1928년이 되면 21세의 모든 성인 여성에게 투표권이 부여되었다.

32 글래드스턴의 자유당 정부는 선거구마다 표의 등가성을 높이기 위해 선거구
를 재획정하는 법안을 1885년에 입법했다. 이 법안은 구체적으로 다음의 기
준에 따라 선거구를 재획정했다. 첫째, 인구 1만 5,000명 이하인 39개 도시의
의석은 폐지한다. 둘째, 인구 1만 5,000명에서 5만 명까지 36개 선거구는 의
원 수를 1명 줄여서 1인 선거구로 한다. 셋째, 인구 5만 명에서 16만 5,000명
의 도시는 두 개의 의석을 부여한다. 넷째, 이보다 큰 인구 규모의 선거구는

1인 선거구로 분할한다.

33 그러나 실제로는 여전히 인구가 3,000명 정도 되는 윈저Winsor, 더램Durham, 세인트 앤드류St. Andrews, 솔즈베리Salsbury 등은 그 지역에서 의원을 선출했다.

34 오늘날 영국의 공식 명칭은 United Kingdom of Great Britain and Northern Ireland이다. 브리튼 섬과 북아일랜드로 구성된 연합왕국이라는 것이다. 1927년까지는 United Kingdom of Great Britain and Ireland가 공식 명칭이었다. Great Britain에는 England, Scotland, Wales라는 인종적 기원이 다른 세 지역이 포함돼 있다. 따라서 영국에서 정치적으로 연합Union이라는 것은 네 지역으로 구성된 영토를 그대로 유지해야 한다는 주장을 담고 있다. 체임벌린을 비롯한 자유당 일부 의원들은 글래드스턴이 추진한 아일랜드 자치는 이러한 정치적 연합을 해치는 것이기에 반대한다는 것이다. 그런 의미에서 이 책에서는 Unionist Liberals을 연합파 자유당으로 부를 것이다.

35 원문은 English policy is to float lazily downstream, occasionally putting out a diplomatic boathook to avoid collisions. http://www.number10. gov.uk/output/Page144.asp(검색일 2007. 12.20).

36 남아프리카 지역에는 네덜란드에서 이주해 온 보어인들이 트란스발 공화국과 오렌지 자유국을 설립했고, 1880년 1월에서 이듬해 3월까지의 1차 보어 전쟁을 거쳐 영국으로부터 자유 보장을 받았다. 그런데 이 지역에서 대규모 다이아몬드가 발견되면서 영국이 적극적으로 개입하기 시작했고, 이는 1899년 10월 2차 보어 전쟁으로 이어진다. 일반적으로 말하는 보어 전쟁은 2차 보어 전쟁을 말한다. 이 전쟁은 2년 8개월이나 지속되었는데, 영국군은 상당한 피해를 겪고서야 1902년 5월 승리했고 트란스발 공화국과 오렌지 자유국은 영국의 식민지가 되었다. 이때 영국의 한 신문 특파원으로 보어 전쟁에 참전했던 20대의 윈스턴 처칠은 포로로 잡혔다가 1년 만에 극적으로 탈출에 성공했고, 그 이야기를 책으로 엮어내어 명성을 얻었는데 이는 그가 정치에 참여하게 되는 계기를 만들었다.

37 정확히는 보수−연합당Conservative-Unionist Party이지만 여기서는 보수당으로 부르기로 한다. 이들은 1912년 공식적으로 합당한다.

38 그가 저술한 철학서 가운데 하나는 『In Defence of Philosophical Doubt』이다.

39 Bob은 Robert의 애칭이다.

40 밸푸어 수상의 동생인 제럴드 밸푸어Gerald Balfore는 내각의 무역부 의장 President of the Board of Trade으로 1900년 12월 임명되었고, 솔즈베리 수상의 아

들로 밸푸어의 사촌인 제임스 개스코인–세실James Edward Hubert Gascoyne-Cecil 은 1905년 3월 그 자리를 이어받았다. 제럴드 밸푸어는 그때 지방정부성 의 장President of the Local government Board으로 자리를 옮겼다.

41 미국의 프랭클린 D. 루스벨트 대통령을 '지적으로는 이류이지만 정치적 감각 temperament은 일류였다'고 한다면, 밸푸어는 '지적으로는 케임브리지의 우수 함을 갖지만 정치적 감각은 이류였다'고 비교하기도 한다(Charmley, 1996, p. 21).

42 당시 체임벌린과 같은 보호주의적 관세 개혁을 주장하는 이들은 'whole hoggers', 그리고 자유교역을 주장하는 이들을 'free fooders'라고 불렀다.

43 그의 타협안은 'Economic Notes on Insular Free Trade'라는 제목으로 출간 된 메모를 통해 제시되었다.

44 이들이 ditchers라고 불리게 된 이유는 이들이 '마지막 순간에 죽을 수도 있 다die in the last ditch'는 입장을 취했기 때문이다. hedger는 말 그대로 보수당 다운 분명한 입장을 보이지 않는 애매한 입장, 양다리 걸치기 등의 의미로 비난조의 표현으로 반대 측 저널리스트 리오 막스Leo Maxse가 붙인 별명이다 (Charmley, 1996, p. 41).

45 자유당 수상 애스퀴스와 보수당 당수 보나 로의 아들들도 모두 전쟁에 참전 했고 전투 중 전사했다. 한편 강제 복무제는 부활절 봉기의 영향으로 아일랜 드에는 적용되지 않았다. 또한 강제복무제는 18~41세 사이의 남성을 대상으 로 했지만 의료인, 종교인, 교사와 일부 산업 근로자들은 제외했으며 양심적 거부자들은 비전투 분야에서 일하도록 했다.

46 의원 중에서 국왕이 임명하는데 법무장관Secretary of State for Justice보다는 낮 은 직책이며, 국왕과 내각에 대한 주요한 법률 자문의 역할을 담당한다.

47 Dear(후보자 이름)

We have much pleasure in recognizing you as the Coalition Candidate for(지역구 이름).

We have every hope that the Electors will return you as their Representative in Parliament to support the government in the great task which lies before it.

Yours truly,

D. Lloyd George

A. Bonar Law

48 여기서의 득표수는 연구자마다 다소 차이가 있다. 187 대 87(Norton, 1996, p.

38), 185 대 88(Blake, 1970, p. 204; Ball, 1995, p. 68; Smith, 1997, p. 78), 185 대 85(Charmley, 1996, p. 62) 등으로 각기 그 수에는 차이를 보인다.

49 노동당Labour은 20.8퍼센트 득표로 57석을, 연립에 참여한 노동당Coalition Labour는 0.4퍼센트 득표로 4석을, 그리고 독립 노동당Independent Labour은 1.1퍼센트 득표로 2석을 얻었다.

50 여성이 남성과 동일하게 21세 이상의 성년에게 모두 투표권이 주어지는 것은 1928년의 일이다. 그러나 1918년 30세 이상의 여성에게 투표권이 부여되면서 여성 유권자의 수는 이때부터 크게 증가하게 되었다.

51 본명은 George Nathaniel Curzon이다.

52 대중적으로는 Rab Butler라고 불렸다.

53 작위 받기 이전의 명칭은 F. E. Smith이다.

54 비버브룩 남작Baron Beaverbrook은 《런던 이브닝 스탠더드London Evening Standard》 와 《데일리 익스프레스Daily Express》 등의 신문을 소유했다.

55 로서미어 자작Viscount Rothermere의 본명은 Harold Harmsworth로 《데일리 미러Daily Mirror》와 《데일리 메일Daily Mail》을 소유했다.

56 관세율은 법안 통과 직후 15퍼센트에서 33퍼센트까지 크게 높아졌다.

57 그러나 Ball(1995, p. 89)은 내각 수준에서는 소수 정당들이 의석 비율보다 많은 자리를 차지했고 실제 정책 결정 과정에서도 제 역할은 했으며, 그런 점에서 보수당이 일방적으로 주도한 정부라고 볼 수 없다고 주장했다.

58 윈스턴 처칠의 아버지 이름도 랜돌프 처칠이다. 처칠 아버지의 전체 이름 은 Randolph Frederick Edward Spencer-Churchill, 아들은 Randolph Frederick Edward Spencer-Churchill이다.

59 당시 유럽에서는 에티오피아를 아비시니아Abyssinia라고 불렀다.

60 Special Areas (Development and Improvement) Act of 1934 (Norton 41)

61 영어식 지명은 던커크Dunkirk이다.

62 수상으로 취임한 사흘 뒤인 1940년 5월 13일 처칠은 의회에서 다음과 같은 연설을 했다. 당시 영국은 유럽에서 사실상 단독으로 독일과 싸워야 하는 상황이었다.
"나는 이 정부에 참여한 장관들에게 이야기했던 대로 의회 의원 여러분들에게 다시 말합니다. 나는 피, 수고, 눈물 그리고 땀blood, toil, tears, and sweat밖에는 달리 드릴 것이 없습니다. 우리는 가장 심각한 시련을 앞두고 있습니다. 우리는 오랜 시간이 걸릴 수 있는 투쟁과 고통을 앞두고 있습니다. 여러분은 묻습니다, 우리의 정책은 무엇인가? 나는 말합니다. 육상에서, 바다에서, 하늘

에서 신이 주신 우리의 모든 힘과 능력을 동원해 사악하고 통탄스러운 인간
의 범죄목록에서도 유례가 없는 저 괴물과 같은 독재자를 상대로 전쟁을 수
행하는 것, 이것이 우리의 정책입니다."

63 당시 Lord President's Committee가 국내 사안, 특히 경제 문제 등을 총괄
하는 역할을 하는 기구였는데, 애틀리가 1943년 9월부터 이 기구의 수장이
었다.

64 보고서의 원제는 the Report of the Inter-Departmental Committee on
Social Insurance and Allied Services로 이 위원회의 위원장이 경제학자였
던 윌리엄 베버리지William Beveridge다.

65 1944년 8월이 되어야 Ministry of Education으로 명칭을 바꾸게 된다.

66 백서의 공식 명칭은 White Paper on Full Employment이다.

67 무기대여법은 미국이 연합군에 무기 등 전쟁 물자를 제공할 때 이 법을 적용
받는 전쟁 물자는 미국이 해당국에 무료로 운송하도록 규정한 법이었다. 제
1차 세계대전 때는 수입국이 물자 수입 비용을 먼저 내고 직접 운송해 가도록
했다.

68 "발트해의 슈테틴에서 아드리아해의 트리에스테까지 철의 장막이 대륙을 가
로질러 내려져 있습니다. 이 장막 뒤에는 중부 유럽과 동유럽의 오래된 국가
의 수도 바르샤바, 베를린, 프라하, 빈, 부다페스트, 베오그라드, 부쿠레슈
티, 소피아가 있습니다. 이 유명한 도시들과 이곳의 주민들은 소련의 영역이라
고 불러야 할 지역에 머물러 있습니다. 그들은 어떤 형태로든 소련의 영향뿐
만 아니라 점증하는 모스크바의 통제 하에 있습니다."

69 1951년 10월 총선에서 노동당은 13,94만 8,605표, 보수당은 13,71만 7,538표
를 얻었다. 노동당이 20만 표 이상을 더 얻었으나 의석수에서는 보수당이 앞
섰다.

70 당시에는 privitisation이 아니라 denationalisation으로 불렸다.

71 이 책의 부제는 '자유 민주 사회에서 경제와 사회발전에 관한 연구A Study of the
Problems of Economic and Social Progress in a Free and Democratic Society'이다.

72 그는 4대 솔즈베리 후작4th Marquess of Salsbury으로 과거 보수당 수상을 역임한
솔즈베리 수상의 손자이다.

73 http://library.kent.ac.uk/cartoons/collections/database.php

74 본명은 Victor Weisz(1913-1966)로, 런던의 《이브닝 스탠더드》에 1958년 11월
6일 실은 만평이다.

75 탕가니카와 잔지바르는 1964년 탄자니아Tanzania로 합병되었다.

76 말라위Malawi로 국명을 바꿨다.

77 이 모임의 명칭은 맥밀런이 연설한 바로 그날이 월요일이라는 사실에서 붙여진 것이다.

78 1963년 제정된 작위법Peerage Act 1963은 세습귀족이 그가 물려받은 작위를 포기할 수 있도록 허용하고 있다.

79 대안투표제는 한 선거구에서 한 명의 의원을 선출한다는 점에서는 단순다수제 방식과 동일하다. 그러나 기표 방식과 당선자 선정 방식에서 두 제도 간에는 차이가 있다. 단순다수제에서는 유권자가 자신이 지지하는 한 명의 후보자에게 기표하지만, 대안투표제에서는 여러 후보들에 대한 선호를 순서대로 표기한다. 예컨대 후보자가 4명이라면, 지지하는 순서대로 각 후보의 이름에 1, 2, 3, 4로 기표하는 방식이다. 호주 하원선거에서는 후보자 모두에 대해 선호의 순서를 표기하도록 하고 있지만, 영국에서 제안한 방식은 원하는 수만큼만 선호 순서를 표기하도록 했다. 이렇게 해서 모아진 표에서 제1선호, 즉 1로 기입된 표만을 계산해서 과반 득표자가 나오면 곧바로 당선이 확정된다. 그러나 어느 후보도 과반 득표를 하지 못했다면 그 가운데 제일 적은 득표를 한 후보를 탈락시키고 그 후보의 두 번째 선호, 즉 2로 기입된 후보들을 조사해서 그 득표만큼을 각 후보에게 이양하는 방식이다. 과반 득표자가 나올 때까지 이와 같은 표의 이양 과정이 반복된다.

80 남작baron 아래 지위이고 기사knight보다는 상급 지위이지만 엄밀히 말하면 귀족은 아니다.

81 오늘날의 짐바브웨Zimbabwe이다.

82 하원의원으로 출마해야 하면서 작위를 포기하고 Alec Douglas-Home으로 호칭이 바뀌었다가 수상직에서 물러난 이후 다시 Lord Home으로 작위를 회복했다.

83 대처가 당 대표가 된 후 1년 정도 지난 무렵인 1976년 1월 24일 소련군 기관지 《크라스나야 즈베즈다Krasnaya Zvezda. Red Star, 붉은 별》가 대처를 비판하는 기사를 게재했다. 당시 보수당 당수 마가릿 대처가 소련이 세계 지배를 획책하고 있다고 비난한 데 대한 맞대응이었다. 이 기사의 제목은 'Iron Lady가 위협하다Zheleznaya Dama Ugrozhayet'였는데 이를 당시 로이터 모스크바 특파원인 로버트 에반스Robert Evans가 'Iron Lady Wields Threats'로 번역해 서구에 알렸다. 일주일 후 런던 사우스게이트 지역 인근 셀본 홀Selborne Hall에서 대처는 당원과 지지자들 앞에서 연설을 하며 이 표현을 인용했다. "나는 오늘밤 '붉은 별'의 이브닝드레스를 입고 얼굴은 가벼운 화장을 하고 금발을 흩날리면서 서구

세계의 Iron Lady the Iron Lady of the Western World로 여러분 앞에 서 있습니다."
"맞습니다. 나는 iron lady입니다 Yes, I am an iron lady."
https://www.washingtonpost.com/news/worldviews/wp/2013/04/08/
irony-lady-how-a-moscow-propagandist-gave-margaret-thatcher-
her-famous-nickname/

84 영국에서는 연약하고 자신감이 부족하며 열정이 부족한 이들을 가리켜 속어
로 wet으로 부른다. 대처가 자신의 반대파를 wet으로 지칭한 것은 이런 의미
를 담은 것으로 생각된다.

85 1974년 이후 1979년까지 모두 4명의 노동당 의원이 탈당해 다른 정당으로 옮
겼다. 1명은 무소속으로 남았고, 1명은 보수당으로 옮겼으며, 2명은 Scottish
Labour로 당적을 바꿨다.

86 영국 등 서양에서는 크리스마스 때는 칠면조 고기를 먹는 풍습이 있으므로
자기가 죽을 줄 모르고 함부로 덤벼든다는 의미로 사용한 것이다.

87 1988년 사민당은 자유당과 합당해 자유민주당 Liberal Democratic Party을 창당
한다.

88 존 메이저가 수상으로 있던 1991년에는 프러비전 IRA Provision IRA라는 무장
테러 단체가 수상 관저인 다우닝 10번가 밖에 세워놓은 차에서 박격포를 발
사해 수상 관저 정원에 폭발하는 일도 있었다. 그 충격으로 유리창 등 건물은
일부 손상을 입었지만 인명 피해는 없었다.

89 이는 앤드류 갬블 Andrew Gamble이 1988년 펴낸 대처 정부 정책에 대한 책의 제
목으로 원제는 'The Free Economy and the Strong State'이다.

90 하워드의 아버지는 루마니아 출신으로 1939년 영국으로 이주했으며 그의 부
모는 모두 유대인이었다.

91 이때 런던 시장으로 당선된 보수당의 후보가 후일 총리가 되는 보리스 존슨
Boris Johnson이다.

92 1979년 총선에서는 노동당은 윌슨 수상을 이어받은 캘러헌이, 보수당에서는
히스에게 도전해 당권을 쟁취한 마거릿 대처가, 그리고 자유당에서는 1976년
당수가 된 데이비드 스틸 David Steel이 각 당의 선거를 이끌었다.

93 1997년 수상이 된 노동당의 토니 블레어도 당시 43세였지만 그가 몇 달 빨랐
다. 영국에서 가장 젊은 나이에 수상이 된 인물은 1759년 수상으로 임명된
윌리엄 소 피트로 당시 나이는 25세였다.

94 1832년 개혁법 제정 이후 영국 역사상 가장 젊은 후보가 스코틀랜드 민족당
소속으로 2015년 총선에서 당선되었다. 마이리 블랙 Mhairi Black은 1994년 생으

로 선거 당시 20세였으며 글라스고대학 학부생으로 재학 중이었다.

95 Niall McCarthy. Oct, 2014. "45% of all UKIP supporters used to vote Conservative".
https://www.statista.com/chart/2822/ukip-supporters-used-to-vote-conservative/

96 지브롤터는 스페인 남부 지중해 입구에 위치한 영국령 지역이다. 1704년 스페인 왕위전쟁 때 영국과 네덜란드군이 그 지역을 차지한 이후 1713년 항구적으로 영국령이 되었다. 3만 2,000명 정도의 주민이 살고 있는데, 유럽연합 탈퇴 관련 2016년 주민투표에서 96퍼센트가 잔류를 희망했다.

97 https://yougov.co.uk/topics/politics/articles-reports/2016/06/27/how-britain-voted

98 공식 명칭은 Secretary of State for Exiting the European Union이다.

99 이들 중 10명은 2019년 10월 29일 복당 조치되었다. 이들 중 6명은 2019년 12월 총선에 출마하지 않았고 출마한 4명은 모두 당선되었다. 복당이 유예된 나머지 11명 가운데 6명은 총선 출마를 거부했고 5명은 무소속이나 자유민주당 소속으로 출마했지만 모두 낙선했다.

100 유럽환율메커니즘ERM은 유럽의 화폐통합의 준비 단계로 각 국가의 통화 가치 안정을 위해 환율 변동폭을 일정한 범위 내에서 제한하는 시스템이다. 영국은 1990년 10월 ERM에 참여했다. 이 체제 하에서 영국 파운드화는 독일 마르크화의 ±6퍼센트 수준에서 변동 폭이 허용되었다. 그러나 헤지펀드가 파운드화를 투매하면서 가치가 떨어졌고 금리 인상을 통해 이를 막으려고 했으나 실패했다. 결국 영국은 ERM 체제로부터 탈퇴할 수밖에 없었다.

101 https://www.ft.com/content/0dee56c0-fdfa-11e8-ac00-57a2a826423e

102 "To be conservative, then, is to prefer the familiar to the unknown, to prefer the tried to the untried, fact to mystery, the actual to the possible, the limited to the unbounded, the near to the distant, the sufficient to the superabundant, the convenient to the perfect, present laughter to utopian bliss."

103 https://www.bbc.com/news/uk-scotland-scotland-politics-51311288

104 옥스퍼드대학과 케임브리지대학을 합쳐 일컫는 말이다.

참고문헌

강원택. 2003. "영국의 정당 민주주의: 형성과 변화", 『사회과학연구』. 서강대학교 사회과학연구소, Vol.11, pp. 7-37.

강원택. 2005. "1970년대 영국 사회와 불만의 겨울", 오세훈 외. 『우리는 실패에서 희망을 본다』. 황금가지, pp. 21-36.

고세훈. 1999. 『영국노동당사: 한 노동운동의 정치화 이야기』. 나남.

Ball, Stuart. 1995. *The Conservative Party and British Politics 1902-1951*. Harlow: Pearson Education.

Bentley, Michael. 1996. *Politics without Democracy 1815-1914: Perception and Preoccupation in British Government*. Second edition. Oxford: Blackwell.

Bentley, Roy, Alan Dobson, Maggie Grant, and David Roberts. 2000. *British Politics in Focus*. Lancs: Causeway Press.

Blake, Robert. 1970. *The Conservative Party from Peel to Churchill*. London: Eye & Spottiswoode.

Butler, David and Gareth Butler. 1994. *British Political Facts 1900-1994*. London: Macmillan.

Charmley, John. 1996. *A History of Conservative Politics 1900-1996*. London: Macmillan.

Childs, David. 1992. *Britain Since 1945: A Political History*. 3rd edition. London: Routledge.

Childs, Sarah. 2006. "Political Parties and Party Systems" in Patrick Dunleavy, Richard Heffernan, Philip Cowley and Colin Hay (eds.). *Developments in British Politics 8*. London: Macmillan, pp. 56-76.

Clarke, D. 1973. *The Conservative Party*. London: Conservative Central

Office.

Crowson, N. J. 2001. *The Conservative Party since 1830*. London: Longman.

Davies, A. J. 1995. *We, the Nation: The Conservative Party and the Pursuit of Power*. London: Little, Brown and Company.

Gamble, Andrew. 1988. *The Free Economy and the Strong State*. London: Macmillan.

Hawkins, Angus. 1998. *British Party Politics, 1852–1886*. London: Macmillan.

Hazell, R. and Yong, B. 2012. *The Politics of Coalition: How the Conservative–Lib Dem Government Works*. London: Hart.

Hill, Brian. 1996. *The Early Parties and Politics in Britain, 1688–1832*. London: Macmillan.

Hollowell, Jonathan. 2003. *Britain Since 1945*. Oxford: Blackwell Publishing.

James, R. R. (ed.) 1967. *Chips: The Diaries of Sir Henry Channon*. London: Weidenfeld & Nicolson.

Lane, Peter. 1974. *The Conservative Party*. London: BT Batsford.

Laytone–Henry, Zig (ed.). 1980. *Conservative Party Politics*. London: Macmillan.

Lee, Stephen. 1994. *Aspects of British Political History 1815–1914*. London: Routledge.

Lloyd, T. O. 1986. *Empire to Welfare State: English History 1906–1985*. Third edition. Oxford: Oxford University Press.

Maurois, André. 1936. *Disraeli: A Picture of the Victorian Age*. Alexandria, VA: Time–Life Books.

Monypenny, William and George Buckle. 1929. *The Life of Benjamin Disraeli, Earl of Beaconsfield. Volume II. 1860–1881*. London: John Murray.

Morgan, Kenneth (eds.). 1988. The *Oxford History of Britain*. Oxford: Oxford University Press. 영국사학회 옮김. 1997. 『옥스퍼드 영국사』. 한울.

Norton, Philip (ed). 1996. *The Conservative Party*. London: Prentice Hall.

Norton, Phillip and Arthur Aughey. 1981. *Conservatives and Conservatism*. London: Temple Smith.

Oakeshott, Michael. 1956. "On Being Conservative". 1991. *In Rationalism in*

Politics and Other Essays, 2nd edition. Liberty Fund: Indianapolis, 407–437.

Pugh, Martin. 1982. *The Making of Modern British Politics 1867–1939*. Oxford: Basil Blackwell.

Ramsden, John. 2002. *Man of the Century: Wiston Churchill and His Legend since 1945*. 이종인 옮김. 2004. 『처칠: 세기의 영웅』. 을유문화사.

Scruton, Roger. 2001. *The Meaning of Conservatism*. Basingstoke: Plagrave.

Seldon, Anthony and Peter Snowdon. 2004. *The Conservative Party: An Illustrated History*. Pheonix Mill: Sutton Publishing.

Seldon, Anthony and Stuart Ball. (eds.) 1994. *Conservative Century: The Conservative Party Since 1900*. Oxford: Oxford University Press.

Smith, Jeremy and Iain McLean. 1994. "The Poll Tax and the Electoral Register", in Heath, Jowell, and Curtice with Taylor (eds.) *Labour's Last Chance? The 1992 Election and Beyond*. Aldershot: Dartmouth, pp. 229–253.

Smith, Jeremy. 1997. *The Taming of Democracy: The Conservative Party, 1880–1924*. Cardiff: University of Wales Press.

Speck, W. A. 1993. *A Concise History of Britain*. 이내주 옮김. 2002. 『진보와 보수의 영국사』. 개마고원.

Stewart, Robert. 1989. *Party and Politics 1830–1852*. London: Macmillan.

Thatcher, Margaret. 1993. *The Downing Street Years*. London: Harper Collins.

KI신서 9358

보수는 어떻게 살아남았나

1판 1쇄 인쇄 2020년 9월 18일
1판 1쇄 발행 2020년 9월 25일

지은이 강원택
펴낸이 김영곤
펴낸곳 (주)북이십일 21세기북스

출판사업본부장 정지은 **서가명강팀장** 장보라
책임편집 안형욱 **서가명강팀** 정지은 강지은
서가명강사업팀 엄재욱 이정인 나은경 이다솔 김경은
디자인 제이알컴 **교정** 제이알컴
영업본부이사 안형태 **영업본부장** 한충희 **출판영업팀** 오서영
마케팅2팀 배상현 김윤희 이현진
제작팀 이영민 권경민

출판등록 2000년 5월 6일 제406-2003-061호
주소 (우 10881) 경기도 파주시 회동길 201(문발동)
대표전화 031-955-2100 **팩스** 031-955-2151 **이메일** book21@book21.co.kr

(주)북이십일 경계를 허무는 콘텐츠 리더

21세기북스 채널에서 도서 정보와 다양한 영상자료, 이벤트를 만나세요!

페이스북 facebook.com/jiinpill21 **포스트** post.naver.com/21c_editors
인스타그램 instagram.com/jiinpill21 **홈페이지** www.book21.com
유튜브 youtube.com/book21pub

서울대 가지 않아도 들을 수 있는 명강의! 〈서가명강〉
네이버 오디오클립, 팟빵, 팟캐스트에서 '서가명강'을 검색해보세요!

ⓒ 강원택, 2020

ISBN 978-89-509-9200-2 03340